本成果受 中国社会科学院
上海市人民政府 上海研究院资助出版

·中俄社会变迁比较研究系列·

丛书主编 / 李培林

中俄社会平等和公正

SOCIAL EQUALITY AND JUSTICE IN CHINA AND RUSSIA

Comparison and Evaluation

比较与评估

李培林 〔俄〕戈尔什科夫（M. K. Gorshkov） 等 / 著

社会科学文献出版社
SOCIAL SCIENCES ACADEMIC PRESS (CHINA)

总序

“中俄社会变迁比较研究系列”丛书，目前已经出版了四本专著，即《中俄社会分层：变迁与比较》、《中俄青年比较：现在与未来》、《中国梦与俄罗斯梦：现实与期待》和《中国和俄罗斯的中等收入群体：影响和趋势》，其中的后两本已由施普林格出版集团（Springer Group）出版了英文版，这次出版的《中俄社会平等和公正：比较与评估》，是该系列丛书的第五本著作。这些著作是中国社会科学院社会学研究所与俄罗斯科学院社会学研究所从2009年开始合作进行的连续滚动课题“中俄社会比较研究项目”的系列研究成果，该研究项目得到中国社会科学院国际合作局和俄罗斯人文科学基金会的资金支持，由我和俄罗斯科学院社会学研究所所长伊尔·戈尔什科夫（M. K. Gorshkov）院士共同主持。应当说，当时完全没有想到这项研究能够持续这么长时间，双方能够合作得这么愉快，而且如此富有成效。这些成果不但出版了中文版和俄文版，英文版也有的已经面世，有的即将出版。

在中国和俄罗斯之间进行社会学比较研究，有很多可比之处，也有一些不可比的因素。中国和俄罗斯都是人口众多、版图广阔的大国。中国有14亿多人口，国土面积约960万平方公里；俄罗斯人口约1.5亿人，国土面积则高达1700万平方公里。从经济层面看，中国过去经济发展水平远落后于俄罗斯，但目前经济发展水平相仿，2020年两国人均GDP都在1万多美元。从社会层面看，俄罗斯属于工业化、城市化国家，农民的比例已很小；而中国还在快速城市化过程中，2020年按常住人口计算，农村居民仍占全国总人口的约37%，俄罗斯的大学毛入学率、社会保障水平都要高于中国。从文化层面看，中俄都有过一段很长时期的计划经济，俄罗斯属于东正教国家，80%以上的人信仰东正教，总体上属于欧洲文化，中国则是儒家文化，绝大多数人不信教，属于东亚文化圈。

“中俄社会比较研究项目”有几个显著的特点：一是超越过去一般国际合作研究中存在的相互访问多、学术会议多，但研究成果不多的弱点，一开始就确定了合作研究的成果导向；二是双方的研究都以全国大规模抽样调查数据为基础，对事实的描述和分析都有调查数据的支撑；三是分阶段地持续推进长期合作研究，至今已经进行了12年，而且为了克服语言的障碍，双方的交流都以英语进行。

俄罗斯科学院社会学研究所（2017年易名为“俄罗斯科学院国家社会学理论和应用中心社会学研究所”）可能是世界上人员规模最大的社会学研究机构。我要特别感谢俄罗斯科学院社会学研究所所长伊尔·戈尔什科夫院士和常务副所长鲍丽娜·科兹列娃（P. M. Kozyreva）教授，他们卓越的组织能力、合作精神和工作效率是这项合作得以成功的关键。我也要感谢中国社会科学院社会学研究所的一批中青年学者，他们在这项合作研究中显示出优秀的科学素质、研究能力和团队精神。

是为序。

2021年5月25日于北京

目 录

第四篇　劳动和就业中的公平公正

第五篇　教育中的平等和公正

第六篇　住房和社会保障的平等和公正

第七篇　性别平等和社会公正感知的性别差异

第八篇 城乡和地区之间的发展差距

第九篇 公众社会公平感和社会公平性

导　论

中国改革开放以来社会平等与公正的变化

李培林

社会平等和公正历来是社会生活和国家治理的核心议题，本文从追溯我国历史上关于平等和公正的观念演变入手，分析了我国改革开放以来收入分配政策的调整和收入差距的变化，探讨了结果公平与机会公平之间的关系以及作为社会事实的平等和作为价值判断的公正之间的关系，并讨论了相较经济平等更为广泛的社会平等问题。

一 我国关于平等和公正观念的演变和历史溯源

中国在历史上很早就产生人口聚集和耕地稀缺的现象，小农业和家庭手工业构成的自给自足的村社组织成为普遍的社会单位。受古典经济学家的影响，马克思曾把这种东方社会称为“亚细亚社会”或“亚细亚生产方式”，以有别于欧洲的封建社会。他认为这种社会的一个重要特征，就是自给自足社会的不断“复制”（马克思，1975：396~397）。卡尔·A. 魏特夫（Karl A. Wittfogel）则认为，中国耕地稀缺的灌溉农业和“治水社会”，是“东方专制主义”产生的社会基础（Wittfogel，1957）。黄宗智在研究中国历史上华北农业时发现，在耕地稀缺的条件下，小农在单位面积上的过量投入，造成农业产出边际效益的下降，他称之为农业的“内卷化”（involution）。他认为，当西欧的小农经济经历资本主义发展和改造时，中国的小农经济却在日益内卷化（黄宗智，2000：301）。

在这种社会结构下，“均贫富”一直是中国传统道德哲学的核心要义和社会治理思想的主要原则。早在 2000 多年前，中国的先哲孔子就提出“不患寡而患不均，不患贫而患不安”（《论语·季氏》），这成为约束社会关系的基本伦理思想，也成为此后历代的一条治国方略，尽管现实的资源和财富分配结果与这种道德哲学的要求可能相去甚远。

翻开中国的历史，历代以推翻王朝为目标的大规模农民起义，几乎都把“均贫富”作为动员底层的主要口号。中国鸦片战争之后发生的最大规模的农民起义——太平天国运动（1851～1864年），其动员民众的社会思想结合了西方基督教义、中国儒家大同思想和农民平均主义，其基本纲领《天朝田亩制度》，提出“凡天下田，天下人同耕”的原则。孙中山领导的辛亥革命和毛泽东领导的新民主主义革命，也都把“平均地权”作为一条解决农民问题的基本纲领。

新中国成立后，走苏联的道路成为中国的选择，中国经济社会发展的总目标，就是从新民主主义阶段向社会主义阶段过渡，并随后向共产主义迈进。“社会平等”成为一条基本准则，贯彻到经济、社会、生活的方方面面，尽管中国历史上“均贫富”的思想源远流长，但从未被实行得如此彻底。到“文化大革命”时期，平均主义思想更是走向了极端，甚至中国国有企业工人技能等级的工资差异——八级工资制，也被作为“资产阶级法权”受到批判和破除。

中国改革开放的真正起点，无论是农村的家庭联产承包制还是城市企业的扩大自主权，其实都是从破除“平均主义”观念开始的。

改革开放以后，国门打开，各种西方经济社会和哲学思潮蜂拥而至，新马克思主义、新自由主义、后现代主义、结构主义、存在主义等都对如饥似渴的中国知识界产生广泛的影响。在社会平等方面，美国经济学家阿瑟·奥肯（Arthur M. Okun）在1975年出版了一本小书《平等与效率：重大的抉择》（*Equality and Efficiency*：*The Big Trade Off*），1987年被翻译成中文出版。他在书中提出，“平等”和“效率”是鱼和熊掌不可兼得的思想、机会平等是比收入平等更重要的思想以及社会平等观念中最重要的是体现出对低收入者援助的思想。这些思想与当时中国知识界的认知非常合拍，也很符合当时中国破除“平均主义”观念桎梏的要求。

随着改革开放后中国经济以年均10%的增长速度持续高速增长，中国民众的收入差距也快速拉大。到20世纪90年代中期，衡量收入不均等程度的中国人均年收入基尼系数，在十几年的时间里，从改革开放初期的0.2左右急速增加到0.4以上。与此同时，由收入和财富分配差距引发的各种社会冲突也不断增多，政府和知识界对社会稳定都表示出担心和警惕。在这种情况下，学界围绕收入差距问题也展开广泛而激烈的讨论。一种在社会学界很普遍的看法是，根据基尼系数的理论，收入差距的基尼系数维持在0.3～0.4比较合理，低于0.3的平均主义会造成社会缺乏激励和效率，而高于0.4的贫富悬殊则超越了合理分配的临界点和警戒线，也会对经济社会运行和社会稳定产生极大损害；另一种在经济学界很流行的看法，是美国诺贝尔经济学奖得主库兹涅茨（Simon S. Kuznets）提出的假说。库兹涅茨利用一些国家的经验资料进行比较研究后得出结论，即在经济转型和起飞阶段，收入分配将随同经济发展而趋于不平等，其后会经历收入分配暂时无大变化的时期，而到达经济充分发展的阶段后，收入分配将趋于平等，这被称为“库兹涅茨曲线”（Kuznets Curve）或“倒U形曲线”（Inverted U Curve）（Kuznets，1955）。当时中国有不少人都相信“倒U型曲线”的变化趋势，认为随着经济的增长和市场的完善，收入分配状况会自然得到改善。而实际上，到2000年中国在总体上达到小康生活水平之后，收入分配状况的变化却与人们预期的相反，收入差距仍然在继续扩大。

中国的知识界开始对收入差距过大的状况和可能的贫富悬殊前景产生普遍担忧，但他们又对改革开放前平均主义的“大锅饭”深恶痛绝。在这种情况下，美国政治哲学家罗尔斯（John B. Rawls）的《正义论》（*A Theory of Justice*）在中国学界产生很大影响，似乎让他们找到了解决这种心理矛盾的出路。《正义论》提出了关于正义的两条原则：第一条原则是平等的自由原则，即每个人应该在社会中享有平等的自由权利；第二条原则包括差别原则与机会平等原则。前者要求在进行分配的时候，如果不得不产生某种不平等的话，这种不平等应该有利于境遇最差的人们的最大利益；后者要求将机会平等的原则应用于社会经济的不平等，使具有同等能力、技术与动机的人们享有平等的获得职位的机会（罗尔斯，2009）。人们似乎感到，第一条原则其实只是理想状态，第二条原则才是现实追求的状态。为了与“效率优先”原则保持协调，很多学者认为，在市场经济条件下，收入差距的扩大是不可避免的，机会平等比分配结果平等更重要，应当救助穷人而不是倒退回“大锅饭”阶段。

中文里的“公平”一词，其实包含了两层意思，即公正和平等，前者是一种价值判断，后者是一种事实陈述。当时在社会学界，很多学者认为，民众对收入分配状况产生越来越强烈的不满，其实最重要的原因还不是平等不平等的问题，而是公正不公正的问题。民众对通过劳动、技术、才能、管理和创新富裕起来的群体是接受和认可的，民众最为痛恨的，是那些造成贫富差距的不公正因素，如贪污腐败、徇私枉法、偷税漏税等。

中国著名导演张艺谋 1992 年拍摄的电影《秋菊打官司》，讲述了农村妇女秋菊为了向踢伤丈夫的村主任讨"说法"，不屈不挠逐级上告，但最后法律的判决，却超出了她想要的公正"说法"。这个故事也体现了中国农民关于"公正"认知中所包含的传统文化和"地方性知识"，该片获得了第 49 届威尼斯电影节金狮奖。

进入 21 世纪以后，中国在社会领域提出建设社会主义和谐社会的目标，"和谐"这个来自中国传统智慧的概念，似乎也包含了"有差别的公正"和求同存异的意思。

当然，对于社会学界来说，社会平等并不仅仅指收入差距和财富差距问题，还包括教育、就业、医疗、社会保障、性别等广泛社会领域的平等问题。

进入 21 世纪以来，遏制和扭转收入差距扩大趋势成为中国社会的广泛共识，中国政府也采取了一系列促进社会公平的措施，特别是建立了覆盖城乡全体居民的社会保障体系，收入分配不公的状况开始得到改善。近年来，法国经济学家托马斯·皮凯蒂（Thomas Piketty）的《21 世纪资本论》（*Capital in the Twenty-First Century*）在中国知识界引起热议，他所证明的收入和财富分配的悲观的长期趋势，也许是对中国恰逢其时的提醒。不过，这本书在中国经济学界之外的反响，似乎远比在经济学界之内强烈。

二　改革开放以来我国关于社会平等和公正的政策调整

分配政策的改革是中国改革开放以后社会政策调整的主要方面，本文前面已经提到，改革的起点，实际上就是从破除"平均主义"观念入手，要求打破"大锅饭"、拉开收入差距、引进竞争机制和提高资源配置效率。

在改革开放初期，改革要排除的主要障碍就是"平均主义"的倾向。1984 年《中共中央关于经济体制改革的决定》强调指出，"历史的经验告诉我们：平均主义思想是贯彻执行按劳分配原则的一个严重障碍，平均主义的泛滥必然破坏社会生产力”。并且提出，“鼓励一部分人先富起来的政策，是符合社会主义发展规律的，是整个社会走向富裕的必由之路”（中共中央党校教材审查委员会，1992：201）。在此期间，中国改革的总设计师邓小平也明确指出，“我们的政策是让一部分人、一部分地区先富起来，……根本目标是实现共同富裕，然而平均发展是不可能的。过去搞平均主义，吃‘大锅饭’，实际上是共同落后，共同贫穷，我们就是吃了这个亏。改革首先要打破平均主义，打破‘大锅饭’，现在看来这个路子是对的”（邓小平，1993：155）。

1987年，中共十三大报告提出了“在促进效率提高的前提下体现社会公平”的分配政策。这一政策选择，后来在1992年中共十四大报告中被概括为“兼顾效率和公平”，在1997年中共十五大报告中被概括为“效率优先、兼顾公平”。2002年中共十六大报告在重申“效率优先、兼顾公平”原则的同时，进一步提出，“初次分配注重效率，再分配注重公平”（中共中央党校教务部，2008：207，255，352，457）。

改革开放以后，分配政策的调整带来利益格局的深刻调整，各种相对独立的利益主体产生，形成了复杂的利益格局：向地方政府“放权”和实现“分灶吃饭”的财政制度，产生以地区为单位的相对独立的利益主体；多种经济成分并存的情况下，个体私营企业、三资企业、乡镇企业等也成为不同的利益主体；国有企业通过“承包制”“利改税”“拨改贷”“股份制改造”等一系列改革，也成为市场导向的相对独立的利益主体；事业单位等非营利组织在通过“创收”弥补经费不足的驱动下，也有了独立利益；资本、技术、管理等要素的参与分配也使整个分配格局产生深刻变化。与此同时，从20世纪80年代后期开始，中国城乡之间、地区之间、行业之间、单位之间以及社会成员个人之间的收入差距快速扩大，并在一些领域产生了严重的分配不公问题。

随着社会主义市场经济的深入发展，收入差距的扩大趋势引起社会的强烈不满和国家的高度重视。2006年中共十六届六中全会决定把“促进社会公平正义”作为构建社会主义和谐社会的一个着力点，提出“必须加紧建设对保障公平正义具有重大作用的制度”，并第一次系统提出要对收入分配进行“宏观调节”，要求“在经济发展的基础上，更加注重社会公平，着力提高低收入者的收入水平、逐步扩大中等收入者比重、有效调节过高收入、坚决取缔非法收入，促进共同富裕”（中共中央党校教务部，2008：712～713）。这些新的收入分配政策的提出，意味着随着发展的变化，中国的收入分配政策有了重大调整，转向更加重视促进社会公平正义。

2007 年，中共十七大报告提出要“创造机会公平，整顿分配秩序，逐步扭转收入分配差距扩大趋势”（中共中央党校教务部，2008：749）。此后，各种促进社会公平正义、扭转收入分配差距扩大趋势的政策得到明显加强。2017 年，中共十九大报告进一步提出一个从摇篮到坟墓的宏大框架，即“促进社会公平正义，在幼有所育、学有所教、劳有所得、病有所医、老有所养、住有所居、弱有所扶上不断取得新进展”（习近平，2017：23）。

三　近 40 年来我国收入分配的变化

中国在推进市场化改革的过程中，收入差距不断扩大。无论是按照基尼系数测算还是按照收入阶层相差的倍数测算，中国的收入差距都达到了值得警惕的状态。而且，由于隐性收入广泛存在，实际的收入差距可能比测算出的结果还要大，而财富差距（如金融资产和房产）更是数倍于收入差距。

自 20 世纪 80 年代初起中国收入差距一路扩大的态势终于在 21 世纪第一个 10 年期间得到控制。衡量收入差距的基尼系数在 2008 年达到峰值，为 0.491，基尼系数自 2009 年开始下降，至 2015 年下降到 0.462（见图 1）。人们似乎看到了库兹涅茨“倒 U 形”收入分配曲线的拐点（Kuznets，1955）。但很意外的是，从 2016 年开始，基尼系数又出现反弹，2016 年为 0.465，2017 年为 0.467，2018 年约为 0.474。至于出现反弹的原因，至今还没有说服力很强的解释。

经济的市场化和全球化往往是影响收入差距扩大的宏观背景因素。在市场化的推进进程中，各种利益主体的利益差距扩大，造成社会分化加剧。另外，在全球化竞争背景下，中国不同产业的比较收益差距扩大，非实体经济的飞速发展使财富积累速度加快，产业集群化的现象使投资向特定区域更加集中，体力劳动的充分供给和过度竞争造成低位劳动工资水平停滞不前，加之一些腐败和非法收益的存在，都成为影响收入差距扩大的因素。

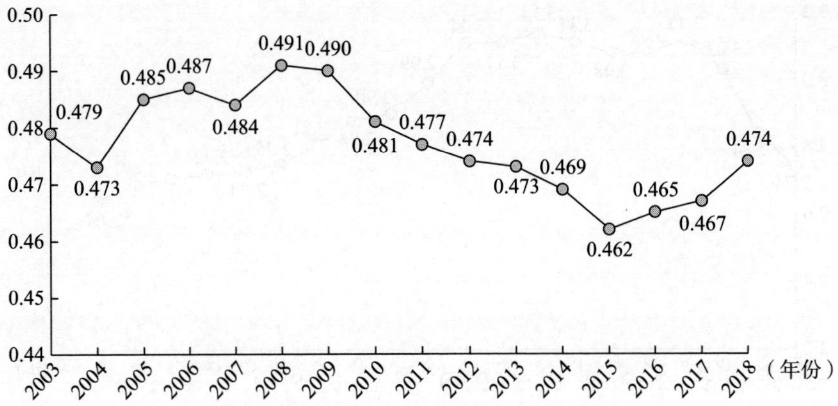

图 1　2003～2018 年中国居民收入基尼系数

资料来源：国家统计局住户调查资料。

然而，在经济学和社会学的实证研究中，用基尼系数或泰尔指数对影响中国收入差距的因素进行分析，发现城乡差距可以解释总体差距 40% 以上的原因，除城乡差距之外，地区差距是最重要的影响因素，而且经济越不发达的地区，城乡差距越大（李实等，2008：17～18；陈光金，2010）。

城乡之间的发展水平和居民收入存在巨大差距是中国长期的历史问题。改革开放 40 多年中，在改革开放初期农村率先实行改革的短暂几年中，农村居民收入增长快于城市居民收入增长，但在大多数时间里，城市居民的收入增长都快于农民收入的增长，而且 GDP 的增长快于居民收入的增长。这种情况直到近十几年才得以扭转，出现居民收入增长快于 GDP 增长和农村居民收入增长快于城市居民收入增长的情况，城乡收入差距也随之逐渐缩小。2000 年城乡居民收入差距的倍数为 2.74，到 2007 年达到峰值 3.14①，至 2019 年回落到 2.64，其变化也呈现为“倒 U 形”的曲线。（参见图 2）农村的消费水平较低，特别是农民都有自己的住房，这可以抵消一部分收入差距，但考虑到城乡居民在社会保障和社会福利等方面的差异，实际的城乡生活水平差异要远大于收入差距。

① 2012 年以前，国家统计局对城市居民和农村居民的收入是分别调查和测算的，2013 年以后，则进行统一调查和测算，并对此前的数据进行了调整，这里提供的是调整后的数据。根据分别调查的数据，城乡收入差距在 2009 年达到峰值 3.33 倍。

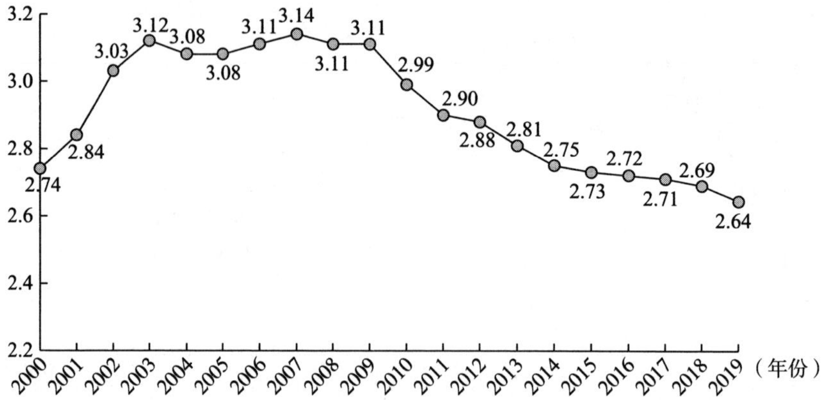

图 2　2000～2019 年城乡居民收入比

说明：以农村居民人均可支配收入为 1。

资料来源：《中国统计年鉴（2019）》。

我国地区发展差距也是长期以来历史形成的问题，东部、中部、西部形成梯度发展格局，这与东部沿海地区的经济率先对外开放有关，也与自然资源（特别是耕地和水）的分布有关。在中国版图上，从黑龙江的瑷珲（今黑河）到云南的腾冲，有一条斜线，是中国地理学家胡焕庸先生 1935 年提出的人口密度划分线，即“瑷珲－腾冲线”（Aihui-Tengchong Line），它与 400 毫米等降水线也基本重合。20 世纪 30 年代，在这条线的东南面，36% 的国土聚集着 96% 的人口，而西北面 64% 的国土上分散着 4% 的人口。令人惊奇的是，这条类似黄金分割线的斜线，在历经 80 年的城镇化和各种人口迁移之后，其人口分布的含义似乎仍然未变。中国科学院的地理学家，基于 2000 年中国第五次全国人口普查的数据进行测量，发现这条线东南部人口仍占全国总人口的 94.1%，西北部占 5.9%（李培林，2015）。

中国改革开放后新问题产生的地区是与俄罗斯接壤的东北地区。这里是中国的老工业基地，苏联 20 世纪 50 年代末援建中国的 156 个工业项目，1/3 落户在东北三省。东北地区曾是中国国有化、工业化、城镇化程度较高的地区，也是中国的煤钢中心。改革开放后，随着市场化推进、国有企业改革、煤炭资源枯竭和人口的外流，东北老工业基地有所衰落。改革开放初期的 1980 年，当时辽宁省的 GDP 是广东省 GDP 的 1.13 倍，但到约 40 年后的 2019 年，广东省的 GDP 是辽宁省 GDP 的 4.3 倍。当然，从总体上看，地区之间的收入差距在近若干年产生缩小的趋势，从 2013 年到 2019 年，全国 31 个省（区、市）居民人均可支配收入差距变异系数由 2013 年的 0.413 下降到 2019 年的 0.397（见图 3）。

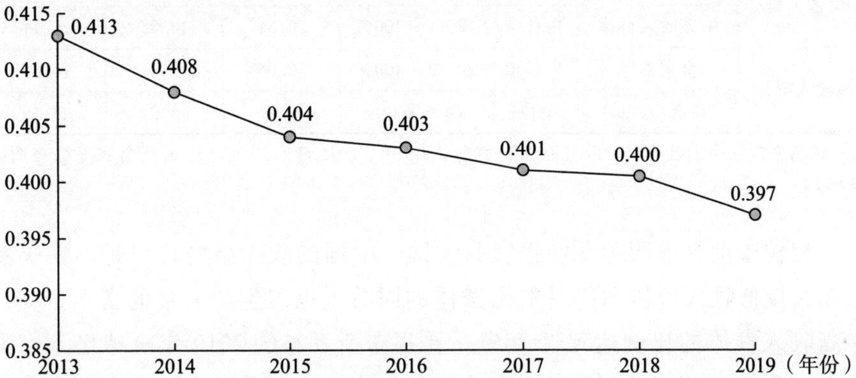

图 3　2013～2019 年全国 31 个省（区、市）居民人均可支配收入差距变异系数

资料来源：国家统计局，《中国统计年鉴（2019）》。

在社会大群之间（城乡之间、地区之间）收入差距得到改善的情况下，社会小群（6 个收入群体，见表 1）之间的收入差距也在缓慢缩小。我们采用收入中位值百分比的相对标准界定收入群体，收入中位值的 75% 及以下为低收入群体（细分为贫困群体和脆弱人群），76%～200% 为中等收入群体（细分为中低收入群体和中高收入群体），201% 及以上为高收入群体（细分为富裕群体和高富裕群体）。按此标准，根据中国社会科学院社会学研究所的中国社会状况综合调查（CSS）数据，从 2008 年到 2019 年，低收入群体的比例大幅度降低了，中等收入群体的比例基本没有变，高收入群体的比例有较大幅度提高。

表 1　中国不同收入群体的比例

单位：%

收入群体		收入标准（中位值）	2008 年	2015 年	2019 年
低收入群体	贫困群体	中位值的 25% 及以下	10.52	12.57	11.74
	脆弱群体	中位值的 26%～75%	30.60	26.88	20.81

续表

收入群体		收入标准（中位值）	2008 年	2015 年	2019 年
中等收入群体	中低收入群体	中位值的 76% ~125%	23.33	20.22	22.54
	中高收入群体	中位值的 126% ~200%	20.31	18.05	21.11
高收入群体	富裕群体	中位值的 201% ~400%	10.96	16.37	16.35
	高富裕群体	中位值的 401% 及以上	4.28	5.91	7.45

资料来源：中国社会科学院社会学研究所 2008 年、2015 年、2019 年中国社会状况综合调查（CSS）。

相较于世界上同等发展程度的大国，中国的收入结构特点是，在仍然存在大量低收入群体和相对贫困群体的同时，也产生了大量的富人，2019 年高收入群体的比例达到近 20%。在福布斯发布的 2019 年全球亿万富豪榜上，有 2153 位身价为 10 亿美元及以上的亿万富豪上榜，其中中国大陆就有 324 位，占 15%。

尽管中国按照现行标准①已基本消除极端贫困人口，中等收入群体的规模也已经达到 4 亿多人，② 但中国在缩小收入差距、减少相对贫困人口、促进公平正义等方面还任重道远。

四　教育公平、社会公平感和社会平等

社会平等并不仅仅体现在收入和财富的分配上，而且还广泛地表现在教育、就业、医疗健康、社会保障、种族、民族、性别、人们主观感受等方方面面，这些是社会学特别看重的问题。这些方面的不平等，有时带来的社会问题更加复杂和严重。本文不可能涉及所有社会领域的问题，只选取客观领域中的"教育"和主观领域中的"社会公平感"进行评述。因为教育是一个社会体现机会平等最重要的方面，而公平感可能是社会平等研究中影响因素最为复杂的领域。

改革开放以后，中国的社会流动渠道大大拓宽了，但对于一个出生在

① 中国现行极端贫困标准是农民年人均可支配收入按 2010 年不变价计算为 2300 元，这个标准大体上等于按购买力平价（PPP）计算的每人每天收入或消费 1.9 美元。

② 根据中国国家统计局制定的标准，即按家庭年收入 10 万 ~50 万元人民币测算，估计 2019 年中国中等收入群体有 4 亿多人。

贫困乡村的孩子来说，改变命运的上升渠道最重要的就是教育。中国从小学到大学的教育，大众可及性都大大提高了，2018 年中国新增劳动力平均受教育年限达到 13.6 年。特别是高等教育，从 20 世纪 90 年代初开始，得到爆发式的发展，高等教育的毛入学率（高等教育在学人数占 18 ~22 岁适龄人口的比例）从 1990 年的不到 5% 上升到 2019 年的 51.6%。中国家庭具有重视教育的传统，在中国目前城市家庭绝大多数是独生子女家庭的情况下，中国家庭消费中子女教育投入的比例是全世界最高的国家之一，教育的社会平等问题也成为社会持续关注的热点。

2012 年，梁晨和李中清等在《中国社会科学》上发表文章《无声的革命：北京大学与苏州大学学生社会来源研究（1952—2002）》，作者利用长时段的学生学籍卡片材料进行研究发现，1949 年新中国成立以后，基础教育的推广、统一高考招生制度的建立，使高等精英教育生源开始多样化，以往为社会上层子女所垄断的状况被打破，来自工农家庭的学生比例明显上升，后维持稳定，这场“无声的革命”虽然不及社会政治革命那样引人瞩目，却意义深远。但该文同时披露的这两所大学干部子女学生比例的大幅上升现象，引起教育平等问题的热议和争议（梁晨、李中清等，2012）。李春玲随后也在《中国社会科学》上发表《“80 后”的教育经历与机会不平等——兼评〈无声的革命〉》一文，该文基于全国抽样调查数据，对“80 后”（指 1980 年以后出生的青年一代）人群的教育经历及其机会不平等状况进行深入探讨，重点考查教育机会的城乡差距和阶层不平等，研究发现，尽管教育机会数量增长明显，但城乡教育差距加剧、优质教育资源分配不均衡等问题依然存在（李春玲，2014b）。

这种关于教育平等的争论也反映在关于社会流动性问题的争论上。进入 21 世纪以后，中国社会学界一些学者认为，社会流动性减弱，社会阶层结构固化，大家围绕这个问题也展开了广泛的争论。李路路等人对这场争论有一篇总结性的文章《固化还是流动？——当代中国阶层结构变迁 40 年》。文章指出，中国改革开放以来，在工业化和体制转型的双重背景下，代际间的总流动率 40 年来持续上升，而代际关联系数则呈 N 形变化，在经历了早期的上升和之后近 20 年的持续下降后，近十年间再次出现上升。该文认为，绩效主义原则和阶层再生产效应在改革过程中的相对强弱，决定了代际关联系数的 N 形变化趋势，对阶层间代际流动的效应进行分析则发现，一个开放、流动的社会能够通过提供平等的流动机会带来更加积极的社会态度（李路路、石磊、朱斌，2018）。

这些讨论和争论表明，在社会科学的研究中，人们对“社会平等”事实的观察视角，也会在很大程度上影响人们关于“社会公正”的价值判断。

在改革和社会转型的过程中，社会学的研究一直在关注人们的社会公平感，这来自两个方面的忧虑：一方面，在中国传统的“均贫富”观念以及在计划经济时期形成的平均主义观念影响下，民众对收入差距扩大的心理承受力会比较脆弱；另一方面，体制转变时期出现的机会不平等和权钱交易现象，会使社会成员对造成差距的原因产生强烈不满，从而使贫富差距问题在人们的心中放大，成为一个产生社会问题的深层影响因素。另外，一些学者也还存在另一种忧虑，即社会对贫富差距问题的激进批判会导致向平均主义体制的复归（李培林，2001）。

美国哈佛大学社会学教授怀默霆（Martin K. Whyte）2009 年在《社会学研究》上发表的文章《中国民众如何看待当前的社会不平等》，引起热烈讨论，也开启了中国社会学界对民众公平感的实证研究。怀默霆基于 2004 年的一个全国性抽样调查数据，对中国民众的公平感进行了深入研究。他的三个主要研究结论有些出乎意料，与当时认为中国民众对贫富差距日益增强的愤怒是一座“社会火山”说法相悖。他的研究结果显示，第一，与其他国家的类似调查结果相比较，虽然中国改革开放后收入不平等程度明显提高，但中国一般民众的不公平感却相对较弱；第二，中国民众对通过教育和勤奋实现向上流动的机会持更加积极的态度；第三，令人惊奇的是，中国的农村居民虽然生活水平处于更不利的地位，但其社会不公平感与城市居民相比反而更加温和（怀默霆，2009）。怀默霆后来在他的《社会火山之谜：当代中国的不公平感和分配不公》一书中，对这些结论进行了深入的阐发（Whyte，2010）。

怀默霆的研究结论也得到一些后续研究的支持。比如，吴晓刚在《收入不平等与分配公平：中国内地与香港的比较研究》一文中，基于“香港社会阶层与流动调查（2007）”和“中国综合社会调查（2005）”数据研究发现，香港和中国内地两个华人社会对收入分配的公平感远高于世界其他主要国家和地区，尽管二者之间存在些微差别，对收入不平等的高度接受和支持与所感知到的大量的社会流动机会相关（Wu，2009）。

李培林和李炜在研究农民工群体时发现，收入和经济社会地位相对较低的农民工，却意外地具有比城市工人更高的社会公平感，这可能是因为农民工上升的利益曲线以及他所参照的历史不是经济决定逻辑，而是历史决定逻辑（李培林、李炜，2007）。许琪等人基于中国综合社会调查（CGSS）数据的分析，在研究中发现，在2005年至2015年的十年间，中国民众的分配结果公平感提高了，认为“应该从有钱人那里多征税来帮助穷人”的比例从84.4%下降到70.9%，认为“当前的收入分配结果比较公平”的比例从61.4%提高到66.6%；但与此同时，机会公平感则有所降低，认为“子女只要聪明努力就会有同等的升学机会”和认为“工人、农民的后代与其他人的后代相比有同样获取成功的机会”的比例，分别从80.4%和75.3%下降到77.7%和66.4%（许琪、贺光烨、胡洁，2020）。

我们曾经假定，面对同样的贫富差距事实，越是贫穷的人群，社会不公的感受越是会强烈。但事实的情况有时会与我们的想象相反，这也是主观感受影响因素的复杂之处。有的学者指出，人们感知到的社会不平等（perceived inequality）与可接受的不平等（accepted inequality）之间差异，决定人们的公平感（李骏、吴晓刚，2012）。

中国社会科学院社会学研究所2019年中国社会状况综合调查就涉及经济、政治、社会等八个领域的公平性评价，根据数据可知，不同收入群体对社会公平评价的差异并不大，其中“城乡之间的权利待遇”和“财富及收入分配”的不公平是最受人关注的（见表2）。

表2　不同收入群体对社会状况评价为不公平的比例以及社会公平评分

单位：%，分

项目	贫困群体	脆弱群体	中低收入群体	中高收入群体	富裕群体	高富裕群体	整体
高考制度	9.63	13.54	14.73	15.34	14.31	13.15	13.66
享有的政治权利	20.96	21.59	21.59	20.93	22.68	21.92	21.54
司法与执法	16.49	18.89	18.93	18.11	17.86	18.02	18.18

续表

项目	贫困群体	脆弱群体	中低收入群体	中高收入群体	富裕群体	高富裕群体	整体
公共医疗	23.07	26.81	24.90	24.11	23.66	22.73	24.57
工作与就业机会	26.73	30.33	32.63	31.30	31.19	31.17	30.66
财富及收入分配	31.48	36.87	36.60	36.33	37.75	38.47	36.12
养老等社保待遇	25.37	28.09	29.93	26.06	28.47	23.70	27.46
城乡之间的权利待遇	48.85	47.21	46.15	43.82	44.17	44.97	45.97
社会公平评分	6.65	6.65	6.69	6.74	6.75	6.81	6.69

注：社会公平评分的分值为 1～10 分。

资料来源：中国社会科学院社会学研究所 2019 年中国社会状况综合调查（CSS）。

在调查中，被访者按 1 至 10 分（1 表示最公平，10 表示最不公平）对当前社会公平情况进行评分，各个群体的评价同样差异不大，其中贫困群体的平均分为 6.65，中高收入群体的平均分为 6.74，富裕群体的平均分为 6.75，高富裕群体的平均分为 6.81（见表 2）。

那么究竟是哪些因素会影响人们的公平感呢？基于 2019 年中国社会状况综合调查数据，我们建立回归模型，因变量是公众对社会公平感评分（1～10 分），自变量为职业、受教育年限、年龄组以及社会经济地位认同，控制变量是性别、城乡居住和家庭总收入。分析结果显示，社会经济地位认同、受教育年限、年龄、性别和城乡居住等因素都有显著影响。从社会经济地位认同来看，以社会下层为参照组，社会经济地位认同较高的群体，其社会公平感也高，例如社会上层的社会公平感显著高于社会下层（$\beta=1.722$，$p=0.000$）。从受教育年限来看，受教育年限越长，其社会公平感则越低（$\beta=-0.022$，$p=0.001$）。从年龄组来看，其他各个年龄组的社会公平感均低于老年群体，比如青年群体的社会公平感显著低于老年群体（$\beta=-0.267$，$p=0.000$）。从城乡居住和性别来看，城镇居民的社会公平感显著低于农村居民（$\beta=-0.174$，$p=0.001$），男性的社会公平感比女性更高（$\beta=0.291$，$p=0.000$）。职业对社会公平感也有影响，以“其他”（包括自由职业群体）为参照组，私营企业主群体的社会公平感更低（$\beta=-0.175$，$p=0.027$），专业技术人员、干部群体的社会公平感则更高（$\beta=0.297$，$p=0.002$；$\beta=0.473$，$p=0.000$）。

表 3　社会公平感影响因素的回归分析

			回归系数	标准误差	标准化回归系数	t 值
常数项			6.115***	0.197		30.971
控制变量	性别（男性：1）		0.291***	0.044	0.069	6.537
	城乡居住（城镇：1）		−0.174***	0.050	−0.041	−3.482
	家庭总收入（LN）		0.034	0.019	0.020	1.754
核心变量	社会经济地位认同（参照组：社会下层）	社会上层	1.722***	0.227	0.076	7.569
		社会中上层	1.078***	0.094	0.126	11.475
		社会中层	0.923***	0.055	0.218	16.845
		社会中下层	0.451***	0.059	0.097	7.711
	年龄组（参照组：老年群体）	青年	−0.267***	0.076	−0.047	−3.495
		中青年	−0.396***	0.074	−0.071	−5.365
		中老年	−0.301***	0.056	−0.072	−5.322
	职业（参照组：其他）	工人	−0.108	0.075	−0.016	−1.442
		商业服务业人员	−0.027	0.070	−0.005	−.387
		农民	0.087	0.054	0.019	1.600
		私营企业主	−0.175*	0.079	−0.026	−2.213
		专业技术人员	0.297**	0.098	0.033	3.034
		干部	0.473***	0.134	0.037	3.515
		办事职员	0.452***	0.102	0.047	4.432
		无业	0.015	0.074	0.003	0.199
	受教育年限		−0.022***	0.007	−0.044	−3.337
R^2			0.057			
调整 R^2			0.056			

*** $p<0.001$, ** $p<0.01$, * $p<0.05$

资料来源：中国社会科学院社会学研究所 2019 年中国社会状况综合调查（CSS）。

综上所述，社会平等和公正，是人类社会共同生活的基本价值和持久的核心议题，中国的发展经验和世界各国的发展事实都表明，严重的社会不平等不仅会成为影响社会和谐稳定的深层因素，也会对经济效率造成损害，至少迄今为止没有发展经验表明，越不平等的经济体，效率就越高。对社会不平等事实的公平感知和价值判断，则受到历史文化和社会结构等多种因素的复杂影响。当前世界各国各种反权威、反精英的新民粹主义的兴起，实际上与社会不平等的加剧和社会不公平判断的强化具有深层的联系，这是值得人们深思和警惕的。

无论如何，社会平等程度和社会公平感的提高，都意味着人民生活质量的改进。走向更加公平正义的社会，是人类对未来美好生活的共同期望，也应当是经济社会发展追求的目标。

当代俄罗斯的社会不平等和不公正

戈尔什科夫（M. K. Gorshkov）

在整个人类历史上，公共生活各领域中的不平等以及相关的不公正现象一直都是一个重要问题。对此，至少有以下三个原因。首先，任何类型的不平等都是社会分化的一种特定形式。社会分化预先设定了个人和社会群体在生活方式上的差异，及其在获得经济、社会、政治、信息等资源方面的不平等，从而界定了个人和社会群体在实现自身需求和利益方面的机会差异，但这些差异在性质和起源上各不相同，对此，社会学家一直都在特别认真地努力研究。

其次，社会不平等不仅是一个科学问题，而且是一个社会问题，因此，不平等的形成也具有自然历史层面原因。不平等是人类世界所在环境和本质、个人能力和机会差异以及个人所在的特殊社会环境共同作用的结果，因此，在社会历史发展的所有阶段，都会不可避免地出现不平等现象：只要人类社会存在，不平等现象就会存在，并将继续存在。

最后，在早期的历史时期，只有在我们文明所覆盖的有限领域中，不平等现象才最为明显，而今天则不同，不平等现象已具有全球规模。人类世界不断发展变化，我们的社会也随之变得更为纷繁复杂，社会分化的基础也因此发生了改变。因此，在我们这个时代，社会不平等反映更多的并不是关于性别、年龄或体能等方面的自然差异，而是社会政治、经济和文化规范性结构的具体情况。

在现代，人们的生活条件在质量和数量上的差异主要体现为机会和财富占有方面的差异，以及在收入、权力、声望、受教育程度、社会职业地位以及活动范围等方面的不平等。用现代社会学的话来说，最后几项被视为评估社会不平等的主要类别，这不足为奇。因此，社会分化是一个富有争议的复杂过程。因为，一方面，社会分化是一个客观的渐进式过程，任何个人以及作为整体的社会想要跳过这个过程实现任何类型的成功（创造性）都是不可能的。但是，另一方面，这个过程可能导致戏剧性现象出现，并可能扩大社会不公正的表现范围。

尽管在界定社会不平等的性质及其缘由上，人们采用的方法存在明显差异，并且对社会不平等在公共生活中所产生的影响，也未做出清晰的解释，但大多数俄罗斯专家和外国专家的确承认这是一种无法消除的，并且普遍存在于社会中的现象（Bourdieu，1993；Weber，2010；Parsons，2000；Sorokin，1992；Shevyakov，2008；Shkaratan，2012）。社会学家、哲学家、政治专家和公众人物拉尔夫·达伦多夫（R. Dahrendorf）就社会不平等现象发表了以下言论："即使在一个繁荣的社会中，人们的不平等状况仍然是一个至关重要且持久的现象……显然，这些差异不再依赖于直接的暴力和立法规范，而暴力和立法规范正是等级制或阶层制社会中特权制存在的基础。尽管如此，除了按占有的财产、收入、声望和权力进行直截了当的划分外，我们的社会中还存在各种固有的等级差异，这些差异是如此微妙，同时却又如此根深蒂固，以至于对任何关于一切形式的不平等都将随着平等化进程的推进而消失的说法，至少需要秉持半信半疑的态度来看待。"（Dahrendorf，1971：3）

因此，对于很多积极研究各种结构性不平等和实质性不平等的社会科学家而言，他们一直关注的问题并不是人类是否能够完全消除不平等现象，而是社会中出现的各种类型的不平等现象的合理性如何？在公共生活的任何给定领域，可接受的不平等极限是什么？政府可以采取哪些措施，才能最大限度地减少社会不平等，落实社会公正原则，以及为人们提供平等的机会以确保实现符合其能力和愿望的有价值的生活。

一　俄罗斯不平等的社会经济因素

在俄罗斯，市场经济的发展伴随着深重的经济危机，失业率不断攀升，生活成本越来越高，财富占有出现戏剧性分化，大众消费水平呈现大幅度下降趋势，在这样的背景下，提出社会不平等问题就显得尤为贴切和微妙。20 世纪 90 年代是俄罗斯社会各领域彻底改革的年代，这些改革从根本上改变了俄罗斯人民的生活，导致很多人无法适应新的社会秩序。传统的家长式统治和相对繁荣被一种慵懒无力的政府制度取代，在这种制度下，政府试图回避，欲以原来的职能解决社会问题。因此，社会经济高度不平等成为俄罗斯社会的主要特征之一，具体表现包括但不限于收入分化的十分位系数（最富有的10%和最贫困的10%之间的收入差距）迅速增大，1980年至1989年，该系数的值增大了3.5倍（从3增大到13.5）（The Main Indicators of the Socio-Economic Development of the USSR，1989）。

随着激进的自由主义改革持续不断进行，再加之以外国经济思想的可疑例子为指导，俄罗斯的社会不平等情况变得更加糟糕。财产关系处于崩溃的边缘，国有财产和公共自然资源的私有化完全不受管制和约束，这些都从根本上为社会不平等的无限制、不合理加剧打开了闸门。因此，在短短的10~15年，俄罗斯就出现了不同人群之间社会地位的巨大分化，社会不平等呈现前所未有的严重局面。21世纪初，居民实际收入有所增加，同时超级富裕居民的数量也在不断增加，但这并未使俄罗斯社会在整体上更加繁荣。而且，与前述趋势恰好相反，民众收入差距不仅没有缩小，反而在继续增大，直至达到临界水平。实际上，经济危机爆发之前的几年（2008~2009年危机之前）可用这样一个非官方口号来突出强调，那就是“经济增长造福富人”。根据俄罗斯联邦国家统计局的数据，2001年到2007年，俄罗斯人口中最富有的10%和最贫困的10%之间的收入差距从13.9倍增长到了16.7倍。

在金融危机期间（2008年至2010年），十分位系的数值看似自相矛盾，实则稳定在16.6倍，随后几年甚至有所下降（见表1）。

表1　收入不平等的十分位系数的数值动态变化（1995~2019年）

年份	十分位系数
1995	13.5
1998	13.8
2001	13.9
2003	14.5
2005	15.2
2006	15.9

续表

年份	十分位系数
2007	16.7
2008～2010	16.6
2011	16.2
2012	16.4
2013	16.1
2014	15.8
2015	15.5
2016	15.5
2017	15.4
2018	15.6
2019	15.4

数据来源：俄罗斯联邦国家统计局网址，https://rosstat.gov.ru/folder/13723。

相比之下，斯堪的纳维亚国家（丹麦、芬兰、瑞典）的这一数值在3到4倍，而德国、奥地利和法国则在5到7倍。根据经济专家的说法，一旦十分位系数达到10比1，就会出现社会混乱的情况。美国是唯一一个明显不适用这一规则的国家，仍保持着12比1的稳定系数。但是，在美国，人们将这种现象视为正常，因为美国当地的既定观念认为贫困者自己是唯一应为自身贫困负责的人。

根据俄罗斯国家统计，在俄罗斯，极低收入者的比例正在下降，但与此同时，获得“更高收入”的人口比例却在提升（Rich and Poor：the Gap is 15 Times，2010）。然而，专家认为“贫困人口减少的趋势”几乎毫无意义。与此同时，收入差距的缩小主要归因于政府增加了社会福利（如养老金、福利等）方面的支出，社会福利津贴的增加使一些贫困公民摆脱了贫困。

一方面，这种做法确实产生了明显的积极结果，根据官方统计，截至2013年，俄罗斯的贫困率已降低至11.2%（1992年为33.5%）；另一方面，由于2020年新冠肺炎疫情的影响，俄罗斯人口的贫困比例再一次开始攀升（达到23%至25%）。

在这种背景下，瑞士金融集团瑞士信贷（Credit Suisse）的专家对全球财富分布的研究结果似乎相当具有启发性。根据他们得出的数据，俄罗斯30%的财富掌控在最富有的100位俄罗斯公民手中，而最贫困的10%的人口所拥有的财富则不足2%。从这一衡量指标来看，俄罗斯的社会不平等远远超过世界上任何一个经济强国（Vesti，2014）。

在分析社会不平等的规模时，国外专家调用了基尼系数，这是一种定量统计数据，以实际收入分配与全国所有居民之间的绝对平等分配之间的差异形式来表示人口货币收入的差异。从本质上说，基尼系数反映的是特定国家或地区内部相对于所考察特征的社会分层程度。根据联邦政府统计局（Federal State Statistics Services，简称FSSS）的数据，2019年俄罗斯基尼系数的数值为0.411（当最大值为1.0时，表示绝对不平等）。

另外，与西方发达国家不同，在俄罗斯，收入的差异很大程度上取决于一个人的居住地区。在地区不平等程度较高的国家名单中，当代俄罗斯恰好处于排名靠前的位置：居住在俄罗斯联邦最富裕地区的人口所获得的收入比居住在最贫困地区的人口所获收入高出25倍。

完全不受控制的收入分化以及日益严重的社会不平等引起了各种根本性的损失，包括俄罗斯人口素质潜能的严重下降，这体现为自20世纪90年代初以来人类发展指数（HDI）值的持续下降。2020年，俄罗斯的HDI值为0.824（世界排名第52位）。相比之下，苏维埃社会主义共和国联盟（USSR）的人类发展指数为0.920（世界排名第26位）（Human Development Report，1990：129）。

鉴于上述趋势和现状，人们就以下问题进行了大量讨论：可以使用哪些手段和方法来缓解社会不平等？对俄罗斯而言，什么样的社会政策模式才是最有效的，能够把社会不平等控制在一定的合理范围内（在社会和科学上都合理）？因为一旦超出这个范围，可能会导致社会冲突和解体。

然而，这种讨论通常只是停留在公共领域的边缘。最好的情况是，社会不平等现象能够成为专家圈子所讨论的焦点，特别是成为社会学家、政治学专家和经济学专家的探讨内容。理想的情况是，能够定期公开确认和表达社会对改革后的俄罗斯所存在的社会不平等这一关键问题的立场。

这就是为什么在过去的二十年里，俄罗斯科学院国家社会学理论和应用中心社会学研究所（2017年前称俄罗斯科学院社会学研究所）的专家在实施全国性社会研究计划时需要解决的所有研究任务中，一个特别值得注意的任务始终是在当今俄罗斯社会经济分化的背景下分析普通民众关于主要不平等问题的相关意见。

二　民众意见中反映出的极度不平等

研究表明，民众对俄罗斯社会不平等的看法代表了一种明显过渡的社会不平等的印象，虽然这可能是一种主观印象，但它确实存在。仅有3%的俄罗斯民众没有看到俄罗斯社会中存在严重的、不合理的不平等现象。对于绝大多数人（包括贫困和没那么贫困的人口）而言，他们不仅看到了俄罗斯社会中存在压倒性的不平等现象，而且还提到他们本人也深受其害。

有哪些社会经济不平等是俄罗斯人民尤其认为的无论是对他们个人还是对整个社会来说都是苦不堪言的呢？社会学数据显示，首先，俄罗斯存在严重的收入不平等，根据俄罗斯民众的说法，这给他们个人和整个社会带来的痛苦最大（见图1）。除收入不平等外，其他较为敏感的不平等包括住房条件不平等、获得医疗保健和受教育机会不平等（Gorshkov，2016：117）。

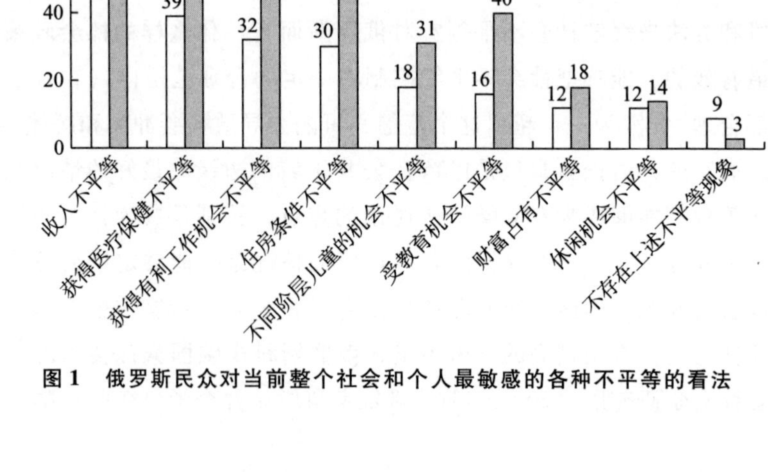

图1　俄罗斯民众对当前整个社会和个人最敏感的各种不平等的看法

其次，还有另一种与劳动力市场有关的不平等，即获得有利工作机会的不平等。对于贫困的俄罗斯人来说，这种不平等与生活条件不平等处于同等水平，这对于他们来说也是一个特别敏感的问题，对那些目前正处于活跃工作年龄段的人来说尤其如此（该群体中几乎40%的人都这样认为）。

颇能说明问题的是，对比分析显示，在最严重的不平等的公共重要性方面，贫困和非贫困公民的态度似乎非常相似，贫困阶层和俄罗斯普通民众对不平等的评价几乎是相同的。至于俄罗斯人如何看待不平等给自身造成的伤害，这里的差异其实非常明显：贫困阶层更多的是表示他们不得不面对收入不平等以及获得优质医疗服务的不平等，而与此同时，还受到生活水平不平等以及获得有利工作机会不平等的严重影响。

现代俄罗斯的另一个关键“痛点”是法律并未平等地适用于每一个人。俄罗斯民众认为，确保法律平等地适用于所有俄罗斯公民是国家现代化的基本思想（41%），也是民主的重要标志（52%）。绝大多数俄罗斯人认为，在实践中，并没有实现法律面前人人平等。在过去，高达25%的俄罗斯民众的权利遭到过这样或那样的侵犯。最常见的侵权行为通常发生在遇到执法部门时（8%）、协商工资或辞职时（5%）、接受医疗服务时（7%）以及在登记福利和养老金时（3%）。社会学的整体数据为我们提供了承认以下事实的理由：俄罗斯人民在法律面前的不平等感有真正的现实基础，法律上的不平等、法律面前的不平等是社会不平等的另一种表现，这不仅影响着贫困人口群体，也影响着俄罗斯富裕阶层的公民。

各类社会不平等导致大多数民众出现了相当激烈的反应。然而，并不是所有的不平等都能得到同等容忍。贫困和非贫困的俄罗斯人都提到收入不平等在微观和宏观层面上都是最敏感的不平等现象之一。但这是否就意味着人们完全不愿意容忍收入不平等，并认为收入不平等在本质上就是不公平的呢？

相关数据表明情况并非如此。即使考虑当今俄罗斯明显存在各种极度不平等现象，并且这种不平等对贫困者的伤害最大，但贫困者也并非无条件反对有必要在收入上拉开实质性差距。尽管如此，这里仍有一个重要的前提条件需予以说明，那就是所述不平等必须是由他们认为合理的原因造成的。1/3的贫困者同意有必要在收入上拉开巨大差距，因为这样才能反映人们在天赋和努力上的差距。另有 1/3 的人表示不同意，而剩下 1/3 的人则不确定如何回答这个问题。此外，42% 的贫困人口认为任何社会都存在并将持续存在各种不平等现象，并且认为不平等现象是自然且合理的（就这一观点而言，不同意或持不确定态度之人的比例较低，分别为 27% 和 31%）。

支持上述观点的人数较多，这表明贫困群体本身并不是单一的，而是由支持各种“公正”社会规范模式的人组成的。这导致贫困者会对政府如何实施社会政策提出非正常要求。显然，制定最合适的此类模型的过程仍在进行之中（这证明有很大一部分人对自己的意见尚无定论）。也许这个过程是在与现实相冲突的规范性观点的影响下进行的。但无论如何，认为俄罗斯民众尤其是贫困者完全反对一切形式的收入不平等则是错误的。

大多数俄罗斯民众都强烈地感受到了俄罗斯在改革后出现的各种不平等现象，因此，他们中近 2/3（62%）的人同意以下观点也就不足为奇了：在一个公平的社会中，生活水平上的差距必须适度。因此，民众要求政府采取措施来减少极度不平等现象是可以理解的。在俄罗斯总人口中，64% 的人认为政府需要采取相关措施缩小不同个体之间的收入差距。在这个问题上，人们的生活水平几乎完全不影响他们的观点（见图 2）。

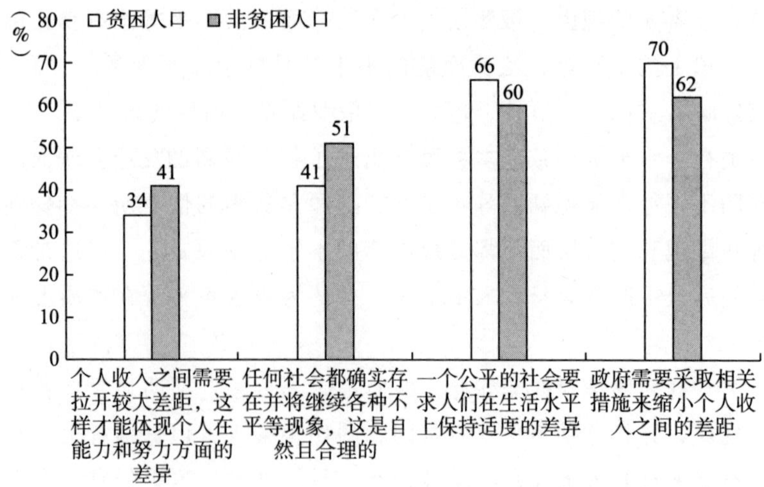

图 2　贫困和非贫困人口对收入和生活水平不平等所持有的观点

如果国际社会调查项目（ISSP）[①] 数据可作为参考，那么德国、英国和中国也有类似的数值（分别为66%、66%和71%）。俄罗斯人在这方面并不独特，因为他们不一定会朝着社会平等的方向努力。在这方面，美国社会在某种程度上算是一个异类，他们的文化和心态截然不同：支持政府应采取措施缩小不同个体之间收入差距的美国人只有33%。

虽然俄罗斯大多数人对各种形式的不平等非常敏感，但无论自身经济状况如何，只要有正当理由，他们仍然接受社会中存在不平等现象的事实。

三　关于合理和不合理的不平等

那么，俄罗斯民众认为不平等具有什么样的理由才是合理的，且可进一步表述为公平的呢？主要的合理理由是因工作场所的工作效率不同而导致的不平等，但前提条件是每个人都能平等地获得“有利的”工作机会以及“谋生”的平等机会。换句话说就是，人们最愿意容忍因提高工作效率产生的收入不平等。75%的俄罗斯人赞同这样的观点：工作效率更高的人应比那些在形式上处于相同职位的人得到更高的工资。因此，对于大多数俄罗斯人来说，工作场所的效率比正式的企业阶梯等级制度更重要。这个数字本身就充分说明了俄罗斯民众对平等的态度，以及后者在调节社会关系中的作用，特别是在劳动领域的作用。

大多数人认为，如果人人都有平等的谋生机会，那么收入差距便是合理的，这再次证明了这样一个事实，就是人们主要想努力生活在一个机会平等的社会，而不是收入平等的社会。最后，有1/3的俄罗斯人认可另一个导致收入不平等的理由，就是受教育程度不同，收入也应有所差异。对于将行业的不同视为薪酬等级不同的理由，即从事不同职业之人的价值不同，对此认为公平和不公平的俄罗斯人的比例相差不大，分别为47%和53%。

社会学数据表明，尽管总体而言，贫困者不太倾向于认同某些不平等的依据，但就性质而言，他们的观点反映了包括非贫困公民在内的普通公民的观点（见表2）。与之前提到的不平等相比，改善住房、增加养老金以及获得优质医疗和教育等此类不平等的具体体现，都不太容易被容忍（合

① ISSP (International Social Survey Programme) is an annual international comparative study. URL: http://www.issp.org/. Data listed for the year 2009.

理化)，不仅是在贫困人口中，即使在整个社会中亦是如此。例如，愿意接受“收入更高即代表住房更好”这个观点之人的比例明显高于不愿意接受的人（分别为41%和27%）。对那些收入更高的人来说，情况也是如此(38%的人同意，30%的人不同意)。

表2　贫困和非贫困俄罗斯公民对各种不平等的合理和不合理理由的态度

单位：%

观点	贫困：同意/不同意	非贫困：同意/不同意
工作效率更高的人应得到比相同职位上工作效率不高的同事更高的工资	67/8	77/6
当人们的赚钱机会平等时，一些人比其他人赚的钱更多是合理的	54/18	69/10
受教育程度更高的人挣钱更多是公平的	55/17	64/9
不同职业的人价值不同是公平的	39/28	49/21

注：本表中数据不包括那些选择“有些同意，有些不同意”的人，以及那些不知如何回答的人。

大多数俄罗斯人认为在获得医疗和教育方面存在不平等几乎是完全不可接受的：56%的俄罗斯人认为，收入更高的人获得更优质的医疗服务是不公平的；60%的俄罗斯人认为，收入更高的人可以为子女提供更好的教育是不合理的。

过去十年的数据动态表明，俄罗斯公民尤其是贫困人口容忍具体不平等表现（少数特例除外）的意愿在下降，这是因为他们对不平等的不合法性和过分性有了更多的认识，而且还存在各种形式的不平等加剧问题，而这些不平等对个人和整个社会的影响主要在教育和医疗保健领域。最终，我们看到，认同“财富的增加意味着可以获得更多、更优质教育和医疗服务”观点的俄罗斯公民的比例在下降。

俄罗斯人在获得优质医疗和教育问题上的模糊态度使我们得出了一个重要结论。普通大众在心中对各种形式的社会不平等现象的总体容忍度与人生机会平等这样的价值观之间似乎存在着“冲突”。例如，承认收入不平等的必要性，但同时又意识到收入不平等会不可避免地影响人们的生活。

上述自我意识之间的冲突还表现为近半数的俄罗斯人无法区分公平和不公平（47%），将近1/3（29%）的人不知道如何回答这个问题。

公正概念在俄罗斯社会价值体系中是一个极具重要性的组成部分，这些数字表明，俄罗斯人的规范观念与实际情况相矛盾（包括个人层面和整个社会层面），这导致内部冲突出现，并且在评估具体不平等现象的公平性方面也遇到困难。尽管社会不平等在不断加剧、"社会直升梯"被终止、不同人群之间的机会差异越来越不合法，但根据研究结果，俄罗斯民众通常更倾向于判定大多数社会经济不平等是不公平的。因此，俄罗斯存在的过度的、不合理的不平等现象影响着俄罗斯民众的价值体系，甚至这种价值体系还在他们的核心世界观中逐渐改变着（Mareeva，2013）。

但这是反市场态度和家长式统治升级的迹象吗？不是。即使是在被问及对获得医疗和教育服务方面存在不平等的看法时，俄罗斯人也普遍没有独创性。例如，在德国，13%的人（比俄罗斯少）认为在获得医疗服务方面存在不平等是合理的，而72%的人认为不公平，就接受教育方面存在的不平等而言，对应的数字分别为10%和75%；法国对基本公共服务不平等的容忍度甚至更低：在医疗服务方面认为合理和不平等的人占比分别为3%和86%，在教育方面对应的数字分别为8%和74%。①

在按年龄评估俄罗斯人观念的特征时，我们可以做出以下假设：年轻人和老年人的需求不同，导致他们在评估对自身伤害最大的不平等现象方面存在差异。老年人比年轻人更容易遭受获得医疗保健方面的不平等，而年轻人则对获得优质教育、休闲和有利工作机会的相关不平等现象更为敏感。也就是说，年轻人显然更愿意容忍一般的各种形式的不平等。但是，即使是现在的年轻一代也更倾向于将教育和医疗保健方面的不平等视为不合理。有鉴于此，以下说法似乎是恰当的：在未来15到20年，代际间的动态变化不会实质性改变俄罗斯人对不平等的看法（参见图3）。

值得单独讨论的是另一个关键问题，有工作尤其是贫困但有工作的俄罗斯人对社会不平等的态度。研究结果表明，有工作的俄罗斯人对不平等的容忍度实际上低于失业人群。在有工作的俄罗斯人中，很少有人同意，

---

① ISSP（International Social Survey Programme） is an annual international comparative study. Available at：http://www.issp.org/.

更高效、更勤奋的工作以及个人的教育或职业可作为影响收入差异的正当理由。

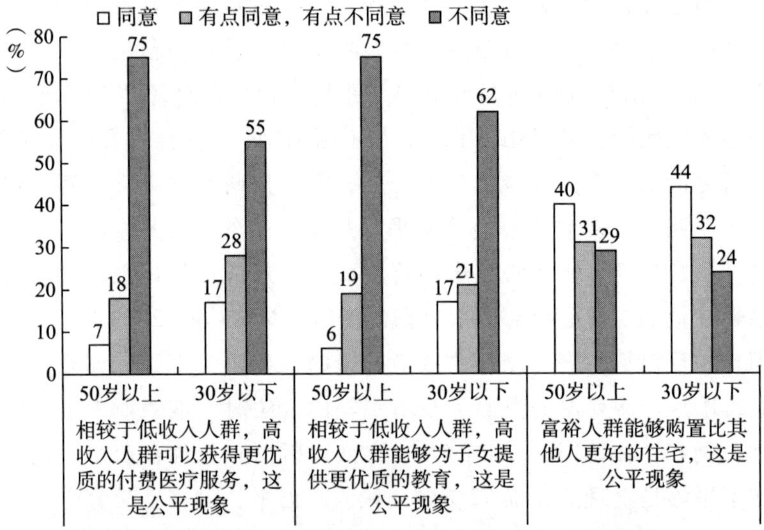

图 3 不同年龄组的俄罗斯人对特定形式不平等的态度

数据显示，特殊就业的俄罗斯人似乎最担心自己的处境，他们一方面没有意识到勤奋工作和诚实努力与改善自己处境之间的公平联系；另一方面，他们对与一般不平等及其具体表现有关的一系列问题更为敏感。这就有了一个可能是严酷但又合理的社会诊断：有工作的人对当前就业形势不公正的敏锐感觉尤其应属于一个负面指标，表明人们的工作动机在变弱，并有可能导致社会经济不稳定。这也意味着，俄罗斯现有的不平等现象没有被这些人（如失业的养老金领取者）容忍，因为他们并不是根据自己的规范价值模式来评价的，而是根据他们认为不公平的俄罗斯社会的实际情况来评价的。这说明俄罗斯人所追求的社会规范模式（即存在基于公平理由且规模和程度均合理的不平等）与现代俄罗斯实际存在的模式相互冲突的又一个例子。显然，对于目前的模式来说，被民众认为不合理的过度不平等已然成为常态，而且个人的努力与其社会地位之间也缺乏直接关联。正是那些看到了这一点的俄罗斯劳动人民在开始改变俄罗斯文化中普遍固有的关于公平与不公平之间差异的规范价值观念。

四 过去和现在的不平等

正如社会实践所显示的那样，现代社会中出现了某些形式的不平等现象（甚至在极端情况下“开花结果”），但其根源却在一个似乎已经过去了很久的时代。在一个社会中的社会分化主要由个人的社会人口特征来定义的时代，一个人归属于某个社区是根据其性别、年龄、种族等确定的。其中，性别不平等正是这种社会秩序的特征之一，不同的社会群体（此处指男性和女性）具有某些持久的差异，相对应的，在他们的社会中会出现机会不平等。

众所周知，性别关系是建立在长期以来男性的经济、社会和政治优势之上的。两种性别的人在拥有威望和权力方面的差异（这是他们先天素质的产物）在很大程度上被认为是适当的。直到某个时刻，工业化抹杀了性别差异的功能意义，并质疑性别差异的存在是否是不可避免的。

在我们这个时代，由于两性平等机构（立法、结构性和组织性机构，以各种社会规范为代表，这些规范确定了性别教育的必要性或谴责了对性别的刻板印象）的出现和发展，女性正式享有与男性相同的权利。社会已经在法律上使性别平等正式化和合法化，并正尽最大努力巩固和发展性别平等。女性大多就业于公共生产领域，其中担任重要指挥职务的女性不在少数。如今，出现女工程师、女科学家或女高管完全正常且常见。

男性对女性具有支配权的主要原因之一是女性在经济上依赖男性，而如今这个因素也在失去作用。现代女性的收入往往与男性一样多，甚至高于男性。因此，在一些家庭中，丈夫不再是主要甚至唯一的家庭支柱。

然而，无论怎样，现代社会的结构仍然相当于家长制式的。因此，在某种程度上，诸如性别不平等这样的问题仍然是世界上大多数国家所固有的，包括高度发达的国家。

性别不平等在实践中是如何体现的呢？它主要表现在与薪资、职业发展、收入相关的统计数据中的所谓的“性别错位”上，这是因为女性发现，与男性相比，自己处于不利地位。

根据统计数据，从事相同工作的女性获得的报酬比男性的少，不仅俄罗斯如此，世界上大多数其他国家也是如此。自20世纪初以来，女性从事职业活动和事业的情况有了很大改善，但仍然存在可量化的问题，而且往往不能带来必要的实质性变化。这并不一定是指女性在生产管理的等级结构中获得相关职位，而是指本质上的重大变化。

民主思想的广泛传播使性别平等成为议程的一部分。这意味着男性和女性应平等地获得经济资源，以及“女性”和“男性”在社会中职业和角色的对等，同理，社会平等地对待两性对经济、社会、人口等发展做出的贡献。就两性关系而言，这种秩序通常被称为性别对称，或男女权利平等和机会平等原则在实践中均能得以实现的一种状态。

毫无疑问，这种方法符合人口和人类潜力开发是社会发展的首要目标的这一观点。遗憾的是，在俄罗斯，似乎说的比做的多。现代俄罗斯也缺乏有效的拥有特殊权力或财政及人力资源的机制或机构来促进和确保性别平等。这就是为什么对于俄罗斯不存在性别不平等的假设似乎仍很有争议，因为在俄罗斯，每个人都有平等的权利和机会。

毋庸置疑，科学不仅需要关注那些扎根于人类遥远过去的不平等形式，而且需要关注现代世界专属固有的新的社会不平等形式。毫无疑问，这些不平等形式包括所谓的数字不平等，目前俄罗斯就出现了数字不平等，这是俄罗斯社会客观、积极地将其定位成向信息社会或知识社会转型的结果。知识社会本质上体现了人类发展的下一个层次，在知识社会的背景下，决定个人和整个国家繁荣发展的主要资产不一定是物质财富，而是现成的、容易获得的信息，更具体地说，是社会允许个人获得的知识。

能够获得计算技术和远程通信并正确使用是在信息社会取得成功的关键。一个人的成功取决于他与计算机和远程通信革命的关系，这种现象目前被称为“数字鸿沟”。此外，个人成功还与“数字不平等”等问题有关，这基本上就是说，虽然现代数字技术确实提供了大量机会，但世界上只有一小部分人能够利用这些机会来实现自己的社会目标和经济目标。

我们需要牢记的是，“数字不平等”不仅是个人的问题，也是整个国家和地区的问题。遗憾的是，尽管这个问题明显存在，但俄罗斯人直到最近才对此感到焦虑。

专家们一致认为：俄罗斯目前存在的重要社会分层结构中增加了一个新的层面，即人们在参与现代数字技术方面的不平等，这种不平等造成了无法访问现代通信世界的新的边缘层。“数字贫困”使数百万俄罗斯人无法交流，无法获得教育、医疗保健或基本的数字服务。信息成为私人物品而不是公共物品已成为导致社会不稳定的另一个因素，这在社会转型滞后的时期尤其危险。其主要风险在于，俄罗斯正在形成一种“双层社会”，在这种“双层社会”中，只有一部分人能够获得现代技术，知道如何使用，并从这一优势中受益。

众所周知，俄罗斯的社会不平等问题传统上表现为中心和边缘之间存在鲜明的对比。这种对比在“数字不平等”方面也很明显：与俄罗斯的中心地带相比，大都市地区的“信息富足”始终更为明显，在大都市地区，人们可以使用各种各样的现代远程通信方式，而俄罗斯的中心地带有时却被完全切断了一切通信方式。因此，地区或居住地点也成为俄罗斯信息不平等的最关键因素之一。

此外，根据社会学家的说法，俄罗斯的信息不平等不仅仅是获得设备方面的不平等，还包括很多其他属性，如财富、年龄、教育、性别、地区、文化等。如果以任何方式都无法将经济方面（一些人因收入过低而无法获得相关设备）贴上这种特殊社会分化形式的具体特征标签，那么其他基础就相当特别了：拥有设备并不一定代表会使用它。

这里还有一个公认的事实，那就是目前单纯为实施短期目标而克服信息不平等的这个方向是有害的。我们需要为知识社会的发展创造相关条件：提高人们对新的可能性的认识，调整信息通信技术（ICT）技能领域的教育和再教育体系。

国际专家认为，教育、再培训以及促进形成新的“信息”生活方式将在知识社会的发展中发挥主要作用，使大量的新群体能够进入信息通信技术的世界。虽然这一点很难被反驳，但是，俄罗斯仍需要制订一套全面的方案来提高民众的信息文化。

五　不平等阻碍了俄罗斯的发展

即使只对俄罗斯土地上的不平等和偏离公正原则等问题进行简单的概述，也可以得出以下论点：不平等阻碍了社会的系统性现代化和经济发展，阻断了社会向创新时代过渡，使社会进一步两极分化，使某些人群变得冷漠和被动，而同时又将激进的思想家推向了非法抗议形式和政治极端主义。此外，不仅有研究表明，而且日常实践也表明：不平等破坏了社会团结的道德原则，制造出了对抗和不容忍的气氛，使国家无法实现和谐，也使人民和政府之间产生了尖锐的分歧。与此同时，也导致社会下层认为政府保护的是富人的利益。

这种情况如果持续发展下去到底会导致什么？在这种情况下，贫困阶层将不再认同政府和权力机构。公民之间的团结性也将降低，而团结是公民身份这个概念根深蒂固的基础，因为国家任务和政府公共政策需要社会所有成员的参与。如果不平等持续发展，那么即使涉及每位公民均应关注的问题，也很难使社会团结起来。社会不平等的有害后果被强加给了正在迅速转型的俄罗斯社会，因为在一些关键的意识形态和社会指标方面，俄罗斯社会已经出现了分裂。

在这种趋势下，回答这样一个问题就变得尤为重要：对于在俄罗斯建立一个公平社会的可能性，我们的同胞有多大的信心？遗憾的是，他们对此并不是特别乐观。例如，在被问及那些今天处于孩提时代的人将来有一天是否能够生活在一个公正已成现实而不只是口号的社会时，68%的俄罗斯人的回答是不太可能或完全不可能。这一口号成为现实的可能性的预期如此之低，是因为大多数同胞不相信有可能实现机会平等、法律面前人人平等、公共安全等公正社会所需的必要元素（参见表3）。53%的俄罗斯人确实相信未来会实现自由原则。只有不到1/3的人对实现一个公认的公平社会所固有的其他原则（团结和公共安全原则除外）抱有信心。与此同时，人们认为，最不现实的期望（至少就中期而言）是实现人人享有福利这样一个公平社会应具备的基本原则，仅有24%的同胞认为会在实际生活中实现。

表3　俄罗斯人对俄罗斯实现公平社会主要属性的可能性的评估

单位：%

社会特征	很有可能	不可能
公正	32	68
自由	53	47

续表

社会特征	很有可能	不可能
团结	39	61
公共安全	35	65
法律面前人人平等	32	68
机会平等	28	72
人人享有福利	24	76

值得注意的是，社会悲观程度如此之高，不仅与我国最贫困公民所遭受的苦难有关，而且即使是非贫困人口也有一种强烈的感觉，那就是下一代所生活的社会仍无法实际实现“法律面前人人平等”。虽然这些值略低于在贫困人口中统计得出的值，但差异只是数量上的，而不是实质性的。在俄罗斯人口的所有群体中，主流观点是，即使在中期内，也不可能在俄罗斯建立一个公平社会。

在强调大众认知的动态变化时，我们不得不承认以下负面趋势：普通大众以及不同人群对不平等的容忍度越来越低，同时对于在俄罗斯建立公平社会的可能性，持悲观态度的人也越来越多。如果这种趋势继续发展，将导致民众对政府实施社会政策的要求发生相应的变化。与此同时，俄罗斯人眼中的公平社会模式与其被迫生活的现实社会之间的差距将越来越大，这不仅可能导致俄罗斯人容忍不平等的意愿进一步降低，还可能导致俄罗斯人重新考虑他们对当前政府模式所持有的态度。

第一篇

平等、社会公正的思想传统

社会公平与公正在中国：概念与思想的历史嬗变

何祎金

社会公平与公正是政治哲学或者道德哲学的核心议题，对于强调公共价值的社会学而言，它们在最近二十年的发展中，越来越受到学界的重视。国际社会学会（ISA）近两届举办的全球大会，把“面对不平等的世界：全球社会学的挑战”（2014）和“权力、暴力与公正：反思、回应与责任”（2018）作为主题，一方面反映了公正和平等问题近年在社会学界受到的关注度的提升，另一方面也意味着这些问题给地区和全球发展带来的挑战，它们成为当代全球社会学共同面对的问题。

值得注意的是，在全球化的背景下，在社会公平、公正、平等和正义的研究中，多元文化视角越来越受到重视，许多研究对历史上一元论的普遍主义公正理解提出质疑和替代方案（Walzer，1984；Tyler、Boeckmann、Smith，and Huo，1997；Gaus，2016；米勒、沃尔泽，2018）。研究者们强调在不同文化情境中理解社会公正的重要性，甚至提出了“跨国社会公正”的概念工具来解释社会公正的全球性问题（Cordourier-Real，2010）。此外，受话语分析和社会建构论思潮的影响，有学者在公平概念重构的计划中重视社会维度的阐释，将社会公正的概念和实践视为一种存在持续对话和辩论的话语过程，而不是理解为一成不变的哲学伦理学概念，或者某种政治学的知识理论传统（Frederking，2014）。这种过程性的考察不仅意味着围绕社会公正会产生多元话语，同时也对结合社会历史情境的理解提出了要求。

在这一学术思潮背景下，对不同历史时期中国社会公正概念与思想的考察，概括其中的“中国经验”或者“中国实践”成为研究中国的学者的目标，相关讨论也多集中在社会学、法学、政治学和经济学等领域（Lee，

1995；Johnson，2015；Flora et al.，2017）。许多以中国为田野调查对象的经验研究聚焦于对收入分配、教育、阶层和性别等具体问题的讨论。

但是，考察社会理论和思想史领域的研究可发现，中国现代学术对公平和公正的讨论多聚焦于西方的正义论范畴，中国传统思想文化中蕴含的社会公平与公正的内容相对而言是一个受到忽视的领域。中国传统社会思想史中的公平、公正理念，对理想社会蓝图的历史构建，以及在乡土社会中展开的地方性实践，不仅有着悠久的历史和丰富的文化资源，也为跨国和跨文化的比较与对话创造了可能，理应引起重视并展开重提和重建。

在当代研究中，针对传统思想文化的公正研究已经逐渐引起了学界的重视。本文对社会公平和公正的探讨，侧重追溯概念和思想的历史与阐释。一方面，尝试在理论上对中国情境中社会公平和公正相关概念发生的历史流变进行梳理和解释；另一方面，在当代全球化语境下，通过对中国公平与公正相关社会思想史与地方性实践的考察，可以丰富社会公正的多元文化阐释研究。

一　“公平”与“公正”的概念史：中文语境下的历史与阐释

在英文语境中，justice、equality、equity 和 fairness 都与公平和公正相关，这种复杂的情况也给中文的翻译和理解带来困难。而在中文语境中存在的“公正”、“公平”、“平等”和“正义”等概念，它们之间既有区别，又在意义上存在相互交叠的情况。若在中文语境下进行考察，首先可以在方法上考察它们在汉语中的词义和用法，以辨明它们在历史中的意义；其次则可以通过概念史或者观念史研究进行长时段的考察，追溯这些概念的历史，理解它们在不同历史情境下发生的流变。从个人秉性到行为规范，再从政治伦理到社会政策的系统阐释，以及国家话语的形成，公平和公正也从古代词汇演变为现代概念。

公平、公正和平等在当代的中文语境中具有丰富的政治与伦理现代性意涵，但是构成它们的汉字却有着悠久的历史。在《康熙字典》整理的用法中，“公”有无私、方平、正、通、官爵等意；“平”有正、坦、和、成、治、齐等、均、易等意思；“等”则有类、比、辈、齐、等级、等列、等候等意思和用法；“正”有方直不曲、刚健中正、长、官长、常、定、平质、厘辨等意。归结起来看，在古代汉语中，这些构成现代概念的汉字，作形容词用的时候，大多用来表达事物的状态，如平舒、齐等、中正、平坦等；在动词的用法中，有治理、厘清与辨别等意；名词则用以表示官名或者职位。虽然这些词语部分意义和解释与现代概念存在联系，但这并不意味着我们可以用古今同义来阐释这些有着丰富内涵的现代概念，在方法上我们更需要结合具体的历史情境来理解它们的出现及其在用法中被赋予的特定社会和政治意涵。

在古代汉语中，不仅“公”和“正”较早便开始连用，“公”与“私”也是一组经常出现的相对概念（杨国荣，2012：2）。汉代许慎的《说文解字》，对“公”解释为“平分也。从八从厶。八犹背也。韩非曰：背厶为公”（许慎，2001：62）。“厶”为“私”，与私相背则为公。“正”则解释为“是也。从止，一以止。凡正之属皆从正”（许慎，2001：94）。“正”表达了“纠正”和“使恰当”的意涵，并构成了所有与“正”相关汉字的偏旁。“公正”的组合，既蕴含了与私相对立的价值表达，同时还具备了行动意涵，不仅用来描述个人品性，还对应了政治伦理与道德。

历史上，公平和公正存在混用的现象，通常使用公正无私来形容人的品德与秉性。自先秦思想所发展的社会思想中，公平和公正还代表了重要的政治伦理与道德。它们不仅是处理国家政事的原则，也是实现理想与和谐社会的目标。中国传统思想文化中有多种对均平社会和大同社会的蓝图构想，如何通过蕴含仁义和礼义价值伦理的分配原则来实现社会、经济和政治领域的公平和公正，调融社会关系、规范社会行为与消解社会矛盾，是不同历史时期思想家所共同关注的目标。许多蕴含公平与公正价值的古代社会思想，甚至成为19及20世纪之交中国空想社会主义的古典理论来源和参照。

值得注意的是，国家与社会两个存在边界的主体暗含在现代意义的“社会公正”和“社会公平”概念的前提预设中。但是在近现代中国，国家和社会都是新名词，历史上“群”和“社会”先后被当作“society”的中文翻译，并有过一段共存和混用的时间，这也意味着社会公正或正义在彼时尚未沉淀，难以成为主流的政治术语。但是，与公平和公正相关的“平等”概念，却在中国19及20世纪之交的曲折历史进程中被赋予了丰富的现代意涵。

在观念史研究中，“平等”是影响近现代中国的重要政治术语之一（金观涛、刘青峰，2010：608～610），“平等”概念的流变本身反映了彼时中国社会的变迁史。19世纪末期，随着各种西方思潮在中国的译介，西方社会的“平等”观念被严复视为中国封建传统中“三纲”的对立物。1895年严复在天津《直报》上发表《论世变之亟》一文，描述中国正在经历的巨变，并比较了中西方社会的各种差异。在讨论自由概念的时候，提到“中国最重三纲，而西方首明平等”，代表了中国传统伦理与政治秩序的三纲五常与西方社会的平等观念之间存在差异，并反映在了两种文化对自由的不同理解中。

进入20世纪，新文化运动带来了“欧风美雨”，传统文化受到空前质疑。“平等”一词开始在司法领域大量出现，如对经济权和政治权平等的强调，以及对男性和女性性别平等的呼吁。对权利平等的追求成为“新术语”，与传统中的用法相比存在较大的区别。尤其值得注意的是，在20世纪30年代的社会思潮中，“平等权”（right of equality）虽然代表了国家间的“平等”，但是在彼时的世界却存在帝国主义强国欺凌弱国的事实（孙志会，1933：56）。《新主义辞典》的编纂者孙志会对理应平等却实则不平等的“平等权”所展开的批判，反映了20世纪初期的中国在国际现实中遭遇的困境和挑战，这一时期也出现了大批研究不平等条约的书籍。

20世纪80年代，罗尔斯的《正义论》（1988）由何怀宏等学者翻译出版，率先在政治哲学和伦理学领域引起了对公平和正义问题的讨论，不同领域的学者围绕西方的实质和形式正义进行了许多有益的探索（何包钢，1988；顾速，1994；韩震，1995；朱士群，1995）。20世纪90年代，除了对元理论的研究和考察外，对中国社会公平和公正问题的研究多聚焦于重点民生领域。这一具有范式转型意义的变化，本身便意味着中国社会正在经历巨大变革。1978年的改革开放是重要的历史节点，中国社会由此迈入高速发展时期，计划经济体制向社会主义市场经济体制的转变，带来了结构性的社会转型与社会变迁。但是，在各个领域取得惊人发展成就的同时，也衍生了一系列亟待解决的社会矛盾与冲突，贫富差距问题、阶层结构问题和“效率优先、兼顾公平”的讨论成为彼时学者们争论的焦点。

20世纪末期，许多结构性的社会变迁引发了人们对中国社会“是否出现了两极分化”“是否出现新的资产阶级”等疑问。因为对社会利益关系的合理调节，尤其是阶层关系的调整成为社会发展和稳定的重要机制（李培林，1995a）。并且，虽然经济收入是经验研究中重要的指标，但是对“社会公平”的理解不能纯粹局限在经济维度和收入分配领域，社会公平既有共同价值作为基础，也应体现发展机会的平等。更重要的是，它本身代表了一种二次调节的制度，旨在弥补市场本身的局限（李培林，1995b）。这种阐释突出了公平问题在中国情境中的复杂性，需要避免从法律、经济和市场单一维度来理解社会公平，而应立足中国社会发展现实，综合性地通过阶层关系和变化考察社会公平，并将利益和关系调整当作实现社会公平的政策机制。

在21世纪的发展中，公正、公平和正义成为和谐社会与社会主义核心价值观的重要组成部分。十六大以来，构建和谐社会是开创中国特色社会主义事业新局面的重要战略任务，公平正义是和谐社会的基本特征之一。十八届三中全会将促进社会公平正义、增进人民福祉作为全面深化改革的出发点和落脚点。社会公平和正义不仅成为各学科关注的重要主题，也被日渐纳入国家的社会政策话语体系中去。

事实上，对社会公平和公正研究话语的拓展，以及在社会机制和制度层面的探索，本身就是以现代社会政策在中国的发展和演进为历史背景（吴忠民，2004）。一方面，对于维护社会稳定和促进社会的繁荣发展，公平和公正问题在社会政策层面日益受到重视，出现了许多体系化和系统化的研究；另一方面，社会政策本身也在由传统模式向现代社会模式转变，对公平与公正的追求和落实，体现在由此形成的国家法律、法规中（李培林，2006）。社会公平和公正的研究实践与中国社会改革发展的历史进路紧密相连，作为有中国特色的当代探索，丰富了全球化背景中社会公正的多元文化阐释研究。

二　古代思想中的公平与公正观：从“以礼分施”到“均平”社会

当代学者多从日常生活、制度原则和价值理念来理解公平、公正和正义的区别与联系。虽然在用词与表述上会和这些词的现代概念不同，但是古代社会的公平与公正思想，同样体现在社会的制度安排与价值理念的设计中。先秦时期诸子百家的社会思想，对社会公正的性质和实现方式也存在多元化的讨论。并且，许多思想在发端时期便达到了相当的高度，一直为后世所推崇和拓展。汉代大一统的思想确立之后，各家思想对社会公正的阐释，逐渐融合进儒家思想的基本框架中。

中国古代对社会公平和公正的认识，可以从实现方式、实现原则和实现目标三个方面进行考察。其中，既包括对个人行为的道德规范和约束，也包括对社会关系和矛盾的调融中和，以及在制度设计中体现公正和平等的价值原则，进而勾画出理想大同社会的设计蓝图。在儒家思想体系中，仁义和礼义不仅是社会秩序重建的基础，也是实现社会公正的价值核心与制度保障，具体通过“以礼分施”的分配原则，实现各得其分与中和为乐的均平乃至大同社会。

作为儒家思想的代表，孔子的社会公正思想具有一定程度的复杂性，有学者认为它们在孔子这里更多地表现为隐概念和隐问题（赵昆，2016）。事实上，虽然孔子并没有直接对公平和公正展开讨论，但是在《论语》中，他与弟子们的多处对话却表达了社会公平和公正的思想。其中，“仁义”是孔子社会公正思想的核心，并具体表现在“仁义中和”的伦理价值与以“盖均无贫”为分配原则的理想社会中。

面对“礼乐崩坏”的春秋末期，孔子提出“克己复礼”的思想，向“礼”和“仁”回归。“克己复礼为仁。一日克己复礼，天下归仁焉”（《论语·颜渊》），即个人通过对自我的约束，践行仁道。孔子的学说被称为“仁学”，“仁”作为为人处世的道德伦理原则，在孔子思想中的重要性不言而喻。在一个公正的社会中，要实现社会关系的调融，约束人的行为和规范，“仁义中和”是需要实施的道德原则与价值目标。孔子认为“礼之用，和为贵”（《论语·学而》），即礼的运用，贵在能和，并且大事小事都要以此为方法，追求中道与中和目标的实现。

对于均平的理想社会，《论语·季氏》中孔子与冉有的对话，涉及对多寡、贫富与均平的讨论。其中，“不患寡而患不均，不患贫而患不安。盖均无贫，和无寡，安无倾”描述了分配的公平与公正，成为后人理解孔子社会公正思想的起点。值得注意的是，这里对“均”的理解，存在财富平等和各得其分两种解释。首先，钱穆和杨伯峻等人将其解读为经济领域的事务，诸侯大夫关注的事情不应该是财富不多，以及境内人口太少，“只需要着急财富不均”和“境内不安”。如果财富平均，则无所谓贫困；境内和谐，则不会觉得人少；境内平安也不会有倾覆的危险（钱穆，2002：458；杨伯峻、杨逢彬，2009：200）。其次，程树德根据考证认为，“不患土地人民之寡少，患政理之不均平”，只有做到了“政教均平，则不贫矣。上下和同，则不患寡矣”，故而“均”在于各得其分（程树德，1990：1138）。前者侧重强调财富数量上的“平均”与“平等”，而后者更强调分配的正义。综合起来看，因为经济和政治本身存在紧密的关联，“均平”在历史演变中由经济的小概念，拓展为蕴含了政治思想内涵的大概念，施政的“均平”包容了经济的“均平”概念。

各得其分的均平思想还体现在古代对大同社会的构想中。西汉的《礼记·礼运》托孔子之名，提出了一种“均平”的大同社会理想状态。“大道之行也，天下为公，选贤与能，讲信修睦。故人不独亲其亲，不独子其子，使老有所终，壮有所用，幼有所长，鳏寡孤独废疾者，皆有所养。”在理想状态的社会中，要实现安居乐业与社会和谐，意味着不分长幼和男女、孤独废疾，每一个人都能各得其分地找到自己的位置和归宿。因为存在不同的群体和阶层，有学者借鉴费孝通的“差序格局”，认为这里存在一种差序化的两分正义。一端表现为顶层的天下为公和选贤与能，另一端则表现为对社会底层的关注（何怀宏，2011）。《礼运》中“大同社会”的理想愿景，持续影响了后世人们对美好社会的想象与追寻，甚至在近代成为空想社会主义的传统思想来源。

此外，在一些具体的社会领域，也蕴含了孔子的公正思想。例如教育方面的“有教无类”（《论语·卫灵公》），强调不分贫贱富贵和资质上的差别，每个人都应该有学习和接受教育的机会，表达了孔子公正和平等的教育观。并且，孔子本人也亲自实践这种“人只该有教化，不再分类别”的教育理念，与隋唐科举制出现前强调出身和门第的精英教育和门阀制度不同，孔子的弟子中既有贵族和富人，也有普通的庶民（钱穆，2002：452）。

在荀子的社会公正思想中，“礼”同样居于核心的地位，它是实现社会秩序重建的基础。荀子在《君道》中提到的“以礼分施”，“礼义”不仅是实现公平和公正的制度准则，荀子甚至将它作为治理天下的根本性原则。以“礼义”作为制度原则，其出发点是荀子对人性所做的判断。在《荀子·礼论》中，荀子谈到了关于“礼”的起源问题，认为“人生而有欲，欲而不得，则不能无求，求而无度量分界，则不能不争；争则乱，乱则穷。先王恶其乱也，故制礼义以分之，以养人之欲，给人之求，使欲必不穷乎物，物必不屈于欲，两者相持而长，是礼之所起也”。与孟子的性善论有所不同，荀子面对人本性中的欲望和追求，强调需要通过制定“礼义”来确定人们的名分，调节欲望和物质需求之间的平衡，以应对人因为无法满足欲望而带来的穷乱问题，这也是礼的起源。

同时，荀子对公平原则的解释强调不能以平均主义进行分配，而是认为应该有差别。荀子引用《尚书》的“维齐非齐”，辩证地认为“要做到整齐划一，关键在于不整齐划一”，无差别的平均主义在荀子的阐释中反而会带来消极的后果。《荀子·王制》中提到：“分均则不偏，势齐则不壹，众齐则不使。有天有地，而上下有差；明王始立，而处国有制。夫两贵之不能相事，两贱之不能相使，是天数也。势位齐，而欲恶同，物不能澹则必争；争则必乱，乱则穷矣。先王恶其乱也，故制礼义以分之，使有贫富贵贱之等，足以相兼临者，是养天下之本也。”显然，在平均主义的状态下，人们的地位相等，难以团结形成合力，且喜好和厌恶相同，而财物却不能满足需要，由此带来的结果势必会引发争夺和社会混乱，甚至给国家带来危机。因而，要以“礼义”根据职业分工、等级名分和地位差别来进行分配。

通过“以礼分施”，在名分和职责的分工上“农分田而耕，贾分货而贩，百工分事而劝，士大夫分职而听”，则“天下莫不平均，莫不治辨”（《荀子·王霸》）。“平均”在这里并不是平均主义，而指按职业分工进行利益分配（黄玉顺，2012）。“均”的政治表现为，它含有明确的等级秩序，贵贱高低不同，所得惠利与所承担的义务也相应不同（何蓉，2014）。此外，“平均”还意味着礼义实施之后的社会和谐状态，可以对国家和社会实现有效的良治。值得注意的是，孔子的“仁义”或者荀子的“礼义”，并不是一般意义上的公正，“礼”确立了等级和名分，它们是公正的前提

(程立显，2002：159)。名分不同则等级也不同，这种存在等级制度的公正观反映了中国古代宗法社会的特点。

在实现社会公正的政治制度构想中，管子的理念表现得较为系统，他综合了道家与法家思想，强调国家治理中制度公正的重要性，“正者，正也”，“明正以治国”(《管子·法法》)，施政即意味着公正。《管子·明法解》中也多次提到了法律和政治中需要奉行的公正原则。例如，“私意者，所以生乱长奸而害公正也”，“权衡平正而待物，故奸诈之人不得行其私”，“公平而无所偏，故奸诈之人不能误也”。在管子这里，“法度”是治国的根本，“故法度行则国治，私意行则国乱”，“私意”可以带来祸乱，滋长奸邪而危害公正。在治奸和抑私上，坚持权衡公正的处事原则，则奸诈之人没有行“私意”的可能，国家也能实现良治。并且，对治国者应具备的政治道德的要求在于统一法规和建立公正的准则，即“有权衡之称者，不可以欺以轻重”。

在儒家思想中，公正的“法度”是制度原则，“以礼分施”是分配方法，“盖均无贫”则是理想的社会目标。后世的社会公正思想以此为基础，在不同领域进行实践与拓展。面对社会贫富分化加剧的问题，汉代的董仲舒提出了“调均”的经济思想，以实现“富者足以示贵而不至于骄，贫者足以养生而不至于忧”。针对民生相关的土地、赋税和徭役，历代的统治者在制度设计中都加入了“盖均无贫”的考量。“均平”虽然存在宗法社会的差序和等级，却是古代朴素社会公平与公正思想的体现。

三　传统乡土社会的公平公正：从家训到乡规民约

如果国外学者对中国公正和正义观进行研究，则会注意到它们作为道德伦理的普遍主义特征，一直贯穿在中国社会中。迪莉娅·琳（Delia Lin）认为中国的“正义”存在“高正义”（high justice）与“低正义”（low justice）两种形式。前者是社会结构中事关道德至上价值的道德原则，蕴含在中国词语“义”与“正义”的表达中。“义”代表了所有道德中的最根本原则。“低正义”则用来表示社会中一个理想的公平系统，“公”、“公正”和“公平”是“低正义”的表达，它指向社会公正治理的概念(Lin，2017：68)。日本学者沟口雄三通过对中国“公”与“私”概念的研究，认为中国历史传统的独特性在于，公私具有背反的伦理性，且这种伦理性成为具有普遍主义特征的价值（沟口雄三，2011：11）。

事实上，除了在儒家意识形态、制度设计与理想社会蓝图构建的顶层设计中表达公平、公正的价值理念，“低正义”在社会治理领域也具有一定表现。在传统中国的乡土社会中，大量具有地方性特征的家训族规、民间法、习惯法或者乡规民约对于维护道德风气、地方秩序、地方和谐与社会发展，在历史上发挥了相当重要的作用，尤其是乡规民约的制定和实施，它以地方公约的形式协调人际关系，解决社会纠纷，发展公共事务，等等，在地方社会发挥了一定的法律功能。在当代的乡土社会治理研究中，乡规民约实现地方社会整合的功能也越来越受到研究者的重视（王铭铭、王斯福，1997；赵旭东，2003）。

中国古代有制定“家训”的传统，如《颜氏家训》和《朱子家训》等，一些名篇已经成为经典文献，为《四库全书》所收录。其中，《颜氏家训》对后世的影响极大，甚至在文体上确立了“家训体”的写作方式。《颜氏家训》的二十篇内容涉及儒家伦理的立身、齐家、交友、处世、治学、训诂等，目的在于“述立身治家之法，辨正时俗之谬，以训诸子孙”（赵振，2014：4）。公平观与公正观在传统家训中是重要内容，特别表现在家庭财产与利益分配的经济领域。此外，虽然家训代表了以家庭为单位的伦理教化，但是其内容核心是有外延至社会和国家的。因为封建社会存在家国一体的政治结构，传统的家训中也会包括政治伦理的意涵，这本身也是儒家伦理要义的体现。如“公忠体国，公正无私”及“秉公执事，公正无私”的政治伦理道德（戴素芳，2008：210）。公平、公正的伦理道德以家训的方式对个体进行教育，实际上也是一个价值传递与内化的过程。

与此同时，宗族是中国乡土社会的基本构成，家训也极易发展为适用对象及适用范围更广的乡规民约。许多乡规民约的出现，本身便是儒家道德伦理的地方实践表现。宋代陕西蓝田的《吕氏乡约》，被认为是中国最早的成文乡约。它在德业相劝、过失相规、礼俗相交和患难相恤四个方面，制定了许多具体的规条和明确的惩罚措施。并且，为了保证乡约实践的公正性，乡约中还设立了“约正”的职位，由众人认可的正直不阿者担任，专门确保赏罚的公正性。此外，乡约中还设计了“直月”一职，即不以辈分和资历选择任职者，一月一换，负责乡约实施过程中的日常事务。对于国家力量难以触及的乡野，乡约代表了一种获得共识的集体道德伦理。

在这里，乡规民约并不是简单地从日常生活中的习惯法转变为一种地方性的成文法，而在于它已经成为地方社会里一种表现和实现公平、公正的制度化实践。不同于靠国家权力来推行的法律，中国传统的乡村秩序表现为“礼治秩序”，它通过“礼”这种社会公认合适的行为规范来维系（费孝通，2007：48）。在追求“无讼是求，调处息争”的传统乡土社会，作为“礼”的载体和表达，乡规民约在正式的法律制度之外，它对于调解纠纷、解决矛盾发挥了积极功能，对地方社会的重要意义不言而喻。

这种通过乡规民约来维护和实现社会公正的方式，在有东方主义取向的法学观点中，或许会认为法律在中国民间社会是“缺失”的。然而，在中国乡土社会的运行和实践中，通过家训来传递和内化蕴含在儒家伦理中的公平、公正价值，以及通过宗族或者村落共同体制定的“公约”来调融社会关系与矛盾纠纷，则代表了实践“另一种社会公正”所产生的地方性知识。

四　近现代思想中的美好社会：从天下为公到世界大同

在中国漫长的历史中，对社会秩序与好社会（good society）的追寻贯穿了中国哲学的历史（Lee，1995：125）。中国历史上对好社会的追寻蕴含了许多与公平、公正相关的理念、观点和实践，在后世不断被人们阐释和再阐释。《礼记·礼运》是古代“天下为公”思想的原点，它吸收了先秦诸子百家的大同思想，为“选贤与能，讲信修睦”“各得其所，各安其分”的大同社会定下了均平的基调，后世的理论和思想以此为基础进行不断深化和探索实践。历史上许多农民起义和运动的发生，尽管在宣扬理念和口号上存在差异，如历史上出现的“均贫富”或者“均田免粮”，但大都会将实现均平的大同社会确立为目标。作为古代理想社会的经典原型，“天下为公”与“大同”的思想在漫长的历史流变中不断被赋予新的意涵，并在近现代完成了具有世界主义特征的公平公正观再造。

19 世纪末康有为的《大同书》，借孔子之名，提出了人类的历史进化论。康有为借用儒家经典《公羊传》中的“三世”说，指出人类社会由乱世向升平的“小康之世”和太平世发展，其中的“大同之世”即最后阶段的太平世。从人生和社会苦难讲起，康有为在太平世中设计了一个无差别和无等级的理想社会，政治制度、等级制度、人种差别、性别不平等、家庭亲属关系和私有财产等在太平世中统统不复存在，并且诸种“不平、不通、不同、不公”的法律也将彻底消失。

《大同书》虽然被称为“空想”之作，甚至被视为中国空想社会主义的发端，但康有为在“大同之世”中表达的公平和公正思想不乏闪光之处，与彼时三纲五常的封建伦理相比，其代表了积极的进步思潮。在谈到“阶级之苦”的时候，康有为认为，“人皆天所生也，同为天之子，同此圆首方足之形，同在一种族之中，至平等也”（康有为，2010：59），表达了人人生而平等的进步主张。在《大同书》设计的“人类平等进化表”中，“女子有独立权，一切与男子无异”和“男女平等，各有独立”，是太平世这一“人类齐同无级”世界在性别平等上的表现（康有为，2010：80）。此外，在对太平世政治体制的设计中，为了体现世界公正原则，在制度上通过成立公政府去除国界，进而达到“无邦国，无帝王，人人相亲，人人平等，天下为公，是谓大同”的理想境界（康有为，2010：222）。

显然，康有为的“大同之世”与《礼运》所表达的各得其分的理想大同存在较大的区别。《礼运》对均平社会的构想，以封建社会伦理中的差序和等级作为实现公平和公正的基础性前提，在荀子等人的思想中，这种名分等级甚至成为以礼分施的制度标准。但是在世纪之交的《大同书》中，康有为糅合了传统儒家思想和西方社会思潮，塑造了一个无差序和无等级，人人、社会和国家皆平等的太平世，封建伦理的等级秩序本身成为需要消灭的目标。

同为维新派的代表人物，梁启超在《欧游心影录》中认为，“世界大同”还为时尚早，国家一时不能被消灭。现实情境下重点在于建设“世界主义的国家”，要放弃偏狭的旧思想，在爱国的同时，“一面不能知有国家不知有个人，一面不能知有国家不知有世界”（梁启超，2001：3486）。在国家之下，每个人发挥自己的天赋能力，可以对世界人类全体文明有所贡献，梁启超对个人权利和国家民族平等的强调在当时的环境中更具现实意义。

值得注意的是，儒家的“大道之行，天下为公”思想同时启发了近现代的思想家和民族资产阶级革命者。在孙中山的以民权主义、民生主义和民族主义为基本纲领的“三民主义”思想中，将实现“大同”作为中国四万万人的大责任，认为“我们要将来能够治国平天下，便先要恢复民族主义和民族地位。用固有的道德和平做基础，去统一世界，成为一个大同之治”（孙中山，1981：253）。

一方面，作为一种理想的社会制度，孙中山实际上设计了一个分两步走的实践计划：中华民族的独立本身是需要率先完成的前提目标，在中国的大同实现之后，才能去追求世界的大同。因而，作为对清末以来频频遭受外辱的国内与国际现实的回应，孙中山的大同世界实际上蕴含了强烈的民族主义色彩。

另一方面，孙中山设计的第二个阶段的大同具有世界主义的价值取向。事实上，在同盟会成立之初，孙中山在介绍“大同主义”的时候，将它译作英文的“Cosmopolitan”，并谓之为自己所主张的“世界大同主义”（冯自由，1945：216）。在今天的英汉译法中，“Cosmopolitan”含有形容词性短语的“世界主义的”、“世界性的”和“四海一家的”之意，以及名词性短语的“世界主义”和“世界主义者”之意。这里孙中山与梁启超的观点相近，作为一个终极目标，实现这种世界大同主义绝非易事，只有中国自身取得民族解放和独立，而后才有余力去追求世界的“大同之治”。

因而，在孙中山的大同思想中，在国家与世界两个维度体现了公平与公正的价值观。首先，对政治平等和经济平等的追求，民权主义和民生主义分别对应了国内的政治革命和经济革命。前者需要让人民拥有参与的权力，通过民权主义实现“公天下于民”；后者则意味着在财产领域进行平均分配的经济革命。事实上，在同盟会初创时确立的四条宣言中，最后一条便是涉及经济领域的平均地权，强调国民平等享有文明的福祉，同时需要改良社会经济组织，核定天下地价。对于土地在革命进而社会改良进步后的增价，归于国家，为国民所共享。其次，民族主义包含了民族独立、民族平等、民族合作与民族共荣四部分的内容。世界大同的到来，前提条件是民族独立与平等，并通过合作共荣走向最终的大同。

从天下为公到世界大同，公平与公正思想在近现代的发展中被注入了新的内涵。一方面，它们继承、拓展和发扬了中国传统文化中的大同思想，各得其分、各安其所、人人平等的理想社会亦是近现代思想家和革命者们追寻的目标。另一方面，在新旧世纪之交的发展嬗变中，公平与公正思想被纳入了世界主义的范畴，“大同之世”与“世界大同”代表了中国版本的美好社会蓝图，以及从中国走向世界的期许。近现代的公平公正观与封建社会中等级化的“均平”观不同，不分国家、性别、族群的平等代表了新的价值取向。作为革命先行者，孙中山的革命思想博大且庞杂，但是“平”是其最为核心的理念追求之一，1921 年孙中山在上海发表演说，强调“我人所抱之唯一宗旨，不过平其不平，使不平者底于平而已矣”。

五　公平公正的现代探索：从按劳分配到共同富裕

随着中国新民主主义革命取得胜利，1949 年之后中国社会由半殖民地半封建社会正式进入新民主主义社会。为了建立社会主义的基本制度，20 世纪 50 年代国家开始了一系列的社会主义改造，中央颁布了过渡时期总路线，通过对农业、手工业和资本主义工商业的改造，使中国由新民主主义社会进入社会主义社会。

在漫长曲折的革命建设过程中，对社会公平和公正的探索也进入了新阶段。首先，中国共产党的革命实践继承了孙中山未完成的事业，通过新民主主义革命终结“双半社会”，推翻帝国主义、封建主义和官僚资本主义的“三座大山”，实现了国家与民族的独立。孙中山的“天下为公，世界大同”思想，第一步计划便是取得民族独立和解放，这也是构成实现中国社会公正的根本性前提。

其次，在政治领域，人民获得了广泛的参与政治民主的权利。在经济领域，则通过三大改造，完成生产资料公有化，为实现社会公正奠定基础。在分配原则上，毛泽东的社会主义建设思想一方面强调“按劳分配”与“等价交换”原则，它们“是在建设社会主义阶段内人们绝不能不严格遵守的马克思列宁主义的两个基本原则”（毛泽东，1996：8）；另一方面又注重调节国家、集体和个人的利益，并表现为一种“兼顾”的原则。在社会主义公有制的基本前提下，三个主体间的利益实际上存在一致性。

1956 年，毛泽东《论十大关系》的发表，标志着系统探索中国社会主义建设道路的开端。在经济建设方针部分，作为社会主义物质利益关系的处理原则，要做到“三兼顾”，而不能只顾一头。

这两个分配原则明确表明了毛泽东对“平均主义”的拒绝态度。毛泽东认为在社会主义建设时期需要避免和纠正平均主义倾向和过分集中倾向。在按劳分配的原则下，强调多劳多得，生产队和个人的收入应当有所差别。事实上，早在 20 世纪 20 年代的土地革命时期，毛泽东便对绝对平均主义进行批评，将其视为手工业和小农经济的产物。绝对平均主义“只是农民小资产者的一种幻想；就是在社会主义时期，物质的分配也要按照‘各尽所能按劳取酬’的原则和工作的需要”（毛泽东，1991：91）。

最后，毛泽东的公平公正观还反映在文化教育和男女平等等领域。在文化教育方面，要求保障和扩大普通民众接受教育的权利。1949 年发布的《共同纲领》，明确“民族的、科学的、大众的文化教育”为新民主主义文化教育的基本方针。在教育普及方面，通过扫盲运动降低文盲率，并于 1955 年取消带有一定特权象征的干部子弟学校。1956 年之后，中国从新民主主义向社会主义转变，社会主义教育事业的方针为“应使受教育者在德育、智育、体育几方面都得到发展”，将培养有社会主义觉悟的有文化的劳动者当作目标。这不仅强调了教育的大众化，还突出了通过教育实现全面发展的意涵。

在男女平等方面，毛泽东对推动中国妇女解放事业和发展做出了诸多贡献，早在创办《湘江评论》时期他便发表了许多探讨妇女解放的文章。在《女子自立问题》（1919）一文中，毛泽东指出男女在诸多领域存在差别，原因在于“社会罪恶”，妇女解放要从社会和教育入手，重中之重则要实现妇女的经济自立。事实上，毛泽东对女性在中国旧社会的地位和不平等形成的原因有着深刻系统的认识。1927 年毛泽东发表的《湖南农民运动考察报告》，所列举的十四件大事中，推翻族权、神权和男权位列第七。毛泽东认为随着农村经济的日益破产，夫权发生动摇，妇女地位提升的机会已经到来。1949 年之后，新中国通过制定《婚姻法》和宪法，规定女性在政治、经济、文化、社会和家庭方面享有与男性平等的权利。“男女平等，同工同酬”“妇女能顶半边天”等口号，成为新时代的强音。

随着对中国国情与社会现实的深入理解，可知 1981 年党的十一届六中全会通过的《关于建国以来党的若干历史问题决议》首次提出了著名的“社会主义初级阶段”理论。邓小平在十三大召开前夕，明确了我们还处在不发达的社会主义的初级阶段，一切要从这个实际出发，根据这个实际来制定规划。同时，解放和发展生产力成为社会主义建设的首要任务。“贫穷不是社会主义，社会主义要消灭贫穷”，不断发展生产力，提高人民的生活水平（邓小平，1993：116）。显然，要实践社会公平、公正理念，贯彻公平、公正的措施和原则，对国情与社会现实的综合客观判断，构成了重要的“实际”出发点。

在社会公正的分配原则上，邓小平多次提到了“按劳分配”。在按需分配、各尽所能的共产主义高级阶段实现之前，按劳分配是社会主义初级阶段一项需要坚持的原则。根据贡献大小进行分配，不能只按政治或者资格进行分配，要做到“有奖有罚，奖罚分明”，以鼓励大家上进为目的（邓小平，1994：102）。更为重要的是，“按劳分配”的意义显然并不只是一种分配方式，它还代表了实践社会主义公正原则的调控方法。在《建设有中国特色的社会主义》一文中，邓小平指出资本主义道路固然可以使少数人富起来，但是解决不了绝大部分人的生活富裕问题。“而坚持社会主义，实行按劳分配的原则，就不会产生贫富过大的差距”，在生产力提高之后，也不会出现两极分化（邓小平，1993：64）。

同时，邓小平还发展了毛泽东的共同富裕思想。强调“社会主义的本质是解放生产力，发展生产力，消灭剥削，消除两极分化，最终达到共同富裕”（邓小平，1993：373）。并且，要避免两极分化，平均发展并不能实现共同富裕，“大锅饭”和“平均主义”只会带来共同落后和共同贫穷，不仅人民的积极性难以调动，生活水平也难以得到改善，更难言生产力的激活与发展。尤其值得注意的是，共同富裕虽然是原则，但是在区域和先后顺序上存在区别，先富裕的地区和人将发挥带动作用，这种方式可以实现共同富裕的加速发展。在社会经济快速发展的过程中，也出现了对经济效率与社会公平之间张力的讨论，并提出了“以经济效率优先，社会公平逐步解决”的主张。

新民主主义革命取得胜利之后，从毛泽东到邓小平，对社会公正的探索同时也是马克思主义中国化的实践。社会公正具有社会性和历史性，因为社会发展阶段和生产力水平的不同，公平和公正实践原则与实现方式也存在不同程度的差异，甚至在目标上也存在阶段性特征。对社会主义初级阶段的认识，发展重心开始转向发展生产力与经济建设领域。邓小平继承和拓展了毛泽东的社会公正思想，在坚持按劳分配，反对平均主义的同时，把共同富裕作为社会主义的目标与发展方向。并且，共同富裕并不是一个均质和匀速的发展过程，面对其中的差距、差别和可能存在的矛盾，通过允许一部分人先富起来，进而发挥带动作用的方式，逐步实现共同富裕。

六　结语

公平与公正问题是全球社会发展面临的共同挑战，对它们的理解和考察也成为全球社会科学的目标。对社会公正和公平的认识，由过去的一元论转变为结合多元文化和历史情境的理解与阐释，并强调社会公平和公正话语形成的历史动态，以及发展和演变过程中蕴含的社会性。这种多元文化阐释为我们理解中国情境下的社会“公正”和“公平”概念，以及它们的历史与流变提出了要求。

公平与公正在中国作为基本的道德伦理具有普遍主义的特征，同时又兼具开放性，在历史发展过程中不断吐故纳新。一方面，在中国漫长的历史中，围绕公平与公正形成了丰富的阐释与思想史传统，加上家训与乡规民约的地方性实践，许多思想和理念为后世所继承与拓展。另一方面，近现代以来，随着中国与世界的接触增多，中国对古代“天下为公”和“大同”思想的创新与突破，提出了实现民族解放和独立，追求“世界大同”的平等诉求，中国对公平、公正的阐释也开始具备了世界主义的内涵。

这种吐故纳新并不是在封闭的思想体系中孤立地发展中国版本的社会公平与公正。事实上，康有为在写作《大同书》时，以戊戌变法失败后其游历欧美和日本为背景，写作中糅合了传统大同思想、空想社会主义和西方进化论等元素。孙中山的“三民主义”与世界大同革命理论，既是对古代“天道之行，天下为公”思想的继承，也受到俄国社会主义革命的影响。毛泽东和邓小平对社会公平的现代探索，结合中国社会现实展开的实践，本身也代表了一种马克思主义的中国化。

最后，在中国传统思想文化中，关于公平和公正的内容非常丰富。它们并不是停留在历史中过时或者固化的思想，反而在新的历史情境下存在激活与再造的可能。对未来社会公正观的建构，从传统文化中汲取有价值的成分，完成活化与转化将是重要的工作。

俄罗斯社会思想中的公正问题

车尔尼什（M. F. Chernysh）

公正通常被人认作俄罗斯文化最基本的部分之一。但是，对“公正”这个词的起源及其相关含义进行分析后发现，它成为语言的一部分似乎相对较晚，且在俄罗斯历史的不同时期，其定义也不尽相同。最初，公正被认为是上帝意志在世上的体现，象征着上帝存在于人们的生活中，尤其存在于最有影响力的人们的生活中，即君主及其信任圈中。而在新时代，“公正”一词的本质也发生了变化，其解释为纠正邪恶和不公正的政治意愿。这意味着公正体现的是社会关系的人性化，尤其是在不同阶层的交往中。直至20世纪初，人们才对阶级社会的观念提出了质疑。人们认为阶级秩序并不公平，并在1917年社会主义革命后立即废除了阶级秩序。在苏联时期，公正通常等同于平等，而在苏联时期即将结束之时，则被认为等同于合理的平等。现在，普通民众对“公正”一词的定义不尽相同，有时甚至相互矛盾，而这主要与各阶级和阶层的一般哲学态度有关。

一　俄罗斯文化中公正表征的起源

在当前的俄罗斯社会话语中，公正通常是作为一种传统观念出现，尽管在俄罗斯文化背景下其含义已加速变化，但仍反映出俄罗斯人民根深蒂固的愿望。如果情况确实如此，那么可以合理假设，涉及俄罗斯早期文化的相关资料中一定具有探讨公正特点的部分。但是，在研究这些资料后发现情况似乎并非如此。安德烈·尤尔加诺夫（Andrey Yurganov）认为，“信仰”和“真理”一直是俄罗斯文化领域中最重要的两个并列概念。但是，如果说“信仰”的概念相当简单明了，那么在不同时代，“真理”的概念对于同时代的人来说，始终具有不同的含义。毋庸置疑，“真理”确实与“公正”一词有关，但二者并不能画等号。伊凡·佩雷斯维托夫

(Ivan Peresvetov) 是16世纪的一位杰出人物，他曾写过两封请愿书给“恐怖的伊凡”（即伊凡四世），他在信中提出，对一个正统的基督徒而言，“真理”甚至比“信仰”更重要，而这正是与天主教徒的区别之所在。根据佩雷斯维托夫的说法，“真理”意味着“智慧”，代表的是基督在政府中的意志，因此真理是确保公正统治的一个必要条件。在颂扬“真理”时，佩雷斯维托夫却做得太过，甚至提出了异端的主张——将真理放在了信仰之前。为弄清佩雷斯维托夫赋予“真理”的确切含义，尤尔加诺夫在18世纪的档案文献中找到了以下定义：“真理——公正（作为正直之人的特征，也意味着行动和行为符合伦理和法律要求）；真理、美德、善行、正当、虔诚、维护神的戒律和个人职责、正确、公正、无罪、好名声、誓言、诺言、誓约、命令、戒律、决议（强制）、规则、整套规则、法律、协议、协议条款、法律、权利、权利认可、宣告无罪、法庭、法庭审判、审判权利、法律费用。”（Yurganov，1998：36）“真理”有别于“公正”的原因是真理结合了神圣与世俗、抽象与具体、观念与实践。一个人只有充满正义感和对真理的渴望才能被称为“真实”，但“真理”（如俄罗斯文化中的真理）同时也是法律，是社会运作的一套规则。在俄罗斯的文化领域中，公正被人视为真理的组成部分之一，因为只有拥有智慧，才能以符合精神生活规则的公正方式安排社会事务。法院及其整套的正式程序必须受到真理的启发，所通过的裁决不仅要符合文字要求，还要符合法律精神，但法律精神并非来自这个世界。

在现实生活中，中世纪及其他时期的俄罗斯人总是脱离公正原则。上层阶级从来不认为有必要依赖真理，相反，他们做任何决策都是出于自身利益，而忽略了那些处于他们社会阶层下方之人的利益。这是俄罗斯旅行家阿法纳西·尼基丁（Afanasy Nikitin）书信的主要内容。对于俄罗斯社会处处充满不公正的现状，尼基丁表示遗憾，这种不公正是由权力等级关系导致的直接后果。“真理”的精神层次结构与实际的权力结构之间存在差异，这就造成了一种矛盾，而这种矛盾就表现在社会中，尼基丁表示：“世界上没有哪一个国家像它（像俄罗斯）一样，虽然俄罗斯土地上的权贵（贵族）不公正，但请上帝保佑俄罗斯这片土地！上帝保佑！上帝保佑！世界上没有哪一个国家像它一样，虽然俄罗斯土地上的权贵（贵族）

不公正（不友好），但请让俄罗斯充分发展，让公正之风盛行。哦，主啊、主啊、主啊、主啊、主啊。”（Nikitin，1986：21）身在异国他乡时，尼基丁感到十分沮丧，他认为自己的祖国是个幸福之国，即使远离家乡，他也无法忘记贵族的言行举止所带来的不公正现象。他始终有一个愿望，那就是能够看到自己的祖国成为一个公正的国家，不公正之风能够得到修正。但是，如果抛开信仰，则不可能实现公正，并且在裁定判决时需要有一个真理基准，即一些可以信赖的原则，因此若没有对基督的信仰，则会出现这里有公正，那里无公正的情况。

在中世纪的俄罗斯，“公正”作为一个具有明确语义框架的概念出现在各类信件和信息中。在出现对公正有需求的同时，也出现了想要解释现有秩序与理想秩序之间差异的愿望。安德烈·尤尔加诺夫研究了费奥多尔·卡尔波夫（Fyodor Karpov）写的一些书信。卡尔波夫是古代王室血统的后裔，他给马克西姆·格雷克（Maksim Grek）、达尼尔（Daniil）主教和伊凡三世写过一些书信。与他同时代的所有人一样，卡尔波夫也从信仰及基本真理的角度出发，思考世界是如何运转的。他的社会思想似是而非地呼应了约翰·霍布斯（John Hobbs）的观点：政府是有必要存在的机构，而统治者有义务保护那些无法为自己抗辩的“无辜者”，使其不被判定为“有罪”。建立一个和谐的世界既符合统治阶层也符合人民大众的最大利益，但是，这种情况很少发生，而所谓的和谐更多的是一种理想，而不是已实现的状态。没有“仁慈”和“耐心”，政府便无法开创积极向上的局面。此二者皆可预防攻击等侵犯行为，而且，用现代的话来说，在做决定的时候，可降低情感作用的程度。非常奇怪的是，卡尔波夫是第一个提出了新“真理”和“可能的公正”二者仅有一部分存在重叠的文化准则之人，他表示：“没有真理的仁慈是懦弱，而没有仁慈的真理是折磨。”（Yurganov，1998：67）“真理”是“公正”的前身，是社会秩序所固有的。在这种社会秩序中，所有的一切都依据法律，依据普遍接受和社会认可的规则运行。没有真理，仁慈就变成了迎合，变成了对那些心腹朋友永无休止的让步，而抛弃了那些因环境而被排除在亲密可信之人的狭窄圈子之外的人。但是，如果没有真正的善意和高尚的行为相伴，使形式上的要求变得圆润，真理就会变成一个陷阱。卡尔波夫的推理暗示，事实和“真理”（或公正）是相近的，同时又与“仁慈”“信仰”等其他概念相联系。所有概念共同形成了一个语义系统，在这个系统中，生活中的各个领域都与其他领域相互作用，只有当所有这些概念全部汇聚到一个点上时，才能实现理想的状态，向社会展现智慧、耐心、仁慈和公正。

二　新时期俄罗斯公正观念的兴起

达尔字典是经典的信息来源，不仅为俄语中使用的主要单词提供了定义，还说明了应该如何使用这些单词，但达尔字典中完全没有“公正”之类的词。这并非偶然：在一个阶级社会中，人们一出生就不平等，因此，在这样的社会框架中，没有公正存在的空间。农奴制社会难道是公正的吗？对于这个问题，纵观历史，俄罗斯文化中最杰出人物给出的答案一直都是否定的：在一个社会中，如果一部分人直接依赖另一部分人，而一小部分人有权控制他人的生活，那么这个社会就是不公正或不公平的。其中的一位人物是亚历山大·拉季舍夫（Alexander Radishchev），他来自贵族家庭，是俄罗斯精英阶层的一员。拉季舍夫受过极其良好的教育，他至少懂三门欧洲国家的语言，并且曾赴德国留学。在德国，他接触到了欧洲教育家的作品，并开始喜欢上自由思想，在当时的欧洲社会，自由思想相当盛行。回国后，他成了政府的一名军职人员，任职期间，他出版了以他生活经历为创作背景的作品《从彼得堡到莫斯科旅行记》，该作品以当时流行的“感伤之旅”风格写成（Radishchev，2013）。以这类风格创作的作品至今仍享有盛名并被人不断重读，其中包括亚力克西·德·托克维尔（Alexis Tocqueville）的《论美国的民主》（*Democracy in America*）、劳伦斯·斯特恩（Laurence Stern）的《感伤之旅》（*Sentimental Journeys*）以及奥古斯特·德·卡斯特（August de Custine）对俄罗斯生活的一系列评论性作品。拉季舍夫并非随意选择评论的路径，这是一条贵族们经常走的路，而其中最重要的一位便是凯瑟琳二世，她注定会成为拉季舍夫评论的主要接收者之一。在这本书中，拉季舍夫将凯瑟琳统治下的俄罗斯描绘成一个没有公正的王国：农奴们为履行自己的职责，几乎昼夜不停地工作；而公务人员则公然无视自己的职责，面对刚刚离岸沉没的轮船，他们竟然完全不愿意做任何帮助船上水手之事；商人们则会简单地因为给高官送了礼而获得奖赏；贵族们毫无人情，贩卖农奴，像对待动物一样对待农奴，甚至对有救命之恩的人也是如此。拉季舍夫并没有隐藏他对现有社会秩序的观点：在他看来，当前的制度催生了不公正现象，并且不可避免地要为此付出代价。对这本《从彼得堡到莫斯科旅行记》所呼吁的公正，权力机构做出了应有的回应，结果就是这本书很快被禁，而它的作者拉季舍夫则被囚禁在彼得保罗要塞中。1790 年 7 月 24 日，拉季舍夫因破坏政治制度而被判处死刑，但凯瑟琳皇后随后取消了这一刑罚，改为将其流放到西伯利亚的喀山大教堂（Ilimsk Ostrog），为期十年。

拉季舍夫似乎是第一位指明必须恢复社会公正性，并由此证实其对现有秩序的批评完全合理的俄罗斯作家和政论家。社会充满了罪恶，国家以充盈国库的名义剥夺人民的财产、荣誉，有时甚至剥夺他们的生命。对此，你会如何反抗？只有专制权力本身在处理国家内部事务时，才会保持距离，保持客观。“因为我理所当然地认为，只有专制政府才能保持对他人的客观性。但是，我能成为捍卫它的人吗？我可以向中央政府控诉。详细叙述整个事件，揭露法官的不公，表现受难者的无辜。但是，没有人会接受我的控诉。有人会问我有什么权利这样做，他们会要求我提供授权委托书。是什么给我的权利？答案就是人类的苦难。人们被剥夺了财产、荣誉、半条命，而为了逃避被处以监禁的惩罚，人们被迫自行流放。我为什么需要授权委托书？谁给我授权？同胞们受苦受难这难道还不够吗？即使这是不公正的。他们是人——这就是我的权利，这是你要的授权委托书。”（Radishchev，2013：20）因此，只要中央政府意识到自己的具体违法行为，公正就可以成为现实。但是，如果受害者不具备影响力，不能自由地上诉到中央政府，除了与腐败的地方政府交涉之外别无其他选择，那么中央政府就不会意识到这些违法行为。在这种情况下，根据拉季舍夫的说法，政府的公正体现在任何公民都能够承担自己的责任以及向中央政府上诉上，而且公民身份本身就是公民主张恢复公正性以及确保公正性得到实际恢复的正当理由。因此，只有当公民得到他们应得的权利，即具有向代表他们最大利益的政府上诉的机会，俄罗斯政府不公正的陋习才能得到纠正。除中央政府以外，在任何其他机构都不愿意履行职责，或者出现严重违规的情况下，向中央政府上诉属于必要之举。但是，只有当中央政府对公民开放，愿意倾听任何准备说出暴行真相之人的意见，而且能够对接收到的信息做出响应并惩罚罪犯时，公民才能够向中央政府上诉。但是，如果政府不愿意倾听公民的申诉，把愤怒的矛头指向那些申诉之人，而不是指向那些有罪之人，那么这将是另一番完全不同的景象，而这违反了圣经中描述的基本公正原则："基督教法战胜了酷刑，压制了施刑者，而且目前已实践证明：对思想和意见的迫害不仅无法根除这些思想和意见，反而确实有助于它们的强化和传播。亚挪比乌（Arnobius）当然是反对迫害和酷刑。""有人说，他宣称如果元老院下令根除那些用来强化基督教信仰的经文，则将对国家有利，因为这是驳斥古代宗教的重要性。但是，宣布经文非法以及渴望根除那些众所周知的事务并不是为了保护神，而是代表对揭示真理的恐惧。"（Radishchev，2013：76）拉季舍夫深信，在政府和社会发生互动的边境域，公正问题通常会变得激烈。当政府与所有群体的利益均保持相同的距离时，当政府认为自己有责任保护其公民的利益时，政府就成为公正的化身。就这方面而言，拉季舍夫走在了他所处时代的前列，希望公民对公正的意识最终能够在社会上发展起来，让人们最终意识到，不只是权力阶层有权享有权利，王室的臣民也有权享有权利。如果政府违背公众利益，变得自私，对不公正情况漠不关心，那么公民就有权反抗政府。拉季舍夫勾勒出了一个可以公开讨论社会问题的全新环境。在此背景下，为推动社会秩序向着公正的方向发展，真正的问题不在于弄清含义相当模糊的"公正"一词的内容，而是在于需要纠正不公正的做法。

三　革命年代来临之际的公正之争

1901 年出版的《布罗克豪斯和叶夫龙百科词典》中将"广泛"定义为"公正"一词的特点。这种突出的不一致性，反过来导致不同哲学家对其做出了不同的解释。其中，斯宾塞（Spencer）的论证被奉为主要依据，他分辨了公正的两面：需要自由行动以及其他人对自由行动的限制，同时需要考虑他们的利益和权利。作者引用了斯宾塞的论证，而根据作者的说法，这种矛盾是通过采用不同方法中的不同途径来解决的。例如，古希腊人主要关注的是不平等，而功利主义和马克思主义则坚持平等的必要性，其事实依据是任何人都有幸福的权利，他们（功利主义和马克思主义信奉者）无法接受在追求幸福方面遭遇不平等。作者（所涉及的文章没有署名）坚持认为，解决社会中的公正问题取决于司法系统的工作效率，以及指导司法系统的相关法律，虽然这些措施还远远不够。作者引用了古罗马“良心审判”（诚信善意）的做法，例如，在被欺骗之人需要恢复其权利的情况下。公正成为讨论的主题，但只是暂时在哲学的语境下讨论，而不考虑革命之前俄罗斯社会固有的社会不平等。

这篇文章简要提到了弗拉基米尔·索洛维约夫（Vladimir Solovyov）在1894年发表的一篇题为《论公正》（An Argument about Justice）的文章（Solovyov，2012）。这篇朴实的文章值得特别关注，因为它揭示了在革命之前的时期，“公正”一词在语义上的细微差别。值得注意的是，索洛维约夫谈到了信仰问题，更具体地说，是关于崇拜、官方对正统基督教和其他宗教态度的问题，由此开启了关于“公正”探讨的序幕。在他看来，在这方面有必要遵守公正原则，而遵守公正原则的一个主要前提就是“己所不欲，勿施于人”。然而，这一原则虽然看起来不容置疑，但所有文明人的日常实践证明这一原则遭到了质疑。索洛维约夫的批评家中有一位名叫蒂霍米洛夫（Tikhomirov）的人，是一位保守的君主主义者，他建议索洛维约夫考虑进行某种思维实验，其目的是将这一原则应用于军事行动领域。思维实验则如：如果我们不希望敌军取得胜利，那么俄罗斯军队取得胜利还有理由吗？如果我们不愿意向敌人屈服，那么根据上述原则，我们自己应该也不希望在战争中战胜敌人。因此，蒂霍米洛夫认为，索洛维约夫对公正的理解的局限性显露无遗。

索洛维约夫本人认为蒂霍米洛夫的想法相当荒谬：在战争时期，双方都在竭尽全力削弱甚至铲除对方，这时候讨论公正合适吗？根据索洛维约夫的说法，真正的公正在于完全消除战争的可能性。这是公正支持者应努力寻求实现的目标，而不是展开所谓的“公正”军事行动，导致大量人员死亡。索洛维约夫和蒂霍米洛夫提出了一个问题，该问题后来在苏联时期得到了明确的回答：如果是以抵抗侵略者的名义发动战争，如果各国都是为自己的解放而战，那这样的战争就是公正的。苏联的这一观点确实含有一些无可争辩的逻辑：一个经历过可怕战争且随之发生过大规模种族灭绝的世界必须承认，那些为生存而战的国家非常有权以其拥有的任何手段发动战争。

索洛维约夫同样严厉地批评了他对手主张的反对宗教宽容的论点。蒂霍米洛夫认为，宗教宽容包含一个隐秘的动机，即承认基督教的反对者有权扩大他们的“忏悔空间”，因此这是向异教徒投降的号召，但是对于异教徒，基督徒必须无情地与之战斗。在索洛维约夫看来，这是一个错误的说法：在任何一个现代国家，人人都有权自由信奉祖先的宗教。这是因为对不同人而言，并非所有的宗教都具有同等的重要性，即使是容忍其他宗教的基督徒也总是比其他人更重视自己的信仰。在这里，公正便等于宽容，但不是那种对好坏一视同仁的宽容。宽容不可能等同于一个人的内心状态，与其说宽容是人文主义的表现，不如说是所有公民无论其宗教信仰如何都必须遵守的法律条文。根据索洛维约夫的说法，当涉及信仰时，公正在于拒绝使用武力或诉诸暴力等手段来对付那些被大多数人认为是异教徒的人。我们应承认这些人有权根据自己宣扬的原则生活，同时又不否认对真理的渴望，事实上，除了基督教之外，任何其他宗教信仰均未提供寻求真理的机会。在索洛维约夫看来，公正体现在两个维度上：法律和精神。他认为，法院必须依靠法律条文执法，而法律就意味着所有公民均享有平等的权利和自由，因此可以很公平地推断出，任何基于宗教的歧视在法律领域均不恰当。与此同时，公正也是一个暗含发现真理之意的术语，或者说是一种真理原则，这可能更接近于俄罗斯人生活的原则之一。

“公正”一词的矛盾性渗透在它的每一个定义中。亚历山大·沙波什尼科夫（Alexander Shaposhnikov）的《现代俄语词源词典》（*Etymological Dictionary of the Modern Russian Language*）指出，在 18 世纪之前，任何书面资料中甚至从未提及过“公正”一词（Shaposhnikov，2010：368）。有记录的第一次提及“公正”是在 1762 年，文章记录的内容是，它原本是一个在波兰语中借用的捷克词，后来才演变成俄语。那篇文章的作者明确表示，这只是猜测，但不排除这个词独立形成的可能性，这显然不是一场随机事件。“公正”一词出现时正值彼得大帝时代，改革也正在时代中推行。正是在这一时期，俄语中增加了从欧洲语言中借来的词汇。与此同时，很多被认为由俄罗斯原创的词汇也被赋予了新的含义。

“公正”一词包含了索洛维约夫提到的两个方面。一方面，公正和法律植根于同一基础。从这个角度来看，公正和与之相关的实践与法律和法院诉讼密切相关的说法是正确的。1723 年 11 月 5 日，彼得大帝时代颁布的一部法律引入了法庭竞争原则。在庭审中，对立双方均有机会收集证据并将其呈递在案件中。法院在对相关证据进行审议后对案件做出判决，但之后所有被告均有机会向更高一级的法院提出上诉。因此，从那时起，俄罗斯帝国的臣民能够自行处理不合法的判决。后来的凯瑟琳大帝通过颁布法令进一步加强了这种公正做法，建立了面向特定阶级的法庭。虽然阶级壁垒仍然存在，但现在所有阶级都有机会接受公平的审判。

1884 年法院改革刺激了公正做法在法律方面（“形式”上）的发展，当时俄罗斯建立了有陪审团的法院，陪审团成员不仅包括上层阶级，还包括商人和农奴。俄国出现的这种超越阶级界限的制度，有助于普遍公正原则的传播。但是，法院改革进行得并不顺利，直到 1896 年才得以全面实现。安纳托利·科尼（Anatoly Koni）是那个时代著名的法理学家，在关注司法领域取得的进步时，他注意到，在俄罗斯，有陪审团参与的庭审比例是法国的 3 倍，是奥地利的 4 倍（Koni，2000）。

当时，俄国实施改革的目的是为发展有效农场创造有利条件。弗拉基米尔·列宁（Vladimir Lenin）在他的著作《俄国资本主义的发展》（*The Development of Capitalism in Russia*）中指出，社会分化过程在农村地区迅速加速（Lenin，Vol. 3，1963）。在俄国资本主义的发展过程中，其结果应是劳动生产率提高，强大的农场完成大部分农产品生产，而无事可做的农民加入无产阶级行列，帮助加快俄国的工业发展，这一过程揭示出早期资本主义的模糊性。社会分化导致那些在竞争压力下垮台之人的土地和其他生产资料被没收，这就加剧了不平等，而在阶级社会中，这已然是一个非常严重的问题，因为这违反了存在于所有制造商平等观念中的公正原则，违反了他们保留在自认为最适合自己的条件下工作的权利。然而，农民被划分为富农、中农和贫农这个事实本身是有道理的：那些更强壮、效率更高的人在竞争环境中脱颖而出，使制造业的产出和总产品成倍增加。列宁以俄国建立强势经济的前景为视角来审视这一分化过程，在实现了更高水平的发展之后，就需要对生产过程和最终产品进行“集体化”。发展资本主义只是放大了那些最终应在共产主义下解决的矛盾，与此同时，也改变了生产基础和公众的思想。正是那些在今天被人视为不公正的事务为走向自由和公正开辟了道路。因此，一个社会对不公正越敏感，改变整个社会关系体制的前提条件就越多，最终用于消除那些导致不公正的因素。

因此，在辩证逻辑中，公正被视为社会的最高目的，其表现为所有公民平等、自由、有充分实现自己和人类潜能的机会。但是，通往公正的道路两旁满是矛盾，其中的主要矛盾是不同阶级之间的矛盾，公共生活的主体认为这些矛盾不可接受，必须在现有的制度体系内解决，或者通过废除旧制度并推行新制度的方式解决，但应证明新的制度将比旧制度更加公正。对公正的渴望与当前不公正之间的矛盾只有在一千年之后的社会中才能得到有效克服，那是一个基于高度发达的生产力基础的理想社会，那个社会可以向每个人提供他们所需要的任何东西。

四　公正和革命性变革

布尔什维克受这种逻辑的驱使，一方面解决了体现前资本主义陈旧主义的体制，另一方面解决了在获得公共资产方面存在不平等的准则，这不足为奇。他们的第一部法令是废除阶级制度，除此之外，为纠正过去产生的不公正现象，他们开始起诉革命前在俄国社会中处于统治地位或仅仅只是拥有某些特权的阶层。生活中机会均等正朝着两个方向发展：一方面是鼓励以前受压迫的阶级向上流动，另一方面则与镇压那些过去掌权或纵容霸权的阶级有关。起初，新当局所做的诸多决定都是基于革命精神，而不是基于法律。在做很多决定时，其依据都是定会引起暴动的革命意识，另外还包括受“革命真理”和获取个人利益的简单愿望所驱使的基本动机，此外再无任何其他依据（Kivinen，2001）。后来，为增强社会的公正感，新当局开始建立一些新的制度，尽管在革命后的许多年里，与人们生死攸关的重大问题都是根据新政府中掌权成员所珍视的“阶级感情”来解决的。

对于那些为苏维埃政权奠定基础的人来说，走向公正的运动应该是消除革命前俄国社会固有的对立不平等现象，例如资产阶级与工人之间的不平等、（资产阶级）知识分子与工人阶级之间的不平等以及富农和贫农之间的不平等。政府建设就意味着行政等级制度的建立，这滋生出了新的不平等，而新当局认为这种不平等是基于精英领导原则之上的，因此是合理的。这里提到的是权力和影响力分配上的不平等，但是，为防止出现与国家机构腐败有关的更严重的不平等，革命领导人为这种不平等辩护，声称这种不平等是必要的、不可避免的。列宁在其作品《怎么办?》（*What is to be done*?）中坚持认为，将一个政党划分为精英党员和普通党员这种陈旧的、似乎已经过时的做法会无限期地长期存在下去（Lenin，Vol. 6，1963）。他认为这是维护党的核心力量的唯一途径，使其免受功利分子的侵害，同时能够保持革命的最初前提，从而结合正在实施的相关政策。这种划分后来成为新当局被抨击的理由，因为新当局在公正原则方面具有双重性。皮特林·索罗金（Pitirim Sorokin）认为这种划分等同于恢复不公正，但其形式却比以前更加让人愤慨，因为不平等和不公正被共同利益的空洞口号掩盖了（Sorokin，2005）。乔治·奥威尔（George Orwell）在西班牙内战时期了解到苏联的做法，他将苏联的不平等烙印描述为内党和外党之间的鸿沟，这不仅表现在一个人的政治影响力上，还表现在获得物质财富的水平上，属于内党的精英人士往往能够逐渐改善他们的福祉，同时也更加与其他人脱离开来（Orwell，2015）。在开放和改革时期，党内精英人士与其他人之间的社会差异成为那些推动改革之人严厉批评的对象。

五　公正观的演变和资产阶级化的发展过程

在苏联传统文化中，平等是“公正”的本质这一观点发生过一些重大改变。布尔什维克成员之间的误解，以及他们与后革命时代早期幸存下来的少数剩余对手之间的争论，导致了这样一种情况：在某些情况下，平等意味着全体人民在所有重要方面保持一致；而在其他情况下，则意味着在平等获得公共资产的同时，保留因个人劳动纪律、勤奋、教育、在管理体系中的地位、因特殊成就获得的地位而在社会主义国家眼中产生的经济利益上的区别。通过克服上述意识形态方面的矛盾，最终，公正被视为个人与社会之间的合理交换，体现在“各尽所能，按需分配”的格言中。在30多年来分三个版本出版的《苏联大百科全书》（*Great Soviet Encyclopedia*）中，“公正”被定义为“对应得之物的理解，这符合与人类本性及其不可剥夺权利有关的某些观念”。公正被视作一种“关于道德—法律和社会—

政治意识的观念”，包含了对特定个人在公共生活中的实际作用与其社会地位之间需保持一致的要求，包括“个人的权利与责任之间的一致性，行动与惩罚之间的一致性，工作与奖励之间的一致性，犯罪与惩罚之间的一致性，成就与社会认可之间的一致性”。有人建议，不符合这项要求将被视为不公正（*Great Soviet Encyclopedia*，Vol. 24，1972：1026），而更大程度上的平等则被认为只有在未来过渡到共产主义社会之后才能实现。根据这一定义，对存在不平等现象的合理解释是基于约翰·罗尔斯（John Rawls）著作中被称作“公平”或“公正”的原则（Rawls，1999）。俄语中从来没有能够与这些词精确对应的词，部分原因是所有专门的哲学或社会学文献均未讨论过社会公正问题。有人认为，苏联社会在为世界上的其他国家树立真正的公正榜样，并且认为对分配或精英实践有任何怀疑都有点不恰当，这样做可能会给社会主义蒙上阴影，削弱其在世界影响力斗争中的地位。

在苏联对公正的经典解释中，公正过去曾被认为是良知，用于反映在一个社会中分配现有经济利益和社会利益的实际做法。虽然政府在确立公正模式方面所具有的作用从未被直接宣布，但却一直被暗示：如果要衡量一个人或一个群体的工作贡献，那么只有政府才有权在行政系统中进行衡量。政府代表的是有助于维护公正原则的各种资源的持有者。此定义的逻辑含义是，政府对发展期间可能发生的所有不公正现象全权负责。政府有责任充当专家，一方面对个人进行评估，另一方面对他们所拥有的资源进行分配。对于在所有情况下都要考虑资源分配机构会努力保持客观，对待所有工人不偏不倚，完全按照公正原则行事，则毫无根据。然而，研究表明，当官僚主义不受制约时，它不仅与组织（在这种特殊情况下，指政府）宣布的原则保持一致，而且还与在其既定内部等级制度下实际发展出的纵向和横向关系保持一致。罗伯特·默顿（Robert Merton）在批评马克斯·韦伯（Max Weber）的官僚主义理论时坚持认为，将一个组织看作一套根据其基本原则管理的形式关系是错误的（Merton，1963）。马克斯·韦伯笔下所呈现的官僚主义是理想类型，其目的是引起人们注意现代社会和先前社会之间的差异。米歇尔·克罗齐耶（Michel Crozier）在思考官僚主义所固有的一些问题及其是否符合韦伯的定义时写道：“经典的理性理论建立在组织的科学化、形式化的基础上，完全忽略了人际关系问题。它的基础是机械论的行为模式，没有考虑那些围绕政府关系发展起来的错综复杂而又相互矛盾的其他关系。提倡这一理论的科学家们所追求的主要目标之一是磨灭过去及其痕迹，以及从综合因素中完全剔除贵族激情这样的因素，后者会影响管理过程以及对下属的监管。”（Crozier，1963：177）

一个真正的官僚是一个与其同僚纠缠在关系网络中的人，并且正是在这些关系中，而不是在正式的规则中，往往才会对他们所做的决策进行性质方面的定义。事实上，任何一个人在做决策时都会发现自己处于不确定的境地，因为他们应遵守的规则允许他们在同样合理的选项之间做出选择。在这种情况下，如果在几个选项之间做选择属于道德问题，政府官员要么根据自己的利益行事，要么根据价值观行事。就第一种情况而言，决策会受到代表个人或群体的自私推理的影响，可能会迅速产生某种利益，或者提供嵌入非正式交换基础中的长期优势；就后一种情况而言，我们处理的是道德决策，可能会考虑公正问题，虽然它可能不是决策所依据的唯一因素。即使在官僚作道德决策的情况下，他可能也不会优先考虑任何特定社会群体的利益，而是优先考虑整个社会，或者是拥有相关制度能够达成其动机倾向的国家。在阐明具有廉洁革命思想、战斗力过硬人士的代表那里，列宁及其同僚们假定，俄国革命的主要目标甚至不是在国内建立公正的社会秩序（毫无疑问，如果国家发现自己独自面对资本领域，其将处于危险之中），而是致力于进行一场世界性的革命，那些自觉的无产阶级已成长起来，能够领导符合教义描述，具有正确革命方向的国家取得胜利。在这样的背景下，当国内的既定秩序与公正原则相去甚远，有可能导致一场全球性的革命时，这被认为是公平的，也是辩证合理的。

官僚制度作为“分配公正”思想的承载者表现为缺乏进取意识，这就导致公正的天平向着统治阶级的价值取向和利益倾斜，以至于政府会在外部环境中界定什么才是自己的真实界限。随着新一代苏联精英取代以前的精英，党的领导动机也在发生变化，它更多地诉诸普遍公认的与经济繁荣相关的动机。“党内”成员享有的经济特权极大地影响了他们对什么是公正以及通过何种方式来实现公正的看法。

在改革时期，人们对“公正”的概念进行了热烈的讨论。一方面，一些人建议回到“列宁的社会主义理想”，即平等是公众的当务之急，而“列宁式”的高官都是谦虚、无私、有牺牲精神的光辉榜样（Ambartsumov, 1988)。另一方面，则有人在传播平等主义有害论的观点，认为有必要保持不平等，这样可以让受过教育、勤劳的人比懒惰和寄生虫一样的人获得优势。支持第二种观点的人认为，不平等才是寻求公正的关键所在，当每个人都能从社会中获得适当的利益时，才能促进其成长（Selyunin，1990)。在进行这样的讨论之后，不平等现象逐步、渐进地在各种形式的所有权方面恢复了。有人提出这样一个论点，那就是经济国有化已导致很多企业甚至整个产业部门被放弃，并且将生产过程置于最终目标之上，而最终目标本应是人民的利益。支持这一观点的人认为，这就是为什么经济需要一位“主人”的原因，换言之，需要一个拥有生产资料并致力于使效率最大化的人。最终，这种最“实际”但最不“理想主义”的观点占据了上风。这样的结论很容易解释：社会要求经济繁荣，修正“赤字经济”，即使这意味着需要放弃社会主义的一些基本原则。这条“务实”之路之所以有更好的发展机会，部分原因在于它更符合党内精英人士的需求，保护他们的财富，在全球情境中合法化自身，让后代有机会毫无阻力地重现他们享有的特权地位。

六 结论

和很多其他看起来似乎是永恒不变的词一样，“公正”一词事实上也是受历史制约的，并且与现有的社会秩序存在一种工具性联系。在一个社会不平等现象似乎不可撼动的时代，不平等本身就被视作跟随出生这一事实所带来的自然现象，而公正则是以先验观念的形式出现：惩罚罪犯或恢复一个人被侵犯的荣誉是只有更高的力量才能做到的事情。人们认为，走向公正是接近基督教信仰中所体现的神圣理想，基督教信仰呼吁平等，认为只有拒绝世俗的贪婪，才能在来世获得财富。“公正”一词和“信仰”、“真理”等其他词一样，其含义也随着社会逐渐接近新时代和新的社会组织形式而发生变化。约翰·塞尔（John Searle）提出，通过创造新的语言，新的社会制度随之出现（Searle，1997)。每次出现新的词语，或者旧词出现新的定义，总是会产生新的公共结构、新的权威交易形式和新的神圣性。安德烈·尤尔加诺夫将分类性创造工作称为“符号演化”，这一概念包括三个相互关联的不同方面（Yurganov，1998）。

第一个方面是出现了新的术语，用来描述一个新的事物，而这个事物要么以前不存在，要么存在于一个不值得人们思考或描述的生活领域中。对我们同时代的人来说，这个过程很容易观察到，他们有机会看到俄语在过去的30年里是如何演变的，这期间出现了大量与后苏联时期的实际生活有关的新词和术语，包括描述市场交易、虚拟交易、新技术及其应用领域的词。在俄国从中世纪向新时代过渡期间，“符号革命”将“公正”一词引入了民众头脑中，这反映了欧洲社会中公共生活的重大转变。

第二个方面反映在用于定义民众思维结构的关键概念在内容方面的逐渐变化上。在新时代之前，“公正”一词可能是俄语中的一部分，但是，那时它可能属于先验真理的范畴，也就是说，个人或社会可能会记住这个词，但不适合将其作为采取行动根除邪恶的可行论据。在新时代，情况发生了变化：旧制度受到批评，而社会中受过教育的进步阶层已然将“公正”纳入了他们的日常语言中，作为纠正有害现象的论据，这些现象包括农奴制、镇压自由、传播过时以及不科学的错误观念等。

第三个方面与“公正”一词有多种解释有关，而这些解释对应的是不同人群持有的不同看法。有人认为公正只是一种社会秩序，那便是法律面前人人平等，人人享有相同的权利和自由，而另一些人则将公正与控制权力和资金分配过程以及维护自己特权的能力联系在一起。寻求在“公正”一词的解释上达成共识，类似于寻求一种公开的妥协，即通过这种妥协，让有着不同利益甚至利益冲突的社会群体做出各方均能接受的决定。这正是约翰·罗尔斯所提到的观点，他建议将公正视为一套大多数有理智的公民都会无条件接受的通用准则。可以让每个人充分发挥自己的潜力，这是公正的，但是，假设一个人在自己没有摆脱生活困境所需的必要资源的情况下必须能够获得社会的支持，这也是合理的。公正是前进的步伐和共同福祉的改善，主要有利于那些处于较低阶层的人，帮助他们摆脱不利境况。生活中的机会平等是另一个原则，它在现代社会不会引起任何冲突。所有公民，无论出生在哪种家庭，无论其父母有哪些可支配的资源，在依靠公共机构提供支持的同时，都需要有能够充分发挥其个人潜力的机会。

除非因为自身的过错或者自我的意愿，现代社会根本无权拒绝公民获取诸如教育这样的发展资源。

玛莎·努斯鲍姆（Martha Nussbaum）以人的尊严作为其分析依据，提出了公正就是“实现机遇”（能力方法）的理念（Nussbaum，2013）。在这个维度上，社会公正跨越了反思与具体公共政策之间的界限。这正是阿马蒂亚·森（Amartya Sen）所关注的方面，他强调现代社会需要与不公正现象进行持续的实际斗争（Sen，2011）。社会秩序很可能无法实现，但创建一个人道社会却是可能的，而且必须结合人们生活的具体情况来实现。在人道社会中，任何形式的有损个人尊严的不公正现象必将遭到政府和市民社会的抵制。

第二篇

收入差距和不平等

中国居民收入增长和收入差距演变

陈光金

收入是民生的基础，收入增长为民生改善提供最现实的物质条件，是一个国家、一个社会最直接、最现实、最受关切的重大民生问题。中国自改革开放以来，高度重视居民收入的增长，不断深化收入分配体制改革。四十多年来，在以按劳分配为主体，多种分配方式并存的收入分配制度引导下，中国居民收入分配格局逐步完善，居民收入来源也逐步多元化。当然，由于各种各样的原因，尤其是中国经济体制改革和市场经济转型的影响，中国居民收入分配的不平等也具有独特的变动趋势和形成机制（陈光金，2010）。考察中国城乡居民收入的增长趋势和收入分配不平等的变迁趋势，是理解中国经济社会发展进程中的社会分化和社会不平等的一个重要维度。本文认为，即使在消费主义文化已经形成重要社会影响甚至影响着人民对于社会结构及其变化的认知的今天，收入增长和分配问题仍然是重要的基础性社会学问题。

在社会结构变迁研究中，当下的学术界有一种观点，对于现阶段中国的社会分层变迁而言，消费已经变得更加重要。李春玲早在2007年就发文指出，传统社会分层研究最为关注的是经济分层（如收入分层、财富分层）以及工作领域分层（如基于职业、生产关系、雇佣关系等的分层），但现在越来越多的社会学家把消费分层放在更重要的位置（李春玲，2007）。这种看法的影响在此后变得更加广泛，以致有学者认为，“消费在形塑不平等的过程中具有更为举足轻重的作用”（林晓珊，2017）。不少重要的中国社会学者也在不同场合肯定消费分层研究更加重要的判断。

然而，在我们看来，对于社会结构尤其是社会分层研究来说，“收入”仍然是最为基础因而也最为重要的概念。经典社会学家普遍高度重视收入及其对社会结构尤其是社会分层的影响，例如，在马克思那里，社会结构是阶级结构分析的关键，是生产资料占有以及由此产生的贫富分化（马克思，2004）；在韦伯的社会分层分析中，最重要的依据是财富、权力和社会声望等（韦伯，2008）。

20 世纪以后，以收入为基础的经济分层分析逐步被以消费（和文化）分层分析取代。例如，法国社会学家布迪厄倡导分层研究的文化转向，把消费以及在消费基础上形成的文化资本（和符号）作为分层分析的主要变量，并由此衍生出一大批有分量的研究文献。到后来，甚至有学者宣称，阶级死了（Crompton，2008）。

但是，仔细考察西方发达国家社会结构尤其是社会分层状况及其变化，无论阶级分析的文化转向多么耀眼，我们都不难发现，这种转向在西方社会学界得以发生的现实基础仍然是西方发达国家的经济社会发展本身的这样一些事实：总体经济水平达到高收入阶段，居民收入水平普遍较高；社会福利体系相对完善而且供给水平普遍较高，形成所谓的福利国家体系；教育、就业和收入分配机会相对公平；等等。而一旦这种发展受到阻碍，例如 20 世纪 70 年代末英国、美国等国家开启新自由主义改革之后，这些国家的收入分配格局就发生了所谓的大 U 形转变，收入分配不平等变得越来越显著（Alderson，Beckfield，& Nielsen，2005），以致 2011 年美国发生“占领华尔街”事件。法国经济学家皮凯蒂重新研究了西方国家的不平等问题，发表了《21 世纪资本论》，尽管我们并不一定完全赞成其关于西方国家社会不平等成因的种种解释，但收入和财富分配不平等终究是其分析的核心概念和问题（皮凯蒂，2014）。

事实上，在中国社会，收入和财富不平等问题依然是最受关注的问题。人们总是在期待收入分配不平等问题变得不那么严重，也总是在期待国家能够出台更加合理有效的措施，解决好收入和财富分配不平等程度偏高的问题。中国共产党十九届中央委员会第五次全体会议通过的《中共中央关于制定国民经济和社会发展第十四个五年规划和二〇三五年远景目标的建议》也承认，“我国发展不平衡不充分问题仍然突出，……收入分配差距较大”，因此在未来的 15 年里，要“完善再分配机制，加大税收、社保、转移支付等调节力度和精准性，合理调节过高收入，取缔非法收入。发挥第三次分配作用，发展慈善事业，改善收入和财富分配格局”。在本文中，我们将主要利用中国官方统计数据，对中国社会的收入增长和分配不平等问题进行宏观的结构性考察，以期为今后促进中国社会公平发展提供一种思考路径。

一　中国居民收入增长的总体趋势

我们对中国居民收入增长趋势的考察，在时间上主要覆盖 1978 年实施改革开放以来的四十多年。在这四十多年里，随着中国国民经济的持续较快增长，居民收入也以较快速度稳步增长。在这一部分，我们首先考察中国城镇和农村居民家庭人均可支配收入的增长趋势，然后分别考察工资收入、转移性收入以及不同收入分组的收入增长情况，尝试从宏观结构层面比较系统地把握中国居民的收入增长趋势。

（一）中国城乡居民可支配收入增长趋势

根据中国国家统计局提供的数据，全国居民人均可支配收入水平，从 1978 年的 171.2 元增长到 2019 年的 30732.8 元。按 1978 年不变价计算，2019 年的全国居民人均可支配收入是 1978 年的 26.8 倍，大体上是每 10 年翻一番（见图 1）。

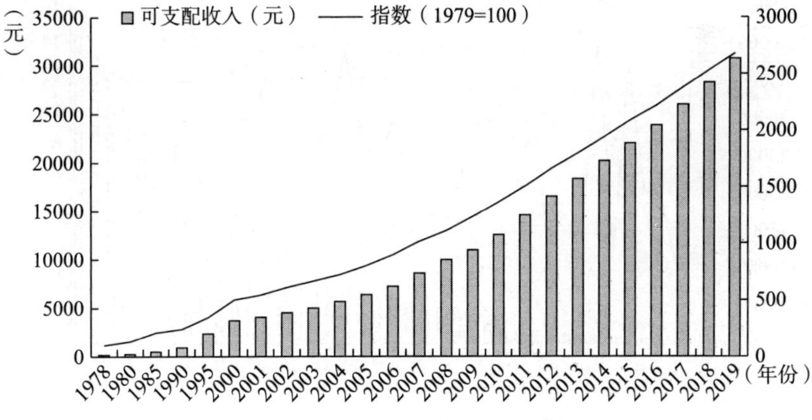

图 1　中国居民人均可支配收入增长趋势

资料来源：国家统计局编《中国统计年鉴（2020）》，中国统计出版社，2020。

在中国，由于城乡发展不平衡，分析居民收入增长，往往要区分城镇与农村。在中国农村地区，居民家庭人均可支配收入从 1978 年的 133.6 元增长到 2019 年的 16020.7 元（见图 2），如果按 1978 年不变价计算，2019 年中国农村居民家庭人均可支配收入比 1978 年增长 19.7 倍。在城镇地区，居民家庭人均可支配收入从 1978 年的 343.4 元增长到 2019 年的 42358.8 元（见图 3），按 1978 年不变价计算，2019 年城镇居民家庭人均可支配收入比 1978 年增长 16.1 倍。[①]也就是说，农村居民家庭人均可支配收入的增

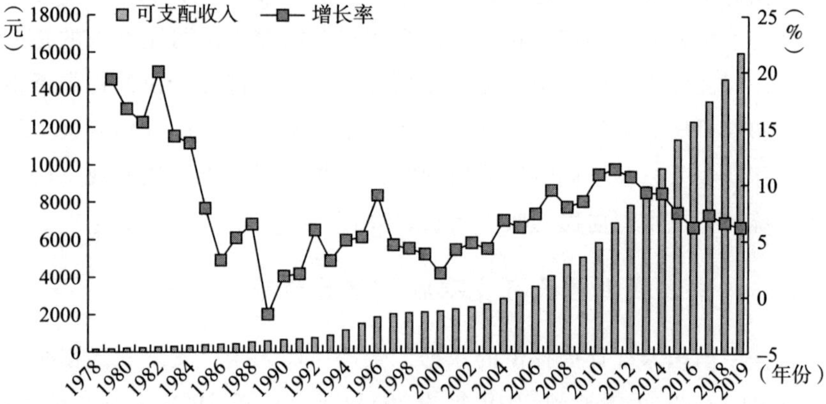

图 2　农村居民家庭人均可支配收入增长趋势

资料来源：国家统计局编《中国统计年鉴（2020）》，中国统计出版社，2020。

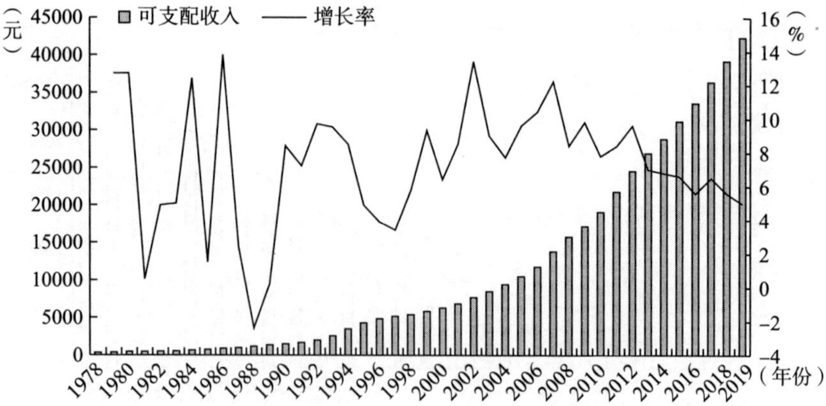

图 3　城镇居民家庭人均可支配收入增长趋势

资料来源：国家统计局编《中国统计年鉴（2020）》，中国统计出版社，2020。

---

① 数据来源于国家统计局编《中国统计年鉴（2020）》（中国统计出版社，2020）。本文使用数据，如无特别说明，均来源于《中国统计年鉴》。

长快于城镇居民家庭人均可支配收入的增长。比较图 2 和图 3，可以看到，总的来说，无论城乡，居民家庭人均可支配收入的增长趋势大致相似，但城镇居民家庭人均可支配收入增长率的波动趋势更加复杂。

观察上述诸图，可以看到，中国城乡居民收入增长大致经历了四个阶段：

1978～1991 年，人民生活稳步解决温饱。随着农村家庭联产承包责任制在全国的推行，以及城市地区一系列收入分配制度改革措施的出台，城乡居民收入水平和生活水平较改革开放初期都有了明显的提高。城镇居民人均可支配收入从 1978 年的 343 元增加到 1991 年的 1701 元，年均实际增长 6.0%。农村居民人均可支配收入从 1978 年的 134 元增加到 1991 年的 709 元，年均实际增长 9.3%。

1992～2000 年，人民生活实现总体小康。1992 年，以邓小平南方谈话为标志，改革进入了整体配套、重点突破和全面攻坚的新阶段。在这一时期，各地非公有制经济迅速发展，城镇就业岗位明显增加，城镇居民收入增长较快。城镇居民人均可支配收入从 1992 年的 2027 元增长到 2000 年的 6256 元，年均实际增长 6.7%。与此同时，市场经济体制不断完善，为商品流通特别是农副产品交换提供了便利条件，农产品价格的提高也为农民增收带来实惠。农村居民人均可支配收入从 1992 年的 784 元增长到 2000 年的 2282 元，年均实际增长 4.9%。

2001～2012 年，人民生活迈向全面小康。进入新世纪，收入分配制度改革进一步推进，各级政府切实落实各项增收措施，企业利润分配更多地向居民倾斜，机关事业单位工资制度改革不断深化，城镇居民收入快速增长。城镇居民人均可支配收入从 2001 年的 6824 元增长到 2012 年的 24126.7 元，年均实际增长 9.4%。同期，国家先后出台了减免农业税、实行粮食直接补贴等一系列惠农举措，大大提高了农民的生产积极性，农村居民人均可支配收入从 2001 年的 2407 元增长到 2012 年的 8389.3 元，年均实际增长 8.1%。全国不分城乡的居民家庭人均收入则从 2001 年的 4070.4 元增长到 2012 年的 16509.5 元，年均实际增长 13.2%。

2013 年至今，是中国城乡居民收入增长的第四个阶段。在这个阶段里，居民收入增长有两个宏观影响因素。一是中国经济增长进入一个新的阶段，即所谓的新常态阶段，中国经济告别过去 30 多年年均增速 10% 左右（甚至更高）的超高速增长模式，转入年增长率6.5%左右的中高速增长模式，而且，随着国际经济环境的变化和国内经济结构调整的深入，GDP的增速仍可能继续下降。经济增长速度的下行直接影响居民收入的增长。二是2014年起中国政府在农村地区实施精准扶贫战略，到2020年，中国前后投入数万亿元，实现了消灭绝对贫困的战略目标。例如，2015~2020年，中央政府补助地方资金总计达到5765.6亿元（黄承伟，2020；中国新闻网，2020），专用于扶贫；此外，还有中央专项彩票公益金、脱贫攻坚补短板综合财力补助、新增地方政府一般债务限额等诸项财政来源的投入。据统计，2016年到2020年9月，仅全国832个涉农资金整合试点贫困县，就整合了各级财政涉农资金超过1.5万亿元（中国新闻网，2020）。这一因素使得农村居民家庭人均可支配收入保持比城镇居民收入更快的增长。2013~2019年，中国城镇居民家庭人均可支配收入从26467.0元增长到42358.8元，年均实际增长6.1%；农村居民家庭人均可支配收入从9429.6元增长到16020.7元，年均实际增长7.5%；全国不分城乡的居民家庭人均可支配收入从18310.8元增长到30732.8元，年均实际增长9.3%。

（二）中国城乡居民收入来源结构变动趋势

1978年以来的40多年里，在以按劳分配为主体、多种分配方式并存的收入分配制度改革方向的引导下，中国居民收入分配格局逐步改变，城乡居民的收入构成从单一占比（农村为家庭农业经营收入，城镇为工资性收入）较高走向多来源收入共同增长。

在城镇地区，居民家庭人均可支配收入中的工资性收入比重不断下降，经营净收入、财产净收入比重提高，转移净收入比重呈现先增长后下降的趋势（参见图4）。改革开放初期，工资性收入是城镇居民收入来源的绝对主体。1978年，城镇居民家庭人均工资性收入及来自工作单位的其他收入合计为322元，占城镇居民人均可支配收入的93.8%。但随着市场主体增多、实物分配货币化以及政府转移增加，城镇居民收入中工资性收入比重下降。到2019年，在城镇居民家庭人均可支配收入中，工资性收入、经营净收入、财产净收入和转移净收入分别占60.35%、11.43%、10.37%和17.85%。

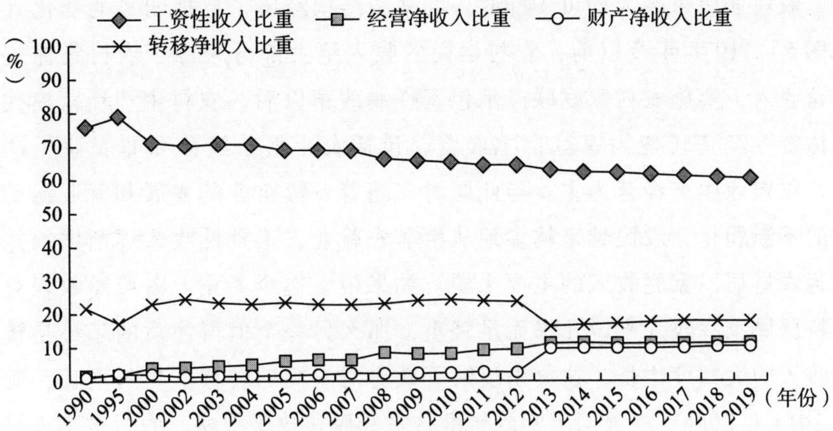

图 4　城镇居民收入来源结构变化趋势

资料来源：根据历年《中国统计年鉴》数据整理。

城镇居民家庭的经营净收入来源于他们从事所谓体制外的个体私营经济活动。20 世纪 80 年代初，中国政府为了解决返城知识青年就业问题，允许他们在城镇从事个体经营；而从 20 世纪 80 年代中后期起，城镇居民可以从事非公有的企业化经营活动，这是城镇居民家庭人均可支配收入中经营净收入比重上升的主要原因。1990 年，城镇居民人均经营净收入比重为 1.48%，到 2019 年上升为 11.43%。当然，获得这种收入的只是城镇居民中很少一部分人。财产净收入是城镇居民，也是城镇社会阶层分化的一个主要推动力。财产净收入主要是基于居民财产孳息的收入。20 世纪 80 年代，城镇居民的收入水平总体较低，并无足够的收入积累可以产生这样的孳息。进入 20 世纪 90 年代以后，随着居民家庭收入的增长，开始有越来越多的收入可存入银行从而获得利息性收入。进入 21 世纪后，居民投资渠道不断拓宽，其家庭财产性收入来源日益多元，收入水平大幅度提高。1990 年，城镇居民家庭人均财产净收入比重仅为 1.03%，到 2019 年上升为 10.37%。城镇居民的转移净收入主要是来自政府、工作单位和城镇社区的转移支付，其比重一直较高，尤其是在 2012 年以前，城镇居民家庭人均转移净收入比重几乎一直在 20% 以上，2010 年达到峰值，占比 24.21%。自 2013 年起，该项收入比重有所下降，但也一直维持在 16% ~ 18% 之间。

农村居民家庭人均可支配收入的来源结构经历了更加明显的变化（参见图5）。1978年及以前，农村居民的收入绝大部分来源于农村集体统一经营收入。实施农村家庭联产承包责任制改革以后，农村生产经营模式从集体统一经营转变为家庭自主经营，包括农业生产经营和非农业生产经营，以农业生产经营为主。与此同时，随着乡镇企业的发展和就业流动限制的不断弱化，农民越来越多地从事非农就业，工资性收入逐渐增长并发展为农村居民家庭收入的主要来源。如果说，迄今为止，财产净收入对于农村居民家庭收入来说几乎无足轻重，那么另一个值得注意的趋势是转移净收入的大幅度增长，这突出反映了政府对农民的转移支付的增长，尤其是2014年以后，随着国家实施精准扶贫和脱贫攻坚战略，农村贫困人口收入有了极大幅度的增长。工资性收入和转移净收入的大幅增长，极大地降低了家庭经营净收入在农村居民家庭人均可支配收入中的地位。这种变化突出地发生在20世纪90年代以后，其中起决定性作用的是农民工的大规模出现，国家统计局的全国农民工监测数据显示，2019年中国有农民工29077万人（国家统计局，2020）。1990年时，中国农村居民家庭人均经营净收入比重仍然高达75.56%，到2019年急剧下降到35.97%。而工资性收入比重则从1990年的20.22%上升到2019年的41.09%；转移净收入比重从1990年的可以忽略不计上升到2019年的20.58%。

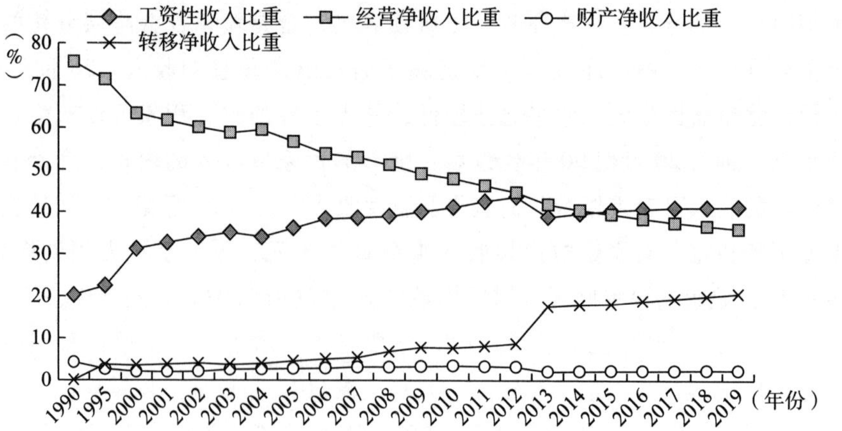

图5 农村居民收入来源结构变化趋势

资料来源：根据历年《中国统计年鉴》数据整理。

（三）不同收入水平城乡住户的收入增长趋势

收入与阶层的关系，是收入分配研究的一个重要议题。按职业分层来分析收入分配，需要首先进行一定逻辑的职业分层。在中国，这样的职业分层尚无统一的理论分析范式和逻辑。有鉴于此，本章直接采用对居民收入进行五等分分组的方式，形成简单明了的收入分层，并按照惯例将分属五个收入分组的住户称为最低收入户、次低收入户、中等收入户、次高收入户和最高收入户。《中国统计年鉴》提供了 2002 年及以后的城乡居民家庭人均可支配收入分组的数据，其中，对农村居民家庭按家庭人均可支配收入五等分方法分成五组。对城镇居民家庭则按家庭人均可支配收入从低到高分为最低收入户（10%）、低收入户（10%）、中等偏下户（20%）、中等收入户（20%）、中等偏上户（20%）、高收入户（10%）、最高收入户（10%）七个收入组，我们根据其中的详细信息，将最低收入户并入低收入户，最高收入户并入高收入户，形成五等分的收入分组数据。另外，《中国统计年鉴》还从 2013 年起在不分城乡的情况下对城乡居民户按家庭人均收入水平做了五等分的分组统计。基于这些数据，我们可以粗略观察不同收入水平的城乡居民的收入增长趋势。

在不分城乡的情况下，2013 ~ 2019 年，五个收入组住户的人均可支配收入均有显著的增长（参见表 1）。以 2013 年为基期，可以看到，每个收入阶层的收入在最近六七年中都有比较明显的年均名义增长率（因为没有扣除物价因素的影响，名义增长率高于前文提到的实际增长率），并且，最低收入户收入的年均名义增长是最高的，这有助于缩小总体的收入差距。当然，由于不同收入阶层在基年的收入差距较大，最低收入阶层的人均可支配收入年均名义增长率与高收入阶层的人均可支配收入年均名义增长率相比差距并不大，对缩小收入差距的作用不会特别明显。

表 1　按五等分分组的居民家庭人均可支配收入名义增长趋势

单位：%

年份	最低收入户	次低收入户	中等收入户	次高收入户	最高收入户
2013	—	—	—	—	—

续表

年份	最低收入户	次低收入户	中等收入户	次高收入户	最高收入户
2014	7.83	12.78	12.31	10.57	7.40
2015	9.98	9.25	9.58	9.28	7.02
2016	5.89	8.45	8.30	8.67	8.65
2017	7.77	7.32	7.51	7.99	9.58
2018	8.09	3.74	3.08	5.57	8.79
2019	14.59	9.86	7.96	7.57	8.16
年均名义增长	9.03	8.57	8.12	8.28	8.26

资料来源：根据历年《中国统计年鉴》数据整理。

分城乡观察不同收入阶层的收入增长，能够更加具体地把握中国居民收入增长趋势。首先让我们观察城镇居民收入分层及其收入增长趋势。表2显示，一方面，以2002年为基年，在这近20年里，城镇不同收入阶层的收入都在增长之中；然而，另一方面，必须注意到，各收入阶层收入的年均名义增长率呈现一种随着收入阶层地位的提高而上升的趋势，最高收入阶层的家庭人均可支配收入年均名义增长率比最低收入阶层的相应增长率高出近1个百分点。尽管邻近收入阶层的人均可支配收入的年均名义增长率差异并不特别显著，但随着时间的推移，这种趋势对收入不平等的影响还是不可低估的。而且我们还注意到，在部分年份尤其是最近的五年里，较高收入阶层的人均可支配收入年均名义增率高于较低收入阶层的相应增长率，例如，2015~2019年，五个收入阶层家庭人均可支配收入的年均名义增长率由低到高分别为6.76%、6.43%、7.30%、8.23%、8.28%。

表2　按五等分分组的城镇居民家庭人均可支配收入名义增长趋势

单位：%

年份	最低收入户	次低收入户	中等收入户	次高收入户	最高收入户
2002	—	—	—	—	—
2003	8.34	9.03	9.34	10.08	13.37
2004	10.96	12.03	12.20	13.19	15.56
2005	10.17	11.40	12.53	14.05	14.19

续表

年份	最低收入户	次低收入户	中等收入户	次高收入户	最高收入户
2006	13.86	12.57	11.75	11.47	11.35
2007	17.62	17.82	17.26	16.63	15.64
2008	13.09	14.55	16.13	17.50	18.38
2009	10.72	10.28	10.12	9.16	7.66
2010	13.55	12.97	11.84	10.33	9.66
2011	15.20	14.14	13.47	13.93	14.48
2012	6.59	15.61	14.71	12.85	9.54
2013	5.82	5.17	7.82	9.39	11.69
2014	13.37	11.47	10.25	9.25	6.67
2015	9.02	9.14	9.21	8.25	5.63
2016	6.32	7.50	8.30	8.38	8.09
2017	5.53	6.49	7.17	8.03	9.59
2018	4.84	1.25	4.19	8.88	10.13
2019	8.08	7.75	7.61	7.59	7.98
年均名义增长	10.18	10.54	10.82	11.12	11.15

资料来源：根据历年《中国统计年鉴》数据整理。

中国农村地区不同收入阶层的收入增长，有着与城镇不同收入阶层收入增长大致相同的趋势，但也存在一些看上去是细节性的而累积后果不容忽视的差异（参见表3）。第一，在这近20年里，不同收入阶层的家庭人均可支配收入年均名义增长率大体上仍然呈现随着收入阶层地位的提高而上升的趋势，但最重要的是最低收入阶层的年均名义收入增长率总体低于其他四个收入阶层，相差均超过1个百分点。第二，最低收入阶层的家庭人均可支配收入的年均名义增长率波动最大，个别年份出现名义收入负增长，这是在其他收入阶层中看不到的现象；最高收入阶层的年均名义收入增长总体上最为平稳。第三，2018年和2019年的情况显得有些特殊，最低收入阶层的收入名义增长最高并且达到两位数（2019年这种名义增长率达到两位数的现象也出现在次低收入阶层和中等收入阶层中），这可能与中国政府加快推进全面建成小康社会进程的努力分不开。

表 3　按五等分分组的农村居民家庭人均可支配收入名义增长趋势

单位：%

年份	最低收入户	次低收入户	中等收入户	次高收入户	最高收入户
2002	—	—	—	—	—
2003	1.02	3.81	5.04	5.82	7.65
2004	16.28	14.66	13.43	12.50	9.20
2005	5.99	9.57	10.57	10.97	11.78
2006	10.80	10.09	10.43	11.07	9.39
2007	13.90	16.19	16.21	15.36	15.53
2008	11.35	13.68	14.88	15.57	15.32
2009	3.30	5.97	7.11	9.09	9.11
2010	20.69	16.43	15.98	15.04	14.05
2011	6.99	17.52	18.88	19.53	19.46
2012	15.78	12.97	13.42	14.04	13.26
2013	24.25	24.09	19.85	16.50	12.18
2014	-3.82	10.71	12.63	13.82	12.30
2015	11.47	9.33	8.49	8.09	8.63
2016	-2.56	8.40	8.23	8.19	9.36
2017	9.83	6.65	7.34	7.73	10.02
2018	11.03	1.92	4.61	6.54	8.76
2019	16.27	14.64	11.60	9.31	5.89
年均名义增长	10.15	11.57	11.69	11.72	11.29

资料来源：根据历年《中国统计年鉴》数据整理。

二　中国收入分配不平等的宏观变动趋势

当我们分析中国城乡居民收入增长趋势的时候，其实已经看到中国收入分配不平等的一些潜在事实和趋势，例如，不同收入阶层的收入增长速度存在种种差异。如果我们在分析这些增长趋势时呈现所谓基年的实际收入水平，就能理解由于起点水平的差异，如果较低收入群体（如城镇农村居民）和阶层（如最低收入阶层）的收入增长速度不能显著快于较高收入群体（如城镇居民）和阶层（如次高收入阶层和最高收入阶层），那么以后的收入不平等程度就会不断攀升。现在，让我们转而分析中国收入分配中实际存在的种种不平等。

（一）总体收入不平等变动趋势

测量收入不平等的指标有许多，如基尼系数、泰尔指数等等。泰尔指数较多地关注不同收入分组之间的差距，基尼系数能够更加宏观地反映总体的收入不平等状况。但对基尼系数的有用性也有不同的意见。例如，一些研究认为，基尼系数不能反映结构性问题，没有直观的经济含义，对中等收入群体的收入变化更加敏感而忽视了两极收入群体的变化信息（苏京春、蒋震、郭金，2020）。但无论如何，基尼系数仍然是收入分配和收入差距研究应用最广泛的指标。

关于中国收入分配不平等的总体水平，有官方统计分析和学者研究两类不同结果。一般而言，官方统计分析得到的基尼系数往往明显低于学者研究得到的发现（陈光金，2010；万广华、吴婷、张琰，2018；李实、Terry Sicular、Finn Tarp，2020）。但是，学者研究的发现也往往因为数据、方法等原因相互差异很大（万广华、吴婷、张琰，2018），而且缺少连续性，而官方统计分析结果则具有较好的一致性和连续性，能够用以观察收入不平等的宏观持续趋势。图 6 就是基于中国国家统计局公布的基尼系数数据做成的。

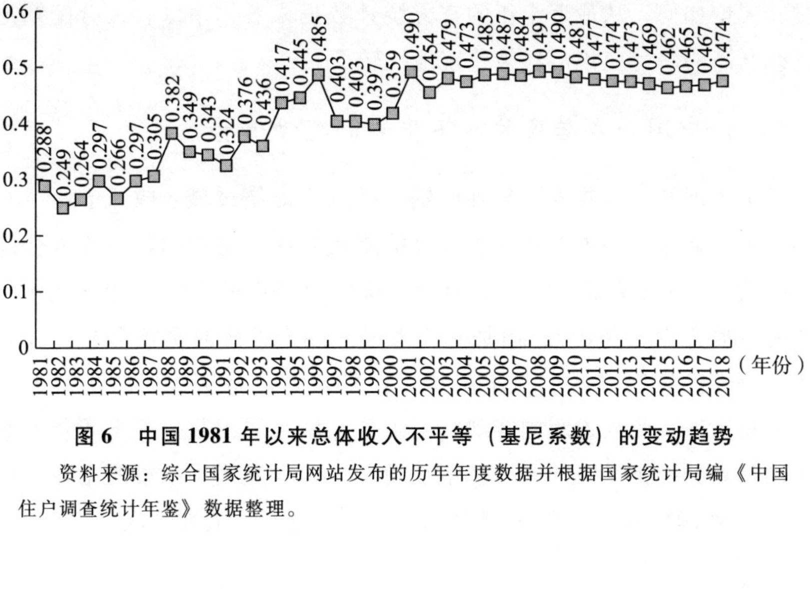

图 6 中国 1981 年以来总体收入不平等（基尼系数）的变动趋势

资料来源：综合国家统计局网站发布的历年年度数据并根据国家统计局编《中国住户调查统计年鉴》数据整理。

从图 6 可以看出，20 世纪 80 年代以来，中国社会收入分配基尼系数总体上呈现持续升高的趋势，意味着中国社会的收入分配不平等在这 40 年里一直在扩大，当然也有波动。大体上有这样几个变化阶段：第一阶段是 1986 年及以前，基尼系数处于 0.3 以下，属于收入不平等程度较低的水平。1987 年是一个转折点，基尼系数突破 0.3，到 1994 年之前，基尼系数维持在 0.4 以下。1995 年是第二个转折点，中国的基尼系数突破 0.4 这一警戒线，并直接飙升到 0.445。此后一直到 2008 年，基尼系数在波动中上升，最终达到 0.491 的峰值（实际上有三个峰值，2001 年也达到 0.490 的水平）。2009 年是第三个转折点，基尼系数开始下降，尽管每年的下降幅度并不十分明显。然而，2016 年以后又有所反弹。可见，目前中国收入分配的基尼系数是否已经形成稳定下降的趋势，还有待观察。我们在十年前的一项研究中就认为，按照美国经济学家库兹涅茨提出的倒 U 形假说来预测的中国基尼系数由上升到下降的稳定拐点尚未出现，并且难以预测其真正出现的时间（陈光金，2010），现在看来，这一判断仍然没有过时。最近的一些研究也为我们的这一判断提供了支持。例如，李实等人就反对收入差距出现缩小拐点的说法，认为中国收入差距水平在未来 10 年里还会在高位徘徊（李实，2018；李实、Sicular & Tarp，2020）。当然，也有不少学者认为，这个拐点已经在 2009 年出现（张占斌，2017；陈宗胜，2018）。不过，无论如何，从最近十年的官方统计数据来看，中国收入分配基尼系数持续升高的趋势应该已经被稳定地扭转了。

（二）中国城乡居民收入不平等的变动趋势

讨论中国社会的收入不平等问题，必然不能绕过城乡收入差距。在很长的一个时期里，中国的城乡收入分配差距被认为是中国社会收入分配总体差距的最主要贡献因素，这种观点在 20 世纪 90 年代和 21 世纪头十年尤其普遍（陈光金，2010）。但是，今天这一收入差距对全社会总体收入不平等的决定性影响已经明显下降了。但是，无论是从人们的主观感知来看，还是从城乡收入差距的客观状况来看，城乡居民收入不平等仍然是观察中国收入分配不平等的一个基本视角，这至少是因为，按照常住人口统计口径，到 2019 年，中国仍有 39.4% 的人口居住在农村地区。

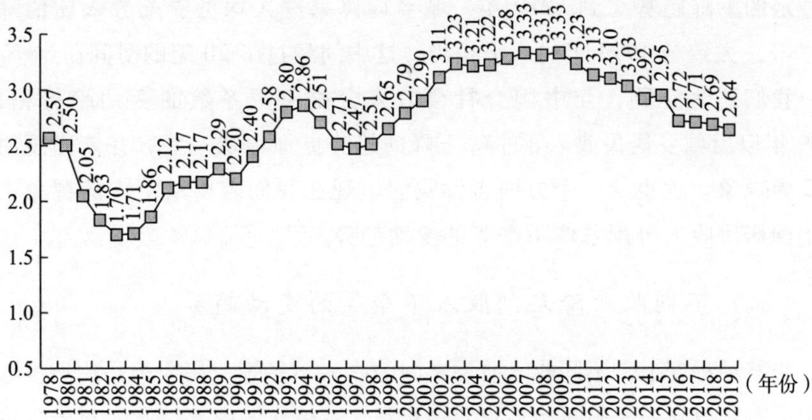

图 7　中国城乡居民人均可支配收入之比的变动趋势

资料来源：根据历年《中国统计年鉴》相关数据计算。

图 7 呈现的是 1978 年以来中国城乡居民家庭人均可支配收入之比（以农村居民家庭人均可支配收入为 1 计算）的变动趋势。观察图 7，可以看到，中国城乡居民收入不平等的变动大致经历了以下五个阶段：

1978 ~ 1984 年是第一个阶段，其间随着农村经济体制改革的推进，农村经济快速发展，农村劳动力初步得到解放，土地生产率不断提高，副业生产经营（包括农村商业以及其他非农经营）蓬勃发展，农产品价格得到恢复性的提高，农民的收入随之快速增长，城乡居民收入差距显著缩小。

1985 ~ 1993 年是第二个阶段，城乡居民收入差距触底反弹并持续扩大，到 1994 年，城镇居民家庭人均可支配收入是农村居民家庭人均纯收入（进入 21 世纪后，国家统计局为统一统计口径，将农村居民家庭人均纯收入改为农村居民家庭人均可支配收入）的 2. 86 倍。

1994 ~ 1996 年是第三个阶段，这是一个短暂的过渡阶段，中国城乡居民收入差距有所缩小，一个可能的解释是这几年城镇国有企业大规模改制，出现了超过 3000 万的下岗失业职工，这大大影响了城镇居民的收入增长。

从 1997 年起，中国城乡居民收入差距开始拉大，这一趋势一直延续到 2009 年，其间城乡居民人均可支配收入之比两次达到历史峰值，即 3. 33∶1。这是第四个阶段。在这一时期，中国城市化进程加速推进，市场经济发展，城镇居民收入增长机会大幅度增加。

从 2010 年起，进入第五个阶段，中国城乡居民收入差距总体上呈现比较稳定的下降趋势。到 2019 年，城乡居民家庭人均可支配收入比值降至 2.64∶1，大致与 1999 年的水平相当，这中间经过了 20 年的时间。

我们还注意到，与中国全社会收入分配基尼系数的变动趋势相比，2009 年以后城乡居民收入不平等下降的趋势更加稳定一些，并未出现明显的反弹现象。这也从一个方面告诉我们，现在我们需要从更多的视角去理解中国居民收入分配总体不平等的变动趋势。

（三）不同收入阶层间收入不平等的变动趋势

在某种程度上，不同收入阶层之间的收入不平等，在今天是比城乡收入差距更需要得到关注的问题。我们将看到，城镇居民内部以及农村居民内部的收入阶层分化，的确是非常突出的。这里仍然按照城乡居民收入五等分分组的方法，进行收入分层的不平等分析。在按照五等分分组方法进行收入分层的划分之后，我们将计算最高收入阶层的人均可支配收入与其他收入阶层的人均可支配收入的倍数值，从而观察他们的收入之间的差距。

首先让我们观察不分城乡的收入阶层间收入不平等（参见表 4）。从表 4 可以看到，在最近的几年里，最高收入阶层的家庭人均可支配收入始终是最低收入阶层的家庭人均可支配收入的 10 倍多。如果不考虑 2019 年的情况，则这一对比呈现先缩小后扩大的趋势。不仅如此，最高收入阶层的收入与其他收入阶层的收入之比，虽然没有其与最低收入阶层的收入之比大，但同样呈现一种先缩小后扩大的趋势（当然，无论是扩大还是缩小，幅度都比较小）。这一趋势潜在地包含着对前述图 6 呈现的中国社会收入分配基尼系数在近年的变化的解释。不过，由于官方统计数据所覆盖的年份较少，我们还不能十分肯定地预测，未来不分城乡的收入阶层的收入差距将如何变动。但终究还是可以说，目前中国调节不同收入阶层之间的制度创新和政策供给还有待增强。

表 4　不分城乡的最高收入阶层人均可支配收入与其他收入阶层人均可支配收入之比的变动趋势

年份	与最低收入户之比	与次低收入户之比	与中等收入户之比	与次高收入户之比
2013	10.78	4.92	3.02	1.95

续表

年份	与最低收入户之比	与次低收入户之比	与中等收入户之比	与次高收入户之比
2014	10. 74	4. 68	2. 89	1. 89
2015	10. 45	4. 59	2. 82	1. 85
2016	10. 72	4. 59	2. 83	1. 85
2017	10. 90	4. 69	2. 89	1. 88
2018	10. 97	4. 92	3. 05	1. 94
2019	10. 35	4. 84	3. 05	1. 95

数据来源：根据《中国统计年鉴（2020）》的数据计算。

接下来，我们对城镇不同收入阶层之间的收入差距进行分析（参见图8）。图8的数据覆盖了18年，能够让我们更加清晰地观察城镇不同收入阶层之间的收入差距变动趋势。在这里，我们首先注意到，城镇不同收入阶层间的收入差距，小于不分城乡时的不同收入阶层之间的收入差距，最高收入阶层的人均可支配收入总体上是最低收入阶层的人均可支配收入的5倍多，大致相当于不分城乡时最高收入阶层与最低收入阶层的收入差距的一半左右。但是，我们同时也看到，最高收入阶层与最低收入阶层、次低收入阶层、中等收入阶层的收入差距都是随着时间推移而在波动中拉大，尽管幅度不是很大。

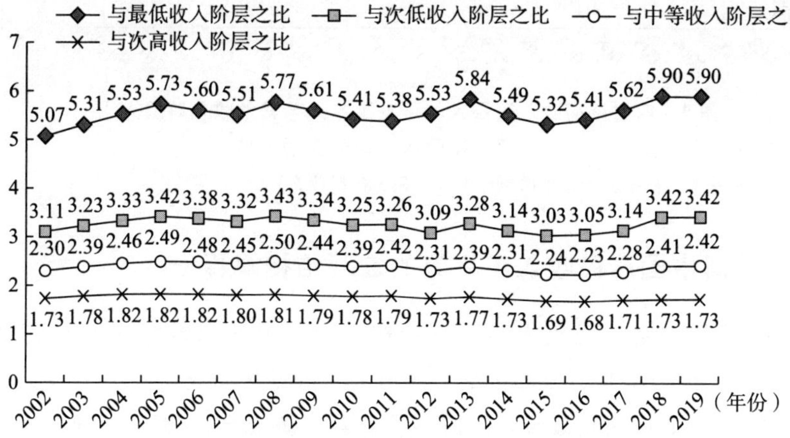

图8　城镇最高收入阶层人均可支配收入与其他收入阶层人均可支配收入之比的变动趋势

资料来源：根据历年《中国统计年鉴》相关数据计算。

农村地区的收入阶层分化在某种程度上更加突出，这一点明显表现在最高收入阶层人均可支配收入与最低收入阶层的人均可支配收入之比上（参见图9）。2002年时，这一比值是6.88∶1，到2017年上升为9.48∶1，扩大了2.4倍。2018年和2019年这一比值有所下降，这可能与中国政府在这两年加大了脱贫攻坚工作力度有关。但是，即使在2019年，该比值仍然高达8.46∶1，远高于同期城镇最高收入阶层人均可支配收入与最低收入阶层人均可支配收入之比。另外，我们还看到，在农村地区，最高收入阶层的人均可支配收入与其他收入阶层的人均可支配收入之比，也略大于城镇地区的相应比值。可以说，农村地区的收入分化比城镇地区的收入分化更加严重。

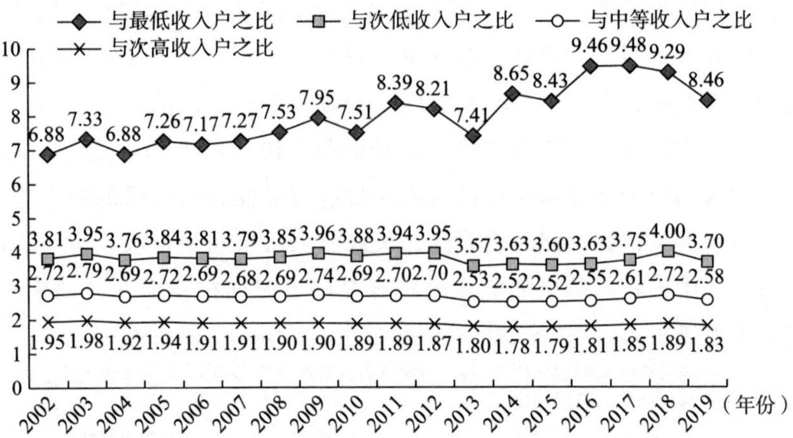

图9 农村最高收入阶层人均可支配收入与其他收入阶层人均可支配收入之比的变动趋势

资料来源：根据历年《中国统计年鉴》相关数据计算。

三 对中国居民收入不平等的宏观结构解释

关于中国城乡居民收入不平等的成因，中国学术界进行了大量的研究。如果说在2010年以前城乡居民收入差距和地区间收入差距作为全社会收入差距的重要成因是被研究得最多的议题（陈光金，2010），那么此后，相关研究更多在中观层次展开，研究视角也非常多样，国家财政政策、税收政策、外商投资、土地制度、转移支付、教育、国际贸易、性别差异、金融制度、全球化、收入机会等，都成为重要研究议题（解垩，2018；郑新业、张阳阳、马本、张莉，2018；郭磊、毛畅果，2018；白仲林、尹彦辉、缪言，2019；许永洪、萧珍丽、朱建平，2019；孟庆强、杨开芳，2020；张建平、葛扬，2020；张莹、符大海、向鹏飞，2020；蔡媛媛、郭继强、费舒澜，2020；Xu Jing，Cai Meng，and Yue Ximing，2020）。尽管如此，我们认为，宏观视角的结构分析仍然是重要的。宏观分析可以有多个视角，从影响收入分配最重要的因素考虑，从初次分配视角看，包括国民收入的宏观分配结构、影响城乡收入分配的农业产业结构与就业结构关系、中国独有的城市化偏差、基于所有制和行业的工资分配结构等；从再分配视角看，政府转移支付的城乡和社会阶层结构特征可能是必须予以高度关注的宏观结构性问题。在这一部分，我们将主要聚焦这些问题展开分析，以期对中国居民收入不平等给出一些宏观的结构性解释。

（一）国民收入的宏观分配结构及其变迁

这里的国民收入，主要是指国内生产总值（GDP）。从参与分配的主体来看，有两种不同的分析方法。一种是基于收入法的 GDP 分配，其组成包括劳动者报酬、生产税净额、固定资产折旧和营业盈余，营业盈余实际上可视同资本收益，因此劳动者报酬所占比重将会直接影响居民家庭的人均收入水平；另一种是基于资金流量表的分析，在这种情况下，国民收入分配由三个部门参与，即企业部门、广义政府部门和住户部门，在这一分析方法中，住户部门的收入份额是居民收入的来源。

基于收入法的 GDP 分配数据，来自《中国统计年鉴》的“地方 GDP 收入法构成”表。这一数据统计始于 1994 年，止于 2016 年。终止统计地方 GDP 的收入法构成的原因，估计与当时或更早时候中国学术界对由该统计呈现的劳动者报酬比重“偏低”问题的争议（华生，2010）。无论该统计数据有怎样的缺陷，仍然能从宏观上给中国居民收入不平等提供一些结构上的解释信息（参见图 10）。从收入不平等的角度观察地方 GDP 收入法构成，最重要的可能是劳动者报酬和营业盈余两部分。在 1994 ~2016 年的 23 年里，劳动者报酬和营业盈余占地方 GDP 的比重，大体经历了三个变化阶段：1994 ~2002 年是第一个阶段，其间劳动者报酬比重和营业盈余比重都是总体稳定中略有下降，导致这种下降的主要因素就是生产税净额（政府收益）和固定资产折旧的比重略有上升。回顾前述图 6，我们大致可以认为，劳动者报酬比重的下降确实与中国全社会收入分配基尼系数的上升大体同步。2003～2007 年[①]是第二个阶段，在这几年里，劳动者报酬比重与营业盈余比重反向变动，前者大幅度下降，后者则大幅度上升，这种变化奠定了此后全社会收入分配基尼系数高位运行的基础。2009 年以后是第三个阶段，劳动者报酬比重从 2007 年的最低水平攀升到 46.6%，然后基本稳定，略有升降波动；而营业盈余比重则在经历了 2009 年的较大幅度下滑之后，在 2010 年有所回升，之后再逐年微幅下降。可能并非巧合的是，2009 年以后中国全社会收入分配基尼系数也呈现总体下滑的态势。不过，从国际比较的视角来看，2002 年以前中国劳动者报酬比重与 2005 年时国际上一些最发达国家的相应比重比较接近，此后则与当时的中等发达国家的相应比重大体相当（United Nations Statistics Division，2010），也就是说，在国际上，现阶段中国的宏观初次收入分配结构中的劳动者报酬比重处于居中的水平。

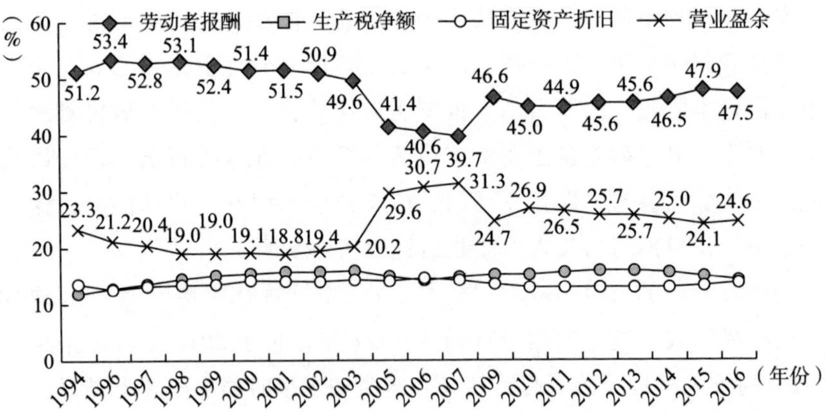

图 10　地方 GDP 的收入法构成及其变动趋势

说明：1995 年、2004 年、2008 年数据缺失。

资料来源：根据历年《中国统计年鉴》相关数据计算。

---

① 值得注意的是，《中国统计年鉴（2005）》没有提供 2004 年的地方 GDP 收入法构成数据，《中国统计年鉴（2009）》则没有提供 2008 年的数据。

基于资金流量表的国民收入初次分配结构（参见图 11）显示，住户部门可支配收入比重显著高于地方 GDP 收入法构成中的劳动者报酬比重，但总体变动趋势其实是大体相似的，只是曲线显得更加平缓一些。企业部门可支配收入比重相比地方 GDP 收入法构成中的营业盈余比重，也相对低一些，但总体变动趋势也大体相似。因此，无论使用何种统计分析方法，劳动者报酬比重或住户部门可支配收入比重与营业盈余比重或企业部门可支配收入比重，都可以被认为是影响中国全社会居民人均收入不平等的重要宏观结构因素。至于国家统计局基于资金流量表对三个部门的可支配收入的调整，使得住户部门所占比重出乎意料地高，则早在十年前就受到学者的质疑（华生，2010）。

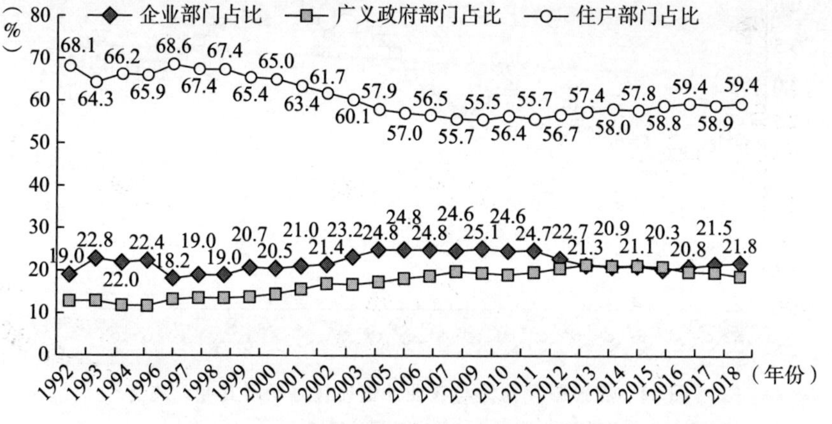

图 11　基于资金流量表的企业、广义政府与住户部门可支配收入比重及其变动趋势

说明：1995 年、2004 年、2008 年数据缺失。

资料来源：根据历年《中国统计年鉴》相关数据计算。

（二）农业就业比重与产值比重的结构性偏差

农业的就业比重，是指在全社会总就业中农业就业所占比重；而农业的产值比重，则是指在国内生产总值中农业增加值所占比重。一般而言，一个产业的就业比重应当与其产值比重大体相当，而当两者之间出现较大差异时，就形成结构偏差或扭曲现象。在发展中经济体中，最容易出现的结构扭曲就是农业就业比重与产值比重的显著偏差。在中国，这种偏差也是比较显著的，并且表现为农业的就业比重远远高于其产值比重，以致农业劳动力占有的 GDP 份额与其就业份额过于不相称（参见图 12），而这正是中国出现城乡收入差距的根本原因。如果比较图 12 与前述图 6，不难发现，在中国农业的结构性偏差的变动趋势与中国城乡居民收入差距的变动趋势之间存在着较大的相似性。这一点是很容易理解的：从图 11 可以看出，相对而言，三份农业劳动力仅仅产出一份 GDP，因而农业劳动力可参与分配的 GDP 份额就比较少了，而农村居民家庭尤其是那些以家庭农业生产经营为主要收入来源的农村家庭的居民人均可支配收入也就难以与城镇家庭居民人均收入相平衡。

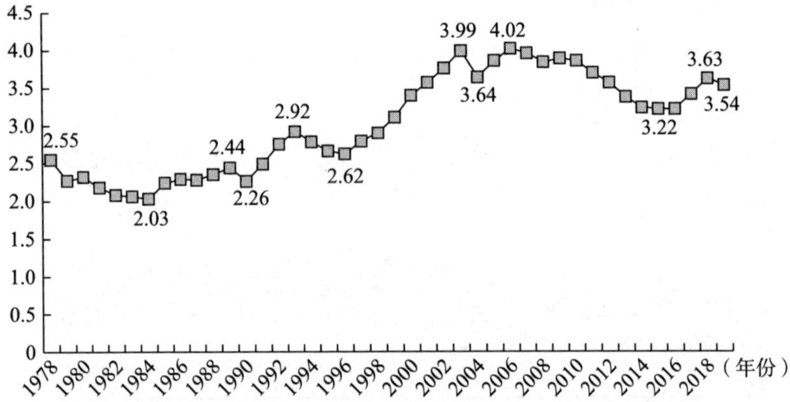

图 12　农业就业比重与农业产值比重之比及其变动趋势

资料来源：基于历年《中国统计年鉴》数据计算。

导致农业的这种结构性偏差的原因有很多。其中一个重要原因是中国的城市化有着独有的特征。由于计划经济时代形成的城乡二元化的户籍制度安排，农村劳动力进城从事非农业就业，不仅其本人难以在所在城市获得当地非农户籍，他们的家人更难以随之落户城市，在大城市情况尤其如此。对这个问题，中国学者已经有很多研究，此处无须赘言。这种情况表现在统计数据上，就是不同统计口径下的中国城市化率存在显著的差异。按所谓常住人口统计，2019 年中国城市化率达到 60.6%；而按照户籍人口统计，2019 年中国城市化率仅为 44.4%，两者相差 16.2 个百分点（参见图 13）。从图 13 还可以看到，常住人口城市化率与户籍人口城市化率的偏差，呈现逐年扩大的趋势。在两种统计口径的城市化率偏差的背后，不仅仅是大量已经进城就业的农村劳动力不能合法落户城市，而且意味着他们的抚养人口（父母、配偶、未成年子女等）不能随迁进城，形成所谓农村留守人口，包括留守老人、留守妇女和留守儿童。据中国国家民政部估计，2015 年中国农村留守儿童超过 6000 万人，留守妇女 4700 多万人，留守老人约 5000 万人，总计超过 1.5 亿人（王洹星，2015）。

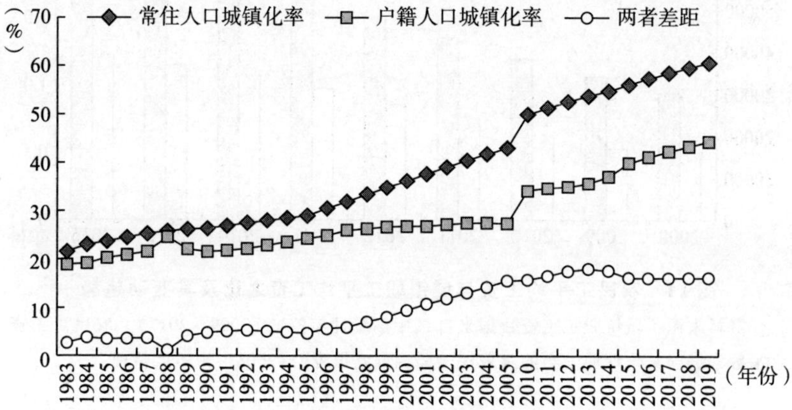

图 13　中国常住人口城市化率与户籍人口城市化率的比较与变动趋势

资料来源：常住人口城市化率数据来自《中国统计年鉴（2020）》，户籍人口城市化率数据主要来自《中国农业统计年鉴》、《中国农村统计年鉴》以及国家统计局历年发布的《国民经济和社会发展统计公报》。其中，由于相关资料不全，缺少 2006 ~ 2009 年的户籍人口城市化率数据。

中国两种统计口径的人口城市化偏差，除了导致农村留守人口现象出现外，还直接影响进城就业农村劳动力的工资收入水平（参见图 14）。由于《中国统计年鉴》自 2018 年以后不再提供有关城镇职工总体工资水平的数据，只分别提供城镇非私营单位职工平均工资和城镇私营单位职工工资数据，图 14 没有对 2017 年及以后的农民工工资与城镇职工工资差距的分析。如果以城镇非私营单位职工平均工资水平作为比较对象，则 2017 ~ 2019 年城镇非私营单位职工平均工资分别为同期农民工平均工资的 1.78 倍、1.85 倍和 1.90 倍。结合图 14 的数据，可以看到，农民工平均工资与城镇职工平均工资的差距在 2010 ~ 2014 年经历了幅度不大的收缩后，从 2015 年起反弹，尽管反弹的幅度也不大，但差距拉大的趋势则一直延续至今。农民工的工资收入是农村居民家庭人均可支配收入的重要来源，其与城镇职工的工资水平的差距，势必参与到城乡居民家庭人均可支配收入差距的形成之中。

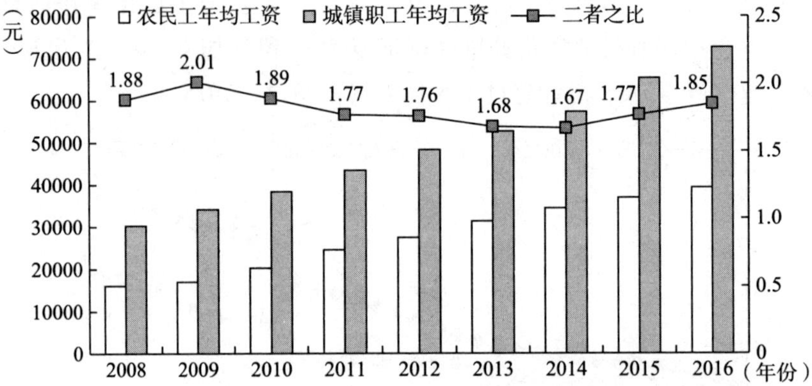

图 14　农民工平均工资与城镇职工平均工资之比及其变动趋势

资料来源：城镇职工工资数据来自《中国统计年鉴》（2009～2017），农民工工资水平数根据国家统计局发布的《农民工监测调查报告》（2008～2016）整理。

（三）城镇职工工资水平的所有制差距、行业差距

不同所有制单位、不同行业的就业人员，有着不同的工资报酬水平，这同样是影响中国社会收入不平等的重要结构性因素。在很大程度上，城镇不同所有制、不同行业职工工资水平的差距，主要影响城镇内部不同收入阶层的收入不平等；但是，由于前面说过的农民工的存在，这种收入不平等的差距同样会延伸到农村内部不同收入阶层之间的收入不平等。

在中国，按所有制划分的城镇单位类型，包括国有单位、集体单位、合作单位、联营单位、有限责任公司、股份有限公司、其他内资企业、港澳台商投资企业和外商投资企业。不同所有制单位职工的平均工资水平存在显著差距。一般而言，外商投资企业职工的工资待遇往往最好，因此，我们就以城镇这类企业职工平均工资为 100，观察其他所有制类型单位职工平均工资与外商投资企业职工平均工资水平的差距（参见表 5）。1999 年，城镇国有单位职工的平均工资与外商投资企业职工平均工资的差距是比较大的，在八类与外商投资企业职工平均工资比较的单位中排在倒数第三位，但是，随着时间的推移，其与外商投资企业职工平均工资的差距显

著缩小，在八类单位中排到了第二位。股份有限公司职工平均工资与外商投资企业职工平均工资之间的差距始终最小，并且总体上呈现缩小的趋势，在一些年份里，这类单位职工的平均工资甚至超过了外商投资企业职工的平均工资。有限责任公司职工平均工资与外商投资企业职工平均工资的差距也比较小，并且总体上呈缩小趋势。不过，我们注意到，这三类单位职工的平均工资与外商投资企业职工平均工资的差距，存在一种先缩小后扩大的态势，这种趋势也存在于联营企业职工平均工资与外商投资企业职工平均工资的差距变动之中。集体单位、合作单位职工的平均工资与外商投资企业职工平均工资的差距基本上随着时间推移而缩小，不过这类单位的数量偏少，对城镇居民家庭人均可支配收入不平等的总体影响不大。始终维持与外商投资企业职工平均工资较大的差距的，是其他内资企业，而所谓其他内资企业，基本上是私营企业。考虑到私营企业就业职工总量十分可观，这种差距对城镇居民家庭人均可支配收入不平等的贡献可以预期是比较大的。

表 5　城镇不同所有制企业职工平均工资差距（以外商投资企业职工平均工资为 100）

年份	国有单位	集体单位	合作单位	联营单位	有限责任公司	股份有限公司	其他内资企业	港澳台商投资企业
1999	58.8	40.1	46.7	66.1	60.3	67.8	59.7	79.1
2000	60.2	39.8	47.7	67.6	62.1	70.8	63.0	77.8
2001	62.9	39.0	48.1	67.7	62.8	70.3	67.7	73.8
2002	65.4	39.3	48.9	64.1	61.8	71.2	53.8	73.1
2003	68.3	41.0	50.2	64.5	63.6	74.9	50.8	72.1
2004	73.9	43.7	52.6	68.4	67.9	81.5	45.9	73.0
2005	80.3	47.3	58.4	74.0	72.0	85.8	47.5	75.5
2006	81.7	48.5	57.2	74.9	72.9	91.8	49.9	74.1
2007	88.2	52.2	59.5	80.2	75.5	96.6	55.0	76.3
2008	88.4	52.9	62.8	80.5	76.5	99.3	57.2	76.2
2009	92.0	55.5	67.4	79.4	77.3	103.5	58.3	75.7
2010	91.9	57.5	72.5	81.3	78.6	105.7	60.5	76.6
2011	89.0	58.9	75.2	74.0	77.0	102.3	61.3	78.5

续表

年份	国有单位	集体单位	合作单位	联营单位	有限责任公司	股份有限公司	其他内资企业	港澳台商投资企业
2012	86.5	60.4	77.7	75.3	74.9	100.7	62.1	78.9
2013	83.4	61.6	77.0	69.6	74.0	96.8	60.6	79.1
2014	82.1	61.2	78.5	70.3	73.0	96.6	60.5	80.1
2015	85.6	61.1	79.1	66.5	71.4	95.2	61.5	81.3
2016	87.5	60.9	79.6	64.5	70.6	94.4	60.0	81.4

资料来源：根据《中国统计年鉴》（2012～2017年）相关数据计算。由于2018年及以后的《中国统计年鉴》没有提供按照统一的所有制类型划分的职工平均工资数据，本表的分析仅到2016年。

概括起来，城镇国有单位、有限责任公司、股份有限公司、其他内资企业和外商投资企业，是城镇劳动力就业的主要单位类型，它们之间的职工平均工资差距对城镇居民人均可支配收入不平等有决定性的影响。这里，值得重视的结构性因素有两个：一是聚集了大量就业人员的“其他内资企业”（多半为私营企业）与所有其他所有制类型单位的职工平均工资水平都有较大差距，而且这种差距在1999～2016年的18年里基本没有什么改变。二是18年里，国有单位、有限责任公司、联营单位的职工平均工资与外商投资企业职工平均工资的差距，存在一种先缩小后扩大的趋势，这也有助于解释中国全社会基尼系数在2016年以后出现反弹的现象。

接下来，让我们观察城镇不同行业职工平均工资的差距及其变化情况。从历年的《中国统计年鉴》数据看，关于行业的划分，有过几次变化。2005年的《中国统计年鉴》给出的行业划分是使用时间最长的，一直沿用到2016年，因此，我们的分析在时间上同样限于2005～2016年期间。这一行业划分包括19个行业。一般而言，金融行业职工工资水平往往是最高的，因此，我们将以这一行业职工平均工资为100，作为参照行业，观察不同行业之间的工资差距（参见表6）。

不意外的是，作为新兴科技行业，IT（信息技术）业职工平均工资与金融业职工平均工资的差距是最小的，而且在许多年份里，IT业职工平均工资水平超过了金融业职工平均工资水平。科技行业职工工资水平相对也比较高，其与金融业职工平均工资水平的差距相对较小（但近年也呈现差距扩大的趋势)。而农业的职工平均工资则始终是最低的，并且与金融行业职工平均工资的差距是最大的，这种差距在12年里没有什么实质性的变化。采矿业、制造业、建筑业、批发零售业、住宿餐饮业、水利环境行业、居民服务行业的职工平均工资，都处于较低水平，与金融业职工平均工资的差距总体上都呈现扩大的趋势，其他一些行业的职工平均工资与金融业职工平均工资的差距可能小一些，但也面临差距扩大的压力。总的来说，第一产业、第二产业的基础行业以及第三产业的传统服务业部门的职工，都面临工资水平较低，并且难以与金融业、IT业等行业职工平均工资相比的困境。这种行业工资差距，在很大程度上也与以职业为基层划分的社会阶层结构差异相契合，因而对现阶段中国城镇的社会分化产生深刻的影响，并且，由于数以亿计的农民工主要在这些行业就业，这种影响也深刻地渗透到中国农村的社会阶层分化之中。

表6　城镇不同行业职工平均工资差距（以金融业职工平均工资为100）

年份	农林牧渔业	采矿业	制造业	电力等	建筑业	批发和零售业	交通运输邮电仓储业	住宿餐饮业	IT业
2005	28.1	70.0	54.5	84.7	48.3	52.2	71.5	47.5	132.7
2006	26.1	68.0	51.3	80.1	45.5	50.1	67.9	42.9	122.4
2007	24.6	64.0	48.0	76.0	42.0	47.9	63.4	38.7	108.4
2008	23.3	63.5	45.3	71.5	39.4	47.9	59.4	35.8	101.9
2009	23.8	63.0	44.4	69.3	40.0	48.2	58.5	34.5	96.3
2010	23.8	63.0	44.1	67.4	39.2	47.9	57.7	33.3	91.9
2011	24	64.4	45.2	65.0	39.6	50.1	58.0	33.9	87.4
2012	25.3	63.5	46.4	64.9	40.7	51.6	59.5	34.8	89.7
2013	25.9	60.3	46.6	67.3	42.2	50.5	58.2	34.2	91.2
2014	26.2	57.0	47.4	67.7	42.3	51.6	58.6	34.4	93.1
2015	27.8	51.8	48.2	68.7	42.6	52.6	60.0	35.6	97.6
2016	28.6	51.6	50.6	71.4	44.4	55.4	62.7	36.9	104.3

年份	房地产	租赁和商务服务	科技	水利环境等	居民服务等	教育	卫生和社会工作	文化/体育/娱乐	公共管理等
2005	69.3	72.6	92.9	49.0	53.9	62.5	71.2	77.6	69.2
2006	62.7	69.1	89.2	44.0	50.8	58.9	66.5	72.8	63.5

续表

年份	房地产	租赁和商务服务	科技	水利环境等	居民服务等	教育	卫生和社会工作	文化/体育/娱乐	公共管理等
2007	59.3	63.2	87.3	41.8	46.3	58.9	63.4	69.1	63.0
2008	55.9	61.1	84.4	39.2	42.4	55.3	59.7	63.4	59.9
2009	53.4	58.8	83.0	38.3	41.7	57.2	59.0	62.5	58.5
2010	51.1	56.4	80.4	36.4	40.2	55.6	57.4	59.1	54.5
2011	52.8	57.9	79.2	35.6	40.9	53.3	57.0	59.0	51.9
2012	52.1	59.2	77.2	36.0	39.2	53.2	58.6	59.7	51.3
2013	51.2	62.8	76.9	36.2	38.6	52.1	58.2	59.5	49.4
2014	51.3	62.0	76.0	36.2	38.7	52.3	58.4	59.5	49.1
2015	52.5	63.2	77.9	37.9	39.0	58.0	62.4	63.4	54.3
2016	55.8	65.4	82.3	40.7	40.5	63.4	68.2	68.0	60.4

资料来源：根据《中国统计年鉴》（2007～2017 年）相关数据计算。

（四）转移性收入的城乡与阶层差距

作为再分配的主要组成部分，转移性收入差距对总体收入不平等具有重要的影响，并且由于中国的转移性收入差距具有城乡与社会阶层特征，这种影响也是结构性的。从国际经验来看，转移支付对于缩小收入不平等具有重要作用。例如，据 OECD 经济部学者的分析，21 世纪初，OECD 国家的转移支付和税收能够降低市场化收入分配基尼系数的 1/3，其中，转移支付贡献了 2/3（Égert，2013）。

分城乡来看，居民家庭人均转移性净收入差距的变动总的来说经历了三个阶段（参见图 15）。2003 年以前，城乡居民家庭人均转移性净收入之比，不仅水平较高，而且呈现上升趋势，亦即这一阶段城乡居民家庭人均转移性净收入的差距是不断拉大的。2004～2012 年，城乡居民人均转移性净收入差距持续较快下降，但两者比值仍然较大。2013 年，城乡居民家庭人均转移性净收入经历了一个断崖式的下降，然后基本稳定并微幅下滑，如上所言，这种变化趋势的出现，可能主要应归因于中国共产党第十八次全国代表大会以来，为了如期实现全面建成小康社会的战略目标，政府加大了对农村的转移支付力度，主要用于农村精准扶贫和脱贫攻坚。此后，政府财政投入脱贫攻坚的资源相对稳定，因而城乡居民人均转移性净收入的差距缩小的潜力也就变小了。

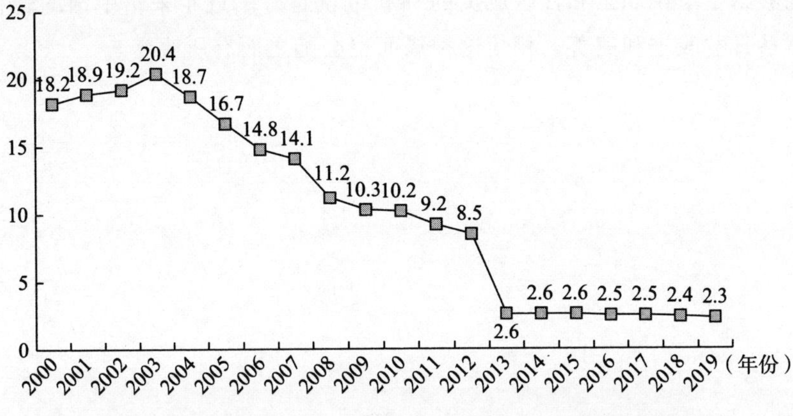

图 15　中国城乡居民人均转移性净收入之比及其变动趋势

资料来源：基于《中国统计年鉴》（2001～2017 年）提供的相关数据计算。

中国居民的人均转移性净收入不仅存在城乡和区域差距，也存在社会阶层差距。由于官方统计不能提供分阶层——例如收入阶层——的转移性净收入数据，我们需要引入学术机构开展的全国抽样抽查数据，做一点补充分析。中国社会科学院社会学研究所从 2006 起每两年进行一次中国社会状况综合调查（CSS），到 2019 年已经共计进行了 7 次调查。由于每次调查使用的问卷在问题设计上有所变化，我们暂时选取 2013 年的调查作为基础数据。在这里，转移性净收入被定义为政府转移性支付、工作单位福利性支付以及社区福利性支付之和。2013 年的调查结果显示，最低收入户、次低收入户、中等收入户、次高收入户和最高收入户的家庭人均转移性收入分别为 478.2 元、826.4 元、1192.2 元、2365.2 元和 4999.8 元。这样，最高收入户的家庭人均转移性净收入与其他四个收入组住户人均转移性净收入之比依次为 10.46∶1、6.05∶1、4.19∶1 和 2.11∶1。可见，至少在 2013 年调查时，最高收入阶层获得了更多的转移性净收入，而最低收入阶层获得的转移性净收入最少。这种格局的出现可能要归因于中国的制度性收入再分配制度的独特性，即除了像城乡最低生活保障这样的社会救助性转移支付外，其他类型的转移支付总是与接受转移支付者既有的工资待遇水平等挂钩，即一个人的工资待遇水平越高，其制度性社会保障（包括养老保险、医疗保险、住房公积金等）水平越高。非制度性的单位和社区福利，又总是与单位和社区的经济条件密切相关，单位和社区的经济条件越好，其能够给予单位职工和社区成员的福利也就越好。近年来，中国的转移支付体系日益改进和完善，相信这种局面也会随之而有所改变。

俄罗斯家庭收入的平等与公正

马瑞娃（S. V. Mareeva）

金钱不平等或者说收入/财富不平等，通常是探讨不平等的动态及其降低方法的主要焦点。乍看之下，金钱不平等似乎比非金钱类的不平等更容易评估和量化，但在评估收入或财富不平等的规模，尤其是涉及“公平性”时，往往会出现诸多问题。例如，限制生产不平等是刺激经济增长还是抑制经济增长的问题，一直是经济专家试图解决但尚未找到最终解决方案的问题。就不平等的衡量而言，采用不同的衡量标准（特别是那些会导致收入分配下层和上层之间的不平等差距更大的衡量标准）和指标可以得出有关不平等深度及其动态的不同图景。在分析收入不平等时，此类衡量指标可能包括税前和税后收入、支出或消费等；财富不平等甚至会引发更多争论，因为财富不平等一直与颇具争议性的间接评估程序有关。所有这些都引发了人们对金钱不平等程度的探讨，以及对充分理解这一问题需采取哪些方法和方法论的探讨（Капелюшников，2017）。但是，在我们的案例中，我们的目标并不是得出探讨不平等的方法，而是想找出收入不平等的性质是如何反映现代俄罗斯的客观情况的，而反过来，在民众的主观估计中，收入不平等又是如何体现的，民众认为这样的社会秩序的公平程度如何。本研究的经验基础包括 FSSS RF 的官方统计数据、国际研究中心的评估以及社会学研究的成果，特别是 RLMS-HSE[①] 调查数据。

① “Russia Longitudinal Monitoring survey, RLMS-HSE”, conducted by National Research University “Higher School of Economics” and “Demoscope” together with Carolina Population Center, University of North Carolina at Chapel Hill and the Institute of Sociology of the Federal Center of Theoretical and Applied Sociology of the Russian Academy of Sciences (RLMS-HSE web sites: http://www.cpc.unc.edu/projects/rlms *and* http://www.hse.ru/rlms).

一　俄罗斯的收入不平等：普遍特征

总的来说，对于俄罗斯的收入不平等动态而言，如果根据按五分位数（占总人口20%的群体）分列的总现金流量分布数据进行概括，其特点是：从20世纪90年代到21世纪前十年中期，收入最低的两个等分位组群体获得的收入比例先下降，随后趋于稳定；第三等分位组比例也有所下降，虽然下降的幅度不大，但也很明显［这个等分位组通常被称为“经济中产阶级”，位于收入分布图谱的中间（Dallinger，2013）］；第四等分位组所得收入的比例一直是并且仍然是最稳定的；第五等分位组所得收入的比例在20世纪90年代初出现了大幅度上升，而且时至今日，这一比例仍然相当高，第五等分位组的人获得的收入占全部收入的45%以上（见表1）。

总体而言，这些数据表明，在20世纪90年代，人口中各群体之间的收入不平等现象日益加剧，40%的人口收入较低，20%的人口收入较高，二者之间的差距持续增大。但是，最高收入组人群的收入远远超过了其他人群的收入，这很可能是因为这部分人口中有一小部分来自“上流社会”，并且从研究结果来看，没有任何迹象表明这种差距在缩小（稍后我们将讨论这个问题）。最高收入组的人口也包括自身状况在总体上似乎或多或少处于有利地位的俄罗斯公民，但事实上他们的物质条件相当一般并且不太稳定（Mareeva，Slobodenyuk，2020）。

官方统计中也采用了收入差异的其他属性，如十分位数资金比率和基尼系数。自1995年以来，十分位数资金比率（表明10%的高收入人口和10%的低收入人口的平均收入之间的相关性）一直在逐渐增加，直至2008～2010年的经济大衰退时期，此后开始下降；2018～2019年的数据表明这一时期又是一个新的增长阶段。基尼系数也表现出了类似的动态，它反映的是人口总收入的实际分配线与其平均分配线之间的偏离情况。尽管过去十年基尼系数有所下降，但与其他欧洲国家相比，俄罗斯的基尼系数仍然相当高。例如，初步数据显示，2019年俄罗斯的基尼系数为0.411（见表1）。

表 1　1970～2019 年总货币收入的分布和人口收入的差异属性

单位：%

年份	货币收入－总计	每组包括 20% 的人口					十分位数资金比率（倍数）	基尼系数
		第一组（最低收入组）	第二组（较低收入组）	第三组（中等收入组）	第四组（较高收入组）	第五组（最高收入组）		
1970	100	7.8	14.8	18.0	22.6	36.8	—	—
1980	100	10.1	14.8	18.6	23.1	33.4	—	—
1990	100	9.8	14.9	18.8	23.8	32.7	—	—
1995	100	6.1	10.8	15.2	21.6	46.3	13.5	0.387
2000	100	5.9	10.4	15.1	21.9	46.7	13.9	0.395
2005	100	5.4	10.1	15.1	22.7	46.7	15.2	0.409
2010	100	5.2	9.8	14.8	22.5	47.7	16.6	0.421
2015	100	5.4	10.1	15.0	22.6	46.9	14.8	0.410
2016	100	5.4	10.1	15.0	22.6	46.9	14.8	0.410
2017	100	5.5	10.1	15.1	22.6	46.7	14.6	0.408
2018	100	5.3	10.0	15.0	22.6	47.1	15.6	0.413
2019	100	5.3	10.1	15.1	22.6	46.9	15.4	0.411

资料来源：FSSS RF 数据，https://www.gks.ru/storage/mediabank/urov_32g.doc，2020 年 4 月 29 日更新；2019 年初步数据。

世界银行在估算俄罗斯的金钱不平等时也采用了 FSSS RF 采用的参数，尽管这两种估算本身并不相同，因为 FSSS RF 根据收入分配的近似值进行了额外的计算。从世界银行提供的数据来看，以基尼系数测出的俄罗斯收入不平等状况更接近平均水平：尽管俄罗斯的不平等程度远高于欧洲大陆，但仍远低于发展中国家所设定的最高阈值。在所有金砖国家中，俄罗斯的基尼系数最低（见表 2）。

从按五等分位数分列的收入分配和收入主要集中在较高收入人群来看，俄罗斯也处于中间位置，因为在这方面俄罗斯明显领先于大多数欧洲国家，但在金砖国家中并未处于领先地位。尽管我们应该再次强调最高收入组内部的高度差异性（正如我们将进一步证明的那样），当按收入划分的最高收入的 20% 的人口过渡到最高收入的 1% ～5% 的人口时，俄罗斯的情况相对于世界其他地区而言发生了极大变化。

表 2 2011～2018 年所选国家的收入不平等状况（世界银行）

单位：%

国家	基尼系数	最低五分位组的收入比例	最高五分位组的收入比例	最低十分位数的收入比例	最高十分位数的收入比例
俄罗斯	0.375	7.1	45.1	2.9	29.9
巴西	0.539	3.1	58.4	1.0	42.5
印度	0.378	7.7	46.2	3.3	31.7
中国	0.385	6.5	45.3	2.7	29.3
美国	0.414	5.1	46.8	1.7	30.5
德国	0.319	7.6	39.6	2.9	24.6
匈牙利	0.306	7.9	38.5	3.0	23.9
波兰	0.297	8.3	38.2	3.2	23.5

资料来源：世界银行数据，https://data.worldbank.org. 引用的数据为截至 2020 年 10 月 23 日各个国家的最新可用数据。

俄罗斯的收入不平等相对于其他国家的情况也反映在卢森堡收入研究所的数据中。[①] 卢森堡收入研究所从微观层面上收集收入数据，但有一个重要的区别，那就是在评估不平等指标时使用了允许考虑保守消费的等值表（equivalence scale）。在这种情况下，收入将根据家庭成员数量的平方根进行调整。但是，实证研究确实表明，这种等值表对于俄罗斯目前的情况来说可能过于死板，因为当一个家庭将其大部分收入用在购买食品杂货、服装和鞋子等基本生活物资时，从数额上看，保守消费的金额并没有如使用这种等值表所暗示的那么大（Корчагина，2007）。

根据卢森堡收入研究所的估计，俄罗斯的基尼系数要低得多，为0.318。与其他国家相比，这个值似乎并不夸张，与德国、波兰和匈牙利的基尼系数相当，但远低于其他金砖国家和美国的基尼系数（见表 3）。在基于十分位数比率值（表示最高收入十分位数的较低收入阈值与最低收入十分位数的较高收入阈值之间的相关性）的国际排名中，俄罗斯的情况也是

① LIS Cross-National Data Center is a non-profit organization that keeps a comparative base of international micro-data on income（Luxembourg Income Study Database）for research in the field of sociology.

如此。[①]根据卢森堡收入研究所的数据，俄罗斯在 2017 年的这一差值为 0.044，相对于 2000 年的 0.065 有所下降。但是，这些数据再次指出衡量依据的问题，特别是对俄罗斯采用标准等值表是否合适。

表 3　2011～2018 年所选国家的收入不平等指标状况（卢森堡收入研究所）

国家	基尼系数	十分位数比率（倍数）
俄罗斯	0.318	4.4
巴西	0.462	8.7
印度	0.479	9.8
中国	0.396	7.0
美国	0.384	5.9
德国	0.296	3.8
匈牙利	0.268	3.2
波兰	0.288	3.5

资料来源：卢森堡收入研究所数据，http://www.lisdatacenter.org，引用的数据为截至 2020 年 10 月 23 日各个国家的最新可用数据。俄罗斯 2017 年的数据；卢森堡收入研究所的分析师在计算中使用了 FSSS RF 数据。

在看待收入不平等问题时，也可以从相对法的角度来看，即在评估收入时，不是根据绝对值评估，而是通过与特定社会在其当前发展阶段的典型（中位）水平进行比较的方法来评估。N. Tikhonova（Тихонова и др.，2018）带领的工作组按照相对法的脉络开发出一种收入分层模型，该模型在现代俄罗斯相当有效。该模型允许选择俄罗斯社会结构中的五个不同收入群体，不仅收入水平不同，而且日常生活的相关性也不同。这些群体的边界是由相对收入中位数值来界定的。根据 FSSS RF 的官方数据，2018 年的收入中位数为每人每月 24755 卢布，2019 年为每人每月 26365 卢布，尽管根据选择性调查数据，这些数值更为适中。例如，根据现在开始我们要使用的 RLMS-HSE 数据，在 2018 年，该数值为 16500 卢布，2019 年为 18845 卢布。

① Unlike the decile fund ratio we discussed earlier, this one uses upper/lower decile thresholds, instead of average income for deciles.

在拟议分类中，贫困线设定为收入中位数的50%。易受贫困影响的阈值设定为收入中位数的75%（这是通常用于根据收入定义中产阶级的最低值）。易受贫困影响的人群指的是处于贫困边缘的人群，一旦他们的个人情况或国家的经济状况发生变化，其遭受经济状况恶化的风险更高。贫困人群和易受贫困影响人群共同构成了功能失调的低收入社会阶层。这个群体的人口数量比俄罗斯采用官方绝对法定义的贫困群体人口数量多得多（我们将在后文进一步讨论这个问题）。

我们的模型表明，“中位数群体”包括收入值接近收入中位数值的人群，换句话说就是，收入值超过或低于中位数的收入值均不超过中位数的25%（中位数的75%～125%）的人群。这种界限划分表明中位数群体代表的是俄罗斯全体人民的典型生活水平。由于俄罗斯的收入中位数值并未超过最低生活水平的1.5倍，因此没有必要过分夸大这些特定俄罗斯公民的富裕程度。这就决定了中位数收入群体的生活水平相当一般，并且这种生活水平代表的是俄罗斯人民的典型生活状况：这个群体中很少有人对自己的经济状况感到满意，他们几乎不具备任何提高消费质量的能力，除此之外，他们的安全系数（如拥有大量储蓄或额外的不动产）也很低。但是，这一标准也远远超过了生存标准，这个群体的人拥有相当充足的耐用品，并且一半以上的人都有车。

“平均收入”群体包括在收入（中位数值的125%～200%，或收入超过俄罗斯的典型水平）和相关生活水平方面均可被视为相当富裕的人。最后，俄罗斯人口中的高收入阶层包括收入中位数超过2的人。由于调查样本通常没有包含最富裕的3%～5%，因此高收入阶层代表的是富裕的大众阶层，而不是与大多数人隔绝的“上流社会”，关于这一点，我们将在本章的后面部分谈到。高收入阶层的人在满足基本生活需求后，可以自由选择如何使用剩下的钱，并且能够积攒一笔财务储备金。他们有更多的机会享受那些其他人群很少享受的消费项目（如出国度假、拥有进口汽车、购买昂贵的耐用品等），这就决定了与其他收入群体的人口相比，他们的生活水平非同一般。

在上述界限内构建的收入分层模型表明，该模型是由反映现代俄罗斯收入不平等状况的各种特征所定义的。在这些特征中，几乎完全不存在与生存相关的贫困现象，并且覆盖了绝大多数人口的收入中位数群体。根据这些结果，我们可以自信地说，俄罗斯社会即使不是一个“大规模中产阶级社会”，至少也是一个中等富裕社会，尽管正如我们前面提到的那样，俄罗斯的典型生活水平仍相当一般。

过去20年的收入群体规模动态显示：相对于高收入和低收入这两个相反群体人口占比下降来说，“中产阶级”人口占比却呈现相当大幅度的增长。如今，收入中位数群体的人数最多，其规模从1995年的占总人口的25%增加到如今几乎占总人口的40%（见图1）。值得注意的是，这样的发展不仅仅是低收入人口减少的结果，也是大规模经济繁荣区显著缩小的结果。俄罗斯目前的收入分层结构似乎与欧洲国家固有的结构相似，但与金砖国家或拉丁美洲国家却有很大不同，这些国家的高收入和低收入群体的两极分化程度较高，而中等收入群体的比例却较低（Тихонова и др.，2018）。

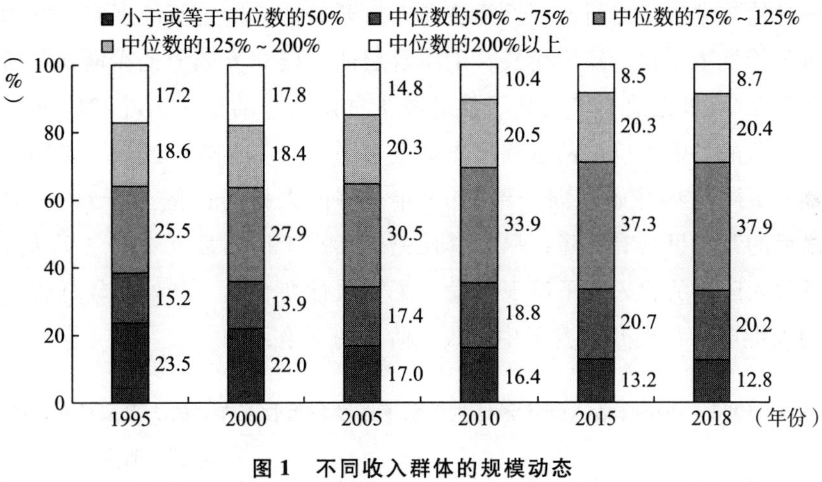

图1 不同收入群体的规模动态

资料来源：RLMS-HSE 1995～2018年数据。

因此我们看到，当按照欧洲标准衡量时，如俄罗斯总体人口的收入不平等指标所示，俄罗斯是一个收入不平等程度相对高的国家，尽管收入不平等程度低于包括金砖四国在内的其他国家。当采用等值表衡量时，相对于世界其他国家，俄罗斯的状况似乎更好，仅次于西欧和东欧国家。但是，当采用相对法来评估收入不平等时我们发现，近年来俄罗斯人口中大众阶层的收入越来越趋于平等，形成的收入分层模式与欧洲模式相似。

但是，我们是否真的可以认为俄罗斯在国际排名中处于“中线”水平，在这个意义上或多或少处于一般水平，或者说，是否有一些国家层面的细节已经开始显现？为了回答这个问题，我们现在就来谈谈收入分配谱两端的收入不平等特征。

二　不平等和贫困

就收入分配在较低收入阶层的不平等，即最不富裕阶层与其他所有群体之间的差距而言，俄罗斯的情况似乎正在改善。这一事实的主要依据是，官方统计数据显示，1992～2012 年，贫困人口显著减少。[①] 20 世纪 90 年代发生的社会经济转型导致人口生活质量大幅度下降，具体反映在大规模贫困上，在这一时期，甚至受过良好教育的合格劳动者也受到了影响。1992 年，1/3 的人口最终陷入贫困，因此，在当时的俄罗斯，贫困实际上是一种社会常态。然而，一旦经济和人口开始适应这一新的现实，贫困状况也开始发生变化。经济增长，工薪阶层的工资和养老金也在增加，所有这些都在 21 世纪前十年起到了显著减少贫困人口的作用。到 2012 年，现代俄罗斯的贫困人口比例达到历史最低水平，为 10.7%。此后，贫困人口比例的下降趋势开始转向，到 2015 年，贫困人口的比例上升到 13.4%；在之后的几年里略有下降，尽管其比例仍然高于历史最低水平（见表 4）。较低收入阶层的收入不平等现象发生了实质性变化，一些处在较低收入阶层的人将自己“提升”到了中下收入阶层的下半部分。

表 4　1992～2018 年收入低于最低生活水平以及货币收入赤字的人口规模和比例

单位：百万人，%

年份	货币收入低于最低生活水平的人数	收入低于最低生活水平的人口占比	货币收入赤字人口占比
1992	49.3	33.5	6.2
1995	36.5	24.8	3.9

① 俄罗斯使用绝对数定义贫困。收入低于地方的官方最低生活保障线的人群为贫困者。2019 年，俄罗斯的贫困人口为 1810 万人，占总人口的 12.3%。

续表

年份	货币收入低于最低生活水平的人数	收入低于最低生活水平的人口占比	货币收入赤字人口占比
2000	42.3	29.0	5.0
2005	25.4	17.8	2.1
2010	17.7	12.5	1.2
2015	19.6	13.4	1.3
2016	19.4	13.2	1.3
2017	18.9	12.9	1.3
2018	18.4	12.6	1.2
2019	18.1	12.3	1.2

资料来源：FSSS RF 数据，https://www.gks.ru/storage/mediabank/urov_51g（1）.doc，2020 年 4 月 29 日更新；2019 年初步数据。

世界银行在 2016 年和 2018 年汇总的相关报告的结果也说明了较低收入阶层的收入不平等状况有所改善（World Bank，2016，2018）。研究人员通过最贫困的 40% 的人口在收入/消费比例方面的变化来评估收入不平等动态。该阈值是根据专家的评估设定的。从收入分配的角度来看，2008～2013 年，最贫困的 40% 的俄罗斯人在消费方面的增长速度比其他人口更快，因此，俄罗斯认为自己已跻身“共同富裕”水平（与不平等相反）在此期间实际有所上升的国家之列。2008～2013 年，俄罗斯最贫困的 40% 的人口的平均年消费增长率为 5.86%，而普通人口的这一数值为 5.27%。世界银行根据 2012～2017 年的数据进行了最新估计，结果表明，尽管 2014 年爆发了经济危机，导致最贫困的 40% 的人口和总人口的年均消费增长率均为负值，分别为 -0.44% 和 -2.27%，但俄罗斯的收入不平等现象在进一步减少。相比之下，2013～2016 年，中国收入较低的 40% 的人口的人均消费年均增长率为 8.38%，总人口的人均消费年均增长率为 7.12%，也就是说，以这种方式衡量的收入不平等现象也在减少。

当使用世界银行设定的在世界各地普遍使用的贫困线（见表 5）时，上述结论得到了进一步证实。使用这些阈值选取的贫困人口所占的比例表明：俄罗斯的极端贫困问题已经成功解决，几乎没有人的单日收入在 5.5 美元以下（在这一点上俄罗斯不同于其他金砖国家），而绝大多数人口还属于世界银行定义的“中产阶级”，即按购买力平价计算，人均单日收入不低于10美元的群体（World Bank，2019；Mareeva，Lezhnina，2019）。

表5　根据国际贫困线划分的贫困指标（2011～2018年）

单位：%

国家	每日收入低于1.9美元的贫困人口比例［基于2011年购买力平价（PPP）］	每日收入低于3.2美元的贫困人口比例［基于2011年购买力平价（PPP）］	每日收入低于5.5美元的贫困人口比例［基于2011年购买力平价（PPP）］
俄罗斯	0	0.2	2.3
巴西	4.4	9.2	19.9
印度	21.2	60.4	86.8
中国	0.5	5.4	23.9
美国	1.2	1.5	2.0
德国	0	0	0.5
匈牙利	0.6	1.2	3.0
波兰	0.3	0.6	1.4

资料来源：世界银行数据，https://data.worldbank.org，最后访问日期：2020年6月15日。引用的数据为截至2020年6月15日各个国家的最新可用数据。

这是俄罗斯社会过去30年经历根本性转变的结果。据世界银行估计，在2000年，略超过1/4（27%）的俄罗斯人口属于中产阶级；到2010年，这一数字上升至60%；之后经济中产阶级按照这种方式继续增长直至现在，绝大多数人口都属于这一类别。这种变化也说明了收入分配结构中，较低阶层的不平等问题变得不那么敏感了，正如前述所说。

总的来说，在过去的三十年里，俄罗斯已经从普遍贫困社会变成了一个大规模的中产阶级社会（尽管还需要单独讨论居民的生活水平）。俄罗斯的极端贫困问题几乎已经完全解决，普遍贫困不再是常态，下层人民不再处于深度贫困状态——在俄罗斯，低度贫困人口比例更高，因为这种贫困状态稳定，难以突破。这一变化说明了收入分配结构中，较低收入阶层的不平等现象有所改善。后文中，我们将讨论公众观念如何反映了这一点。

三 收入和财富集中

但是收入分配结构另一端是什么情况呢？为了测量“富人”与其余人口的收入差距，研究人员常使用收入或财富集中指标。获得这些数据十分困难，因此，这些数据常常作为方法论相关讨论的主题。然而，即使考虑到了该领域研究人员在收集和处理数据时存在差异，但分析俄罗斯的情况时，显然会出现一些共同趋势，因为在俄罗斯，收入（特别是财富）也集中在1% ~5% 的人口手中。例如，世界不平等数据库（World Inequality Database）的分析师得出了这样一种精确结论。最新的《世界不平等报告》（Alvaredo et al.，2018）表明，在过去的几十年里，几乎所有国家的收入不平等问题都有所加剧，尽管幅度不同。收入不平等程度在中东最高，欧洲最低；在这方面，俄罗斯与欧洲更相似。作者估计，2016 年，欧洲国家37% 的收入集中在 10% 的富人手中，中国 41% 的收入集中在此类人口手中，在俄罗斯为 46%，在美国和加拿大为 47%。

研究人员指出，俄罗斯官方不平等数据严重低估了其发展程度（自 20 世纪 90 年代以来）。目前，占总人口 1% 的富人获得的收入约占总收入的 20% ~22%，这一比例与美国大致相同或可能比美国更高，远远超过中国和东欧其他前社会主义国家。在东欧，占总人口 1% 的富人获得的收入约占总收入的 10% ~14%（Novokmet et al.，2018）。财富集中指标甚至更高——占总人口 1% 的富人拥有的家庭总财富比例从 22%（1995 年）上升到了 43%（2015 年）。这一比例高于美国（2015 年为 39%）、中国（2015 年为 30%）、法国和英国（由于中产阶级获得了更多的房地产，财富集中增长速度较慢）。

瑞士信贷（Credit Suisse）全球和特定国家财富分配年度报告更常被引用（尽管经常因其计算方法而受到批评）。据瑞士信贷分析师的说法，俄罗斯的财富基尼系数使其跻身领先国家之列：2017 年的基尼系数值为 0.83，在 171 个国家中排名第 20。委内瑞拉、埃及、南非和阿拉伯联合酋长国等国家的基尼系数值更高。在这方面，俄罗斯领先于所有发达国家（除美国以外）。据瑞士信贷估计，就集中在富人手中的财富来说，俄罗斯排名第一。在俄罗斯，占总人口 1% 的富人拥有总财富的 56%，这使俄罗斯和泰国并列第一，甚至超越了美国。

也就是说，不同来源的数据表明，俄罗斯和其他国家之间的巨大差异与10%的上层人口的财富和收入关系不大，而与“尖顶”（即1%或更少的上层人口）有关。

这些数据使俄罗斯处于另一个位置（不同于先前讨论），凸显了阶层分配的极端不平等，并影响了俄罗斯民众对收入公平分配方式的看法。

四　先赋性因素在收入不平等发展中的作用

对收入不平等的看法不仅取决于其不平等程度，还取决于其他因素。这导致在俄罗斯收入不平等发展中，先赋性因素评估的作用变得十分重要。欧洲复兴开发银行（EBRD，2017）在一份报告中提出先赋性因素可用于确定一个国家在全球所有国家中的地位。该报告的关键部分谈到了机会不平等。报告编辑者根据出生背景（如性别、出生地——城市或乡村、种族、父母的受教育程度、父母是否是共产党成员）所致的收入差异来衡量机会不平等。这些指标用于构建回归模型，基于先赋性特征数据预测个人收入，然后预计收入用于估算机会的基尼系数。以这种方式计算得出的指数表明，收入不平等与出生背景的差异有关，这可被视为机会不平等；这一结果总是低于收入不平等的整体基尼系数，因为只有一部分个人收入（收入不平等）可归因于出生背景差异，而另一部分与个人努力以及分析中未考虑的环境有关。结果显示，俄罗斯的机会不平等程度远远高于西欧国家、许多中欧和波罗的海国家（克罗地亚、斯洛文尼亚、波兰、匈牙利）、南欧国家、乌克兰和白俄罗斯，以及中亚国家。在欧洲复兴开发银行调查的国家中，仅少数国家的基尼系数（用于衡量机会不平等）超过俄罗斯——哈萨克斯坦、亚美尼亚、摩尔达维亚、格鲁吉亚、土耳其、科索沃、拉脱维亚和爱沙尼亚。

除了基尼系数之外，相对机会不平等也作为机会不平等的相关指标，显示了收入不平等与机会不平等的确切比例。俄罗斯的这一指数超过了30%，使其与土耳其、罗马尼亚、克罗地亚并列，这意味着该国1/3以上的收入不平等问题可归因于与出生背景相关的先赋性因素。机会不平等主要由于父母的受教育背景，其次是性别和出生地的差异。此外，该报告还指出，通常特定国家的机会不平等程度越高收入不平等程度就越高。在收入不平等程度较高的国家，这种关系更为明显，而不同于收入不平等程度较低的国家。例如，在德国和一些东南欧国家，与收入不平等的基尼系数相比，机会不平等程度较低。在被调查的国家中，俄罗斯排名接近中间区域，尽管其收入和机会不平等程度更高。

在某些国家，一些地方研究侧重于观察机会不平等对总体收入不平等的影响，但俄罗斯科学家才刚开始探索这一主题。机会不平等影响薪酬不平等的比例为18% ~24%，影响人均收入不平等的比例为12% ~21%（Ибрагимова，Франц，2020；Малева и др.，2020）。就这些数据而言，在全球排名中俄罗斯接近中国，但与机会不平等普遍较低的欧洲国家相去甚远。

五　人们对收入不平等的看法以及对公平性的判断

正如前述，近年来，大众群体的收入趋于平均，收入较低的阶层向中产阶级靠拢。此时，您可能会认为，收入不平等动态应该促进社会紧张局势（与人们的看法有关）的缓和。然而实际上，俄罗斯社会仍然面临严峻的挑战，公众认为收入不平等问题十分严重。2010 年有研究结果表明，大多数人认为收入不平等过高且不合法；同时，在最敏感的不平等现象中，收入不平等排名第一，超过了与基本生活水平和社会流动机会相关的不平等（Mareeva，2020）。

2019 年的 RLMS-HSE 数据显示，收入不平等仍然被视为过度不公平问题。在评估收入分配和公共财富的公平性时，44.8% 的俄罗斯人（给出明确答案的人）认为完全不公平，而 45% 的人认为有些不公平。此外，绝大多数（86.0%）人认为俄罗斯的养老金条款和公共福利制度绝对或有些不公平，这与收入不平等直接相关，并可能有助于缓解收入不平等。

与其他方面相比，现代俄罗斯人民对收入的不公平感更强烈，例如进入劳动力市场与从事获利工作、国家医疗保健和法院系统，这些都是关键的“痛点”（认为以上方面不公平的人口比例分别为 31.1%、23.5% 和 23.9%）。然而，随着近年来俄罗斯人民手中拥有的资源日益减少，大量人口失去了独立解决收入问题的能力（Тихонова，2019），收入不平等仍然是导致现代俄罗斯社会秩序固有“不公平”特征的首要问题。

事实上，大部分认为收入分配不平等的人，甚至收入高于全国平均水平的人也这样认为。对于俄罗斯社会福利和养老金制度，人们也持有相同的看法，这种现象可视为人们承认政府无力消除非法不平等（见表6）。

表6　不同收入群体①对现代俄罗斯社会收入不平等的看法

单位：%

现代俄罗斯收入不平等评价	小于中值的0.5	中值的0.5～0.75	中值的0.75～1.25	中值的1.25～2	超过中值的2
认为公共财富分配不公平的人	83.0	87.4	91.1	92.7	92.1
包括“完全不公平”的分数	43.7	40.9	44.1	49.5	47.3
认为养老金条款和公共福利制度不公平的人	81.3	85.1	85.1	90.0	89.4
包括“完全不公平”的分数	44.5	44.1	44.0	47.7	48.4

资料来源：RLMS-HSE，2019。

事实上，收入不平等不一定意味着俄罗斯人民（即使是相对富裕的人）之间的收入差距，而是小部分“富人”和“其他人”之间的显著且不断扩大的差异影响了评价结果。特别是在所有收入群体中，绝大多数（90%以上）人赞成累进税率，认为富人应该比穷人缴纳更多税，每个群体中有一半以上的人表示完全同意这一观点（见表7）。似乎相对富裕的群体不认为自己是“富人”，他们的地位导致的收入不平等需要政府政策加以纠正。

应该说，俄罗斯不同收入群体间最大的分歧不在于如何评价俄罗斯现有的收入不平等，而在于他们如何看待国家收入平等分配：个人财务状况越好，越不支持平等分配，即使“超过中值的2”的收入群体中，大多数人也不同程度地支持这种观点（见表7）。

① 收入群体根据家庭人均月收入与全国居民月收入中位数的比较划分。

表 7 不同收入群体对于收入不平等的态度

单位：%

态度	小于中值的 0.5	中值的 0.5 ~ 0.75	中值的 0.75 ~ 1.25	中值的 1.25 ~ 2	超过中值的 2
认为富人应该比穷人缴纳更多税的人	95.2	93.9	95.5	92.6	92.9
包括完全同意的人	61.5	62.8	63.0	60.3	55.1
认为国家收入应该平均分配的人	82.4	78.4	74.6	70.7	60.9
包括完全同意的人	42.4	42.5	37.4	33.0	24.1

资料来源：RLMS-HSE，2019。

值得注意的是，早期研究表明，俄罗斯人民认为机会平等始终比收入平等更重要（Mareeva，2020）。显然，由于政府没有采取任何行动解决不平等问题，因此，平等分配国家收入的需求出现并继续扩大，涉及货币及非货币层面。值得注意的是，在公平社会基本原则方面，俄罗斯人民主要关注了非货币层面的原则，如获得医疗保健的平等机会、适用于每个人的平等法律、劳动力市场平等和教育平等。在实施公正原则时，与收入不平等直接相关的原则（低贫困水平、生活水平的适度差异、累进税率）往往不那么重要（见表 8）。最后，仅 1/10 的人认为社会公平意味着富人占比很低。

表 8 从人口角度看待公平社会的原则

单位：%

公平社会的原则（灰色填充部分表示与收入不平等直接相关的原则）	最重要的事情
平等获得医疗保健	62.5
法律面前人人平等	50.8
平等获得赚钱的工作机会	48.1
平等接受理想的教育	41.2
穷人少的社会	39.2
每个人都有能力解决住房问题	36.5
收入差异适度	32.6

续表

公平社会的原则 （灰色填充部分表示与收入不平等直接相关的原则）	最重要的事情
生活水平差异适度	28.3
富人比穷人缴纳更多的税	25.4
同等资格和学历的人酬薪平等	23.6
城市和乡村生活质量差异适度	20.3
富人少的社会	10.4

资料来源：IS FCTAS RAS，2020。

因此，俄罗斯人不要求社会完全平等，也不要求减少富人数量以使人人达到相同水平，而是需要减少机会不平等。然而，在这些原则未得到切实施行的情况下，不平等的理由被认为是非法的，个人解决生活问题的非货币机会减少，富人与其他人之间的差距继续扩大，收入不平等仍然是敏感问题。更糟糕的是，政府的社会经济议程中尚未明确阐述这些问题。

六　结论

实际上，2000 年较低收入分配阶层的收入不平等程度有所降低，因为贫困人口数量总体下降，与一般人口相比，较低收入成员的收入增长更快。俄罗斯社会因此从普遍贫困社会转变为中间群体占多数的社会。分配结构两端的情况恰恰相反，普通民众和精英阶层之间的差距越来越大，精英阶层积累了足够多的收入和财富，使改革后的俄罗斯在贫富差距方面继续保持世界前列。换句话说，近年来，俄罗斯大众群体的收入水平一直处于高度均衡状态，而精英“尖顶”与大众之间的差距日益加剧。重要的是，俄罗斯人民仍然认为不平等是一个敏感的问题，也是俄罗斯社会发展的一个关键挑战。这种观念由许多原因造成，尤其是人们（包括最富有的成员）认为收入不平等的既定模式导致了不平等。此外，还有一个因素，即俄罗斯人不满于与大众日益分离的小部分“富人”，而非不满于普通大众群体之间的不平等。

鉴于此，社会和政府之间需要一项新的社会协议，公众和政府精英们似乎都没有理解这一点。该协议将如何处理收入不平等？这需要解决很多问题，其中最关键的问题是需要消除哪些群体之间的哪些不平等，以及使用什么方法：我们在讨论支持穷人，那么是消除中产阶级之间的不平等，还是缩小精英阶层和普通人之间的差距？当前的社会政治议程未提出任何解决方法（甚至问题本身），但如果不关注这些问题，就无法有效地应对收入不平等这一具有挑战性的问题，或无法有效地确保某一领域的社会公正程度满足人们的期望。

第三篇

居民的消费差异和影响因素

中国家庭消费中的社会平等与公正

朱 迪

消费不仅是个人选择，也具有社会意义和社会后果。买高排量燃油车还是绿色出行，买高价进口食品还是贫困地区农产品，方便舒适优先还是减少使用一次性制品，看起来好像是消费者主权的问题，其实不然，消费行为本质上与他人、与社会乃至与整个世界和环境都有关系。这指向了消费的公共性问题，涉及公平和正义的原则。什么样的消费行为更加具有合法性？什么样的消费行为更加符合公共利益？什么样的消费是更加道德的？消费公正课题主要解决这些问题。国际学术界和国际社会对消费公正保持很高的关注度，除了有比较普遍的对消费不平等和分配正义的关心，还有对所谓伦理消费（ethical consumption）的强调，比如血汗工厂、公平贸易、环境保护、动物保护等问题。

本文旨在对我国家庭消费中的社会平等与正义问题进行实证分析。家庭消费不平等既对居民生活福利有负面影响，也对扩大内需、社会流动和社会融合产生不利影响。基于国家统计局年鉴数据和2006~2019年的中国社会状况综合调查（CSS）数据，本文聚焦各类消费支出、耐用品拥有等方面的消费不平等趋势，考察不同阶层家庭在消费支出、经济状况以及住房等方面的消费特点和消费差距，并通过构建多层线性模型考察家庭消费差距的影响因素，强调社会经济地位、社会保障、消费市场、家庭老龄化等个体层次和家庭层次的效应。

一 消费公正和消费差距

（一）多维度理解下的消费公正问题

在罗尔斯（Rawls，1972）的理论中，分配正义的原则局限在社会基础结构上——包括政治组织及主要的经济和社会制度。但是Cohen（2000，

2008）认为应当扩展罗尔斯的理论，非强制性的社会结构（如习俗、社会风气和个人选择）也应当遵从正义的原则。政治哲学中这些关于正义原则的范围（国内还是世界范围内）和场域（作用于强制性社会结构还是非强制性社会结构）的争论，也体现在当代对消费的政治化中（Barnett et al.，2010）。

消费不仅仅是通过商品和服务的购买和使用来满足个人需求、维持社会关系，从更深层次来看，消费乃是全球财富不平等、环境破坏和人权滥用等系统问题再生产的同谋。近些年兴起的消费的道德化或者说伦理消费趋势，其实质是寻求"全球责任"的一种政治行动，将家庭生活、本地身份和国家公民等责任同一系列"全球性的"关怀联系起来，这些关怀包括贸易公平、气候变化、人权以及劳动者团结等问题（Barnett et al.，2010）。伦理消费已经上升为公民参与的重要途径。以英国为例，人们参与传统政治的活动（如选举、联系政治家以及参加政治集会）逐渐减少，而通过参与消费来接触政治的活动（如抵制某种商品、联系媒体）在显著增加（Pattie et al.，2003）。

有研究将消费公正区分为代内消费公正和代际消费公正，前者主要处理效率和公平的关系，后者主要处理环境和资源的可持续发展问题（晏辉，2007）。实证研究显示，国际层面的消费公正通常既涉及发展阶段上的公平问题，也涉及发展的环境后果和可持续性问题。Hill 等（2001）使用联合国开发计划署收集并开发了多种指数和数据［包括人类发展指数（HDI）、人类贫困指数（HPI）、环境破坏指数（EDI）等］，其分析结果显示，相对发展并不能缓解贫困和不平等，发展中国家不仅贫困程度更高、拥有更少的机会满足国民的消费需求，还要承担更不公平的全球环境后果（如臭氧层破坏问题），影响当前和未来的国民生活质量。

个人和家庭的消费对他人、对本地社区和社会、对世界以及对环境具有不同程度的影响，这种观点强调了消费过程中的空间性问题，与地理学对空间和距离的强调不谋而合。地理学中曾经有过关于"道德转向"的争论，人们对周边的关心是否可能转化为"空间上扩展的善行，也就是说积极关爱更加远距离的他人"（Barnett et al.，2005）。比如当人们在为低价购买到新款衣服而欢欣鼓舞时，是否可能去关心发展中国家的廉价劳动力

（血汗工厂）或者牛仔裤生产过程对环境的破坏。这当然很难，因此，政府、社会组织以及一些企业才发起一系列伦理消费倡议和运动，希望引起人们对消费的反思并试图改变这种不公平、不公正的消费链条。

以可持续消费为例，是否购买低碳环保消费品，是否选择绿色消费方式，是否进行垃圾分类，不仅是个人的消费选择，而且在环境、他人、社会、世界等多个维度上具有意义、产生影响。所谓消费公正，也应当从这些维度来考量消费行为的合法性。第一，从环境维度，应当考虑消费行为是否有利于资源的回收再利用，是否有利于生态系统的健康循环；第二，从他人维度，应当考虑消费行为对他人的安全和健康的影响，比如有毒垃圾随便丢弃不利于垃圾回收人员和本地居民的人身安全；第三，从社会维度，应当考虑消费行为对本地区的影响，比如高排量私家车或者高排放的生活方式对整个地区环境质量和居住质量造成负面影响、提升社会治理成本；第四，从世界维度，应当考虑消费行为对发展中国家和贫困地区居民的影响，比如是否造成了对他们的劳动剥削和健康剥削。

中国背景下，虽然很少使用“消费公正”或者“伦理消费”这样的话语，但是经常出现在官方文件和日常生活中的消费扶贫、消费援助同样指向消费公正问题，比如城市消费者支持购买贫困地区农产品，新冠肺炎疫情期间涌现的“吃”援湖北、吃货助农等消费倡议。特别是在互联网新技术、电商和直播平台及社交网络的孵化作用下，这些伦理消费逐渐引起广泛关注，并引导消费者在考虑个人喜好和品位的同时，也考虑消费公正问题（叶秀敏，2019；吴丹，2020）。

（二）消费差距及其影响因素研究

消费不平等是消费公正中最突出、最普遍的问题，在国家之间、地区之间、不同社会经济群体之间都不同程度地存在。相对于收入不平等，消费不平等更直接反映不同社会经济群体之间的福利差异。一部分研究认为，同收入差距相比，消费差距和消费不平等状况相对缓和，并且扩大幅度不那么显著，这主要是由于保险、借贷、储蓄等金融工具以及家族、社会保障等社会支持机制能够平滑消费差距，从而让人们乐观地认为财富差距和收入差距的恶化并不总是转换为消费差距的恶化，然而守住消费差距是社会公正的关键（陈志武，2018）。但另一部分研究则强调，这些金融工具和社会支持机制本身暗含了高度的不平等性，低收入群体面临较强的信贷约束，为应对未来风险，只好减少消费增加储蓄，而高收入群体强劲的购买能力和信贷市场的支持更有利于他们消费，因此，消费差距比收入差距更加显著而且有扩大的趋势，消费不平等反映出的真实福利差距可能比收入不平等更严重（邹红等，2013；孙豪等，2017）。

实证层面，历史数据表明，我国的消费不平等程度虽然一定程度上低于收入不平等程度，但是仍处于高位并有逐渐扩大的风险，消费不平等也损害了居民的社会福利改善。赵达等（2017）指出我国城镇地区的消费不平等程度在 1993 ~2007 年快速加深，使用恩格尔支出弹性法分析发现，高收入群体与其他群体间的消费差异是消费不平等程度上升的重要推动力量。1993 ~2010 年，高收入组支出比例（高支出弹性消费品/低支出弹性消费品）对数增长了 0.74，低收入组则下降了 0.66，不平等增加了 104.5%。以广东城镇居民为例，刘毅（2013）的分析显示，1986 ~2009 年，人均消费支出基尼系数从 0.236 逐步上升至 0.395，接近差距较大的 0.4 分界线，而且呈继续走高的趋势；同期的人均可支配收入基尼系数却基本处于消费基尼系数之下，这表明广东城镇居民的消费差异大于收入差异。邹红等（2013）使用耐用品消费系数的指标测量消费不平等，由于耐用品消费的特殊属性，消费不平等在时间趋势上有些不同：1989 ~2009 年，耐用品消费的基尼系数一直保持在 0.5 以上，收入的基尼系数是 0.3 ~0.45，但是 2000 年以后，居民耐用品消费逐渐饱和，耐用品消费不平等与收入不平等的差异逐渐变小。

孙豪、毛中根（2017）的分析强调消费不平等的显著性及其对居民福利的影响。研究发现，2002 ~2012 年，我国总体上消费不平等程度低于收入不平等程度，农村消费不平等程度低于城镇消费不平等程度。但是根据估算，消费基尼系数警戒线为 0.3546，各年消费基尼系数仍高于 0.3546 的警戒线水平，因此，我国的消费不平等程度处于较高水平。总体消费不平等主要是由城乡之间的消费不平等引起的，但城镇内部的消费不平等也在快速上升。2002 ~2012 年，城乡之间消费基尼系数的贡献率由 71% 下降至 62.73%，城镇内部消费基尼系数的贡献率由 16.1% 上升至 28.3%。此外，测算表明2002～2012年，居民社会福利增长主要是由经济增长引致的，消费分布改善对社会福利增长的贡献较小，这种福利增长模式解释了居民对不平等的容忍程度，但政府仍应当努力推进分配制度改革，兼顾效率和公平。

此外，也有研究揭示了我国具体消费领域的不平等状况。黄伟伟、陆迁（2014）使用统计年鉴数据发现，2007～2012年食品支出绝对差距逐渐拉大，地区间食品支出不平衡加剧，东部沿海地区食品支出较高而中西部地区食品支出较低。王琪延、韦佳佳（2019）以北京市为例发现居民休闲时间和休闲支出的不平等程度在加深，2016年休闲时间的90分位数是10分位数的6倍且该对比值是1996年的2倍，2016年居民的休闲消费支出90分位数是10分位数的将近250倍，该指标在2011年是86.2倍。赵广川等（2019）分析发现1991～2006年我国农村居民医疗支出基尼系数均超过0.8，医疗服务使用存在严重的不平等现象且有扩大的趋势，其中健康状况、医院类型、收入、到达最近医疗机构的距离、地区等因素是造成医疗消费支出不平等及其演变的主要原因。

在理解和解释消费不平等时，经济学大多强调收入和财富的重要影响。比如，邹红等（2013）使用跨度二十年的数据证实，无论是分时期还是分城乡，收入不平等都是耐用品消费不平等变化的最重要因素，并且在改革深化期，由于收入不平等程度加剧，收入不平等对耐用品消费不平等的作用显著增加。孙豪、毛中根（2017）利用省际面板数据发现，收入差距不仅是省域城乡消费不平等的成因，也是省域城镇或农村内部消费不平等的成因，城乡收入差距每增加1倍，省域城乡消费不平等增加0.066，相当于省域城乡消费不平等的55%，体现了收入差距对消费不平等的重要影响。Aguiar和Bils（2015）使用恩格尔支出弹性法详细分析了收入和消费的关系，而且该方法能够修正收集收入和消费数据时的系统测量误差，分析将在家吃饭代表必需品、娱乐服务代表奢侈品，显示高收入家庭的奢侈品支出/必需品支出比率从1980～1982年的0.21增长到2008～2010年的0.27，而低收入家庭的该比率从0.09下降到0.06。文章强调修正之后的数据更显著地反映了消费不平等与收入不平等之间的密切关系。

然而，社会学研究以及部分经济学研究也开始关注收入以外的因素，包括人力资本、家庭特征以及其他制度化和结构化的因素。张翼、林晓珊（2015）认为消费不平等不应仅考虑个体因素，更应看重结构化因素，提出从消费能力、消费资源和消费机会三个维度来理解消费不平等。其中，消费能力的强弱是一种个体化因素，受制于个体的经济资本和文化资本；消费资源的配置是一种结构化因素，取决于市场规则的完善程度和公共服务体系的健全情况；而消费机会的多寡则是个体在结构化情境中获取资源的概率大小，是结构化因素和个体化因素交互作用的综合体现。

大多数国内外经济学研究强调收入对消费的影响，主要原因在于这些研究大多使用面板数据和宏观数据，而忽略个体层面的受教育程度及家庭成员和家庭总体特征的影响。杨晶、黄云（2019）特别对此问题进行反思，并使用人力资本（户主基础教育）和社会资本（亲戚经济支持和专业协会成员）来解释农户消费不平等。数据分析发现，人力资本和社会资本水平的提升能有效降低农户消费不平等程度，人力资本积累通过影响农户非农就业来降低农户消费剥夺，社会资本通过缓解农户融资约束和提高家庭收入地位来降低农户的消费不平等。也有其他一些经济学研究开始关注微观层面的消费不平等。比如，李涛、么海亮（2013）强调收入与净资产的不平等是导致我国城镇家庭消费不平等的重要原因。此外，也强调已婚对家庭消费不平等有着显著且稳定的负向影响，可能的解释为已婚家庭更多考虑子女教育、养老等问题，倾向于进行更高的预防性储蓄以满足未来的消费支出，从而平滑了家庭消费不平等，家庭规模越大，可能越会面临更加复杂的家庭消费决策，导致城镇家庭消费不平等程度加剧。

老龄化对消费不平等的影响是现有文献的重要关注点。陈东、王萌迪（2018）发现 1995～2013 年，伴随年龄结构的变化和人口老龄化趋势，城镇居民消费不平等程度出现了不断上升的态势；经典基尼系数始终小于剔除年龄效应的基尼系数，意味着中国城镇居民老龄化对消费不平等具有抑制作用，文章同时强调收入、教育对消费不平等的显著影响。邹红等（2013）的实证分析则认为年龄对收入不平等和消费不平等的影响并不显著，说明我国两种不平等的老龄化效应仍不显著。宋泽、何阳（2019）考察了 2011 年、2013 年和 2015 年的 CHARLS 调查数据，反映出老龄化对消费不平等有更加复杂的影响，相对于 45 岁，46～50 岁群体的消费不平等程度有所下降，但进入老年之后消费不平等程度持续上升，城市样本消费不平等从 79 岁点开始上升，农村样本从 67 岁点开始上升。

这部分文献也聚焦家庭消费的年龄效应。宋泽、何阳（2019）分析发现，中老年群体的总消费水平随年龄增长逐渐下降，除了医疗保健外，其余七个消费类型的消费水平都随年龄上升逐渐下降。林晓珊（2018）的分析印证了老龄化对家庭消费的负面冲击。相对于年轻家庭和混合家庭而言，老年家庭的恩格尔系数最高，消费水平最低，且在医疗保健和居住支出这两块的负担最为沉重；在发展性消费方面，老年家庭远低于年轻家庭和混合家庭，尤其是老年家庭的交通通信、文化教育娱乐和衣着支出这三项所占的比例都是最低的。

二　我国城乡和阶层间的消费鸿沟

城乡消费鸿沟是造成我国消费差距的重要因素，也是我国背景下消费公正的重要议题。如图 5 所示，我国城镇居民人均消费支出从 1980 年的 412.4 元增长到 2019 年的 28063 元，农村居民人均消费支出从 1980 年的 83.8 元增长到 2019 年的 13328 元。城乡消费差距呈现以下几个特征。

第一，城乡居民消费差距从 1980 年以来不断拉大，虽然城镇和农村居民的消费支出都呈增长趋势，但城镇居民的消费支出增长显然更快。

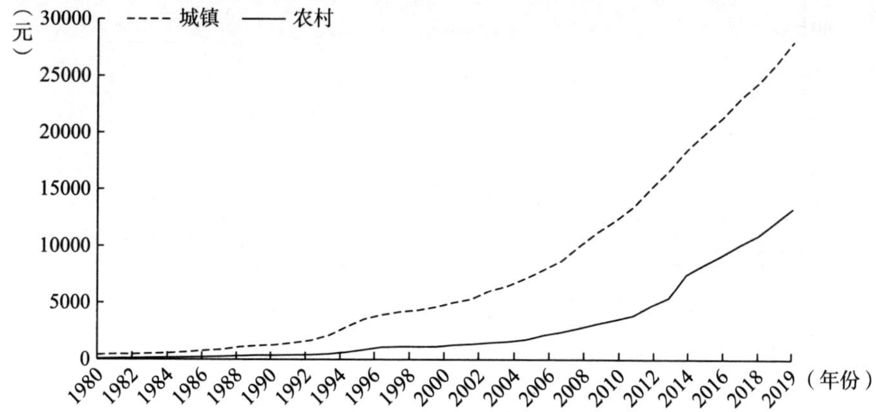

图 1　1980～2019 年我国城乡居民人均消费支出趋势

说明：2012 年及之前为人均消费现金支出。

资料来源：历年《中国统计年鉴》数据。

第二，城乡消费差距在 2010 年以后呈快速上升趋势，2010～2019 年，城镇居民人均消费支出增长了将近 15000 元，而农村居民人均消费支出增长不足 10000 元。

第三，城乡居民恩格尔系数自 1980 年以来呈显著下降趋势，但城镇居民家庭恩格尔系数更低，且 2007 年开始下降速度减缓。图 2 显示，城镇居民家庭恩格尔系数从 1980 年的 56.9% 下降至 2012 年的 36.2%，而农村居民家庭恩格尔系数从 1980 年的 61.8% 下降至 2012 年的 39.3%。用食品支出占总支出比重来计算的恩格尔系数一向被认为是衡量生活质量的重要指标，恩格尔系数越低，生活质量越高，但是随着消费文化和生活方式变迁，这种对恩格尔系数的解读可能需要修正。当代城市居民对饮食和健康愈发重视，吃饭不仅仅满足生存需求，城市居民还愿意在安全、健康、高质量的饮食上投资，从而满足养生、健身乃至追求品位和新奇等需求，因而饮食支出比重不一定随着生活水平的提高而不断下降。相反，农村居民的饮食消费可能更多的是出于满足一日三餐的生存需求，因而随着生活水平的提高食品支出比重不断下降，反映了其他更高层次消费的上升。

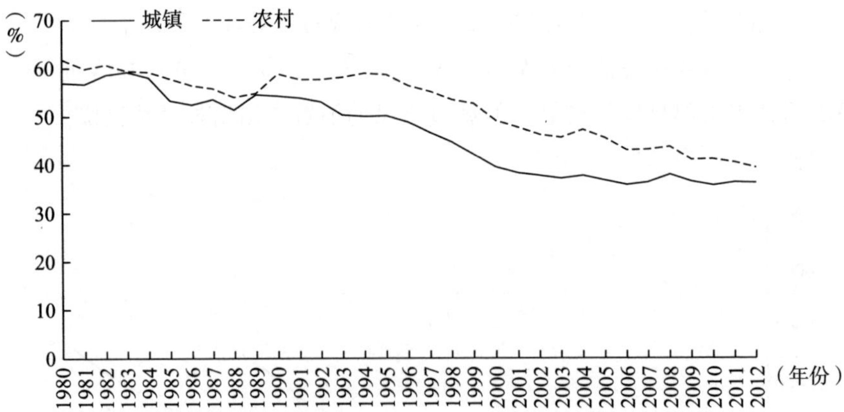

图 2　城乡居民家庭恩格尔系数（1980～2012 年）

数据来源：历年《中国统计年鉴》数据。

第四，城乡消费差距更显著地体现在教育和文化娱乐消费方面。如图 3 所示，城镇居民家庭人均教育和文化娱乐消费更高、增长更迅速，并且教育和文化娱乐消费上的城乡差距比总支出的城乡差距更显著。城镇居民的教育和文化娱乐支出从1992年的人均147.5元增长到2018年的人均2974元，增长了2800多元，而农村居民的该支出从1992年的人均43.7元增长到2018年的1302元，仅增长了1200多元。教育和文化娱乐消费用于提升人力资本和自我发展，对于社会流动有着非常重要的作用，所谓知识就是力量、知识改变命运，这种在教育和文化娱乐消费上的城乡鸿沟应当引起足够重视并采取措施来缓解，如果持续扩大则会进一步扩大城乡差距。

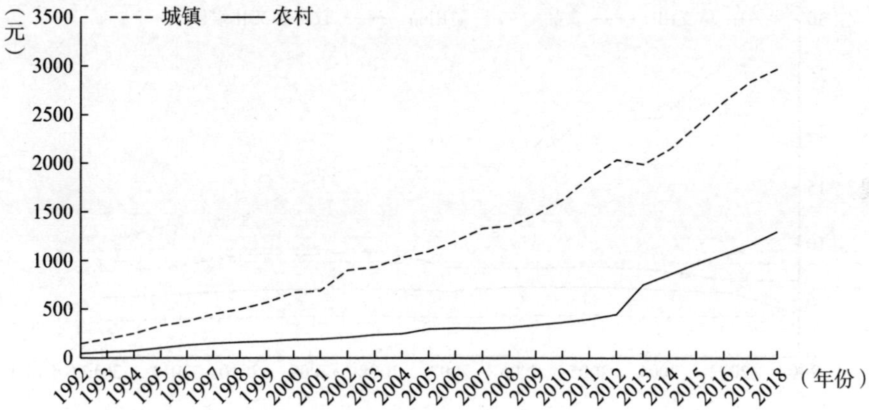

图3　城乡居民家庭人均教育和文化娱乐消费支出（1992～2018年）

说明：2012年及之前为城镇居民家庭人均教育和文化娱乐服务消费支出，农村居民家庭人均教育和文化娱乐现金消费支出；年份范围为统计年鉴中可获得数据的年份。

资料来源：历年《中国统计年鉴》数据。

我国城镇地区相对农村地区更发达、发展速度更快，但这也塑造了城镇地区显著的消费差距。从图4可以看到，2002～2012年十年间，最高10%收入户同最低10%收入户的消费总支出比率在2002～2008年不断增加，但从2009年开始消费差距呈缩小趋势。相对于家庭消费总支出、食品消费支出和教育文化娱乐支出，城镇家庭的耐用品消费支出差距最大，最高10%收入户同最低10%收入户的该支出比率在2002年和2003年分别达到22.77和26.5，此后逐年下降，到了2012年也有10倍的差距。这种下降不完全反映了消费不平等程度的降低，也与耐用品消费本身的周期性有关，高收入群体在耐用品消费上逐渐达到饱和，而随着技术进步和消费市场发展，耐用品不断以更低的价格向低收入群体普及，从而缩小了消费差距。排除消费周期性因素，教育和文化娱乐消费差距更单纯地反映了消费不平等。城镇家庭教育和文化娱乐消费差距呈现一定程度上的先增长后下降的趋势。2002 年，最高 10% 收入户和最低 10% 收入户的教育和文化娱乐消费支出之比为 6.77，此后差距基本呈逐渐扩大趋势，于 2008 年达到 9.33 的峰值，此后不断下降，到了 2012 年下降到 7.51。教育和文化娱乐消费同人力资本和自我提升相关，其差距的缩小有助于促进社会流动、缓解社会不平等。

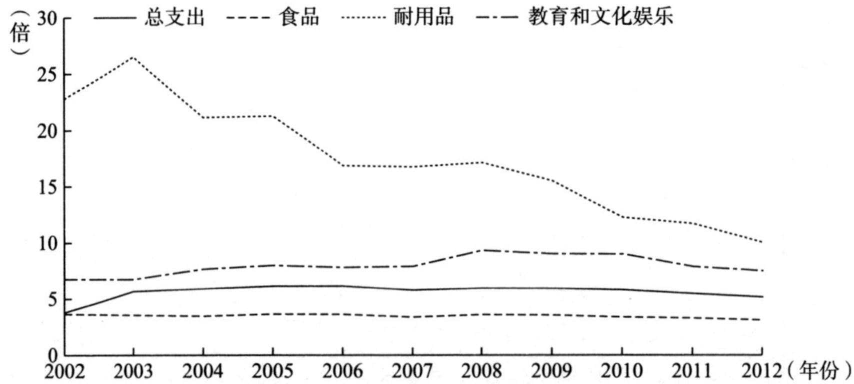

图 4　城镇最高 10%收入户和最低 10%收入户消费比

说明：指标具体为人均消费现金支出、人均食品消费现金支出、人均耐用品消费现金支出、人均教育和文化娱乐消费现金支出。

资料来源：历年《中国统计年鉴》数据。

三　我国消费不平等趋势及其影响因素分析

本节使用中国社会状况综合调查（CSS）数据分析我国的消费不平等趋势及其影响因素。图 5 显示了 2006～2019 年的人均消费基尼系数和人均收入基尼系数。可以看到，收入差距在 2008 年达到顶点之后呈逐渐缩小的趋势，而消费差距基本在逐年扩大，收入基尼系数从 2006 年的 0.49 逐年下降至 2013 年的 0.47，而消费基尼系数从 2006 年的 0.49 上升至 2019 年的 0.55。

CSS 数据显示，2019 年我国城乡家庭人均总支出为 20450 元，其中城镇家庭人均总支出达到 26150 元，农村家庭人均总支出为 13181 元。从不同分位值来看，全社会消费差距较为明显，2019 年家庭人均消费支出的 50

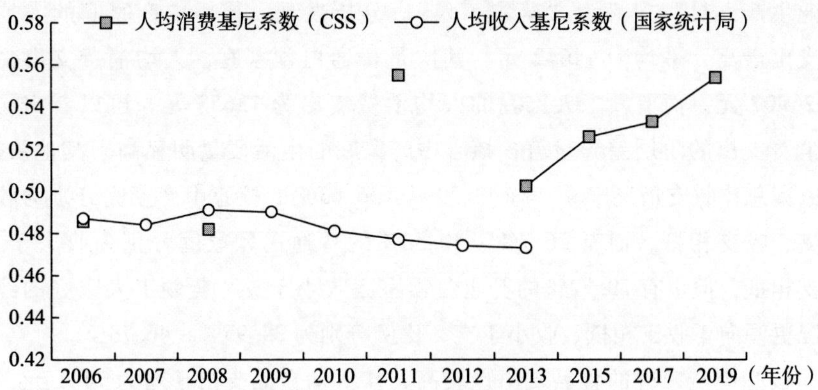

图5　2006～2019年我国人均消费基尼系数和人均收入基尼系数

数据来源：历年《中国统计年鉴》数据和中国社会状况综合调查数据。

分位值与10分位值之比为3.87，90分位值与50分位值之比为3.48，而90分位值与10分位值之比达到13.47，说明支出最高10%的家庭的人均支出是支出最低10%的家庭的人均支出的13倍多。

再从反映发展性消费和生活质量的文娱旅游支出来看，城乡人均文娱支出平均为580元，平均仅占家庭支出的1.89%，城镇地区文娱支出高于农村地区，分别平均为956元和107元。整体来看，我国文化休闲消费不足，既妨碍了居民生活质量的提高，也不利于消费升级和拉动内需。

文娱旅游消费的基尼系数高达0.91，主要原因在于75%的样本为零支出，如果仅计算有文娱旅游支出的样本，则城乡人均文娱旅游支出平均为2289元，占家庭总支出的7.41%。城镇文娱旅游支出平均为2631元，农村文娱旅游支出平均为930元，文娱旅游消费的基尼系数降至0.64。但即使在有文娱旅游支出的家庭中，文娱旅游支出所占份额也并不高，全社会的文娱消费差距也较显著。

居民消费也体现出阶层差异。由于CSS数据没有户主的变量，本文将被访者的职业阶层地位近似作为家庭阶层地位，来考察家庭消费的职业阶层差异。根据CSS数据，将“国家机关、党群组织和企事业单位负责人”和“专业技术人员”定义为“核心中产”，将“办事人员和有关人员”、“商业工作人员”和“服务性工作人员”以及调查到的很少比例的“警察和军人”定义为“普通白领”，将“生产工人运输工人”和“农林牧渔水利业生产人员”定义为“蓝领工人”。分析发现，核心中产家庭的人均消费支出最高，平均为44642元，其次是普通白领家庭，人均消费支出平均为25902元，而蓝领工人家庭的人均消费支出为13653元。可以看出，家庭消费支出的阶层差异显著，核心中产家庭的生活质量明显高于其他阶层。从家庭总体收支情况来看，有43.79%、36.63%的核心中产家庭分别为收大于支、收支相抵，而有26.7%、40.56%的普通白领家庭分别为收大于支、收支相抵，但也有29.72%的普通白领家庭收小于支，蓝领工人家庭的经济情况更倾向于收支相抵、收小于支，比例分别为34.95%、46.73%。

核心中产家庭的食品支出也较高，年人均食品支出平均为7441元，普通白领家庭和蓝领工人家庭的年人均食品支出分别为5931元和3384元；核心中产家庭的食品支出比重最低，平均为24.92%，而普通白领家庭和蓝领工人家庭的食品支出比重分别为29.37%和29.91%。文娱旅游支出的阶层差异更显著。核心中产家庭的年人均文娱旅游支出平均为2005元，而普通白领家庭的年人均文娱旅游支出平均为812元，蓝领工人家庭的年人均文娱旅游支出平均仅为149元，不到核心中产家庭该项支出的十分之一。

就住房消费来讲，由于不同地区住房成本差异较大，再加上住房保障、信用贷款等支持手段，不同职业阶层的住房拥有率、住房面积等差异不大，但是在拥有住房数量、住房性质、所在地区以及住房价值方面差异较显著。不同阶层的住房拥有率都达到90%以上，96.53%的核心中产家庭拥有自己的住房，92.15%的普通白领家庭和96.62%的蓝领工人家庭也拥有自己的住房。核心中产家庭第一套住房的建筑面积平均为142.42平方米，普通白领家庭也达到146.64平方米，蓝领工人家庭建筑面积（宅基地面积）则更高，平均为176.35平方米，这是由于蓝领工人中有很大一部分是从事农林牧副渔业的农民，农村自建房通常面积比较大。

住房性质印证了这一点，并显示出阶层差异。有87.24%的蓝领工人家庭第一套房为自建住房，仅6.58%购买商品房，购买各类政策性住房的比例很低；而核心中产家庭和普通白领家庭购买商品房和政策性住房比例明显更高，分别有53.92%、34.4%的核心中产家庭和普通白领家庭第一套房为商品房，分别有3.36%、3.15%为政策性保障房，分别有3.86%、3.25%为购买原公房。与此相关联，86.89%的蓝领工人家庭第一套房所在地为农村，而核心中产家庭第一套房所在地以城区和县城为主，占68.7%，普通白领家庭中也有接近50%的家庭其第一套房所在地为城区和县城。住房价值的阶层差异则更明显。核心中产家庭第一套房的现值平均为89.28万元，普通白领家庭为67.89万元，而蓝领工人家庭平均仅为30.89万元。房屋升值情况也是如此，核心中产家庭第一套房平均升值35.78万元，普通白领家庭为28.53万元，而蓝领工人家庭第一套房平均升值仅12.64万元。可以看出，家庭住房资产上也存在消费差距。

家庭消费差异既与家庭成员个体特征有关系，也受到家庭层次特征的影响。根据已有文献和研究目的，本文纳入分析的个体层次变量包括受教育年限、社会保障情况，家庭层次变量包括家庭人均收入、家庭居住地区、家庭老龄化情况（见表1）。本文将构建多层线性模型来解释家庭之间的消费差异，并允许家庭之间的回归分析在截距上存在差异，因而考虑构建随机截距模型。

表1　模型包含的因变量和自变量描述性分析

变量	变量区间	样本数	均值	标准差
家庭人均支出（自然对数）	2.84～13.99	10028	9.35	1.08
家庭人均文娱旅游支出（自然对数）	0.29～11.67	2447	6.84	1.42
受访者受教育年限	0～19年	10264	9.25	4.42
受访者社会保障参加种类	0～6种	10275	1.87	1.32
家庭人均收入（自然对数）	-0.92～15.02	9767	9.26	1.34
家庭是否居住在城镇地区	0=农村，1=城镇	10283	0.56	0.50
家中是否有60岁及以上老年人	0=没有60岁及以上老年人，1=有60岁及以上老年人	10283	0.46	0.50

家庭人均支出的虚无模型随机截距方差为1.04，组内相关系数为0.94，也就是说，在不加入任何解释变量的情况下，家庭消费差异的94%来自家庭层次特征。家庭人均文娱旅游支出的虚无模型随机截距方差为1.99，组内相关系数为0.98，也说明家庭文娱旅游消费差异的98%来自家庭层次特征。因而，这两个模型进行多层线性分析是可行的。

模型分析结果如表2所示。受访者受教育年限、社会保障情况对家庭消费支出有显著正向影响，受教育年限越长、社保覆盖越完善，家庭消费支出越高；此外，家庭人均收入也有显著正向影响，城镇家庭的消费支出明显更高，家中有60岁及以上老年人，家庭消费支出则明显较低。模型1反映了社会经济地位、社会保障、消费市场、家庭老龄化等因素对家庭消费支出的显著影响，社会经济地位越高、社会保障越完善、消费市场越发达，家庭的生活质量越高，而家中有老年人则会显著降低生活支出，可能跟老年人比较节省有关，但主要反映了老年家庭的生活质量较低。模型2关注家庭人均文娱旅游支出，更能集中反映发展性消费和居民生活质量。模型同样反映了社会经济地位、社会保障、消费市场（居住在城镇）等因素的显著影响，社会经济地位越高、社会保障越完善、消费市场越发达、家庭的文娱旅游支出越高，家庭的生活质量则越高；老年人家庭的人均文娱旅游支出较低，但是不显著，也反映了近年来老年人文娱旅游生活愈加丰富，有利于缩小年龄层面的消费差距。

表2　家庭消费差异的多层线性模型

自变量	模型1	模型2
	家庭人均支出（对数）	家庭人均文娱支出（对数）
受教育年限	0.0230*** (0.00223)	0.0426*** (0.00768)
社保覆盖数量	0.0305*** (0.00681)	0.0565*** (0.0165)
家庭人均收入	0.404*** (0.00741)	0.478*** (0.0264)
居住在城镇	0.145*** (0.0187)	0.476*** (0.0666)
有60岁及以上老人	-0.169*** (0.0173)	-0.0859 (0.0534)
常数	5.348*** (0.0639)	0.991*** (0.254)
样本量	9627	2368

*** $p<0.01$, ** $p<0.05$, * $p<0.1$。

注：括号内为标准误。

四 研究结论

我国家庭消费存在社会平等与公正问题。数据显示，2006年以来我国的收入差距基本呈缩小态势但是消费差距逐渐扩大，城乡居民家庭在消费总支出、恩格尔系数、文化娱乐消费方面存在鸿沟，城镇居民家庭在耐用品消费、文化娱乐消费方面存在消费差距。调查数据进一步显示，不同阶层家庭在消费支出、经济状况、住房状况上存在消费差距。模型指出了社会经济地位、社会保障、消费市场、老龄化等因素的重要作用，社会经济地位越高、社会保障越完善、居住在城镇地区、家中没有老年人、消费支出越高，生活质量越好。

政府不仅需要采取措施缩小收入差距，也应当重视消费公正问题。努力缩小城乡、阶层和代与代之间的消费差距，这对于提升民生福利、促进社会流动、扩大内需有重要意义。

俄罗斯的社会不平等与家庭消费的差异化

科兹列娃（P. M. Kozyreva）
尼扎莫娃（A. E. Nizamova）
斯米尔诺夫（A. I. Smirnov）

一　问题界定

很明显，消费的层次、结构、动态和差异化导致了许多问题，而这些问题往往是公众密切关注的问题，归根结底是因为它们与生活的各个方面、社会的发展、家庭和个人的生计等有着众多的内在联系。消费不仅是一个受人们的需求和满足需求的途径所制约的经济过程，而且是一种社会现象，承担着交际、认同等功能。用鲍曼的话说，“现代社会‘塑造’其成员的方式首先决定了他们有义务承担消费者的角色”（Bauman，2004：116）。

消费是提升家庭福祉的一种手段，而消费支出与收入在同等程度上决定了家庭福祉。此外，消费不仅决定了福祉的主要方面，还与制约家庭富裕的其他因素有着错综复杂的联系。消费也是国内生产总值的重要组成部分，是社会经济发展的重要因素。高消费水平促进经济增长，低消费水平导致对商品和服务的最终需求减少，从而抑制制造业的发展，这正是俄罗斯近年来所呈现的情况，家庭消费需求疲软成为限制发展、阻碍克服经济停滞的关键因素之一。

在环境容量有限的情况下，人们不再能接受消耗越来越多的资源，这就产生了一些目前还没有明确答案的敏感问题。一方面，集约化生产和消费导致经济、人口和生态等问题加剧；另一方面，任何试图人为限制消费的做法，都必然导致社会停止发展，随之而来的是停滞和衰退。有一种方法可能解决这种有争议的情况，那就是所谓的“负责任的消费”，以此来减轻给环境带来的压力。这一想法已被采纳为联合国组织稳定发展议程较重要的目标之一，在俄罗斯也越来越受欢迎。每年都有越来越多的俄罗斯公民表示愿意协助该计划的实施，同时在国家层面，正在制订和实施具体措施，以促进这一目标的实现。其中一个突出的例子是2019年启动的名为"生态"的项目，该项目旨在帮助建立一个负责任消费的国家体系。

在当今背景下，与消费活动相关的问题极其重要，同时也很难理解，需要进行科学分析。其中一个尤其重要且难以解决的问题就是消费不平等问题，它在导致某些负面后果的同时，对国家的经济和政治稳定构成了威胁，这不仅影响个人和家庭的生活，也影响社会生活的几个方面。当前，消费不平等基本被视为社会不平等的主要表现形式，应对消费过度不平等似乎是国家社会经济政策的重要任务。

消费不平等在许多方面总体上决定了社会不平等的情况，并影响再分配的趋势，它与社会公正等问题有着不可分割的联系，而对绝大多数俄罗斯人来说，社会公正仍然是最重要的价值和梦想。人们认为"正常的不平等不仅是恰当的，而且是可接受的，也是社会合理的……与此同时，过度的不平等抑制了经济增长，并对社会和政治稳定构成威胁"。这里的关键问题是要弄清楚哪种不平等应该视为"正常"，进而视为公平，而这个问题无论是科学家还是普通公民都没有一致的答案。富人和穷人对这个问题所持的观点往往不仅不同，而且完全对立。

在本研究中，我们试图从俄罗斯不平等发展相关问题的立场出发，追溯俄罗斯家庭在消费水平和结构方面的主要趋势，并分析其具体情况。特别注意分析支出的结构性变化和家庭消费的主要差异及其影响因素。分析基于俄罗斯联邦国家统计局（FSSS RF）和俄罗斯纵向监测调查（RLMS-HSE）的数据。俄罗斯纵向监测调查是一项对家庭的长期纵向研究（Kozyreva et al.，2016）。

二　社会分层与消费者行为的差异化

社会不平等是任何社会都固有的问题，但在现代俄罗斯，由于激进的改革进程，社会不平等变得尤为严重。一方面，通过"休克疗法"向市场经济转型，导致失业率、贫困率急速上升，很大一部分人失去了大量收人。另一方面，俄罗斯公民获得了更多的机会来发挥自己的能力，而劳动报酬变得更加依赖于一个人的学历、资历和个人的综合素质。还有某些拥有权力的人的狭小圈子，他们利用权力谋取私利，最终成为经济不平等和俄罗斯社会两极分化加剧的关键因素。

由于经济不平等不受约束地不断升级，贫富差距越来越大、越来越深化。对于民众来说，这也变成了一个更加微妙的问题，人们越来越意识到"我国存在着过度不平等和不公平"（Mareeva，Tikhonova，2016：48），这只会加剧社会紧张局势。物质福利方面的不平等以惊人的速度加深，必然导致在获取各种社会资源、积累和利用人力资本和社会资本的机会、提供和维持某种生活方式方面更深层次的不平等。

早在转型初期，就出现了各种所谓的"新穷人"或在职贫穷群体（Radaev，2000）。1992 年，有 4930 万俄罗斯人，即总人口的 33.5% 生活在贫困线以下。研究人员注意到，在穷人中出现了一个特殊的群体，他们表现出相当不寻常的行为和文化特征。上述进程的发展导致迅速形成了一种贫困"文化"，主要表现为消费仅限于各种低质量的商品、产品和服务；从食物开始，所有消费都很节俭；不参与某些类型的消费行为（与保持健康、接受额外教育等有关）；因为孤独或切断个人社会关系而被边缘化（Chernina，1994：60）。这种贫困动态被认为是消费者行为现行国家标准的主要指标或标志之一（Ovcharova，Popova，2013：24 –27）。

几位研究人员将穷人（包括大量俄罗斯家庭）的这种行为描述为生存斗争。根据 R. Rose 的观点，当时俄罗斯人不仅依靠家庭，而且依靠朋友和熟人的非正式网络，社会资本是这些家庭赖以生存的基础（Rose，2002：16 –17）。正如 O. I. Shkaratan 所指出的，鉴于当时人民的贫穷状况，得到认可的生存模式的一个主要特点是创造维持生计的机会。提供这种机会的方法有两种：第一种是当局必须向人们免费提供满足其最基本需求的技能；第二种方法是倡导消费以及公民之间的商品和服务贸易，形成一种所谓的"集体生存"模式（Shkaratan，2008：76 –78）。

此外还发现，消费与社会资本和人力资本的差异化之间有相当紧密的联系，这影响了个人的社会地位，导致社会经济不平等加剧。研究表明，融入社会网络的个人所能获得的服务，实际上增加了他们可量化的物质福利（购买房地产时的折扣、熟人医生的免费咨询等）。同时，高水平的消费能力有助于个人拓宽社交网络，成为进入高地位社交圈的关键（Krasilova，2007：172 - 174）。

在真正残暴的私有化过程中，并不是只出现了各种贫困群体，还出现了富豪群体，包括由超级富豪和大型经营者组成的专属小团体，他们站在贫困的对立面。对研究人员来说，这意味着对不平等的任何评估不仅要考虑收入，还要考虑财产方面（Medvedev，2004：8），这与金融和非金融性质的积累财富有关。

随着大量且不断增长的资本集中到少数特别富有的人手中，而最贫困的人无法改善自己的处境，或者有时会发现自己的处境更加糟糕（Zubova，2017：105），社会经济不平等已经成为不同人群在获得教育、医疗和其他社会资源方面不平等不断加剧的强大推动力。尽管如此，正如 O. I. Shkaratan 所指出的，尽管在讨论资本持有时，社会两极分化具有现实意义，但在使用"两极分化"这一表述时，需要非常明确。而尽管"资本分配中的两极分化是一个小企业、中企业和大企业之间的关系问题，这与其说是一个社会问题，不如说是一个经济问题"，但"消费领域的两极分化反映了社会现实完全不同的一面，一方面，你有穷人，同时，你也有超级富豪"（Shkaratan，2018：10）。生活条件的不平等主要表现在对经济资源的不平等占有上。

在经历了一个大规模的激进改革时期（1991 ~ 1999 年）和一个加速复苏/增长时期（2000 ~ 2007 年）之后，俄罗斯陷入了一系列漫长的危机，一直持续到今天。然而，尽管前些年经历了种种困难，但俄罗斯人民的生活确实发生了一些翻天覆地的变化。其中，注重生存的消费不再是家庭的普遍标准（Ovcharova et al.，2014）。到 2012 年底，生活在贫困线以下的俄罗斯人口数量下降到 1540 万，占全国人口的 10.7%。而尽管财富的高度不平等仍是一种趋势，但研究者仍将其称为过度不平等（Gorshkov，2014：20；Sharin，2014：38；Ibragimova，Ishmukhametov，Rossinskaya，2017：78；Shkaratan，2018：6；Varshavskiy，2019：52）。如今，大多数俄罗斯家庭拥有允许发展和实现消费选择权的资源。大众消费模式发生的转变可以追溯到从生存到购买耐用品和娱乐服务，然后投资于服务和个人发展（Ovcharova et al.，2014：33－34）。

然而，先是2014年后经济危机升级，后是2020年新冠病毒大流行引发经济下滑，随之而来的是失业人数大幅增加，贫困地区增加，收入下降，消费减少，从而阻碍了消费模式向更加现代化、更加公平的方向发展。实际收入的下降主要影响那些收入和消费能力本就最低的人群。在2020年年中的一次疫情高峰期间，收入低于最低生活水平的俄罗斯人达到1990万，占全国人口的13.5%。这种贫困的激增只会让人们对社会公平问题更加敏感。

三　消费支出的差异化

消费支出的差异化决定了消费的不平等仅次于收入分配的不平等。收入分配是衡量人民生活水平最重要的货币指标之一（Banerjee，Duflo，2008）。收入大多表明了人们实际的生活质量和消费能力，然而与收入不同的是，支出更能体现一个人在现有限制因素下的生活方式，也能体现出个人或家庭在社会阶层中的地位。说社会不平等在很大程度上表现为消费支出的差异，也不为过。同时，一个家庭的支出量和结构在很大程度上是由其可支配的资源决定的。

在俄罗斯，收入和支出的差异化程度仍然很高。根据FSSS RF数据，2019年平均每月家庭消费支出达1.97万卢布（平均每个家庭成员）。然而，第十个10分位组的消费支出比第一个高出8.5倍，尽管第九个10分位组的消费支出仅比第一个10分位组高出2.2倍（见图1）。虽然各10分位组别之间的消费支出水平确实存在差异，但在这一衡量标准上，各组别之间的差距小于相应组别之间在可支配资源方面的差距（分别为14.3倍和2.3倍），这可以解释为最富裕的家庭往往拥有更多的储蓄。2019年，第十个10分位组家庭的可用资源包括价值1.99万卢布的借款或消费储蓄，超过总数的五分之一。

支出不平等的动态与家庭收入不平等的动态不同。在基于RLMS-HSE数据的研究中，2000年以前的收入不平等程度往往显而易见（收入的基尼系数略高于消费支出的基尼系数）。这是由收入的“非正式”再分配造成的，其结果是申报收入的差异超过了支出差异，或导致最终差异相当

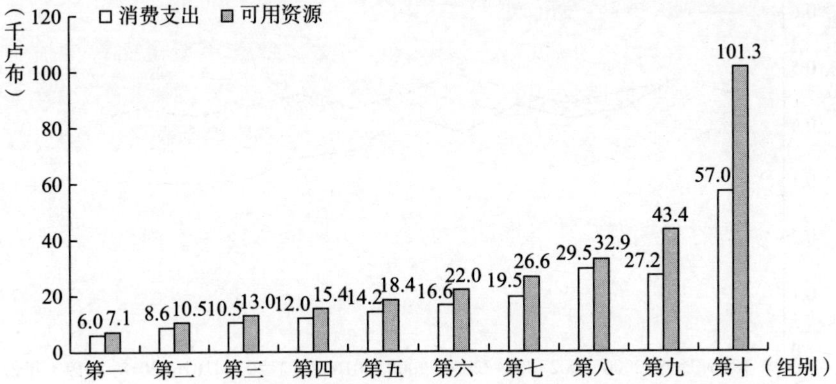

图 1　家庭可用资源及其消费支出

资料来源：FSSS RF 数据，根据 2019 年 10 分位组人均可用资源的衡量标准，平均每个家庭成员。

(Kislitsyna，2005)。然而再往后，研究者在下降的趋势中开始观察到完全相反的情况，将其归因于收入再分配变得更加透明（Voynova，2017：95 - 96)。总的来说，2006 ~ 2019 年，收入的基尼系数从 0. 388 下降到 0. 307，支出的基尼系数从 0. 505 下降到 0. 413（见图 2)。

然而，尽管总体上有如此显著的下降，但从消费支出来看，对社会分层程度的动态分析表明，上述不平等现象仍然非常严重，过去几年的减少速度极其缓慢，而且不连贯。该现象很大程度上是由于经济危机对家庭消费行为的影响，这对贫困和社会地位低下的家庭以及社会弱势群体产生了极其不利的影响。

在俄罗斯，个人消费在 2005 ~ 2014 年增长最为迅猛，当时正是石油和其他能源资源价格高涨的时期。同时，从 20 世纪 90 年代初到 2005 年，初级商品和服务的消费结构相当不稳定，尽管后来趋于稳定。根据 RLMS-HSE 数据，2019 年 50 分位组与 10 分位组的消费支出比为 2. 25，90 分位组与 50 分位组的消费支出比为 2. 48，而 90 分位组与 10 分位组消费支出比为 5. 57。换句话说，10% 最富有家庭的消费支出，比 10% 最贫穷家庭的消费支出高出 6 倍。

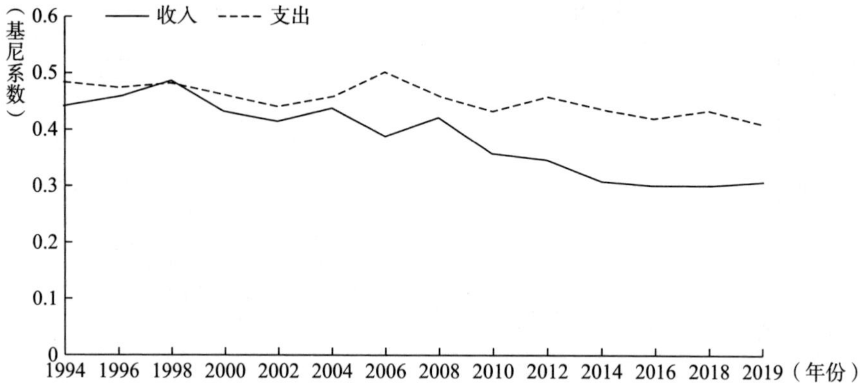

图 2　1994～2019 年人均收入和消费支出的基尼系数

资料来源：RLMS-HSE 数据。

经济困难迫使贫困家庭为生存不断挣扎，同时限制了他们的消费。然而，如果分析收入和支出如何与 10 分位组相关的结果可以参考，那么对于那些发现自己处于相邻的贫困第二个 10 分位组至第五个 10 分位组中的人来说，情况也不容乐观（Ibragimova，Yaparova-Abdulkhalikova，2016）。更何况在制定和实施社会政策时，这样的家庭往往得不到足够的重视，因为政策的目标通常主要是扶持最贫困的人群。

较富裕的家庭在所有类别的商品和服务方面的支出通常超过经济上不太稳定的家庭，尽管所有收入群体之间的支出差异因情况而异。例如，2019 年的 FSSS RF 数据显示，第十个 10 分位组的家庭在食品杂货方面的花费超过了第一个 10 分位组家庭的 3 倍，而在服装和鞋类方面的花费则相差 10 倍，在家庭用品、电器和家政方面的花费则相差 16 倍，在休闲和文化活动方面的花费相差 41 倍，在交通方面的花费相差 52 倍。从第九个 10 分位组到最上层的第十个 10 分位组，这些差距的增加最为明显，这又一次证明了“上层社会”与俄罗斯社会其他群体之间的消费存在过度的差距，而且在不断扩大，这意味着连接上层社会和绝大多数人口的中间层正在逐渐消失。

在俄罗斯，支出再分配的性质遵循恩格斯定律。根据该定律，收入增长导致用于购买各种商品和服务的资金不成比例地增加。例如，当一个家庭的收入增长时，花在食品上的钱不会像花在其他产品上那样增加，尤其是质量高、需求量大的产品（Beliaevskiy，2013）。然而，在这里我们想提请注意几个趋势。

首先，食品杂货支出的比重在很大程度上随着家庭收入水平的变化而变化。例如，在20世纪90年代初，食品杂货支出（根据“用于家庭烹饪和外出就餐的食品杂货支出”等参数计算）占总支出的比例约为36%，而在1998年底，当居民收入水平降到最低点时，该比例上升到54%。2000~2007年，收入的加速增长导致家庭收入中用于食品消费的比例下降到32%。尽管在2008~2009年危机后，经济加速增长停止，但该比例仍保持在32%~33%。当经济危机在2015~2016年进入高峰期，用于食品杂货的收入比例上升至35%，随后略有下降，达到34%。这些变化对大多数家庭产生了影响，但影响程度不同，这一点从不同的10分位组内部的相应变化可以看出。相对于不那么幸运的家庭，富裕家庭通常更能轻松渡过难关。

其次，每一个10分位组到下一个更富有的10分位数组，食品支出的比例下降，而用于购买其他商品和服务的资金比例却始终如一地上升（见表1）。这是因为近年来不同群体（10分位组、5分位组）家庭支出的基本结构一直在变化，尽管相当不明显。唯一值得关注的是，在较富裕的家庭中，服务性支出的比例明显上升，而在条件较差的家庭则相反。这些转变发生在经济不断恶化的情况下，经济的不断恶化导致最弱势群体受到实际收入下降的严重影响。

表1　2019年家庭消费支出结构

单位：%

消费支出	1	2	3	4	5	6	7	8	9	10
食品支出	51.9	48.3	46.3	45.2	42.4	40.6	38.6	36.6	33.4	20.9
非食品产品支出	23.9	26.3	27.5	28.6	30.4	30.9	32.2	32.6	34.0	47.6
服务支出	23.3	24.3	25.0	24.8	25.7	26.7	27.3	28.8	30.0	29.5
其他商品和服务支出	0.9	1.1	1.2	1.4	1.5	1.8	1.9	2.0	2.6	2.0

资料来源：FSSS RF数据。

如果按不同消费支出来观察数据，我们会发现，在2019年，来自最高10分位组的家庭，由于其在总支出金额上的巨大优势，在交通费上的支出比例几乎是最低 10 分位组家庭的 5.5 倍（29.6% 比 5.5%），在休闲和文化活动上的支出是最低 10 分位组家庭的 4.4 倍（12.2% 比 2.8%），在酒店、咖啡馆和餐馆上的支出则不低于 5 倍（4.7% 比 0.9%）。

俄罗斯最明显的一个趋势是，家庭分配用于支付服务的资金比例大幅增加。1997～2019 年，服务支出占所有消费支出的比例从 15% 上升到 27.8%。该变化主要是由于支付公用事业费用的增加。如果说在 20 世纪 90 年代初，公用事业的支出比例降到了几乎可以忽略不计的 0.7%，那么到了 2019 年，这个比例已经上升到了 10.5%。官方统计数据显示，公用事业的消费价格每年都在上涨，通常涨幅在 4%～6% 之间。这些费用对于经济上不太稳定的家庭来说，比富裕家庭的负担要大得多。2019 年，公用事业支出占第一个 10 分位组所有支出的 13.8%，在第十个 10 分位组中仅占 7.5%。最贫困家庭的所有服务支出中，50%～60% 是公用事业费。对于最贫困的群体，支付通信服务费也是一项重大支出，在当今时代，几乎不可能省去通信服务费（第一个 10 分位组占比 4.5%，而第十个 10 分位组占比为 1.9%）。

另一个显著趋势是家庭医疗服务支出的比例上升。2008～2019 年，家庭医疗服务在家庭支出中的占比从 2.8% 上升到 3.7%，这在很大程度上是由于付费医疗服务行业的发展。商业医疗市场的不断扩大，主要原因是削减了国有医疗机构的数量，而没有为人民提供足够的替代产品以及全民医疗体系信任度的下降。俄罗斯人民被迫越来越多地依靠有偿医疗服务，无论是在私营医疗机构还是在国有医疗机构，都要花费大量资金购买药品和药方，不仅是预防疾病或在家中治疗需要购买，在诊所和医院治疗也需要购买。需求量最大的是牙科医生提供的有偿服务，超过 70% 的患者寻求牙医服务。尽管如此，还是存在部分正向趋势，包括合法付费医疗服务的显著增长和未经许可付费医疗服务的减少。

无论收入水平高低，支付医疗服务费用往往被视为家庭预算中的重要项目之一。然而，这些费用的多少因家庭的经济状况而异。2019 年，第十个 10 分位组的家庭在医疗费用上的支出是第一个 10 分位组家庭的 16 倍（2161 卢布比 133 卢布）。医疗费用占家庭总支出的比例也有显著差异（分别为 3.9% 和 2.3%）。选择私营医疗还是国有医疗，取决于患者的收入，而有偿医疗行业的发展则直接关系到生活质量的提高，让人们可以“资助”自己的健康。但如今，大多数俄罗斯公民长期生活在与21世纪初复苏和增长繁荣时期截然不同的环境中，再也不能将与以前同等比例的花费用于自身。

因此，分析表明，如果较贫困的家庭与较富裕的家庭相比，较贫困家庭水电费和通信服务费的支出比例最高，而最富裕的家庭将收入的较高比例用于交通、休闲和文化活动以及酒店、餐馆、咖啡馆、酒吧和其他类型的饮食服务。同时，利用基尼系数分解法对家庭消费开支的分配情况进行的相关分析（数据来自 RLMS-HSE）有力地证明了：就加大总体消费不平等的家庭消费开支而言，首先应包括人们在交通、假期安排和休闲活动、家庭用品以及律师、公证人、房地产经纪人、美容师服务等方面的支出（Voynova，2017）。

由于俄罗斯不同地区之间固有的差异非常大，因此，人们生活的城镇不同，其消费能力也不尽相同。在人们的消费支出方面，地区不平等仍然是一个严重的问题。2019 年，中央联邦管区的消费支出水平最高，而北高加索联邦管区的消费支出水平则最低（在这两个地区，每个家庭每月的消费支出分别为 25687 卢布和 13403 卢布）。与此同时，就家庭消费支出而言，这些地区内部甚至也出现了进一步的两极分化。

富裕的地区包括莫斯科（41397 卢布）、堪察加边疆区（31933 卢布）、马加丹州（31535 卢布），而贫困的地区则包括印古什共和国（9937 卢布）、图瓦共和国（11116 卢布）、车臣共和国（11371 卢布）和楚瓦什共和国（11403 卢布）。就不同家庭在食品杂货方面的消费支出比例而言，可以看到不同地区之间也存在类似的差异情况。在繁荣的中央联邦管区，该比例为 26.2%，而在北高加索联邦管区，该比例则为 39.5%，尽管 2003 ~ 2019 年情况出现了好转趋势，食品消费支出占家庭总支出 40% 以上的地区从 72 个下降到只有 10 个。

四　城乡居民消费支出水平和结构的不平等

除了地区不平等之外，还有另一种主要的消费不平等，尤其是由城市和农村人口在生活质量和生活条件之间的差异所造成的不平等。在过去几年里，农业领域的工资一直比平均水平低两倍。从 2003 年到 2019 年，城市家庭的每月人均可用资源从 4009 卢布增加到 29557 卢布，增长了 6.4 倍，而农村家庭的每月人均可用资源则从 2423 卢布增加至 19189 卢布，几乎增长了 7 倍。但是，农村地区贫困家庭的数量却比城市多得多。由于农村居民约占总人口的 26%，人均收入低于最低生活水平的农村家庭占所有贫困家庭的 40%。

所有这些都证明了这样一个事实，那就是农村家庭的消费能力比城市家庭的消费能力低很多。同样重要的是，需注意：城市和农村地区的消费差异不仅取决于收入，也受其他一些因素的影响，包括家庭成员的价值观，以及家庭在必需品、食品、生活条件等方面的安全程度。总体来说，根据消费数字衡量得出的城市与农村地区之间的消费不平等极大地加剧了俄罗斯社会不平等的总体状况。

如图 3 所示，就消费支出而言，尽管在过去的 15 年里，农村地区的家庭消费支出增速略快于城市家庭，但城市家庭的消费支出仍是农村家庭的 1.5 倍以上。2003 ~ 2019 年，城市家庭的月支出（每个家庭成员的平均支出）从 3332 卢布增加到 21669 卢布，增长了 5.5 倍，而农村家庭的月支出则从 2047 卢布增加到 14106 卢布，增长了 5.9 倍。但是，尽管如此，城市和农村家庭在消费支出层面上的差距并没有发生显著变化。

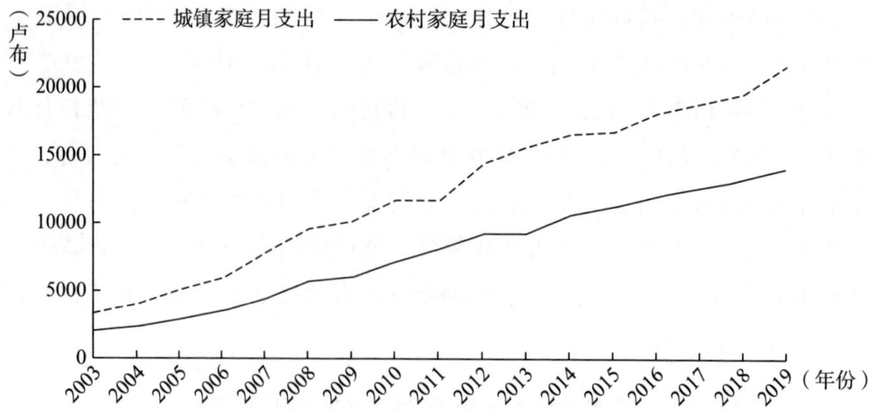

图 3　2003 ~ 2019 年城市和农村家庭月支出（每个家庭成员的平均支出）

资料来源：FSSS RF 数据。

近年来，在城市和农村家庭支出的总体动态方面，似乎并没有出现任何严重差异，而是呈现彼此密切相关的下降趋势（见图 4）。2012 ~ 2019 年，城市家庭的消费支出基尼系数从 0.456 下降到 0.412，而农村家庭的消费支出基尼系数则从 0.454 下降到 0.402。但是，农村家庭的消费支出基尼系数往往更不稳定。

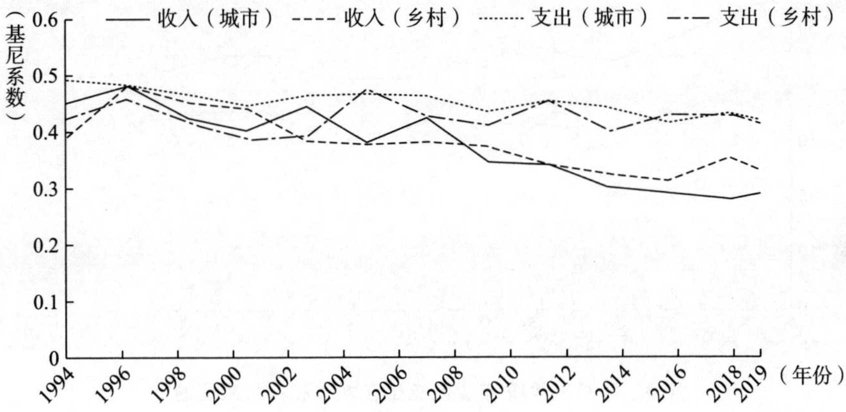

图 4　1994 ~ 2019 年城市和农村家庭人均收入和人均消费支出基尼系数

资料来源：RLMS-HSE 数据。

在食品杂货方面，城市和农村家庭的支出比例也存在相当大的差距（见图 5）。尽管自 2000 年初以来，这一差距略有缩小，但仍相当大。总体而言，2003 ~ 2019 年，城市家庭的食品消费比例从 42.2% 降至 33%，农村家庭的食品消费比例从 56.1% 降至 41.6%。

这就说明了这样一个事实，那就是农产品的自然供应，包括来自个人附属土地的农产品供应在农村家庭的消费支出方面发挥了更为突出的作用。但从总体来说，如果我们将所有家庭都考虑在内，那么这一因素的重要性将持续降低。2004 ~ 2019 年，就自然供应的农产品的价值而言，其在城市家庭总支出中所占比例从 3.7% 降至 1.8%，而在农村家庭中，该比例则从 19% 降至 8.3%，其中个人附属土地的农产品供应则分别从 2.8% 降至 1.1%（城市），以及从 16.9% 降至 6.9%（农村）。这些差距在 20 世纪 90 年代末更为严重，对于俄罗斯人来说，这是一个特别困难的时期：当时，个人附属土地的农产品供应占农村家庭支出的 31%，在城市居民家庭支出中，占 7% 左右。但是根据 L. Ovcharova 的估计，即使是城市家庭，也会生产出大约在其所需食物中占 23% 的食物，而对于低收入家庭来说，其个人附属土地上生产出的食物将占其所有饮食支出的 1/3（Yaroshenko，1999：156）。

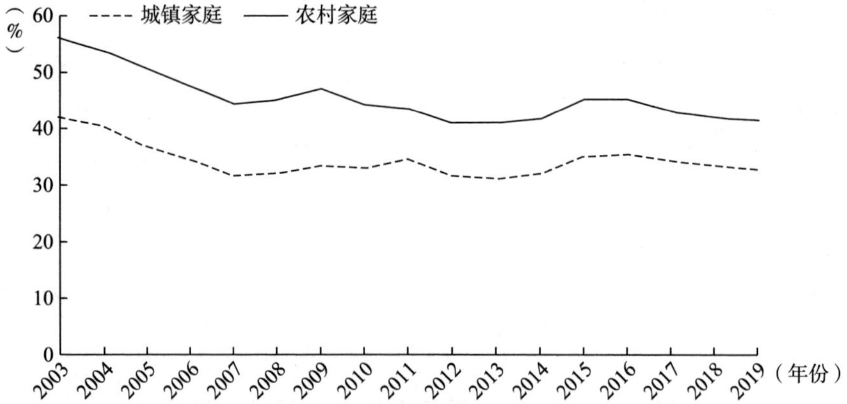

图 5　2003 ~ 2019 年食品支出在城市和农村家庭的总消费支出中所占比例

资料来源：FSSS RF 数据。

在继续研究消费支出结构方面的差异时，值得注意的是，现在，城市家庭在食品杂货上的支出是农村家庭的 1.2 倍，在其他商品上的支出是农村家庭的 1.5 倍，而在服务上的支出则是农村家庭的 2.2 倍。就服务支出所占比例而言，城市家庭远超农村家庭（分别为 29.4% 和 20.6%），而非食品支出的比例，二者几乎相当（分别为 35.7% 和 36.3%）。在过去的 15 年里，农村家庭在这些方面的支出增长更快。2003 ~ 2019 年，城市家庭的人均非食品支出增长了 5 倍，从 1179 卢布增加至 7076 卢布；而与此同时，农村家庭的人均非食品支出增长了 6.7 倍，从 617 卢布增加至 4750 卢布。同一时期，城市家庭的人均服务支出增长了 7.5 倍，从 659 卢布增加至 5602 卢布，而农村家庭的人均服务支出增长了近 11 倍，从 231 卢布增加至 2733 卢布。之前已经确定了城镇化等因素对消费结构的影响：在大城市，消费结构的转变确实更快（Ovcharova et al. 2014）。

与农村家庭相比，城市家庭在购买大多数非食品类商品和服务上的支出（其中包括教育、医疗和公用事业的费用支出）要高出 1.5 倍到 2 倍。

尽管存在这些差异，然而在家庭的基本文化商品供应方面，农村家庭正在快速追赶城市家庭的标准。一系列用于家庭生活或文化娱乐目的的高价物品不仅成为城市居民的必要配置，也成为农村居民生活中不可或缺的一部分。构成俄罗斯家庭日常生活基础的物质环境已经大大拓宽，最重要的是，这得益于高科技产品所做的贡献。人们在耐用品（包括汽车、电子设备、建筑材料、家用电器和家具等）上的支出所占比例俄罗斯是全世界最高的。虽然在2000年，消费结构受到了一次又一次危机的显著影响，但在之后的这些年里，无论是在城市地区还是在农村地区，拥有各种耐用品的家庭所占比例都显著上升。

但是，在住房改善以及提供高质量的教育和医疗服务的相关问题方面，情况却要糟糕得多。在农村地区，我们可以看到教育和医疗设施资源在不断减少。研究表明，偏远地区的居住点和村庄的医疗状态尤其艰难，这些地方的人们很难获得医疗服务。经济资源有限的农村人口往往不得不求助于有偿医疗服务，他们花费大量资金购买药物，不仅用于疾病预防或在家治疗，还用于在医疗机构接受治疗。向农村人口提供药物仍然是一个敏感的问题，并且这其中包括药物福利问题。尽管如此，总体而言，城市居民在医疗保健上的支出仍然是农村居民的几倍（Kozyreva，Smirnov，2018）。根据官方统计数据，医疗保健支出占城市家庭总支出的比例从2.9%上升至3.8%，而占农村家庭总支出的比例则从2.2%上升至3.5%。

城市和农村家庭在文化活动支出方面的差距甚至更大，高达3.5倍，而在酒店、咖啡馆和餐厅消费方面的差距则高达4倍。城市家庭在休闲和文化活动、酒店和餐饮方面的消费预算比例也大于农村家庭，二者的比例分别为9%和4.1%，以及3.8%和1.5%。造成这些差距的主要原因是农村地区的文化消费群体消费能力低。如今，农村家庭开始获得更好的消费和商业服务，尽管改善速度仍慢于城市家庭。2/3的农村居住点完全没有任何文化设施。目前仍在使用的40%的文化设施，其物质基础自苏联时代以来就没有再更新过。

城市和农村家庭之间的这些差距以及二者在消费结构上的其他类似差距有力地证明了：在社会基础设施发展方面，农村地区严重落后于城市地区。目前，农村安置结构主要由小的村庄聚落组成，而这些村庄聚落往往缺乏必要的资源，无法满足居住在这里的家庭的生计所需。

五 职业差异以及其他导致消费不平等的因素

不同职业体现出不同的家庭消费特征，为分析职业差异对消费不平等的影响，我们选择了6大职业群体。从这个维度进行数据分析，可以直接或间接看到教育专业、受教育程度等因素对消费的影响。在俄罗斯的背景下，按职业分工是造成薪资不平等的最主要原因，因为薪资是构成人们收入来源的基础。

从表2给出的RLMS-HSE数据可以看出，当对不同的群体进行比较时，人均收入和人均支出的变化是不一致的，业务能力的提高会对所述变化产生不确定的影响。正如预期的那样，就家庭人均收入和人均支出的数字而言，处于明显领先地位的是那些在领导岗位上工作的受访者。但是近年来，他们的支出远超收入，这可以解释为他们另有隐藏的收入来源。同样奇怪的是，家庭成员中有熟练技术工人的家庭比有低技能非体力劳动者的家庭赚得更多，同时支出也更多。可以预见，最没有经济保障的是非技术工人，他们的家庭支出比那些以各级管理者为代表的家庭开支少1/2或者更多，比那些以一般或高水平的专业人士为代表的家庭开支少1.5倍。在这方面，他们甚至明显落后于（几乎落后1/3）最接近他们类别的人群，即蓝领类别，也就是熟练技工或低技能非体力劳动者。2019年，非技术工人家庭人均消费支出的平均值为15892卢布，而中值为12696卢布。根据对所提供数据进行分析可以发现：在俄罗斯，工人的职业资格与其家庭消费支出之间具有非常明显的联系，尽管这种联系远非线性联系。

表2 2016～2019年按职业群体划分的家庭每月人均收入和人均支出

单位：卢布

职业群体	2016（N＝5778）		2019（N＝5534）	
	收入	支出	收入	支出
管理者	26835	30207	29735	34062
高资质的专业人士	26175	28647	27817	24377
一般资质的专业人士	22669	22706	25750	24822
低技能非体力劳动者	19822	20178	21519	20203

续表

职业群体	2016（N＝5778）		2019（N＝5534）	
	收入	支出	收入	支出
技术工人	20069	20198	22121	21615
非技术工人	17784	16018	18421	15892

注：2019 年统计对象为 18～69 岁的个人。

资料来源：RLMS-HSE 数据。

以管理者为代表的家庭在总消费支出和食品杂货支出方面都处于领先地位。2019 年，这类家庭在食品（购买的品种不包括酒精和烟草）上的人均支出为 5368 卢布（每月）。虽然这并不比高资质或一般资质的专业人士所代表的家庭高出多少，却几乎是非技术工人家庭支出的 1.5 倍。就我们的案例而言，在家庭烹饪所用的食品杂货上，不同群体的支出比例之间的差异似乎相当小，管理者家庭为 24.1%，非技术工人家庭为 28.5%。

在服务支出方面，最显著的差异体现在非医疗相关服务（如交通、休闲和文化活动安排等）的支出上。2019 年，就用于上述服务的人均支出金额而言，以管理者为代表的家庭为 6208 卢布，而对于以高资质或一般资质的专业人士为代表的家庭，该金额要少（分别为 3358 卢布和 2795 卢布）。和前面所有案例一样，非技术工人家庭被证明是最不富裕的。他们在非医疗相关服务上的人均支出为 1113 卢布，是技术工人家庭的一半，而相对于以管理者为代表的家庭，则更少。

家庭成员的职业与其他特征发生复杂的相互作用，这不可避免地会影响家庭的经济产出和消费能力。

家庭支出是宏观和微观经济统计核算的主要单位之一。了解哪些主要的驱动力可以决定不同个人和群体的消费支出动态和规模，对宏观经济政策（货币和财政政策）和社会政策（包括补贴）而言，都有可能为经济目标的设置带来广泛的可能性。为进一步了解独立变量对家庭消费支出的影响，我们进行了回归分析。考虑到这项研究的目标以及 RLMS-HSE 的数据，我们主要考虑以下变量：人均家庭收入；家庭中有 55 岁以上女性/60 岁以上男性的情况；居住地以及个人受教育年限。

表 3 给出了利用多元线性回归系数进行单一层面分析得出的结果。由

于分析中包括的变量不仅有描述家庭的，也有描述个人的，因此，所有计算都根据个人档案进行，同时添加了一些来自家庭档案的相关数据。采用增量方法来包含自变量。

表 3 人均家庭支出差异的多元线性回归模型系数（根据个人档案计算，2019 年，N = 8765）

自变量	模型 1			模型 2			模型 3		
	家庭人均支出总额（自然对数）			家庭人均医疗保健支出（自然对数）			在购买食品杂货上的人均家庭支出（自然对数）		
	B	标准误差	Beta	B	标准误差	Beta	B	标准误差	Beta
常数	2. 751	0. 129		1. 199	0. 259		3. 727	0. 134	
家庭人均收入（自然对数）	0. 670	0. 012	0. 529	0. 482	0. 027	0. 224	0. 407	0. 013	0. 343
家庭成员中有 55 岁以上女性/60 岁以上男性	-0. 192	0. 014	-0. 129	0. 364	0. 030	0. 148	-0. 029	0. 014	0. 021
家庭是否住在市区	0. 670	0. 016	0. 040	0. 159	0. 036	0. 055	0. 160	0. 017	0. 101
受教育年限（自然对数）	0. 113	0. 029	0. 037	0	0	0	0. 137	0. 030	0. 049

注：在所有模型中，所有变量下的系数都证明具有显著性且显著水平为 1%。

第一个模型表明，在家庭人均收入的影响下，家庭人均总支出正在不断增加，而与居住地或个人受教育年限等其他因素相比，家庭人均收入这一特定因素所具有的影响最为显著。构建这个模型的自然结果是发现了这样一个事实，那就是家庭成员中包含老年人的家庭在消费支出额度方面存在明显差异。显然，这是由老年人已退出劳动力市场，他们养活自己的能力下降所导致的结果。我们得到的模型描述了大约 30% 的波动性，这部分波动性存在于区分家庭人均收入的基础上，这就是为什么在未来有可能继续寻找重要影响因素的原因。

第二个模型解释了人均医疗支出等相关变量约有 9% 的变化。所示数据表明，医疗支出受家庭经济状况和年龄组成的影响最大。这种关联性是意料之中的，因为一个人步入老年后，其所在家庭在医疗保健服务和药物方面的支出比例就会增大，并且所有必要的医疗服务的使用都是以假定其家庭有财力接受该医疗服务为前提的。

第三个模型在“购买食品杂货上的人均支出”这一变量中，对将近15%的变化进行了解释。在这种情况下，影响最大的因素是家庭的人均总收入和居住地。后者的影响很容易预测，假设居住在农村，因为许多家庭都有个人附属土地作为补充，可辅助提供一些食物，因此，农村家庭花在商店购买食品杂货上的钱会更少。

在表 3 中列出的数据中很重要的一点是，需要牢记消费者行为的代际特征，这会影响消费不平等的发展。由于收入水平和消费习惯的变化，这些特征表现为一个人在一生中的不同阶段，其消费支出金额也在发生变化。年轻人，尤其是生活在大城市的年轻人，比其他几代人更容易受到时尚潮流的影响，而其中的趋势之一就是努力过上健康的生活。虽然这种渴望往往是出于必要，因为年轻人的收入往往低于老一辈俄罗斯人。与此同时，中年人在更大程度上往往专注于事业，而不太重视建立家庭。对舒适生活条件和增加收入的渴望使这一代人成了完美的消费者，他们积极购买各种商品，同时又不太热衷于存钱。老一辈人往往过着更加传统的生活，他们围绕工作、家庭和孩子转，而这一事实也说明了他们的传统消费倾向。到老年时，随着收入水平的下降，他们的消费支出迅速减少，因此这代人的需求和要求也随之下降。

六　结论

由于长期危机所带来的困难，具体表现为生活水平下降、风险上升，加之这个时代也具有非常大的不稳定性和不可预测性，因此人们会格外关注社会不平等问题。另外，由于俄罗斯社会的两极分化严重，再加上物质不平等，社会经济分化过程具有争议性，并且这些都对国家社会政策在各个领域的发展造成了显著影响，这导致社会不平等问题成为一个更加敏感的问题。社会经济不平等仍然是导致人们的消费能力在各领域出现不平等的最大因素，同时也是影响各类人群在获得教育、医疗和其他社会资源方面机会不平等的最大因素。社会不平等在很大程度上表现为不同人群之间在消费支出上的差异，这涉及几乎所有类别的商品和有偿服务。对不同家庭在消费支出方面的差异程度进行动态分析表明：在过去的几十年里，虽然消费不平等确实有一定程度的缓解，但仍然相当严重，并且近年来不平等程度的降低速度非常缓慢而且趋势不一致。这种不平等具有明显的地域、区域、居住地和社会职业特征。我们的分析再次有力地证明了：国家社会经济政策的主要目标需要包含克服这种严重的社会不平等现象，具体可通过采用更有效、更公平的分配和再分配机制来提高贫困和弱势群体的生活水平。

第四篇

劳动和就业中的公平公正

中国就业不公平研究：基于脆弱就业的视角

田　丰

就业不公平是中国经济社会发展过程中始终存在的社会问题之一。随着户籍制度、单位制度、用人制度等制度改革的深入，劳动力市场化的步伐不断加快，就业不公平也从传统的城乡二元分割和体制内外的差距，转变为更为复杂的横向分裂、纵向分层的就业不公平。本文在界定脆弱就业并计算其得分的基础上，使用 CSS 2019 调查数据，基于一般线性回归模型、分位数回归模型、定序 Logit 回归模型，探讨中国就业不公平现状及其影响因素，既证明个体因素和制度因素在对就业不公平的影响上存在等级差异，也从侧面印证横向分裂、纵向分层的就业不公平的存在。

就业公平既是实现社会公平的过程，也是实现社会公平的结果。故而无论是从过程公平的视角，还是从结果公平的视角，就业公平的重要性都是不言而喻的，社会学、经济学、政治学、管理学均对此领域有较多涉及，其所受关注的程度都是不平等研究中最高的领域之一。从中国的现实情况来看，在 20 世纪 90 年代中后期的就业市场化改革之前，就业不公平主要是建立在城乡二元分割的户籍制度上，户籍制度也是近些年来学者研究就业不公平的重要关注点（陈钊、陆铭、佐藤宏，2009；田丰，2010；李骏、顾燕峰，2011；万海远、李实，2013）。此外，企事业单位中的单位制（李春玲，2003；边燕杰、李路路等，2006）和干部制度（林宗弘、吴晓刚，2010）同样是研究者关注的焦点。在就业市场化改革之后，职业流动的情况愈加复杂，传统的户籍制度、单位制度和干部制度的基础性作用虽然下降，却依然是不可忽略的影响因素，而在社会主义市场经济体制下，就业不公平又增加了人力资本、垄断行业等诸多新的影响因素。从研究者关注的视角而言，传统的城乡比较研究仍然是活跃领域，新的研究领域则更为广阔，性别、代际、家庭背景、垄断行业、学校专业、关系网络等因素都成为就业不公平研究中的新领域（蔡禾、吴小平，2002；李春玲、李实，2008；岳希明、李实、史泰丽，2010；王天夫、崔晓雄，2010；孙三百、黄薇、洪俊杰，2012；程诚、边燕杰，2014；刘精明，2014；徐晓红，2015；杨娟、赖德胜、邱牧远，2015；杨灿、王辉，2020）。研究者所关注的就业不公平也从专注于收入不平等，扩大到非正规就业、晋升机会、合同保障、企业福利等方向（郑功成，2009；屈小博，2011；袁方、史清华，2013；秦广强，2014；郭凯明、颜色，2015；石智雷、施念，2019；杨穗、吴彬彬，2019）。同时，就业不公平研究也从基于单个因素视角逐渐转化为基于综合因素视角，其中脆弱就业是世界劳工组织（International Labour Organization）2012 年重点关注的内容，也是近年来学者们使用较多的研究就业不公平的综合性视角之一。本文也将使用 2019 年中国社会状况综合调查数据，基于脆弱就业视角，分析和探讨当下中国就业不公平。

一　就业公平研究的文献回顾和评述

脆弱就业的研究在近些年来引发了社会学、经济学、政治学等诸多学科的普遍关注，其原因主要有三个方面。一是新技术革命带来的就业形态的新变化，一些新的就业形态，如居家办公、网络商铺、快递小哥等的出现，改变了传统全职、固定雇佣关系和工作单位、长期稳定合同保障的正规就业形态。二是新自雇阶层和弹性就业群体的出现。随着后工业社会的来临，自动化流水线作业工作模式对人性的异化引发了社会学家的反思，新自雇阶层和弹性就业曾经被认为是社会进步的表现，且对经济增长有正向的作用。但新自雇阶层和弹性就业不可避免地提高了脆弱就业人口的比例，一些发达国家的人口普查和社会调查也发现，脆弱就业呈现出增长的趋势。三是在科技产业革命冲击下，体力劳动阶层的就业愈加不稳定。随着互联网等新科技革命带来产业升级，依附于制造业等传统第二产业的劳动阶层，如产业工人，就业状况受到较大的冲击。尤其是在全球化产业链之下，发达国家产业工人的辉煌已经成为过去时，一些传统的制造业聚集的城市和地区成为人口就业较为不稳定的“铁锈带”。故而，从脆弱就业形成原因的多样性可以看出，由于研究者的关注点不尽相同，很难在其定义上形成普遍共识。克蕾沙耶（Bertina Kreshpaj）等人总结了2018年之前的相关研究，发现对脆弱就业的概念界定主要可以分为就业不稳定（employment insecurity）、收入不充分（income inadequacy）、缺乏就业权益和保护（lack of rights and protection）三个维度（Kreshpaj et al.，2019）。在就业不稳定维度下有四个主题，分别是合同关系不稳定、合同时效不稳定、不充分就业和兼职情况。合同关系不稳定分为就业状态和劳动中介两个指标；合同时效不稳定分为雇佣形式、合同条款、合同时长、临时就业四个指标；不充分就业分为就业种类、非全职工作两个指标；兼职情况分为兼职工作类型、兼职职业类型两个指标。收入不充分维度下有两个主题，分别是收入水平和收入波动。前者主要针对的是职业相对应的真实收入，多使用分类变量来测量，而非收入的绝对数量；后者则是从时间序列上看收入的变动幅度。缺乏就业权益和保护维度下有四个主题，分别是缺少工会、缺少社会保障、缺少法律法规支持、缺少工作场所相关权益。缺少工会主题下有两个指标，分别为是否存在工会和工会覆盖率；缺少社会保障主题下有两个指标，分别为社会福利，如病假、产假等，以及社会保护，如政府的支持等；缺乏法律法规支持主题下的两个指标是法律保护和劳工政策；缺少工作场所相关权益则强调了用工歧视、工作环境安全等多个方面。可见，脆弱就业从概念到维度，再到相应的主题和可测量指标的内容是极其丰富的，虽然其概念仍然处于理论建构的过程中，但对研究者的启发是巨大的。也因为其概念所包含内容的丰富性，不同国家、不同领域的学者都可以将脆弱就业纳入其研究中，故而使它成为一个正在快速壮大的研究主题。

脆弱就业概念尚未达成共识，虽然能给学者带来较大的概念界定空间弹性，却让不同研究之间形成有效比较分析变得困难，还有可能导致被误用和滥用。实际上，在既有的研究中可以观察到学者在界定脆弱就业概念时会充分考虑区域发展程度和社会文化背景，比如欧洲学者更加关注脆弱就业背后的社会福利，而发展中国家的学者对收入不充分的关注度更高（Koranyi et al.，2018）。

中国学者关于脆弱就业的研究并不多见，Pun（2004）、刘爱玉（2017）曾在研究中使用过脆弱就业的概念，刘爱玉、刘继伟（2020）在妇女就业研究中将脆弱就业操作化为六个维度和八个变量。其他与就业不公平的研究多侧重于脆弱就业的某一个维度或者某一个主题，收入、社会保障、职业门槛都是研究者较为关注的研究内容。与关注某一个维度或者某一个主题研究相比，脆弱就业概念综合性、多维度的优势较为明显，尽管在概念操作化的过程中会夹杂进研究者的选择性因素，但它仍不失为一个比较好的测量指标。因此，本文拟采用脆弱就业作为分析就业不公平的核心指标，结合 2019 年中国社会状况综合调查数据，使用一般线性回归和分位数回归的方法，检验当下中国就业不公平的状况。

二　脆弱就业视角的研究设计与研究假设

（一）研究变量、模型和数据

使用脆弱就业作为核心概念来分析中国就业不公平，首先需要解决的问题是如何界定脆弱就业。从以往研究来看，脆弱就业可以分为三个主要维度：就业不稳定、收入不充分、缺乏就业权益和保护，而研究者可以根据各自国家就业状况和社会文化特点加以调整，考虑到中国就业市场化程度与西方发达国家还存在比较大的差异，本研究将脆弱就业分为四个维度：岗位状况、就业状况、收入状况和权益状况。其中，岗位状况包括管理等级、专业职称、技术水平三个变量，就业状况包括失业可能、合同状况两个变量，收入状况主要使用收入水平来衡量，权益状况包括社会保障、职业团体、职业培训三个变量。每个变量的操作化界定在表 1 中呈现。

表 1　脆弱就业的维度、变量和操作化

维度	变量	操作化
岗位状况	管理等级	管理活动：只管理别人，不受别人管理；既管理别人，又受别人管理；只受别人管理，不管理别人
	专业职称	专业技术职称：有专业职称，有技术等级；没有，但是以后可能会评定专业职称或技术等级
	技术水平	工作技术水平自我评价：需要很高专业技能的工作；需要较高专业技能的工作；需要一些专业技能的工作；不需要专业技能的工作

续表

维度	变量	操作化
就业状况	失业可能	失业可能性自我评价：完全有可能；有可能；一般；不太可能；完全不可能
	合同状况	合同状况：不需要签劳动/劳务合同（如公务员或国家干部）；签订了劳动合同或者人事合同；没签订合同
收入状况	收入水平	收入水平：收入绝对值的十等分分组
权益状况	社会保险	拥有社会保险的数量：0种；1种；2种；3种；4种；5种
	职业团体	是否参加职业团体：是；否
	职业培训	是否参与职业培训：是；否

在确定了脆弱就业的四个维度九个变量之后，再使用因子分析的方法将九个变量拟合成一个因子，并将因子得分转换为0～100的得分区间，得分越低，就业状况就越脆弱，得分分布状况见表2：0～20分占比为45.53%，20～40分占比为18.25%，40～60分占比为16.69%，60～80分占比为17.4%，80～100分占比为2.13%。可见，中国脆弱就业并不呈一个正态分布，而是更接近于金字塔形分布，脆弱就业的人群所占比例是较大的。

表2　脆弱就业得分区间分布及就业层次划分

单位：分，%

就业层次	脆弱就业得分	占比
低层次就业	0～20	45.53
中低层次就业	20～40	18.25
中层次就业	40～60	16.69
中高层次就业	60～80	17.4
高层次就业	80～100	2.13

本研究拟使用的模型是一般线性回归、分位数回归和定序Logit回归，之所以同时选择三种分析模型，是因为脆弱就业本身的形成因素是多元化的，而中国的就业市场化程度还存在诸多不足之处。即便是市场化改革实施多年之后，已经存在了大量的人口流动和职业流动，也仍存在较强的区隔和层级特点，如对进入城镇劳动力市场的农业户籍劳动者仍然存在诸多

的隐形歧视，存在一定程度的劳动力市场分割。且考虑到城镇职业群体自身也带有较强的层级性，不同影响因素对不同层级职业群体流动的作用也不尽相同，进而直接影响其脆弱就业得分的程度也存在比较大的差异。一般线性回归模型将不同影响因素在脆弱就业得分上的作用视为相等。分位数回归则可以有效规避影响因素在不同脆弱就业得分群体上作用相等的模型预设，且可以观测到各个因素对各个脆弱就业得分等级影响的差异和变化。定序 Logit 回归则把脆弱就业视作不同等级的定序变量，能够更适应中国脆弱就业金字塔分布状况。同时使用三个回归模型作为分析工具还可以对结果进行相互验证，能够获得更为可靠的结论。因此，本文处理因变量时，在一般线性回归和分位数回归中将其设定为转化后的脆弱就业得分，分布区间为 0 ~ 100 分；在定序 Logit 回归中，脆弱就业得分被按照表 2 中的得分区间分为五个等级，转化为定序变量作为模型的因变量。

本研究使用的自变量包括年龄、性别、婚姻状况、政治面貌、户口性质、单位类型、受教育年限，这些变量在以往的研究中被验证过是对职业群体和就业状态影响较大的因素，故而在脆弱就业的研究中可能也存在比较大的影响。

本研究所使用的数据来自中国社会科学院的 2019 年中国社会状况综合调查，经过数据清理和除去带有缺失值的样本数据，共计获得 4190 个有效样本。

（二）研究假设

在既有的劳动力市场分割和就业不公平的研究中，劳动者人口特征是学者高度关注的内容，一般而言年龄、性别、婚姻状况、受教育程度都被认为是典型的人口特征变量。就年龄而言，低年龄段和高年龄段的就业人口在收入待遇、职业发展等方面容易处于不利地位，多数研究会假设年龄对职业收入的影响是倒 U 形曲线。女性在劳动力市场和职场晋升中都可能处于相对弱势的地位，离婚、丧偶等处于不利婚姻状况的个体在职场中的处境往往也较差。受教育程度被认为是人力资本最重要的组成部分，人力资本越高的个体在劳动力市场获得的回报越大。根据上述分析，本研究从个体层面的人口特征提出以下假设。

假设 1.1　年龄与脆弱就业得分呈现倒 U 形关系。

假设 1.2　女性的脆弱就业得分更低或者高层次就业的可能性较小。

假设 1.3　受教育程度越高，脆弱就业得分越高或者高层次就业的可能性越大。

假设 1.4　处于离婚、丧偶状况的劳动者脆弱就业得分较低或者高层次就业的可能性较小。

除了个体层面的影响因素之外，学者在关注中国劳动力市场分割和就业不公平时最强调的是户籍制度、单位制度、人事制度。户籍制度造成的城乡劳动力市场二元分割的相关研究可谓汗牛充栋，诸多研究发现，农村户籍人口或者农村劳动力尽管在城镇劳动力市场中受到的诸多限制在减少，但在收入水平、福利待遇、劳动保障和工作环境等方面仍然与城镇户籍人口或者城镇劳动力存在显著差异。中国单位制度的相关研究也发现了体制内外的就业人口在收入、福利等方面的差异，尤其是在垄断型国有企业就业人口的收入水平要明显高于私营企业，在职业稳定性上也存在比较大的优势。综合上述两个制度层面的考虑，本研究提出以下假设：

2.1　城镇户籍就业人口的脆弱就业得分或者高层次就业的可能性比农村户籍人口更高。

2.2　体制内单位就业人口的脆弱就业得分或者高层次就业的可能性比体制外单位更高。

三　就业公平模型的数据分析及结果

考虑到数据分析使用了三个模型，其分析结果（见表3）有一些差异，故而在表述分析结果时，先分别阐述三个模型各自的结果，然后在基于三个模型分析结果的共同之处进行总结。

1. 一般线性回归的主要结果

从一般线性回归模型的分析结果来看，主要有以下几点发现。①年龄和年龄的平方均有显著影响，意味着脆弱就业得分与年龄之间存在倒 U 形关系，即年龄较小和年龄较大的劳动者脆弱就业得分均偏低。②劳动者所在单位类型具有显著的影响，与私营企业相比，在国有企事业单位和政府部门就业的劳动者脆弱就业得分更高，说明他们的就业状况要显著优于私营企业部门就业的劳动者。③虽然在分析过程中考虑到近来户籍改革的一些成果，部分地区取消了农业户口和非农业户口的区分，但依然按照其户籍属性变化前后的关系分为城镇户籍和农村户籍，分析发现户籍制度的影响依然存在，城镇户籍的劳动者脆弱就业得分较高。④数据分析发现女性脆弱就业得分较男性更高，这一结果与以往研究存在较大的差异，一般研究发现女性的就业状况，尤其是收入上要低于男性。可能是因为脆弱就业是一个综合性指标，虽然女性在职业收入上低于男性，但在她们选择职业的时候倾向于选择稳定性强的工作岗位，故而其脆弱就业得分并不低。⑤教育作为劳动者获得人力资本的主要方式，受教育程度越高的劳动者脆弱就业得分越高。⑥婚姻状况对脆弱就业没有显著的影响，未婚、已婚、丧偶人群之间的差异并不显著。

表 3　就业公平影响因素的回归模型结果

变量	一般线性回归	分位数回归	定序 Logit 回归
年龄	0.805*** (0.193)	0.582** (0.263)	0.131*** (0.0243)
年龄的平方	-0.010*** (0.002)	-0.006** (0.000)	-0.002*** (0.000)
单位（以私营企业为参照）			
国有企事业单位	17.65*** (0.638)	8.605*** (0.870)	2.135*** (0.082)
政府部门	23.320*** (0.891)	18.880*** (1.215)	2.593*** (0.105)
户籍（以农村户籍为参照）			
城镇户籍	6.733*** (0.648)	4.618*** (0.883)	0.639*** (0.0739)
性别（以男性为参照）			
女性	1.284** (0.561)	0.315 (0.765)	0.002 (0.0661)
受教育程度	1.613*** (0.094)	1.016*** (0.128)	0.194*** (0.012)
婚姻状况（以未婚为参照）			
初婚有配偶	-1.263 (1.098)	-1.857 (1.497)	-0.168 (0.122)

续表

变量	一般线性回归	分位数回归	定序 Logit 回归
再婚有配偶	-2.591 (1.829)	-3.178 (2.492)	-0.230 (0.214)
离婚	-1.647 (1.822)	-1.665 (2.483)	-0.110 (0.208)
丧偶	-1.427 (2.191)	-2.331 (2.987)	-0.195 (0.285)
同居	-6.733 (5.152)	-6.525 (7.021)	-0.337 (0.597)
其他	-9.242 (10.190)	-11.710 (13.890)	-15.060 (879.6)
分割点 1			5.188 *** (0.515)
分割点 2			6.461 *** (0.519)
分割点 3			7.756 *** (0.525)
分割点 4			10.560 *** (0.538)
常数项	-1.364 *** 0.133	-1.321 *** 0.182	
样本量	4190	4190	4190
R^2或虚拟 R^2	0.4596	0.1438	0.2276

*** $p<0.01$, ** $p<0.05$, * $p<0.1$。

注：括号内为标准误。

2. 分位数回归的主要结果

在分位数回归模型中可以看到与一般线性回归比较相似的结果。①年龄和年龄的平方影响均为显著，意味着随着年龄增长，脆弱就业得分呈现出倒 U 形。②单位属性和户籍性质两个明显带有社会制度属性的变量影响显著，政府部门就业劳动者脆弱就业得分最高，国有企事业单位就业劳动者脆弱就业得分也要显著高于私营企业就业的劳动者，城镇户籍劳动者脆弱就业得分较高。③通常认为普遍存在的性别差异出现了一些变化，虽然女性劳动者脆弱就业得分仍然略高于男性，但差异并不显著。同样差异不显著的还有婚姻状况，处于不同婚姻状态的劳动者之间的脆弱就业得分差异也不显著。

除了数据分析结果，分位数回归还可以直观地用图来表达，这能够更加全面地描述被解释变量条件分布的全貌，而不是仅仅分析被解释变量的条件期望（均值），从而观察到不同分位数下的回归系数估计差异，即自变量对不同位置因变量的影响不同。从图1中可以看到以下主要结果。①年龄的影响会随着脆弱就业得分的增加而下降，一度甚至低于零，但在得分最高阶段再次剧烈上升。由于脆弱就业得分整体呈金字塔形分布，因此在得分最高阶段剧烈上升可能是由样本过少导致的估计不稳定造成的。忽略最高阶段剧烈上升，年龄的影响会随着脆弱就业得分数值升高而下降。②户口性质随着脆弱就业得分的增加而上升，在脆弱就业得分较低的群体中户口性质影响较低，这从侧面印证了在低端劳动力市场中对不同户籍性质的劳动者歧视是最小的，也就是城镇低端劳动力市场对农村户籍劳动者是开放的和不歧视的，而在中高端劳动力市场中仍然存在较大的户籍性质带来

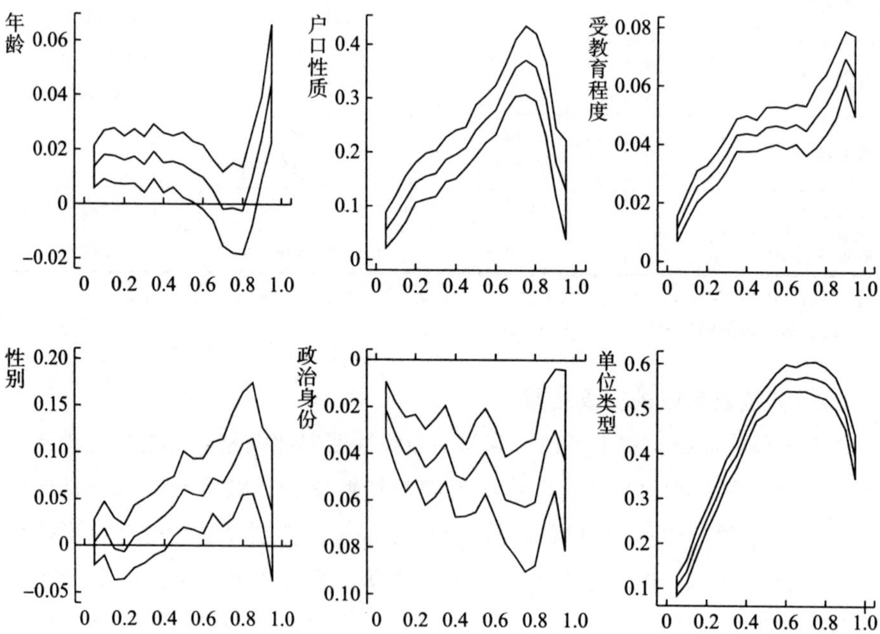

图1　就业公平影响因素分位数回归结果

资料来源：2019年中国社会状况综合调查（CSS）数据。

的差异。③教育作为人力资本的重要累积路径，从图 1 可以看到脆弱就业得分越高，受教育程度的回归系数就越大，意味着其发挥的作用越大。④尽管性别的影响不显著，但从性别回归系数的走向来看，脆弱就业得分越高，性别之间的差距越大。⑤单位类型对脆弱就业得分的影响先上升后下降，在脆弱就业得分较低组劳动者群体中就业单位类型的影响较小，随后单位类型的影响持续增大并保持高位水平，最后出现了一定幅度的下降，但仍然有较高影响力。分位数回归分析的结果证明一般线性回归模型的假设可能与中国社会的现实状况脱节，中国劳动力市场不仅仅有户籍制度、单位制度等制度带来的横向割裂的职业不平等，还有各种隐藏的职业门槛歧视带来的纵向分层的职业不平等。

3. 定序 Logit 回归的主要结果

定序 Logit 回归的因变量是就业层次，即表 2 按照脆弱就业得分划分的五个等级，自变量是影响提升就业层次的可能性。从模型结果来看：①年龄和年龄的平方都有显著的影响，也印证了存在倒 U 形的影响机制；②单位性质的影响显著，国有企事业单位和政府部门就业的劳动者进入较高就业层次的可能性更大；③城镇户口劳动者比农村户籍劳动者进入较高就业层次的可能性更大；④性别变量影响不显著，这与分位数回归的分析结果是一致的，说明性别对就业的影响值需要进一步观察和分析；⑤受教育程度的影响显著，受教育程度越高的劳动者较高就业层次的可能性越大；⑥婚姻状态的影响不显著，这与之前两个模型的分析结果是一致的。

除了对模型结果进行分析之外，本研究还尝试着估计了自变量对不同等级脆弱就业得分的边际效应。边际效应在经济学研究中经常被使用，主要是用于估计在某一个估计值或者估计区间内，自变量一个单位变化引发的因变量变化的大小或者速度。从图 2 中可以看到：①定序 Logit 回归边际效应分析中年龄在最低就业层次的边际效应是最强的，然后出现了下降的趋势，甚至在中高就业层次中出现了负的边际效应，但边际效应不显著。在最高就业层次接近于 0。②户口性质在脆弱就业最低等级中呈现边际效应为负，在中低就业层次中边际效应接近于 0，随后出现增长，在中高就业层次中边际效应不显著，却在最高就业层次中边际效应再度接近于 0。这说明户籍对劳动者就业的影响在以往认为的分割劳动力市场的基础上发

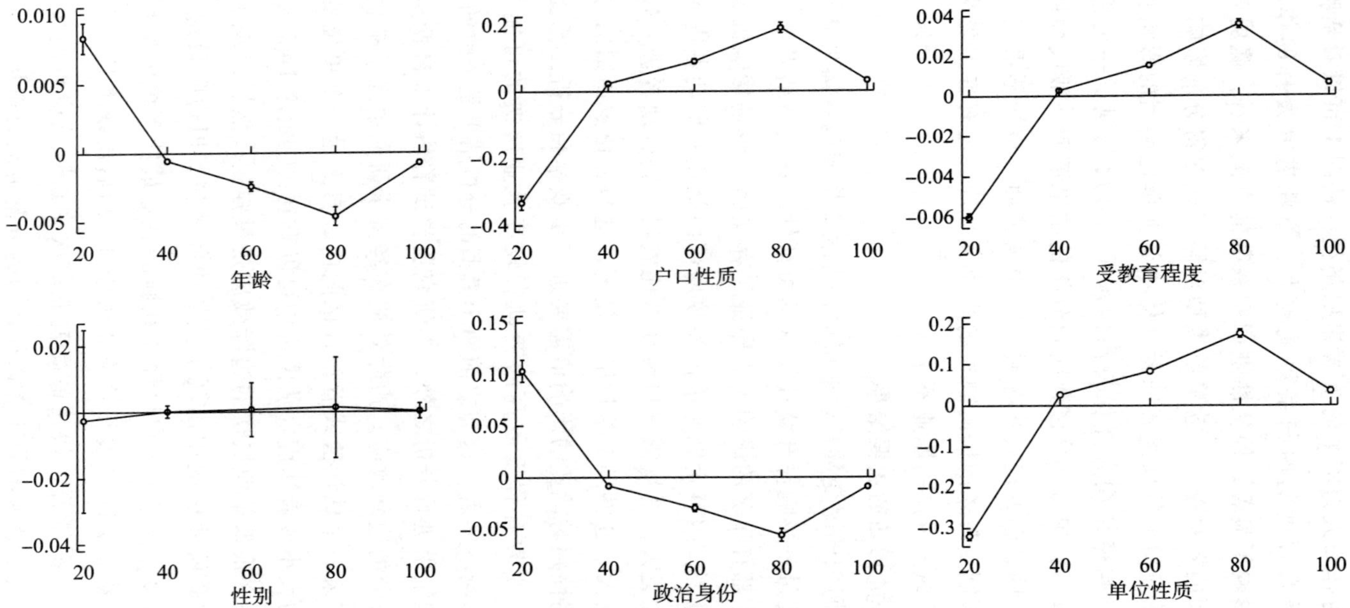

图2　就业公平影响因素定序Logit回归边际效应估计

资料来源：2019年中国社会状况综合调查（CSS）数据。

生了新变化，在职业分层体系中所发挥的作用也不完全一致，甚至可能出现负边际效应。③受教育程度的变动趋势与户籍制度较为相似，也是在最低就业层次中出现了负边际效应，意味着提高受教育程度不能提高获得更高就业层次的可能，在中低就业层次中接近于0，然后持续增加到中高就业层次达到边际效应的分值，同样出现了不显著的情况，最高就业层次再度接近于0。④性别变量的影响基本在0附近徘徊，且边际效应估计始终处于不显著状态。⑤单位性质的边际效应在最低就业层次中为负，且不显著。在其他就业层次中均为正，只有在中高就业层次中不显著。

4. 三个模型分析结果及假设验证

从三个模型数据分析结果来看，个体层面的假设情况较为复杂。假设1.1，年龄与脆弱就业得分呈现倒U形关系得到了一致验证正确；假设1.3，受教育程度越高，脆弱就业得分越高也得到了一致验证正确；假设1.4，处于离婚、丧偶状态的劳动者脆弱就业得分较低得到一致验证错误；假设1.2，女性的脆弱就业得分更低的情况较为复杂，在一般线性回归中得到验证，但在分位数回归和定序Logit回归中都被验证错误。考虑到脆弱就业并不是正态分布，本研究更倾向于认为假设1.2没有得到验证。制度层面自变量的假设都得到了验证，城镇户籍就业人口的脆弱就业得分比农村户籍更高，体制内单位就业人口的脆弱就业得分比体制外单位更高，可见，假设2.1和假设2.2均得到验证。

四 结论与讨论

脆弱就业作为一个较新的概念，在中国学界，学者对其关注还不够多，既有的相关研究也比较少，这决定了本研究在一定程度上具有探索性的意义，也不可避免地带来一些研究设计和模型验证上的缺憾。不可否认的是，脆弱就业本身是一个综合性的概念，这个概念融合了就业收入、就业保障、就业福利等诸多方面的内容。脆弱就业概念的综合性在研究上带来的优势是能够避免过度依赖单个核心变量或者单一研究视角带来的偏误，比如一些学者过度强调职业收入差异带来的就业不公平，但在现实生活中可以发现，一些农民工的职业收入与其他工人群体的收入差异并不显著，甚至还有可能高于其他非体力劳动的工人群体。可是这并不意味着农民工的就业状况就要优于其他工人群体，或者与其他工人群体没有差异，反而农民工工作的劳累程度、不稳定性更高、更强，劳动风险更大。故而有的学者会从职业保障、职业福利、职业安全等研究视角去关注农民工真实的就业状况，从而得出收入增加并没有改变农民工就业不公平或者受歧视的现状。而脆弱就业通过多维度、多变量、多指标的综合测量，把就业的各个方面视为一个整体，则能够更加全面地观察和分析中国当下就业不公平的现状，也能够发掘一些容易被学者忽略的内容。

本研究在国内外学者研究的基础上，试图使用多维度、多变量去界定脆弱就业，通过因子分析的方法计算脆弱就业得分，并将其计算得分转化为0~100分的区间分布。在调查数据上，本研究使用了2019年中国社会状况综合调查数据，该调查是多期横断面调查，对中国当下的社会发展状况和就业不公平具有较强的代表性。在模型选择上，本研究为了避免一般线性回归模型假设带来的偏误，增加了分位数回归模型和定序Logit回归模型来加以佐证，以期准确分析中国就业不公平现状及其影响因素。

本研究发现，总体上个体因素和制度因素对就业不公平的影响存在等级差异，应当从横向分裂、纵向分层的双重视角来看待就业不公平的现状。个体层次变量中，年龄与脆弱就业得分存在倒U形影响；受教育程度越高，脆弱就业得分越高；性别的影响带有一定的不确定性；婚姻状况对脆弱就业没有显著影响。从制度层面来看，户籍制度、单位制度、用人制度背后的变量均有显著影响，城镇户籍、国有企事业单位和政府部门的劳动者脆弱就业得分更高。同时，在分位数回归和定序Logit回归中，通过对不同分位各因变量回归系数检验，以及对定序Logit回归中各因变量在不同就业层次的边际效应检验均发现，无论是个体因素，还是制度因素，对不同分位或者不同就业层次的影响机制是不一样的。在较低脆弱就业得分分位或者就业层次中，城镇制度、体制内单位的影响降低，边际效应甚至可能为负，但在较高脆弱就业得分分位或者就业层次中能够发挥的影响更大，带来的正向边际效应更强。这意味着中国的劳动力市场在传统劳动力市场制度分割之外，在市场化机制下已经衍生出了职业分层。在存在明显职业分层的前提下，在低端就业层次中，城镇制度、体制内单位等制度因素并不发挥作用，但在中高就业层次中，城镇制度、体制内单位等制度因素作用较为明显，且在较高就业层次中个体因素也能够发挥明显作用，这就意味着在传统的制度分割劳动力市场的情况下，市场化机制下的职业分层使当下中国就业不公平的状况比以往更为复杂。劳动力市场对就业者的制度性歧视和个体性歧视并不是均匀分布的，而是在低端劳动力市场中差别较小，或者制度性因素和个体性因素带来的差异较小，但是在中高端劳动力市场中，制度性因素和个体性因素都能够发挥较大影响，成为就业不公平显现的主要方向。

最后，本研究使用脆弱就业概念对中国劳动力市场的就业不公平状况进行了探索性的研究，脆弱就业的概念在中国社会文化背景下具有更广泛的适用范围。尤其是中国人在存在许久的制度分割影响下，基业选择有着比较明显的偏好和倾向，这些都在客观上为使用更具综合性特点的脆弱就业提供了现实基础，因而期待脆弱就业在中国学者的研究中得到更多的应用和验证。

俄罗斯劳动和就业领域的社会公正

波波娃（I. P. Popova）

一　研究问题说明

目前，劳动和就业领域的特点是：我们可以清楚地区分俄罗斯国家转型情况和全球变化趋势，这些变化给工人的状况带来了不确定性和不稳定性，同时也使就业不稳定。这些趋势相互依存，在研究公正/公平问题时，我们会发现两种概念和原则：一种是基于对宏观形势的分析和全球化、经济和政治转变的本质概念；另一种是基于对特定局部环境（通常是一个组织）公正的分析。

对于理解公正问题的整体状况及其原因和趋势，这些层面间的相互关系至关重要。关于社会公正的看法需要结合背景，应该通过不同层次形成的影响来看待其特征的多样性（Devyatko，2009，2011；Chernysh，2014）。俄罗斯研究对社会公正问题进行了广泛的辩论：从对社会结构和适应市场条件的原则和机制的一般看法到劳动关系领域社会调节的实际任务（Popova，2016）。

我们的研究侧重于分析企业/组织劳动关系中的公平问题，这种分析有其自身的逻辑，其依据是在这一层面上，首先要考察劳动活动中劳动者对公平的主观感知。在这方面，组织公正原则可能有助于我们的分析（Graso，Grover，2017）。这些原则基于三个方面的公正经验评估：分配性、程序性和互动性。分配公正已被概念化，即与决策结果和资源分配相关的公平；程序性，即绩效结果分配程序的公平；互动性，即与决策相关的人际交往中的公平（Cropanzano，Maureen，2015）。我们的研究通过评估劳动关系中的各个方面来审视劳动关系公正，以充分掌握这一现象的数量和复杂性，这十分有意义。

在关于现代俄罗斯组织中劳动和就业领域的公正研究中，组织公正与分配公正理论角度相近，员工认为分配公正即在组织内根据已完成工作和所做出努力获得分配利益的公正（Spiridonov，Gulevich，Bezmenova，2010），这种想法主要由心理学家引用（Gulevich，2012，2014；Smirnova，2020；Vasil'eva，2017）。研究揭示了互动公平的重要性，这基于促进工作满意度的管理风格（Spiridonov，Gulevich，Bezmenova，2010）。重要的是，这些原则让我们能够发现员工工作满意度以及员工对组织公正所作出的反应之间的某种相互关系（Fofanova，Mamedova，2019）。

在关于工作过程的经验研究中，组织层面的公平与工作/工作满意度之间的关系特征明显（Yadov，Kissel，1974；Dittrich，Carrell，1979；Bagis，2018）。长期以来，工作满意度一直是俄罗斯社会学方法论反思的主题，涵盖问题广泛（Temnickij，2013；Tatarova，Bessokirnaya，2017）。研究人员认识到这一概念本身作为一种方法论结构应用于具体案例研究并在其方法论框架内时，具有很大的潜力且可被理解为是十分有意义的。因此，关于工作满意度和社会公正间关系的研究使我们对其进行理解，以评估员工忠诚度以及组织中（如管理者）工作承诺的因素（Vincent，Marmo，2018）。

从我们的研究来看，组织公正原则是有意义的，因为它们使我们能够追踪组织内部劳动关系某些方面在组织层面上如何被感知，包括分配的性质和程序（以收入形式的报酬、职业发展），以及由管理人员设计的有效互动。与此同时，社会学的一个重要焦点是一种能力——在一个组织中对公正的看法与整个社会对社会公正的态度、指导方针和评估之间建立联系。

我们的分析旨在通过员工就劳动者状况给出的满意度特征（组织公平指标）确定就业领域社会公平的主要趋势。从员工的主观感受来看，对于工作及其各个方面的满意度应被视为许多公正因素的间接结果。在这项研究中，工作状况的概念包括工作条件、工资和职业发展机会等方面。因此，可以在组织公正的背景下分析这些工作状况指标，因为员工会以某种方式评估自身的工作条件、工资和职业发展机会：①这种方式是在与组织或企业管理层互动过程中所形成的做法；②从目前活动领域（行业、企业所在地、组织）的某些规范角度进行评估，通常与类似企业/组织或其自身企业或组织下属单位的员工情况进行主观比较。因此，对工作状况的满意度可视为组织公正互动特征评估的一个组成部分，从广义上理解，是在实践中实施组织公正分配和程序方面的结果。

在这一目标的框架内，确定了以下任务：确定影响工作状况满意度的因素；根据工作状况满意度，确定不同工人群体的特征；评估影响员工状况的最消极和最积极的因素（这些因素与对其劳动权利的侵犯有关），以及通过培养专业能力拓展职业发展机会。

我们分析了俄罗斯纵向监测调查（RLMS）第 28 次的数据——具有代表性的全俄罗斯工作人口纵向调查（2019 年）[①]。在问卷调查中，关于工作状况满意度的问题表述如下："您能告诉我您对工作中的哪些方面满意或者不满意吗？1. 您的工作概况。2. 您的工作条件。3. 工资。4. 您的职业发展机会。"

为了解决这些问题，在 SPSS 程序中采用了聚类、关联、回归分析、构建指标等方法。[②]

二 对社会公正的总体看法

劳动和就业领域的公正只是整个社会公正状况的某种映射，反映在人们的评估和态度中。分析证实了这种关系。

首先，我们来看看工作各方面满意度的一般特征（见图 1）。显然，最高水平的满意度具有总体工作态度以及工作条件的特征；从较小范围来说，员工对职业发展的机会感到满意，但对工资最不满意。

通过对社会公正/公平的看法，对满意度与组织工作各个方面的相互关系进行研究，揭示了以下趋势。事实证明，某一方面的劳动者状况满足感越强，关于总体社会秩序不公正评估的消极度越低。特别是通过对职业的评估可以看出，这种趋势是产生不公平对待的原因。在对自身工作以及

---

① 俄罗斯纵向监测调查－高等经济大学（RLMS-HSE）是由俄罗斯国家研究型高等经济大学和 Demoscope LLC 联合开展的，参加调查的有北卡罗来纳大学教堂山分校的人口中心和俄罗斯科学院国家社会学理论和应用研究中心社会学研究所（RLMS-HSE 调查网址：http://www.hse.ru/rlms 和 http://www.cpc.unc.edu/projects/rlms）。

② 感谢同事——V. V. Karacharovsky 博士和 N. S. Voronina（Mastikova）博士对定量数据分析的详细解释和宝贵意见。

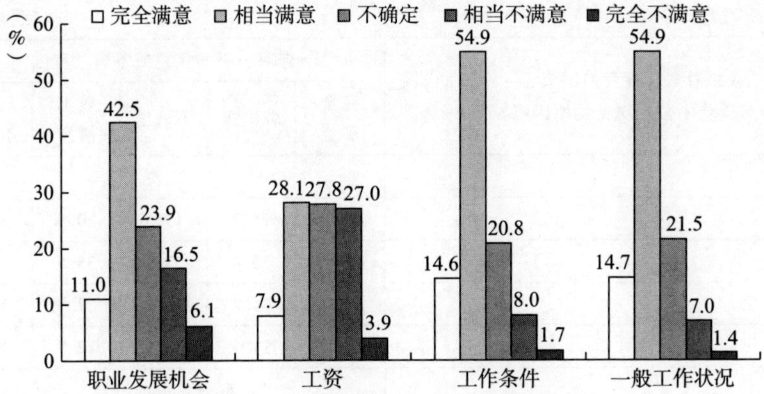

图 1　对组织中各方面工作的满意度

说明：①问题是"您能告诉我您对工作中的哪些方面满意或者不满意吗?"。

②个别数据有缺失值。

工作条件、工资和职业发展机会完全满意（在某种程度上）的人群中，显然，更多人认为职业本身不会导致不公平，这有别于对工作领域地位特征不完全满意的人群（见表 1）。

表 1　通过工作状况满意度了解关于职业公正/公平的社会看法

单位：%

问题："在您看来，在我们国家，一个人的职业会成为其遭受不公平对待的原因吗?"	您对……的满意或不满意程度				
	完全满意	较满意	不确定	较不满意	完全不满意
	一般工作状况				
会	22.3	17.1	22.1	25.9	34.9
可能会	26.0	36.4	39.6	35.5	33.9
可能不会	30.7	29.8	24.7	25.5	16.5
不会	16.4	11.7	9.5	9.8	8.3
	工作条件				
会	22.1	17.2	21.5	25.5	34.6
可能会	24.5	37.6	38.8	33.6	29.9
可能不会	32.2	29.0	25.5	26.4	18.1
不会	16.3	11.4	10.4	9.3	10.2

续表

问题："在您看来，在我们国家，一个人的职业会成为其遭受不公平对待的原因吗？"	您对……的满意或不满意程度				
	完全满意	较满意	不确定	较不满意	完全不满意
	工资				
会	22.3	15.7	19.5	20.4	30.3
可能会	23.5	36.4	37.9	35.5	34.3
可能不会	33.4	31.2	28.0	27.3	19.2
不会	15.6	11.1	10.9	12.7	10.1
	职业发展的机会				
会	22.1	16.9	18.8	23.7	28.4
可能会	23.6	35.5	39.2	37.7	34.5
可能不会	32.8	30.0	28.8	25.3	19.2
不会	17.0	12.5	9.8	9.7	10.8

注：样本为工作人口。个别数据有缺失值。

公正社会秩序的另一个标志是工作机会公平。显然，与表明不满意态度的人相比，在更大程度上，表明满意态度的人是对工作生活各个方面感到满意的人群（见表2）。

表2 通过工作状况满意度理解关于就业机会公平的社会看法

单位：%

问题："您认为，在我们国家，工作机会的公平或不公平程度？"	您对……的满意或不满意程度				
	完全满意	较满意	不确定	较不满意	完全不满意
	一般工作状况				
完全不公平	24.3	26.4	35.1	36.8	56.0
相当不公平	43.2	46.8	46.3	49.5	33.0
相当公平	24.6	21.7	13.8	10.7	6.4
完全公平	2.0	0.7	0.4	0.8	0.9
	工作条件				
完全不公平	23.8	27.1	32.8	38.7	52.8
相当不公平	43.6	47.0	46.3	47.1	37.8

续表

问题："您认为，在我们国家，工作机会的公平或不公平程度？"	您对……的满意或不满意程度				
	完全满意	较满意	不确定	较不满意	完全不满意
相当公平	25.1	21.2	15.3	10.6	5.5
完全公平	2.0	0.7	0.8	0.5	1.6
	工资				
完全不公平	19.0	22.3	27.2	34.2	50.8
相当不公平	43.6	46.0	48.2	47.2	38.1
相当公平	29.4	25.3	19.0	15.0	7.6
完全公平	2.3	1.0	0.9	0.5	0.3
	职业发展的机会				
完全不公平	22.1	26.2	29.7	35.2	44.9
相当不公平	43.1	46.9	47.8	46.1	38.6
相当公平	26.3	21.8	17.8	15.1	12.2
完全公平	1.9	0.8	0.8	0.6	0.7

注：样本为工作人口。个别数据有缺失值。

因此可以看出，工作状况满意度和整个社会对于公正的看法之间存在直接关系：对其各个方面的满意度评分越高，对于公正（涉及社会在专业活动领域和劳动力市场的不平等）的评分也越高。

阐明组织公正和社会公正之间的关系后，确定各种因素对工作状况满意度的影响。我们想要测试关于下列各组因素影响重要性的假设：①社会人口特征和地位特征；②工作职位及其稳定性；③积极的就业战略（寻找新工作、额外工作、额外职业培训）；④一般生活状况：家庭、健康状况；⑤与社会公正有关的态度和倾向。研究人员验证了工作状况满意度指数与45个变量之间的相关性，并进行了线性回归分析，其中这些分组中的22个因素作为自变量，工作状况满意度指数①包括工作条件、工资和职业发

① 工作状况满意度指数是一个积分变量，它是由关于工作状况的三个问题得出的平均值："请告诉我们您对以下三项的满意或不满意情况。①工作条件②工资③职业发展的机会。"问题"请告诉我们您对于目前自身工作的满意情况"没有包括在内，因为它的性质与工作状况无关。

展机会等指标作为因变量。在结果模型中，R^2 是 0.204，调整后的 R^2 是 0.197，估计标准误差是 0.74886。经证明，以下因素很重要（见表 3）。

表 3　影响工作状况满意度的因素

自变量	非标准化系数		标准化比率	T	显著性
	B	标准误差	Beta 系数		
工资*	0.152	0.020	0.125	7.538	0.000
领导地位	0.163	0.033	0.082	4.993	0.000
受教育程度	0.059	0.026	0.066	2.247	0.025
现代俄罗斯社会的整体公平程度	0.033	0.008	0.075	4.113	0.000
国家收入和社会财富分配的公平或不公平程度	0.118	0.030	0.092	3.985	0.000
"在我们国家，缺少有用的人脉关系会不会成为一个人遭受不公平待遇的原因?"	0.050	0.020	0.057	2.504	0.012
"我国的司法制度和执法机构的公平或不公平程度?"	0.062	0.025	0.056	2.516	0.012

* 薪金问题描述是"在过去的 30 天里，扣除税收和其他扣除项目后，您的主要职业收入是多少？如果您的全部或部分工资是以外币支付的，请将货币兑换成卢布，并说明总额"。

有一点需要注意，工资和领导地位等因素以及国家收入分配的公平性和国家的社会财富具有最大意义。显而易见，这些是实际分配制度（由机构和当局、收入分配原则和结构形成）的最基本的方面，事实上，它们决定了各级社会生活所有领域的特点。同样重要的是，在现代俄罗斯社会中，全面评价公正的意义同样重要。所有这些相关性较高的特征有一个共同点，即对于通过工作环境满意度评估社会结构的公平性，它们极其重要。

就其重要程度，其余问题不如上述指标重要。因此得出结论，尽管这些问题在一定程度上确实影响了工作状况满意度，但权重不太大。

通过分析总结所获得的结果，我们可以区分两组因素。一组与专业/工作地位和资历的特征有关，一组与关于社会公平的倾向和态度有关。

在第一种情况下，除了工资水平之外，管理资源和教育的至关重要性十分突出——这三个因素在人力资本生产中的相互关系似乎显而易见，在现实生活中的各种条件下，它们的平衡决定了企业对关系的感知特征。

在第二种情况下，一套指导方针和对俄罗斯社会结构公平感的态度与工作场所中工作状况满意度之间的相互联系似乎非常重要。这主要表明了这些层面间的直接联系：社会关系的公平感知可用于推断组织内部关系层面的公平感知。事实上，在这种情况下，除了上述国家收入和社会财富领域的分配关系之外，最重要的是俄罗斯社会的现代结构领域，如法律制度和有用联系。它们共同决定了社会的性质和一般社会情绪，并在劳动关系中得到充分体现。

无论是社会人口特征（性别、年龄），还是与就业领域地位和行为相关的指标，均未对工作状况满意度产生显著影响。

因此，分析证实了我们的假设，即工作状况满意度与相应的组织公正以及工人对于整个社会公正的态度之间存在直接关系：从工作条件、工资和职业发展机会角度来看，工作状况越好，社会结构的描述就越公平。反过来，关于工作状况的积极看法取决于工作和资历状况（权力资源、职业发展），以及家庭的财务状况及其稳定性。就工资和工作状况满意度这两个指标而言，这种满意度的性质从某种程度上说是矛盾的，前者最不令人满意。与此同时值得注意的是，与工作中的个人情况相比，整体工作状况满意度明显较高，这很可能表明劳动者积极性（一种促进更平衡劳动关系的可能对策）较高。

三　工作状况满意度：员工之间的差异和共性

为了理解工作接受情况必不可少的因素（对组织公正进行基本积极评估），我们确定了三组工人，以 K 均值聚类算法分析展示（见表4）。

表 4　最终聚类中心点

	分组		
	1	2	3
您对工作条件的满意或不满意程度	2	3	2
您对工资的满意或不满意程度	3	4	2

续表

	分组		
	1	2	3
您对职业发展机会的满意或不满意程度	2	4	2

注：迭代停止，因为最大迭代次数已经完成。迭代未实现相交。任何中心绝对坐标的最大变化：0.014。当前迭代是10。初始与中心之间的最小距离为5657。

第一组被调查者人数最多，对这些方面（除了金钱补偿之外）的满意/不满意程度进行了积极评估（“一般满意”，N＝2988，占40.2%）。第二组被调查者人数最少，其主要特点是对劳动者状况的各个方面（工作条件除外，因为工作条件通常被评估为中性）进行了负面评估（“不满意”，N＝1849，占24.9%）。第三组被调查者通常对上述劳动者状况方面做出积极评价（“满意”，N＝2602，占35%）。

三个分组的社会人口特征，即性别和年龄特征相似。行业就业的差异不是特别大，但我们可以注意到，在不满意者中，零售业和服务业以及市政、住房和社区服务工作者的比例略高。所有制形式的就业差别也不大（请注意，不满意者中私营公司的员工人数略高）。

工作状况和经济状况的特点决定了这些分组之间的主要差异。在“满意”组中，不同级别的管理人员更多，这些人在过去一年里被提拔的次数更多。在这一分组中，受过高等教育者所占比例也更大，为41.1%（此外一般满意组中受过高等教育者所占比例为31.6%，不满意组为34.7%）。

表明不满意态度的调查对象在企业中的处境通常不稳定，尽管这种现象并非大规模存在的：遭受非正式雇用的比例为9.3%（此外，“满意”组中遭受非正式雇用的比例为5.5%，“一般满意”组为6.8%）；遭受违背员工意愿，降低工资或减少工时待遇的不满意者比例为7.3%（“满意”组中遭受此待遇的不满意者比例为2.3%，“一般满意”组为4.3%）；负债——企业拖欠员工的各种款项，在政府的倡议下被迫离职。不满意组中的工人状况被认为（感觉）更不稳定。

对财务状况的评估差异非常明显：“满意”组对财务状况的评估比“不满意”和“一般满意”组更为积极。相比其他两组，“满意”组对家庭经济状况（见表5）以及来年前景的评估更积极。

表 5　工作和财务状况满意度

单位：%

问题："您对目前财务状况的满意程度。"	按劳动者状况满意度分组			全国
	满意	一般满意	不满意	
完全满意	5.6	1.0	0.4	2.4
较满意	34.3	10.9	6.4	18.0
不确定	28.9	23.9	15.0	23.4
不太满意	23.9	43.1	36.8	34.8
完全不满意	7.0	20.8	41.2	21.0

注：个别数据有缺失值。

"满意"组工人的状况具有相当程度的稳定性：他们在过去的一年里，经历了更多的积极变化，总体而言，更自信地看待他们自身（及其家人）的前景：约1/3（31.6%）的"满意"者对自己的评价或多或少是积极的，而"不满意"者中只有1/5左右（19.4%）是积极的（见表6）。

表 6　状况满意度和对家庭生活水平前景的评估

单位：%

问题："您觉得12个月后，您和家人会过得比现在更好还是更差?"	按工作状况满意度分组			全国
	满意	一般满意	不满意	
更好	3.6	1.9	1.4	2.4
好一点	28.0	22.3	18.0	23.2
没有变化	46.3	49.0	45.9	47.3
差一点	4.8	8.0	9.8	7.3
差很多	0.9	2.6	6.4	2.9

注：个别数据有缺失值。

与此同时，对与某些积极策略有关的专业能力提高培训（现场或远程学习）并未清楚说明，因为这些指标没有差异。

在评估不同分组财务状况和职业发展机会时，工人状况非常矛盾，这反映出在生活总体满意度指标中，最值得注意的是对整个现代社会公平性的满意度（见表7）。

表 7 基于不同分组工作状况满意度的社会结构的公正性/公平性

单位：%

问题："现代俄罗斯社会的整体公平性程度?"	按工作状况满意度分组			全国
	满意	一般满意	不满意	
不公平	30.4	40.7	48.8	39.2
一般公平	47.8	42.6	39.0	43.5
公平	21.9	16.7	12.3	17.4

注：个别数据有缺失值。

这再次证实了上述一般性结论，即关于工作满意度和社会秩序公平性评估之间的直接关系。与此同时，官方（管理）地位、受教育程度和物质状况评估等方面似乎是区分工人地位的最重要因素。

四 工人权利的侵犯

在劳动和就业领域，普遍存在直接侵犯工人权利的现象，其程度是这一领域不公正性和不平等性的最明显标志。在我们的工作人口样本中，劳动关系中权利受到侵犯的工人较少。侵犯行为包括企业因未按时支付工资而欠员工的债务（2.3%），按照行政部门对策强制无薪休假（1.8%）和减薪，或违背员工意愿减少工时（4.4%）。

虽然这些分组较小，且变量本身与工作状况满意度没有明显关系，但对于了解处于这种困境的工人以及重建陷入这种困境的可能原因来说，这些分组的特征很重要。

再来看看最多的特征——违背员工意愿降低员工工资或缩短工时。这些工人与一般工作人口有什么相似之处和区别？他们成为弱势群体的原因是什么？

要注意的是，通常从许多方面来看，这一组接近一般工作人口分布的特征，包括性别、年龄和管理职位等特征（尽管管理职位可视为一个重要优势）。各经济部门没有具体差别，登记方法也是如此——大多数（91%）是正式登记的员工。更多工人受雇于私营企业，国有企业工作者占35.7%，私营部门工作者占65.0%，这与整个工作人口群体的分布不同（国有企业工作者和私营部门工作者的比例分别为43.3%和56.7%）。

一个人关于工作地位的感受是矛盾的。一方面，由于没有重大变化（通常就像工作人口一样），这一地位似乎是稳定的。在这一组中，仅 4.5% 的人在不改变职业的情况下更换了工作地点，而 4.2% 的人同时改变了工作地点和职业。这组的组织内流动指标很少，且与一般工作人口的水平略有不同，只有 3.6% 的人升职，4.3% 的人被调到公司的另一个部门，1.1% 的人被降职。

然而另一方面，这些工人对其工作岗位的强度和稳定性缺乏信心。假设目前就业场所关闭，在评估寻找体面工作的能力（寻找“不差”，平等就业）时，30.5% 的工人相信这种机会存在，而 44.4% 的工人不确定，几乎 1/4 的人表示极度不确定。总的来说，一般工作人口中也有类似程度的不确定性（尽管存在一些更积极的回应，但在整个一般工作人口中，41.6% 的人表示，如果被解雇，不确定能否找到一份体面的工作）。这组中超过 1/3 的人非常担心失去工作（另外 1/3 担心程度较低）。在整个一般工作人口中，对失业的担忧不太明显。

我们应该注意到这一群体中各种侵犯劳动者权利的情况——1/10 的人说雇主仍然拖欠了一些工资，约 1/5（19.3%）的人被其企业或组织的行政部门强迫无薪休假。而且，他们的工作环境并不危险。因此，我们可以得出结论，这一类别的人群最有可能在行业或企业中遭受普遍不利情况，而非因为劳动力的任何特性。

事实证明，为改善自身状况的个体活动（如接受职业培训）对此并没有太大的用处。职场人士接受职业培训的比例高于全体劳动人口接受职业培训的比例。与此同时，与全体劳动人口相比，部分职场人士选择通过自费的方式接受与其从事职业相关的额外培训（36.4%），大约 1/10（10.9%）的职场人士使用了远程学习和网络课程等资源，只有少数人选择通过丰富工作经历来提升职场地位，只有 8.7% 的人有额外的工作。

这种不利处境影响了工作状况满意度的评估。这个群体的特点是：他们极其不满意自己的工作条件、薪水和职业发展机会（见表 8）。但是，他们的总体工作满意度几乎高于普通劳动人口水平，且他们对于社会公平性的追求与全体劳动人口相同。

表 8 在工作中劳动权益受到侵犯的群体的工作满意度

单位：%

问题："请告诉我们您对以下几项的满意或不满意情况。"		违背员工意愿削减工资或缩短工时		企业拖欠工资，对员工欠下债务		企业要求的强制性无薪休假		全体劳动人口
		是	否	是	否	是	否	
一般工作状况	是*	56.9	70.7	48.2	70.3	52.9	70.3	69.9
	不确定	28.6	30.7	26.9	20.3	30.9	20.9	21.2
	否**	13.8	15.9	24.4	9.4	15.5	8.4	8.5
工作条件	是	53.4	70.7	50.0	70.3	53.2	70.1	69.8
	不确定	30.7	20.1	29.7	20.3	30.3	20.4	20.6
	否	15.9	9.2	20.3	9.4	16.4	9.5	9.5
工资	是	18.5	36.9	19.8	36.4	23.7	36.3	36.0
	不确定	25.6	27.3	21.7	27.4	29.5	27.2	27.3
	否	55.8	35.7	58.6	36.2	46.8	36.5	36.7
职业发展机会	是	41.6	54.5	32.7	54.4	37.8	54.3	54.0
	不确定	24.7	23.2	28.0	23.1	31.1	23.1	23.3
	否	33.6	22.3	39.4	22.4	22.7	22.6	22.7

* 结果分为"完全满意""相当满意"；** 结果分为"相当不满意""完全不满意"。

注：个别数据有缺失值。

如果我们参照劳动领域的指标来评估社会结构的公正性，就会发现，各群体之间或普通劳动人口之间没有显著差异（见表9）。

表 9 关于遭受劳动权益侵犯的群体的多方面社会公正性评估

单位：%

问题		违背员工意愿削减工资或缩短工时		企业拖欠工资，对员工欠下债务		企业要求的强制性无薪休假		全体劳动人口
		是	否	是	否	是	否	
在您看来，在俄罗斯，人会因其职业而遭受不公平待遇吗？	会	23.8	19.3	20.6	19.4	25.2	19.4	19.5
	可能会	36.3	35.3	39.4	35.3	35.0	35.3	35.4
	可能不会	21.9	28.7	24.4	28.4	23.6	28.4	28.3
	不会	11.3	12.2	8.8	12.2	9.8	12.2	12.1

续表

问题		违背员工意愿削减工资或缩短工时		企业拖欠工资，对员工欠下债务		企业要求的强制性无薪休假		全体劳动人口
		是	否	是	否	是	否	
在您看来，俄罗斯的工作机会是否公平？	完全不公平	37.3	28.7	31.9	29.0	30.9	29.1	29.1
	相当不公平	45.3	46.4	44.4	46.4	47.2	46.3	46.3
	相当公平	13.5	19.6	17.5	19.4	19.5	19.3	19.4
	完全公平	0.0	0.9	1.3	0.9	0.0	0.9	0.9
在您看来，如今俄罗斯社会是否公平？	不公平	40.6	39.1	45.8	39.0	36.8	39.2	39.2
	一般公平	44.0	43.9	43.8	43.9	50.4	43.8	43.9
	公平	15.4	17.0	10.5	17.1	12.8	17.0	16.9

注：个别数据有缺失值。

可以得出如下结论：工作条件的不平等是由诸多因素导致的。它源于行业或企业的客观发展情况、职场特点以及其他企业或组织的相应情况，而不源于员工的工作态度或职业素质。在许多方面，这个群体与普通劳动人口高度重合，无论是从社会人口特征，还是从对现代社会秩序公平性的评估来看，他们都没有太多区别。换句话说，任何工人都可能发现自身劳动权益受到侵犯，因为这更多地由外部结构因素，而非个人原则或特性导致。

五 改善工作状况的策略

员工通过提高其职业能力来改善其工作状况是组织公平性的一个重要因素，如果员工沿着此方向努力（尤其是独立努力），并获得一定回报（如升职、加薪或其他职业发展）。员工可以通过将额外职业培训或职业教育纳入其工作策略来检验这些机会。在我们的研究中，关于在职场中接受额外职业教育和完成在线培训的问题阐明了这一观点。

职场中的额外职业培训或职业教育。企业或组织主导的在职培训可视为有利于组织公平和公正环境的一个指标。从花在此类培训上的时间和金钱的补偿性薪酬可以看出，这可以表现为通过升职加薪以及劳动状况的积极评估的增多来加强此员工在组织中的地位。

调查数据主要显示了这些机会的适度规模：在过去的一年里，在实验群体中只有5.5%的劳动人口接受了额外职业培训。此群体有许多特点，如女性比例过半（68.1%）；在年龄结构方面（通常与劳动人口的年龄结构一致），30～39岁年龄组较为普遍（34.5%），40～49岁年龄组略低于前者（28.3%）。他们的受教育程度差别较大——在完成额外培训的人中，受过高等教育的工人较为普遍（61.2%），这使此群体不同于普通劳动人口的受教育结构（只有35.5%受过高等教育）。受过普通中等教育的工人参加此类培训的占比较低（14.1%，而在普通劳动人口中此比例为29.3%）。

此群体的特殊之处在于其就业性质。在企业中接受培训的绝大多数是受雇工人（92.8%），他们主要在国有领域工作——在完成培训的人中，有59.3%的工人在国有或国资企业工作（尽管普遍事实是，在普通劳动人口实验群体中此比例为43%）。此群体中管理者比例较高——30%有下属（而平均来说，在普通劳动人口实验群体中此比例为19%），其中3.3%是企业主，这间接确认了这一资源在各职业层次结构中的价值。此群体的特殊性还在于，在教育（26.6%）、医疗（11.8%）、贸易和消费服务（13.2%）领域就业的人通常接受额外培训；危险和高危行业的工人接受额外职业培训的比例高于实验群体的平均值，为24%（相对于13.4%）。

我们可以据此推测，企业或组织中的职业培训是其运作的一个要素，是重新确认职业地位的必需过程（例如，医生和教育工作者的重新认证）。在某种程度上，这证实了培训的性质：在内容上，它极大地推动了员工的职业发展——在大多数（68.8%）员工中，职业培训提升了他们的职业技能。但是，我们需要对近1/3的学员（在培训中掌握新技能的学员，占30.5%）提供新的职业方向。值得注意的是，劳动者在职场中自费参加职业培训的比例大致相同：27.1%自费参加培训课程，61.9%由公司出资参加培训课程（5%使用其他来源的资金）。新技术助力提升职业培训独立性：42.2%在企业中接受培训的人表示他们也远程学习或使用在线课程。

当谈到完成职业培训的员工在职场中的地位时，我们应该提到其相对稳定性。在过去一年里，他们的组织地位几乎没有变化：只有6.3%的人获得了晋升，4.2%的人被转到了其他部门，没有人被降职或降级。与此同时，工作和职业变化受到的影响很大，它影响了此群体中的17.8%的员工，更常见的是工作和职业同时变化产生的影响（影响了8.9%的员工）。

然而，总的来说，这些员工（77.9%的员工以及全体劳动人口）不关注职业转换——只有大约1/5的员工表示愿意进行职业转换。与此同时，他们似乎对自己的职场地位并不自信——1/3（32.1%）的员工不担心失业问题（这与普通劳动人口中的相关比例接近）；然而，一半以上（51.1%）的员工担心失业问题；1/4的员工为失业问题感到焦虑（略低于全体劳动人口的相关比例，59.7%）。与此同时，他们对自己在劳动力市场中的竞争力十分自信：在被解雇或假设企业倒闭的情况下，在对自己的前景进行评估后，他们更有信心找到一份与目前相同的工作——51%的人有这种信心，而19%的人信心更足（而在普通劳动人口中，这两个的比例分别为36%和8.9%）。

从所处群体来看，他们的财务状况没有任何明显优势。对他们经济状况的评估结果与对普通劳动人口的评估结果差别不大。近半数的人对此不满意（占49.4%），约1/4的人的评估是积极的（占23.1%），约1/4的人对其财务状况的满意度评估是中立的（占26.9%）。他们不确定自己是否能保障未来一年的物质生活条件——超过半数（55.7%）的人对此感到担忧，只有1/4（25.9%）的人没有这种担忧。

与此同时，他们对自己的生活评估更积极：大多数（61.7%）人对他们的生活感到满意，只有13.7%的人的回答是消极的。在评估他们的生活和工作前景时，他们谨慎且乐观——40.5%的人预计他们的未来不会有任何变化，30.4%的人认为他们及其家人的生活将得到改善，只有近1/10（9.8%）的人预计生活会变得更糟。

两组员工（接受职业培训和未接受职业培训的员工）在看待劳动状况时存在一定差异，这些差异充分地体现在对工作状况满意度的总体评估上。

然而，尽管在其他方面存在统计显著性，但这些差异并不重要。这表明职业培训适用于积极热情的员工，但对于其在组织或企业内的职业发展没有直接作用。最重要的是，它会影响对工资和职业发展机会的满意度（见表10）。

表 10　对职场状况和额外职业培训的多方面满意度

单位：%

问题："请告诉我们您对以下几项的满意或不满意情况。"		接受职业培训的员工	未接受职业培训的员工	全体劳动者
一般工作状况	是	74.4	69.3	69.6
	不确定	17.0	21.7	21.5
	否	7.6	8.5	8.4
工作条件	是	72.2	68.9	69.1
	不确定	18.9	20.9	20.8
	否	8.1	9.8	9.7
工资	是	40.0	35.4	35.7
	不确定	22.8	27.8	27.5
	否	35.7	35.8	35.8
职业发展机会	是	54.6	51.0	51.2
	不确定	23.3	22.7	22.7
	否	17.8	21.9	21.6

注：个别数据有缺失值。

远程学习。在积极的劳动策略中（包括通过提高职业能力来提升自己的职场地位），员工的独立努力尤其重要。互联网技术可以推动此策略的发展。我们如何评估它在职业发展中的作用，它一定是积极的吗？

我们的评估基于两个相互关联的假设。其中之一是数字技术增加了职业发展机会，特别是当员工掌握互联网技术后。另一个假设是，这些机会使职业发展更加公平：我们相信这主要源于信息的可用性，并由员工的独立努力决定。换句话说，我们可以进行以下合理推测。

——使用互联网进行远程学习的人，无论是从直接提升其职场地位的角度，还是从其职位稳定性的角度来看，在职业发展方面都更为成功。

——使用互联网进行远程学习的人对自己的就业状况更加满意，因此组织更加公平。

为了印证以上推测，我们分析了过去一年里员工在使用互联网进行各种主题的远程学习或参加在线课程时产生的问题的答案。我们应该注意这种关联分析证实了在线培训和工作满意度指数之间的重要关系。

正如职场中的额外职业培训一样，只有一小部分员工进行远程学习（但人数较多）——12.8%的工作人口接受在线培训。进行远程学习的主要人员为受过高等教育以及完成中等职业教育的工人（见图2）和各级经理（占25.6%）。远程学习在金融部门（27.7%）、教育部门（23.1%）、科学和文化部门（22.8%）以及管理机构（19.8%）的工人中较为普遍。学习内容方面，法学和信息技术占比较高。值得注意的是，正如在职培训的情况：接受培训的女性比例更高，年龄构成接近普通劳动人口的年龄结构。同样值得注意的是，地区中心的居民进行远程学习的频率更高。

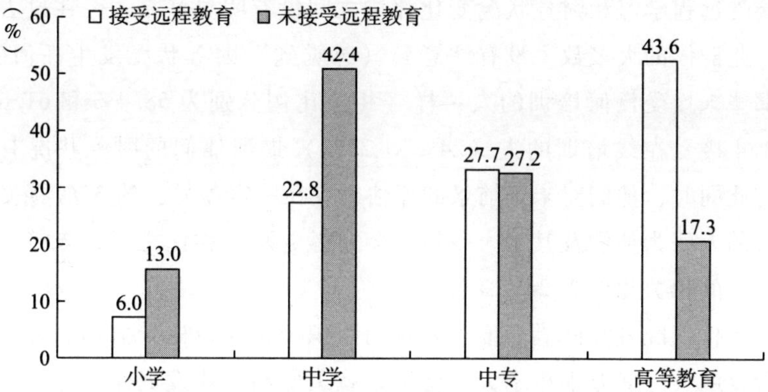

图2　按教育程度分列的远程教育完成情况

从工人的独立程度的角度来看，如何组织远程学习是十分重要的。梳理培训目标也同等重要（如此类培训目标为推动职业发展，在职场变革之际寻求自身能力提升，寻找新的工作机会，或者提升自身职业资质）。这有助于确立组织公正性：据推测，更个性化的远程学习策略并非源于工作状况满意度，因为它们侧重于个人职业发展规划。

接受远程学习的员工在提升自身能力时更为积极。事实证明，在调查前一年，他们参与了广泛的能力提升活动：他们比未接受远程学习的人参加过更多的职业培训、进修课程和各种其他课程，包括外语和在职培训。20%的在线学习者参加了此类课程，而在未接受远程学习的人中，这一比例仅为4%。这些工人参加的活动有以下特征：只有1/5的工人接受了由企业组织的远程学习，且此类活动均与他们的职业相关。除此之外，工人可根据自身偏好和策略，通过独立在线学习来提升自身知识储备和能力。

我们可以断定远程学习必定巩固甚至提升员工的职场地位吗？或者恰恰相反，是员工的工作策略使其职场地位更稳定吗？第二种说法更符合实际一些。接受过远程学习的人，通常在职场中信心更足，因为他们不担心失业问题。同时，他们的职位稳定性与普通劳动人口相同。接受在线教育的人和未接受在线教育的人一样，他们的就业状况都没有变化：只有5.6%的人进行了职业转换，大约6%的人进行了工作和职业转换（与未接受远程教育的人的相关比例相同）。绝大多数（94%）人没有获得工作晋升。也没有出现向其他结构分区（98%）的明显水平转移。

接受远程学习和财务状况变化评估之间没有明显联系——在过去的一年里，此群体的大多数人没有注意到（感觉到）财务状况发生任何变化，就像那些未接受任何培训的人一样（相关比例分别为58.4%和61.6%）。大约1/4接受在线培训的人（24%对22%）提到他们的财务状况有所改善。与此同时，他们对未来前景的评估也存在一定差异：约37%接受过远程教育的人认为他们及其家人一年后会过得更好（相比之下，未接受此类培训的人的相关比例为24.6%）。

对工作状况各方面满意度（被视为组织公正性指标）方面，在接受过远程教育的人之间差别也不大，特别是就工资和职业发展而言，尽管这些指标高于普通劳动人口的平均水平。

在过去的一年里，接受远程教育的人和未接受远程教育的人对工作条件的满意度都很高，但前者的满意度明显更高（见图3）。不满意的人的比例较小，但此比例在未接受远程学习的人中较高。因此我们可以进行合理推测：在更大程度上，接受远程教育并非为了改善工作条件，而是良好的工作条件有助于接受远程教育。与此同时，我们了解到远程教育在很大程度上并非由企业组织，而是依靠员工的自发性发起，所以工作条件极有可能促进其发展。换言之，积极劳动战略的此项是由工作条件（包括员工独自决定其职业发展及其他事项）促成的。

与此同时，职业发展机会满意度指标被视为远程教育有效性的关键，实际上这并没有对接受远程教育的群体与其他群体进行区分（见图4）。总的来说，我们并不能将其定为高等——略超半数人的评估是积极的，然而也有相当大一部分人对此类机会不满意（见图1）。然而，接受远程教育的

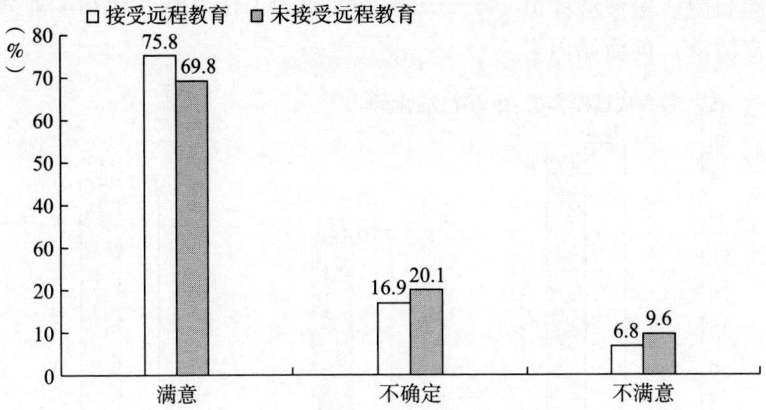

图 3　工作条件满意度和远程学习

说明：个别数据有缺失值。

员工在这方面的状况更好，因为在他们中对职业发展机会不满意的人占少数。也许，我们只是在见证积极长期劳动战略（旨在改善未来的职业发展机会）的中间“累积”效应。

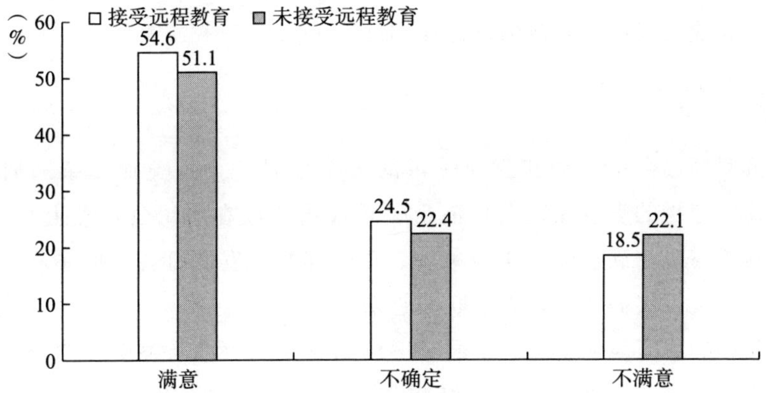

图 4　职业发展满意度和远程学习

说明：个别数据有缺失值。

最后，工资满意度等指标也证实了远程学习者和其他工人之间的差异是微乎其微的，但这种差异更有利于前者（见图 5）。值得注意的是，对工资水平满意和不满意的比例是相似的。对评估结果不确定的人所占的比例也相当大。这又一次强调了最易受影响的工作满意度指标中的矛盾之处，也就是它的“最薄弱环节”——工资不能作为工作战略（包括职业发展中的独立活动）的激励因素。

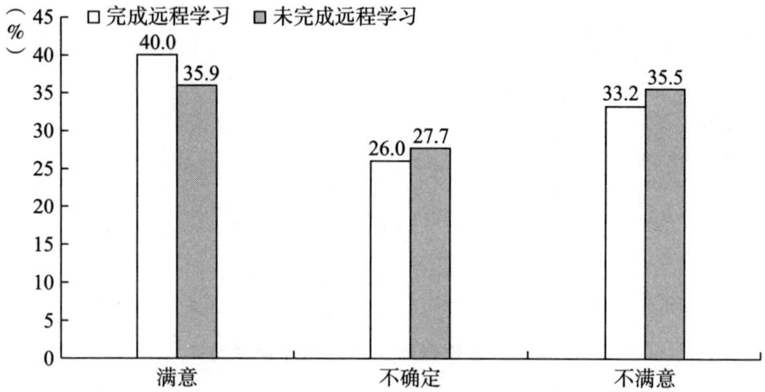

图5　工资满意度和远程学习

说明：个别数据有缺失值。

因此，接受过远程教育的员工对工作状况的特征有更积极的看法。当职业能力超出了雇主的预期，这会极大地增强员工在职场中的信心，尽管这对于职业发展没有直接的促进作用。

六　结论

俄罗斯社会中劳动和就业领域的公平性是一个深奥而复杂的研究课题。我们分析的重点在组织和企业层面（重心放在组织公正性上），并将这一问题与工作满意度（工作条件、工资和职业发展机会）联系起来，最终将其与宏观层面的公正观念联系起来。

我们的研究表明，组织层面对工作满意度的评估与整个社会公正性直接挂钩：工作状况越好，社会结构似乎越公正。这可以从两个方面来解释：一方面，作为组织公正性的表现——毕竟，对劳动状况各方面的满意度，说明产生这种状况的组织结构本身是积极且公正的；另一方面，这种关联性可视为与社会结构保持一致（接受性）和与企业、组织保持一致（接受所建立的关系）之间的联系。

我们的分析揭示了与就业状况满意度相关的两组因素：职业特征、职场地位、职业资格和社会公平性。

同时也需要关注由工资引起的矛盾。因为此因素为员工最不满意项。除了一些固有区别，这些评估正是他们各自群体的特点。与此同时，我们应该看到总体工作满意度较高，这表明劳动者的积极性很高——这是建立平等劳动关系的必要前提。总的来说，这种对工资的负面评估和对劳动状况其他方面的评估之间的矛盾可视为俄罗斯企业的组织（分配）公正性的重要特征。

我们还应该关注另一组存在关联的因素——关于俄罗斯社会结构的公正性和职场劳动状况的满意度，证实了这些社会关系层次之间的直接联系：组织关系层次的公正性反映了社会关系的公正性。与此同时，社会结构的制度形成特征（国家税收和社会一般财富领域的分配关系、法律制度和必要关联）是相当重要的。这就引出了社会结构和社会风气的可接受性资源问题，以及就业领域的可接受性水平。

调查影响工人状况的最消极和最积极因素，调查重点为涉及侵犯其劳动权益的行为，其次通过提升职业能力以推动职业发展。

对劳动权益受到侵犯的员工群体的分析表明，就工作条件而言，不平等主要源于职场的特点以及企业或组织情况，而不源于劳动者的工作态度或职业素质。

与此同时，员工通过提高职业能力和接受额外职业培训（包括远程学习，即积极的自我提升策略）提升其职场地位的能力较为有限。企业或组织发起的职业培训不能直接推动员工的职业发展，也不能影响员工对工资或职业发展机会的满意度。远程学习被视为一种独立的职业发展策略，它增强了员工在职场中的信心，尽管它并不能直接影响其职业发展。

第五篇

教育中的平等和公正

中国教育中的社会平等与公正

李春玲

教育公平是社会公正的核心问题之一。在现代社会，教育机会的公平程度是决定整个社会公平程度的关键因素。对于个人来说，能否获得教育机会，特别是能否获得更高、更优质的教育机会，很大程度上决定了个人未来发展能走多远、能登多高。

关于教育与公平之间的关系以及教育在促进社会公平中的作用，学界长期以来一直存在着争论。有些社会学家认为，教育对促进社会公平具有重要作用，可以为低阶层社会成员和寒门子弟提供上升社会流动机会，获得更高的社会地位（Davis & Moore，1998；Blau & Duncan，1967）。但也有社会学家持相反的观点，他们认为教育强化了阶级地位的代际传递过程，延续了社会经济不平等现象（Bourdieu，1986；1977；Coleman et al.，1966）。[①] 事实上，教育的这两种功能在现实中都在发挥作用，过去几十年的中国教育发展历程充分证实了这一点。一方面，中国教育的快速发展为越来越多贫困的农民子弟和其他较低阶层的社会成员提供了教育机会，并由此改变了他们的命运；但另一方面，城乡之间、地区之间、阶层之间和贫富之间的教育机会差距持续存在，并由此加剧了现有的不平等。

中国作为世界上人口最多的发展中国家，承载着世界上规模最大的教育系统，人口多、基础差、经济文化落后，特别是贫困地区多、人口居住分散、义务教育规模庞大、教育经费短缺等因素长期制约着中国教育发展，导致地区之间、城乡之间和阶层之间的教育差距问题突出，影响教育公平。中国政府一直极为重视发展教育，不断加大教育投入，扩大教育规模，增加教育机会供给，提升教育普及水平。特别是21世纪以来，政府把

① 很少有人把布迪厄和科尔曼的观点列为冲突论，这里分为功能主义和冲突论似乎不太准确。

教育发展置于国家中长期发展战略的重要位置，连续实施多项教育发展战略，不断增加教育经费，使中国教育发展成绩斐然，如九年义务教育得到普及，高中阶段教育趋向普及，高等教育迅速大众化。但同时，教育不平等的问题仍然持续存在，如教育区域发展不平衡、城乡差异巨大、贫富之间和阶层之间教育不平等、流动儿童和留守儿童的教育缺位等难题未能解决。

一　九年义务教育普及与基础教育领域的不均衡现象

1949 年中华人民共和国建立前夕，中国人的平均教育水平极低，超过 80% 的人口是文盲，全国学龄儿童入学率仅在 20% 左右，平均每 1 万人中仅有高等学校学生 3 人（陆学艺、李培林，1991：210）。教育机会分配极其不平等，只有少数富裕家庭的子女能够接受教育，而占人口绝大多数的工农子弟被排除在学校教育之外。然而，经过半个多世纪的发展，中国人的教育水平有了极大提高。至 20 世纪 70 年代后期，小学教育得到普及；2000 年，基本扫除青壮年文盲；2011 年，全面普及九年义务教育。教育不再是精英阶层和富裕家庭的专有特权，而是人人可享的公共资源。特别是政府提供的免费九年义务教育，使“上不起学”的现象基本消除，有效弱化了基础教育领域的不平等。

图 1 显示了不同出生年龄组的人接受初中教育的比例变化，1924 ~ 1950 年出生人群只有不到三分之一接受了初中教育，随后的出生人群接受初中教育的比例不断上升，除了 20 世纪 60 年代后期出生人群的比例由于“文化大革命”的影响而略有下降。从 1971 ~ 1975 年出生人群开始（即大约 20 世纪 80 年代中期开始），中国初中教育普及水平逐步提高，2010 年以来，适龄青少年接受初中教育的比例已接近 99%。

九年义务教育虽然得到普及，但是农村地区的儿童失学问题仍然存在。20 世纪 90 年代末，政府教育部门为了提高教育投资效益，大规模撤并农村中小学校，导致部分边远乡村儿童无学可上，或上学路途遥远而引发安全隐患，增加农村家长的经济负担，从而使农村失学儿童数量上升。近年来，在社会舆论的压力下，政府取消撤点并校政策，恢复部分农村中小学和教学点，确保所有儿童有学可上。然而，这并未从根本上解决农村地区的儿童教育问题，农村留守儿童和流动儿童的教育问题仍然十分突出。目前中国有近

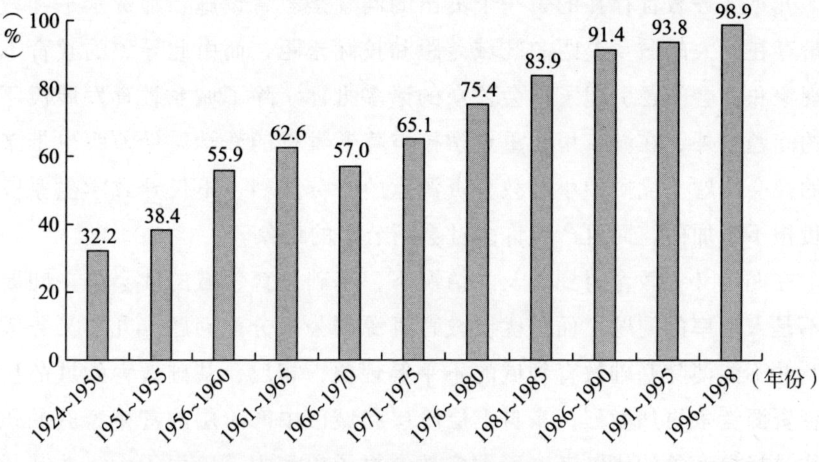

图 1　不同出生年龄组接受初中教育的比例

数据来源：2019 年中国社会状况综合调查（CSS）。

3 亿离开农村家乡进城打工的农民工（国家统计局，2020），部分农民工父母出于收入低和居住条件差等原因，未能实现家庭的整体迁移，只好将孩子留在农村，交由孩子的祖父母、外祖父母或其他亲戚、朋友照料，导致农村地区出现了许多留守儿童。全国留守儿童约有 6000 万人，占所有农村儿童的 37.7%，占全国儿童的比例为 21.9%，这些留守儿童大多分布在中西部不发达地区，散布于因劳动力大量外出务工而日益荒凉凋敝的村庄，他们的教育和升学面临很多问题（范先佐、郭清扬，2015；桂杰，2015）。随父母流动迁入城镇的流动儿童的教育也面临许多困境。尽管控制农村人口向城镇流入的户籍制度近年来有所松动，但作为一项限制农村居民自由流入城镇以完全享受城镇居民公共服务的刚性城乡分割制度，迄今为止仍然没有从根本上破题。这使大量流入城镇就业的农民工无法解决在城镇中的身份问题，无城镇户口的农民工无法享受子女教育等城镇基本公共服务和社会权利，流动儿童也因没有流入地身份而无法享受流入地的教育权利和待遇。要想获得与当地儿童同等的教育机会，流动儿童的父母需付出更多代价。流动儿童在择校、学校教育和升学三个方面遭受不公平待遇，这使他们的教育机会远远少于当地户籍儿童（杨敏、赵梓汝，2016；宋月萍、李龙，2013）。如何保证农村留守儿童和流动儿童公平接受教育，是关于中国社会教育公平的一个关键问题。

九年义务教育存在的另一个突出的问题是教育设施、师资水平和教育质量存在巨大的城乡差距、区域差距和校际差距，而由此导致的教育不公平现象和社会问题引起了社会公众的诸多批评。除了城乡教育发展极不均衡的问题以外，在城市里，重点学校与普通学校的教学质量差距也带来大量的社会问题。优质中小学教育资源竞争十分激烈，不仅导致学生家庭教育负担不断加码，而且产生许多社会不公平的现象。

在九年义务教育得到普及的情况下，基础教育领域的社会公平问题已经不是入学率的问题，而是优质教育资源的公平分配问题。九年义务教育普及并不能消除基础教育领域的不平等现象，相反，基础教育领域的优质教育资源竞争更加激烈，来自上层阶层和城市中产阶层的富裕家庭的孩子往往是择校竞争的优胜者，而大多数农村子弟和中下阶层子女，尤其是留守儿童和流动儿童成为失败者，在人生赛跑中“输在了起跑线上”。

二　趋近普及的高中阶段教育与教育分流现象

在九年义务教育得到普及之后，中国政府进一步提出了普及高中阶段教育的目标。自 21 世纪以来，高中阶段教育普及率快速提高，到 2019 年，高中阶段教育毛入学率达到 89.5%（教育部，2020）。

图 2 列出不同出生年龄组接受高中阶段教育的比例，可以看出最近十年高中阶段教育的入学率快速上升。1981 ~ 1985 年出生年龄组和 1986 ~ 1990 年出生年龄组只有大约一半（42.3% 和 55%）的人接受了高中阶段教育，接下来的 1991 ~ 1995 年出生年龄组的相应比例上升了 14 个百分点，而之后的 1996 ~ 1998 年出生年龄组则又上升了 19 个百分点。从图 2 显示的增长趋势推测，2000 年之后出生年龄组接受高中阶段教育的比例将可能达到甚至超过 95%。

高中阶段教育机会分配的不平等问题一直受到极大关注，特别是城市家庭子女与农村家庭子女之间的教育机会不平等。一系列的实证研究结果发现，自改革开放以来，这一阶段升学机会的城乡差距持续扩大，特别是 1999 年大学扩招政策实施之后，高中阶段教育机会的城乡不平等现象更加明显。基于全国性调查数据的分析显示，排除人口数量的变化和教育机会供应量的变化，在性别、父亲职业和文化水平相同的条件下，这一阶段升

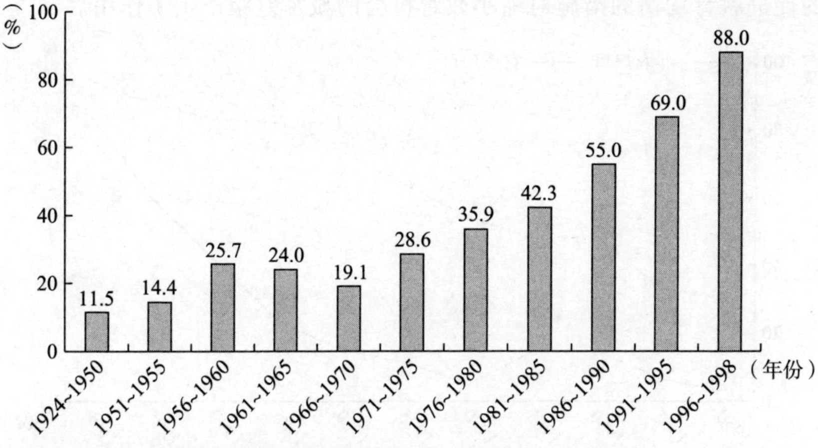

图 2　不同出生年龄组接受高中阶段教育的比例

数据来源：2019 年中国社会状况综合调查（CSS）。

学率的城乡差距从 20 世纪 70 年代末至 80 年代前半期的 1.9 倍，增加到 20 世纪 80 年代后期至 90 年代前半期的 2.5 倍，再增长到 20 世纪 90 年代后期至 21 世纪开始后的 3.9 倍（李春玲，2014a）。进一步的研究还发现，高中阶段教育的分流成为教育分层的关键点。优势地位家庭的子女有更多机会获得优质教育机会，在初中毕业后，他们更多选择进入普通高中，为高考做准备，他们也更可能进入比较好的大学获得高附加值的大学文凭，为获得较好的工作岗位奠定基础。中间及中间偏下阶层子女有较多机会考入二、三流大学，如果在中学阶段成绩太差而觉得考大学成功率较低，他们会选择中等职业教育，毕业后寻求一份技术工人岗位或低层白领工作。农民子女如果在初中阶段成绩太差（在农村学校，这种情况很普遍）而考大学希望不大的情况下，只有部分人会选择中等职业教育，而多数人则放弃升学机会，离开学校外出打工，或者停留在县城和集镇无所事事。这种教育路径选择显示出明显的阶层分化现象（李春玲，2014b）。

近十年来，中国政府采取了一系列措施，促进义务教育均衡发展，缩小城乡教育差距，使高中阶段教育机会的不平等现象出现了减少的趋势。图 3 比较了农业户口与非农户口的不同出生年龄组接受高中阶段教育的比例，显示出 90 后农业户口青少年接受高中阶段教育的比例的上升速度快于非农户口青少年，高中阶段教育机会的城乡差距明显缩小，这说明政府采取的促进教育均衡的措施对缩小教育机会的城乡差距产生了作用。

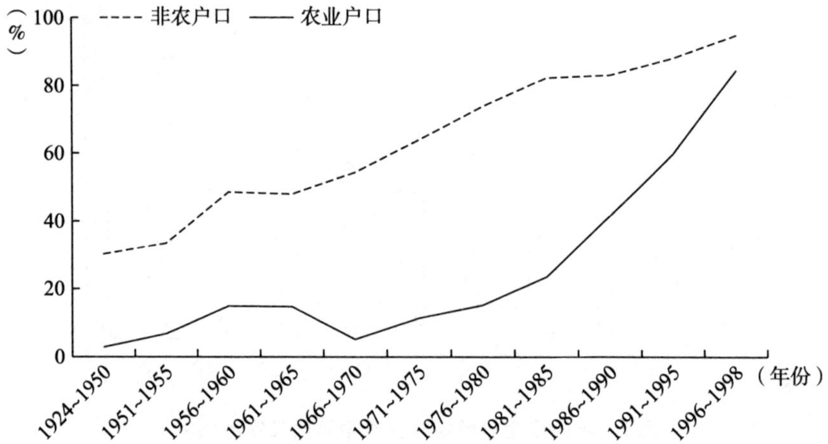

图 3　不同出生年龄组接受高中阶段教育比例的户口类型比较

数据来源：2019 年中国社会状况综合调查（CSS）。

三　高等教育大众化与高等教育不平等

中国高等教育发展最快的时期是最近二十年。1999 年中国政府实施“大学扩招”政策之后，中国高等教育“井喷式”飞速发展，高等教育的大众化水平不断提高，对中国经济社会翻天覆地的历史性变化起到人才和智力的决定性支撑作用。

图 4 显示，1999 年中国政府实施“大学扩招”政策之后，大学在校生人数急速猛增，2000 年至 2019 年的二十年期间，大学在校生人数从 910 万人增加到 4002 万人，几乎增长了 3.4 倍。同时，大学毛入学率快速提高，从 2000 年的 12.5% 上升到 2019 年的 51.6% 。

高等教育规模迅猛扩张，给年轻人创造了更多的高等教育机会。图 5 列出不同出生年龄组接受高等教育的比例。数据显示，从 1976 ~ 1980 年出生年龄组开始，高等教育机会增长幅度加快，1976 ~ 1980 年出生年龄组接受高等教育的比例比前一个年龄组提高 7.7 个百分点，1981 ~ 1985 年出生年龄组比前一个年龄组提高 5.5 个百分点，1986 ~ 1990 年出生年龄组比前一个年龄组提高 10.1 个百分点，1991 ~ 1995 年出生年龄组比之前年龄组提高 12.8 个百分点，1996 ~ 2000 年出生年龄组比前一个年龄组提高 15.4 个百分点。

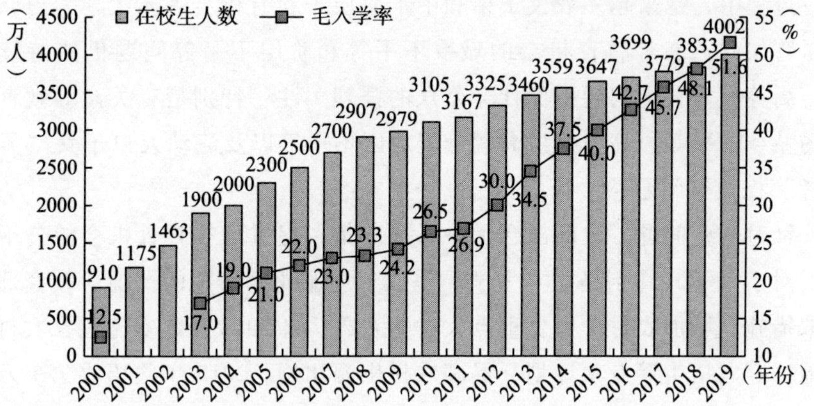

图 4　历年高等教育在校生规模和大学毛入学率

数据来源：教育部历年《全国教育事业发展统计公报》。

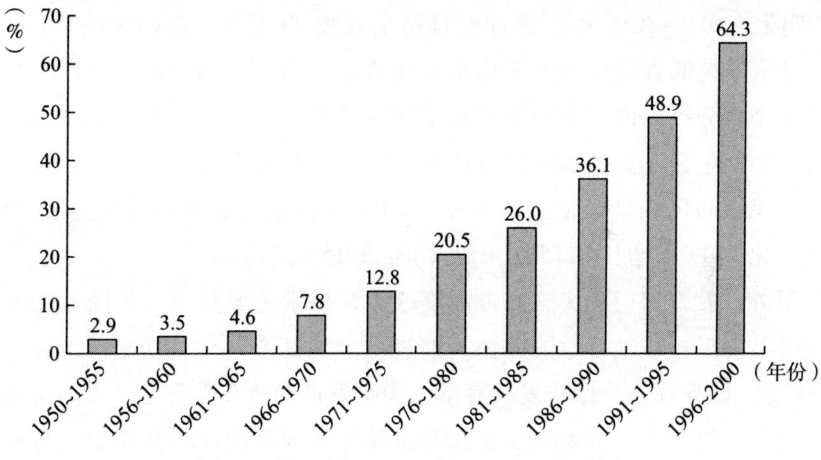

图 5　不同出生年龄组接受高等教育的比例

数据来源：2019 年中国社会状况综合调查（CSS）。

根据美国学者马丁·特罗的研究，如果以高等教育毛入学率为指标，则可以将高等教育发展历程分为“精英”、“大众”和“普及”三个阶段，高等教育毛入学率在 15% 以下时属于“高等教育精英化阶段”，15% ~50% 时为“高等教育大众化阶段”，50% 以上时为“高等教育普及化阶段”（Martin Trow，2012）。中国高等教育在二十年期间从“高等教育精英化阶段”快速越过“高等教育大众化阶段”，正在进入“高等教育普及化阶段”。在这一过程中，越来越多农民子弟和中下阶层子女有机会进入大学学习，但是尽管如此，高等教育机会的城乡不平等和阶层不平等问题仍然持续存在，高等教育公平问题引发社会公众的强烈关注，特别是有关高等教育机会的城乡不平等、高考招生名额分配地区不平等以及流动人口子女“异地高考”权益等问题。

针对这些问题，政府出台了一系列政策，促进高等教育机会的公平分配。对于大学（特别是重点大学）里农村生源比例下降的情况，教育部门采取措施，增加农村学生上重点大学的人数，自2012年起实施国家农村贫困地区定向招生等专项计划，提高农村生源比例。2015年共招收7.5万名农村贫困地区定向招生学生，比上年增长了10.5%。为了缩小高等教育机会的区域差距，提升中西部教育发展能力，教育部门采取措施，提高中西部省份高考录取率，扩大“支援中西部地区招生协作计划”规模，“十二五”期间（2011~2015年）累计安排招生人数90万人。据初步统计，2015年，录取率最低省份与全国平均水平的差距从2010年的15.3个百分点缩小至5个百分点以内。实施中西部高等教育振兴计划，中央财政投入160亿元，加强中西部高校基础能力建设，提升中西部高校综合实力，全面提高少数民族和民族地区的教育水平。2014年少数民族在校学生达到2501万人，比2009年增长11.5%（董洪亮，2015）。

另外，教育部门还实施高考制度改革，探索进城务工人员随迁子女接受义务教育后在当地升学的办法，推进“异地高考”政策实施。2012年8月31日，国务院办公厅转发教育部、国家发展和改革委员会、人力资源和社会保障部以及公安部的《关于做好进城务工人员随迁子女接受义务教育后在当地参加升学考试工作的意见》，要求各地政府出台相关政策，推进“异地高考”政策实施。2013年开始，多数省份外来务工人员随迁子女可以在当地参加高考。但在流动人口最多的北京、上海、广东等地，“异地高考”问题还未根本解决，这些地方的政府大多采取“过渡方案”，设置较高门槛，有条件地接受部分务工人员随迁子女“异地高考”。总之，“十二五”期间，高等教育公平问题虽然有所改进，但高等教育机会的城乡不平等和地区不平等问题仍然突出，对流动人口子女的歧视现象仍旧存在。在“十三五”时期（2016~2020），推进高等教育公平仍然是社会发展的主题。

四 持续存在的社会阶层之间的教育机会不平等现象

在中国，社会阶层之间的教育机会不平等是一个十分突出的问题，它长期存在于各个阶段教育之中，不同社会阶层家庭拥有不同的社会资源、经济资源、文化资源，而家庭的社会资源、经济资源、文化资源影响了子女的受教育机会，导致出身于不同家庭阶层的人，文化水平有很大差异。家庭的社会经济地位越高、文化资源越多，其子女的教育水平往往也越高。教育规模的扩张和教育机会的增加，并不能消除社会阶层之间的不平等，而持续存在的社会阶层之间的教育机会不平等现象加剧了社会阶层的再生产。

家庭的社会阶层地位在很大程度上取决于父母的职业地位，尤其是父亲的职业地位。图 6 显示，父亲的职业不同，其子女的受教育年限也不同。平均来说，受教育年限最长（10.8 年）的管理人员子女与受教育年限最短（7.0 年）的农民子女之间的受教育年限差距是 3.8 年。在不同的年龄群体中，这种差距持续存在，而且随着时间推移，这种差距也没有显示出明显的缩小趋势。40 后人群中，受教育年限最长（9.1 年）的专业人员子女与受教育年限最短（5.6 年）的农民子女之间的差距是 3.5 年；50 后人群中，受教育年限最长（9.8 年）的管理人员子女与受教育年限最短（6.1 年）的农民子女之间的差距是 3.7 年；60 后人群中，受教育年限最长（10.7 年）的管理人员子女与受教育年限最短（7.3 年）的农民子女之间的差距是 3.4 年；70 后人群中，受教育年限最长（12.0 年）的管理人员子女与受教育年限最短（7.9 年）的农民子女之间的差距是 4.1 年；80 后人群中，受教育年限最长（12.7 年）的专业人员子女与受教育年限最短（9.2 年）的农民子女之间的差距是 3.5 年。综合各年龄群体情况，管理人员和专业人员子女受教育的年限最长，而农民子女受教育的年限最短，办事人员、工人和个体自雇人员子女受教育的年限居中。另外，在父亲的职业地位对子女教育获得的影响方面，专业技术人员的子女并非最具优势的群体，这是中国与其他社会不同的一点。在多数社会，专业技术人员家庭拥有最多的文化资源，通过言传身教，其子女的学业成绩较好，教育期望较高，从而受教育年限最长。中国的情况与其不同，在多数时期，管理人员子女的受教育年限略长于专业人员。这可能是由于中国的专业技术人员群体存在城乡之分，大量的农村专业技术人员的子女在教育获得方面并不具有优势，另外也可能是由于一些中国专业技术人员自身并未受过高等教育，使其子女并无教育方面的优势。

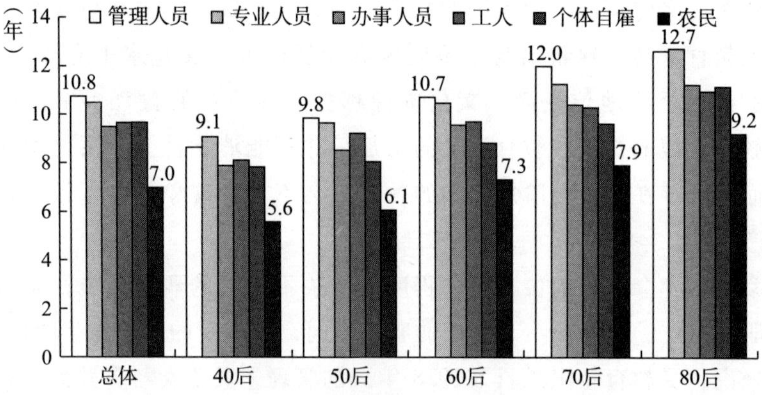

图 6　父亲为不同阶层的子女的受教育年限

数据来源：2019 年中国社会状况综合调查（CSS）。

家庭的文化资源也影响子女受教育机会，父母文化水平对子女教育机会的影响甚至超过父母职业地位的影响。在教育获得方面，家庭的文化资本的作用比家庭的社会资本和经济资本更加重要。图 7 显示，父亲的文化程度不同，子女的受教育年限也不同。平均来说，父亲拥有大学文化，其

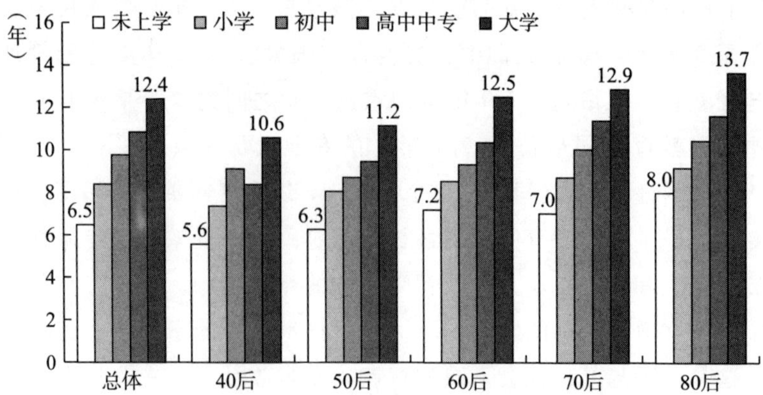

图 7　父亲为不同文化程度的子女的受教育年限

数据来源：2019 年中国社会状况综合调查（CSS）。

子女的受教育年限为12.4年，父亲未上过学，其子女的受教育年限仅有6.5年，两者相差5.9年。同样地，由父亲的文化程度导致的子女教育水平的差距也没有随时间推移而缩小。40后、50后、60后、70后和80后接受高等教育者的子女与未上学者子女的受教育年限差距分别为5年、4.9年、5.3年、5.9年和5.7年。

高等教育机会的阶层差异表现得更加突出。图8显示，管理人员子女接受高等教育的机会最多，农民子女的机会最少，总体上管理人员子女上大学的比例（33.8%）是农民子女上大学的比例（4.2%）的8倍，两个阶层子女上大学的比例相差29.6个百分点。尽管随着时间推移，所有阶层子女上大学的机会都在增加，但不同阶层的人，其机会增加幅度不同。阶层地位越高，其子女上大学机会增加越快；而阶层地位较低，其子女上大学机会增加相对较慢。这导致了高等教育机会快速增加，却并未缩小阶层之间的高等教育机会不平等，管理人员子女与农民子女上大学的比例之差反而随着时间推移在逐步扩大。在40后人群中两者之差是6.5个百分点，在50后人群中是14.7个百分点，在60后人群中是26.6个百分点，在70后人群中是37.1个百分点，在80后人群中是51.8个百分点。特别需要注意的是，80后人群上大学的时期，正是“大学扩招”政策实施后高等教育迅猛扩张的时期，高等教育机会猛增，所有阶层子女上大学的比例都获得了很大提高，但是，这个比例提高最快的是两个优势地位阶层——管理人员

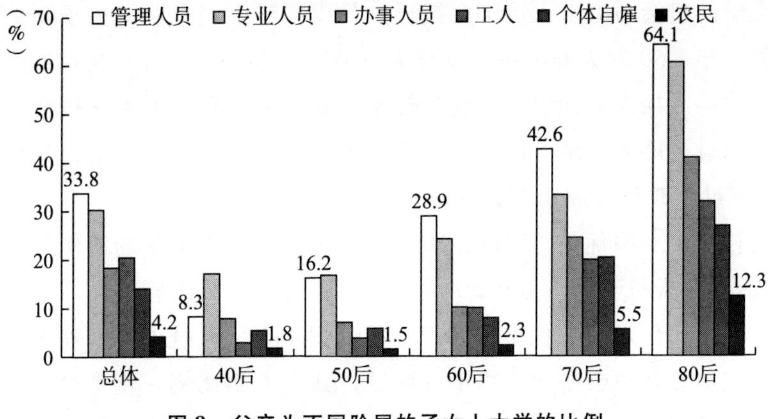

图8　父亲为不同阶层的子女上大学的比例

数据来源：2019年中国社会状况综合调查（CSS）。

和专业人员。管理人员子女上大学的比例从70后的42.6%上升到80后的64.1%，增长21.5个百分点；专业人员子女上大学的比例从70后的33.2%上升到80后的60.5%，增长27.3个百分点；办事人员子女、工人子女、个体自雇人员子女上大学的比例从70后到80后分别增长16.4个百分点、12个百分点和6.6个百分点，其增长幅度都远远低于管理人员子女和专业人员子女；上大学机会最少的农民子女，其上大学比例的增长幅度只有6.8个百分点。这表明，在高等教育快速扩张的过程中，优势地位阶层受益最多，而较低阶层受益较少。

高等教育机会的阶层差异有一个有意思的变化：在不同时期，上大学的机会最多的阶层有所不同。在40后人群中，专业人员子女上大学的机会最多，而且远高于管理人员子女；在50后人群中，还是专业人员子女上大学的机会最多，但只是略高于管理人员；60后和70后人群中，管理人员子女上大学的机会最多，并且与专业人员子女上大学机会的差距在拉大；80后群体中，管理人员子女维持在上大学机会最多的位置，但与专业人员子女上大学机会的差距在缩小。这体现了社会政治变迁对高等教育机会竞争的影响，也反映了家庭社会资源和文化资源在不同时期的不同作用。40后大多在解放初期或“文化大革命”之前接受大学教育，拥有较多文化资源的专业人员在高等教育机会竞争中具有优势，而当时的许多管理人员是工农干部，文化程度较低，在高等教育机会的竞争中并不具有优势，其子女上大学的机会与办事人员子女接近，其比例还不到专业人员子女上大学比例的一半。50后人群是在“文化大革命”期间或改革开放初期接受大学教育，这一时期许多知识分子受到打压，专业人员子女上大学机会不仅没上升，而且还略微下降。同时，管理人员子女上大学机会猛增，几乎上涨1倍。不过，改革开放初期，恢复高考后最初几届大学招生，专业人员子女还是恢复了一些优势。因此，50后专业人员子女上大学的比例虽然略低于40后专业人员子女，但在50后人群中还是略微高于管理人员子女，保持在上大学比例最高的位置。60后、70后和80后人群中，管理人员子女在竞争高等教育机会中的优势十分明显，其上大学比例一直是最高的。这可能是由于改革开放后管理人员的构成与之前发生了变化，管理人员的平均文化程度不断提高，这一阶层不仅拥有较多社会资本，同时也拥有较多文化资本，这使其子女在教育机会竞争中成为最大赢家。不过，80 后与 70 后相比，管理人员子女上大学的比例与专业人员子女上大学的比例之差有所缩小，“大学扩招”之后，专业人员子女上大学的比例上升是最快的（增长 27.3 个百分点）。这说明，在最近一轮高等教育扩张过程中，专业人员阶层可能是最大受益者。

家庭文化资源对子女高等教育机会获得的影响也是十分明显的。图 9 显示，父亲文化程度不同，子女上大学比例也有很大的差距。平均来说，父亲拥有大学文化程度者超过半数都能上大学；父亲拥有高中或中专文化程度者约三分之一能上大学；父亲初中文化程度者约六分之一能上大学；父亲拥有小学文化程度者大约十五分之一能上大学；父亲未上学者能上大学的只有五十分之一。家庭文化资源所导致的高等教育机会差距，并未随时间推移而缩小，相反，这种差距还有所扩大。图 10 比较了不同年龄组，父亲文化程度较低的各群体与父亲拥有大学文化的群体之间上大学比例的差距。父亲未上学者与父亲拥有大学文化者上大学比例之差从 40 后的 27.3 个百分点开始持续扩大，到 80 后达到 67.8 个百分点；父亲拥有小学文化者与父亲拥有大学文化者的比例差距从 40 后的 23.4 个百分点上升到 80 后的 60.2 个百分点；父亲拥有初中文化者与父亲拥有大学文化者的比例差距从 40 后的 16.2 个百分点上升到 80 后的 50.5 个百分点；父亲拥有高中或中专文化者与父亲拥有大学文化者的比例差距从 40 后的 17.5 个百分点上升到 80 后的 30.9 个百分点。差距的扩大趋势只有在 50 后中有所抑制，其后的 60 后、70 后和 80 后人群中，差距都在进一步扩大。60 后、70 后和 80 后都是在改革开放以来接受高等教育的，在这几个年龄组人群中，父亲文化程度的差距导致子女上大学机会的差距持续扩大，说明最近三十多年来，家庭文化资本在高等教育机会竞争中的作用越来越重要。同时，各年龄组比例差距扩大的趋势还显示出，从 70 后到 80 后比例差距扩大略有加速，特别表现在父亲拥有高中或中专文化者与父亲拥有大学文化者之间和父亲拥有初中文化者与父亲拥有大学文化者之间。

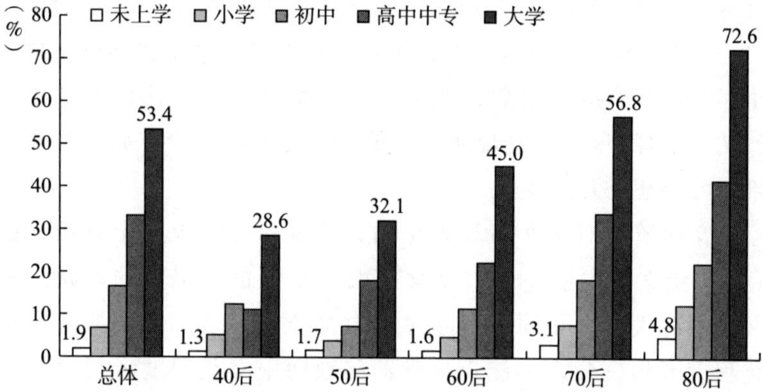

图 9　不同文化程度的父亲，其子女上大学的比例

数据来源：2019 年中国社会状况综合调查（CSS）。

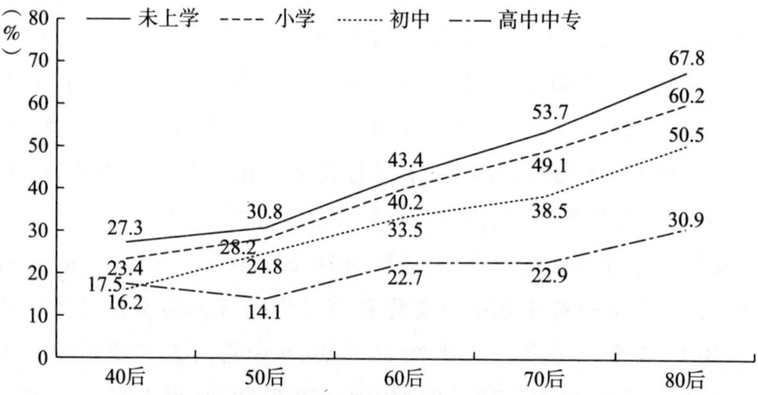

图 10　父亲文化程度较低者上大学的比例与父亲拥有大学文化程度者上大学的比例之差

数据来源：2019 年中国社会状况综合调查（CSS）。

五　结论

21 世纪以来，中国教育毫无争议取得瞩目成就，这不仅仅反映在中国已建成了世界最大规模的教育体系、保障了亿万民众基本的受教育权利、提供了更多的高等教育机会等方面，更重要的是体现在中国教育不断增长的可持续发展能力方面。然而，教育机会增长未能消除城乡之间和阶层之间的教育不平等，教育不平等一直是影响民众公平感和媒体热议的重要话题。这种状况说明中国教育发展进入了一个新的阶段，人们不再满足于仅仅享有教育机会，而是进一步要求拥有公平的、优质的、终身的教育；人们要求的教育公平也不仅仅是享有教育机会的公平，而是拥有优质教育机会的公平。这也意味着，中国教育发展战略面临转型和升级，教育发展的目标重点要从单纯的规模扩张转向提供更多优质教育机会，并且使这些优质教育机会得到公平分配。在这一阶段，教育权利的机会公平将成为中国教育发展的主旋律，均衡城乡教育资源分配、缩小社会阶层之间的教育水平差距成为教育发展的重要目标。

俄罗斯教育中的社会公正

埃皮希娜（Y. B. Epikhina）

与其他公共制度相比，教育制度具有特殊地位。从索罗金（P. Sorokin）的著作开创社会流动理论以来，将教育作为一种制度成为教育发展的主要渠道之一（Sorokin，1959）。20 世纪 60 年代，布劳 - 邓肯模型实证了索罗金关于教育有助于提升社会地位的理念。科学家证明，教育制度能够消除一个人因社会出身遭遇的先天不平等。个人实现地位获得的路径根据主要流动“节点”的第一个字母缩写为 OED（出身—教育—目的地位）（Blau，1967）。

教育的确能够提供机会，像一个大熔炉，个人在其中不再依赖社会出身，而是能够根据个人的成就和努力获得新的地位，但同时，教育制度也能促使先天不平等合法化和固化，甚至产生新的不平等现象。教育制度的各个方面都经受了“是否不平等”的审视，主要的教育不平等现象包括：接受各种教育的机会不平等、一个学习团体（如学校班级）内教师和学生之间关系的一系列不平等、学习成绩不平等和学生为学习和吸收知识所做准备的不平等、从一个培养阶段过渡到下一个培养阶段时出现的不平等、教育效率的不平等以及教育付出方面的不平等。无论教育制度有何发展，如教育的大规模分配、教育推广以及由此带来的人口教育水平的全面提高，它都仍然能够制造不平等。基于此，科学家们得出结论：不平等现象并没有减少，相反，它正在衍生出新的形式，并导致教育制度内部的进一步分化。

教育制度的两面性在于：一方面，它被公认为对社会有益，能够改善一个人的处境，帮助其提高社会地位或者巩固特权地位；另一方面，个体获得受教育的机会是有差别的，并非所有社会群体都拥有平等的机会。这种两面性导致教育及其各个方面成为研究公正的重点（Marshall，Swift，&

Roberts，1997）。教育的公正可以从两个层面来看：从宏观层面来看，教育是制度体系的一部分，对教育的评价构成了对社会总体公平程度评价的一部分；从微观层面来看，教育又构成了个人社会经验的一部分。

诸多研究发现，公正评价既取决于结构性状况，也取决于受访者的个人经历。如 B. Wegener 发现了人们对所获收入公平性的打分与其劳动力流动经历之间的联系。初步假设指出，个人在职业发展中是否可以利用结构性条件为自己谋取利益，决定了他们认为自己的收入公平或不公平。对于那些能够在事业上取得成就和得到晋升的人来说，所得收入与“公平”收入之间的差距较小（Wegener，1991）。

以下分析基于第 28 次俄罗斯纵向监测调查 - 高等经济大学（RLMS-HSE）数据，从整个受访者队伍中抽取了 18 岁以上的受访者（共 14026 名受访者）作为子样本。

一　俄罗斯社会的公平性和受教育机会

总的来说，俄罗斯人民认为俄罗斯社会不是特别公平。在俄罗斯社会不公平的原因列表中，无法接受优质教育是最后一项。选择这一原因的受访者（17.0%）最少。从对受高等教育公平性问题答复的分布可以看出，教育制度不是造成社会不公平的主要原因（见表 1）。

表 1　对“俄罗斯……的公平程度如何”这一问题的回答分布情况

单位：%

“俄罗斯……的公平程度如何”问题范围	完全不公平	比较不公平	比较公平	完全公平
接受高等教育的机会	16.2	43.7	37.5	2.7
人民的政治权利	15.0	43.4	38.8	2.8
法院体系和执法部门	25.2	47.4	26.2	1.2
国家医疗保健体系	24.8	50.5	23.7	1.1
就业机会	31.6	47.3	20.0	1.1
国家收入、公共财富分配	46.4	45.0	8.1	0.5
津贴、公共福利	46.2	41.1	11.7	1.1
政府资金城乡居民分配	39.1	48.1	12.1	0.7

如表 1 所示，跟其他制度和分配结果相比，教育制度显得相对公平。

例如，只有近四分之一的受访者（24.8%）认为接受国家医疗保健体系服务的机会是比较公平或完全公平的，而认为接受高等教育机会公平的受访者总比例为40.2%。受高等教育的机会可作为具有公共意义的材料和其他物品分配原则公正性的一部分来审查，同时也可以作为体制公正的一部分来审查，而体制公正又与社会制度运作的原则有关。

经研究表明，人们对高等教育的兴趣略有下降之后，大学生数量再次开始增长（Konstantinovsky，1999）。在1993～1994学年，每1万人口中学生的人数为176人，而在2000—2001学年，这一数字变为324人，在不到10年的时间里增加了近1倍（Rossat，2020）。在学生人数增加的同时，教育基础设施也得到进一步发展，高等教育机构的数量从1995～1996学年的762个增加到2010～2011学年的1115个，达到整个俄罗斯时期的巅峰（Federal Statistic Service，2017）。尽管高等教育取得了积极的进展，但俄罗斯社会学家对与其有关的不平等现象存在某种共识（Kosaretsky，Grunicheva，& Goshin，2016）。值得注意的是，俄罗斯的研究实践中采用了几种方法对这种不平等进行概念化的研究（Epikhina，2009）。

部分研究对俄罗斯教育不平等加剧的共识提出质疑。例如，根据对数线性分析的结果，G. Yastrebov得出的结论是，没有证据证实“俄罗斯时期的人在接受高等教育方面有更多的障碍，更依赖家庭关系”这一论点（Yastrebov，2016）。此外，1967年以后出生的几代人之间教育代际流动性很强，这说明在俄罗斯时期，接受高等教育的机会与父母受教育程度之间的关系没有苏联时期那么强。事实上，俄罗斯时期，教育作为一种制度的发展一直都伴随着制度变迁，这不仅包括促进高等教育在群众中的普及，而且还包括私立教育市场的形成，从而弥补文化资本的不足，使教育机会多样化。如“通过职业学校上大学”这样的概念得到了详细的描述，它意味着用一种新的模式取代传统的接受普通中等教育后上大学的教育轨迹，这一轨迹的支持者在接受中等或基础专业培训后再申请上大学。由于社会不平等的升级和体制新事物（如国家统一考试）的出现，这种新的教育轨迹得到了普及，而这一方面威胁着弱势群体教育地位的再生产，另一方面阻碍了弱势群体指望通过教育实现阶级向上流动。

“通过职业学校上大学”的概念在统计数据和社会学研究成果中都能找

到依据。根据 N. Shugal 提供的俄罗斯教育系统学习分流的统计数据，2008 年 35% 的职业学校毕业生继续在大学学习（Shugal，2010）。Proshkova 列举了自身的研究结果，根据其研究结果，在 2015 年至 2018 年期间，9 年级后离校就读职业学校的学生比例有所上升，2015 年这类毕业生的比例为 43%，2016 年为 53%，2017 年为 59%，2018 年为 54%（Proshkova，2019）。在对俄罗斯纵向监测调查 - 高等经济大学数据进行分析后，G. Cherednichenko 获得的数据表明，学习各种培训课程并参加大学函授课程的职业学校毕业生的比例有所上升。“报名参加函授课程的大多是参加中职专科培训的职校毕业生，其比例从 2000 年的 48.1% 上升到 2016 年的 56.3%。还可以看到，报名者中接受过培养合格工人和行政人员课程教育的人的比例不断上升（从 7.6% 上升到 12.3%）。”同一篇文章还指出，“未来函授生教育轨迹的一个重要区别是，一半以上的函授生在中等职业培训体系中接受初步培训”（Cherednichenko，2019）。

值得一提的是，在涉及流动的教育轨迹以及不平等再生产的分析中，学者都会用到“通过职业学校上大学”的概念。D. Alexandrov 等人根据 R. Breen 和 J. Goldthorpe 提出的风险规避理论，解释了为什么家庭会选择“通过职业学校上大学”这样的轨迹（Alexandrov et al.，2015）。这种情况被解读为“存在风险”，因为可能导致一个家庭失去其已经获得的社会地位。因此，在申请高等教育的相关制度限制越来越严格的情况下，家庭选择这样的道路，无疑是“可行”的。除了“通过职业学校上大学”这样的轨迹之外，另一种积极发展的形式是函授学习，它们是接受高等教育的“轻”渠道（Cherednichenko et al.，2020）。

二　评价学校成绩的公平性

成绩是衡量学习成绩的指标。帕森斯（T. Parsons）认为，学生所获得的成绩以及他们的学业表现，是学校班级内部形成特定地位体系的基础。帕森斯的推理是，班级中的情况代表了基本平等的情况，所有学生在年龄、社会经济地位和教师布置的任务方面都是平等的。在这样起点条件相同的情况下，就可以只以成绩为轴心来划分班级。帕森斯的论文指出，班级中存在的分配机制不是基于学生家庭社会经济地位的差异，而是基于成就的差异，而成就的差异又是个人能力和家庭中初级社会化经验的产物。成绩是衡量一个人学习成绩的标准，对学生来说，它传递着对其学习活动的奖励或惩罚，同时也代表未来地位分配的基础。儿童对决定一个人身份结构的惩罚和奖励制度的第一次接触发生在家庭。然而，这种制度并没有得到制度化地位的认可——因为在一个家庭中，地位结构的决定基于生物学因素（性别和年龄）。学校遵从主要社会化制度，在这里，地位的差异并不取决于生物学因素。在学校的社会化过程中，儿童的身份发生了转变，基本上被新的身份所取代，而这种身份最明显的特点是通过完成老师布置的各种任务而获得。因此，帕森斯认为，一方面，一个人的学习成绩是一个班级的地位系统的基本组成部分；另一方面，也是学校系统地位分配机制的依据（Parsons，1961）。

学校成绩可以从公正的两种角度来看。首先是以成绩决定地位的公正。在这种情况下，可以认为学校成绩是公平的，因为它反映了一个学生的成就。其次是程序公正。在这种情况下，可以认为学校成绩是公平的，因为这是根据一定的“归属”原则获得的。在接受成绩和评价其公平性的过程中，学生获得的经验不仅与自己的学习有关，而且还涉及整个社会是如何组织的，社会是否公平，一个人的成就如何得到奖励（以及是否有奖励），规则是如何运作以及如何被遵守的。研究人员强调，一个人对公平的评价是在对实际报酬和应得报酬进行比较时的一种主观感受（Resh，2020）。因此，学校成绩作为教育过程的重要组成部分，是一个人体验公正的基础，也是一个人对社会整体公平性判断的基石。

在俄罗斯研究中，学校的评分问题是放在教育学和心理学的框架内，并结合“如何公平地对学生的成绩进行评分”这一问题来讨论的，导致俄罗斯研究通常会提出非常具体的问题。关于学校学生如何看待他们所获得的成绩的社会学研究并不多，其中之一是 E. Sobkin 和 A. Kalashnikova 进行的问卷调查，有来自莫斯科 22 所学校的 3056 名 5～9 年级学生参加了这次调查（Sobkin & Kalashnikova，2011）。根据此次调查得到的数据显示，“只有一半多的学生（57.6%）认为自己所学的知识得到了老师的客观评价。同时，每九人中就有一人（12.2%）认为老师低估了自己的成绩，3.5% 的人指出老师高估了自己的成绩。7.1% 的受访者对老师如何评价自己的知识‘并不关心’”。本研究证实学生评价成绩的恰当性和公平性与自己的学习成绩之间存在联系。学习成绩越好的学生越倾向于认为老师对其知识的评分是公平的。如C级学生中赞同老师给他们的打分的比例是43.7%，而在A级学生中，这个数值是81%。

该研究还探讨了学校成绩公平性的问题。基于这一目的，作者还向受访者询问了“在你看来，学校老师在给你打分时，对你公平或不公平的频率如何?”这一问题。根据所获得的数据，认为自己的学习成绩在所有(35.3%)或大多数(48.2%)情况下都得到公平评价的人占受访者总数的84.5%。换句话说，绝大多数受访者认为他们在学校获得的成绩在所有或大多数情况下都是公平的。尽管对学校教育公平性的评价显然是一致的，但也有一些与年龄相关的区别（见图1)。60岁及以上的受访者更倾向于选择“我的学习成绩总是得到公平评价”作为回答，占49.5%。在年轻的年龄组中，认同这一观点的受访者明显较少：最年轻组（29岁及以下）的数值为29.3%，中年组（30~59岁）为33.1%。换言之，受访者的年龄越接近在校学生，他们的判断越克制、越现实。随着学龄期与参与研究时间间隔的增加，人的记忆往往会抹去缺点，只留下美好和愉快的记忆。随着年龄的增长，过去开始变得比现在更有吸引力。

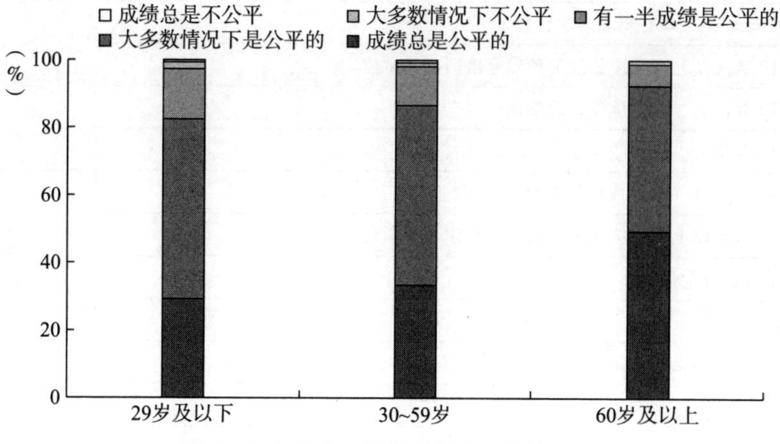

图1　各年龄段对学校成绩公平性的评价

正如D. Olvin、G. Gornev和L. Khakhulina所指出的，一个人对公正的感知显然是主观的。然而这种主观感知是基于实例，围绕构成社会结构条件的基准建立起来的。这意味着，人对正义的主观感知是有客观依据的（Kluegel，Mason，& Wegener，1995）。客观依据可以是一个人的受教育程度，教育地位是根据已完成的教育程度决定的，本身就反映了向下一阶段教育过渡的能力差异以及工作机会和劳动报酬的差异。引入“受教育程度”，就可以从一个人的教育水平来考察，不仅要看他所积累的知识和技能，还要看他获得的资源和社会地位。如基础教育学历获得者就有机会报考职业学校，但只有接受完整的中等教育后才有可能上大学。此外，还存在一些与学历相关的限制，这些限制与个人的教育水平有关，在应聘或向更高的职位发展时都会体现出来。

根据俄罗斯纵向监测调查－高等经济大学关于教育水平的数据，受访者的受教育程度被分为四种（见表2）。

表2　受教育程度与实际教育水平之间的关系

教育水平	受教育程度
学校1～9年级	低
学校7～9年级（未完成中等教育）＋职业学校，无学位	
学校10年级及以上，无中等教育学位	
学校7～9年级（未完成中等教育），在职业学校学习不到2年	
普通中等教育（具有相应的学位）	一般
学校10级及以上，并接受过某种专业培训，无学位	
学校10级以上，职业学校，无学位	
大学1～2年	
学校7～9年级（未完成中等教育）＋职业学校，有学位	专业
学校10级及以上，并接受过某种专业培训，有学位	
职业学校，有学位	
中等职业培训	
大学教育，3年以上	最高
高等教育——学士学位	
高等教育——硕士学位	
高等教育——研究生教育	

假设不同教育程度的群体之间，学校成绩公平性打分会有所不同。图 2 中的数据证实了我们的假设。高等教育群体似乎最放心自己在学校的成绩是公平的。认为自己的学习成绩在所有或大多数情况下都得到公平评价的总比例为 92.1%。在其他群体中，不怀疑成绩公平性的比例要相对低一些。在受教育程度低的群体中，这一比例仅为 80.2%。所获得的数据证实了关于现有秩序合法化与个人成功之间的联系。发现自己处于最有利的地位，并且能够利用其固有优势的人群承认现有秩序的公平性。在教育体制中获得成功的人群，他们的受教育程度最高，他们通过自己的成功见证了公平。

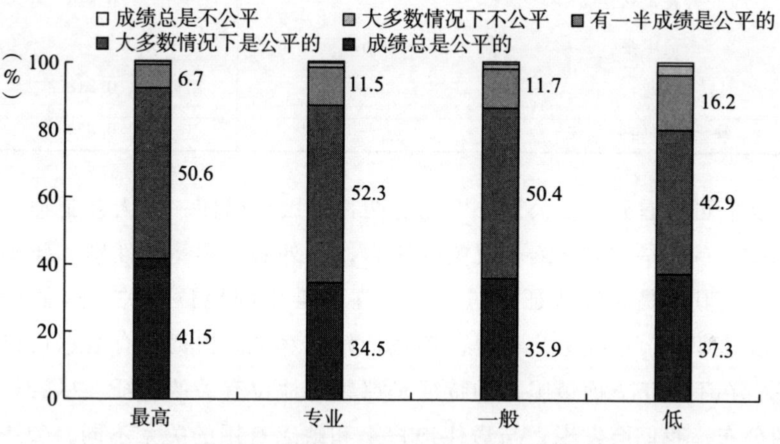

图 2　学校成绩公平度打分分布情况（按受教育程度划分）

三　微观公正与教育

研究还可以从个人层面审查教育公正，将其纳入日常交流的背景中。研究提出一个问题，即什么原因可能使一个人被施加不公平的态度。该研究提供了一份清单，含 11 项个人特征以及社会特征，要求受访者以 1 至 4 的分数进行评分。通过主成分分析对这一问题的答复进行了分析，确定其中两种成分占据 64.9%（见表 3）。

表 3　转轴后的成分矩阵

什么原因可能使一个人被施加不公平的态度	“人文素养”，33.5%	“社会地位特征”，31.4%
年龄	0.436	0.639
性别	0.583	0.512
人文素养、个性	0.721	—
国籍	0.803	—
外貌	0.773	—
未取得居住地户籍	—	0.573
宗教信仰	0.772	—
教育水平	—	0.816
政治主张	0.670	—
职业	—	0.818
缺乏有用的关系	—	0.823

我们可以看到，在公众心中，有两种原因可以使一个人被施加不公平的态度。首先是与人文素养有关的因素，如外貌、国籍、性别和年龄、各种信念。其次是地位特征，与一个人在社会中的地位有关。这种地位特征，除了职业、居住地户籍等，还包括教育水平。根据现有数据可以得出结论，在不公正方面最脆弱的特征是那些与地位有关的特征。尽管根据回答的分布，我们会发现，与居住地户籍和缺乏有用的关系不同，62.9%的受访者认为教育水平可能是对一个人不公平的原因，70.1%的受访者认为缺乏有用的关系可能是对一个人不公平的原因。

四　将教育视为资源

富裕和贫穷是社会物质资源分配的直观体现，展示了个人努力的回报制度的运作机制及其公平性。此外，关于贫穷和富裕原因的问题有助于探究导致成功和消极后果的原因。表 4 的数据显示，将教育视为贫穷原因的受访者比例和将教育视为致富原因的受访者比例并不相同。在贫困原因清单中，教育并不在主要因素之列，受访者更倾向于将贫穷与个人性格上的缺点（懒惰）、制度原因（有利于富人的法律和政策）和缺乏资源（没有足够的有用关系和健康状况不佳）联系起来。在这份清单中，仅1/3以上的受访者认为教育是一种资源，如果缺乏教育，就会导致贫困。

表4　对贫穷和富裕原因问题的答复

单位：%

贫困的原因	占比	人们致富的原因	占比
懒惰	45.4	拥有有用关系	54.5
缺乏有用关系	43.7	违法致富	43.4
法律和政策大多有利于富人	40.0	法律和政策大多有利于富人	32.8
健康状况不佳、残疾	37.6	努力工作	26.3
教育水平低	36.2	不惧风险，勇于承担责任	25.9
缺少运气和财运	22.7	得到了父母的支持	25.6
缺乏才能和技能	20.7	受过良好教育	21.2
缺乏父母的支持	19.6	拥有天赋和能力	20.2
		有运气和财运	20.1

为方便研究受教育程度与收入水平的关系，我们将变量进行五等分分组，该变量包含受访者每月总收入的信息。在第一个五等分位组，也就是通常理解的贫困组中，受教育程度低的受访者占16.8%，受教育程度一般的受访者占24.6%。所受教育不包括专业培训，且也未获得任何形式的专业技能或资格的受访者共占41.4%。在最富有的第五个五等分位组中，这两个比例分别下降到5.3%和10.6%。同时，受访者中受教育程度最高的第一个五等分位组的比例为20.2%，而第五个五等分位组的比例为49.9%。因此，通过现有的数据可以找到受教育程度和收入水平之间的联系。我们可以得出结论，缺乏教育（主要是专业培训教育）会增加贫困的风险，虽然各五等分位组本身对教育作用的看法并无不同。选择缺乏教育作为贫困原因的比例在第一个五等分位组中为36.2%，在最富有的第五个五等分位组中为36.4%。

此外，有超过1/5的受访者（21.2%）将富裕归功于良好的教育。公众将教育视为一种资源，如果缺乏教育，可能会导致贫困，但教育不太可能帮助致富。我们可以假设，受教育程度较低的人和地位最高的人对于教育是致富因素持有不同的看法。然而，数据并没有证实这一假设。在低受教育程度组中，回答“受过良好教育”的比例为21.8%，而高受教育程度组中，这一比例为20.2%。不过，不同收入水平的受访者对教育作用的意见分歧较大。认为良好教育有助于致富的受访者，第一个五等分位组中占23.3%，第五个五等分位组中占18.9%。由此可以得出结论，“富人”本身就不像“穷人”那样倾向于将教育视为促进致富的因素。

有充分的理由将教育视为一种资源。研究人员指出，人们对高等教育的兴趣正在减少，这一事实得到了统计数据的证实。在人们对高等教育感兴趣的时期，学生数量和教育设施均有增加，而在21世纪10年代人们对高等教育的兴趣开始减少。如果说2010~2011学年每1万人中的学生人数是4923人，那么到2015~2016学年，这一数值下降到325人，到2019~2020学年甚至下降到277人（Rosstat，2020）。换言之，在过去的十年里，学生总数下降了很多。教育领域的现状可归因于多种因素，这些因素包括不同的制度，这主要与俄罗斯联邦教育和科学监督局（Rosobrnadzor）对教育机构的服务质量方面的严格要求有关。“……2017年，俄罗斯联邦教育和科学监督局吊销了35个高等教育组织的执照。68所大学及其附属机构不允许招生。58所高校的政府许可证被完全吊销。125所高校被暂停政府认证（其中70所高校在厘清情况后恢复了认证）。32个组织的许可证根据仲裁法庭的裁决被撤销（其中18个组织的总部设在莫斯科）。”（Makeeva，2018）然而，除了制度因素外，还有其他因素，这与对高等教育的兴趣转变有关，也与专业培训的吸引力不断增强有关（Konstantinovsky & Popova，2020）。

对高等教育兴趣下降的原因之一是与它的经济回报率越来越低有关。社会科学基于两个角度来研究教育的经济收益问题。从社会学的角度来看，这是导致教育不平等的原因之一，因为特权不同的阶级和社会群体会从完全相同的教育中获得不同的利益。从经济学的角度来看，我们要处理的是一个经济效率问题，是高等教育的市场需求问题。高等教育存在市场“溢价”，科学家对其经济收益看法不一。Carnoy及其同事认为，高等教育的收益在20世纪90年代初开始迅速增加，一直持续到21世纪初达到顶峰。高等教育的收益保持在同一水平上，而学费的增长速度低于工资的增长速度（Carnoy et al.，2012）。

上述情况从 21 世纪 10 年代开始发生改变。根据 V. Ovchinnikov 和 N. Malkina 对 2004 ~2017 年俄罗斯纵向监测调查 - 高等经济大学的数据显示，任何教育学位的市场效益都大幅下降。此外，研究者还将高等教育经济收益的减少归结为劳动力市场的饱和。受过高等教育的劳动者人数增加，导致学位贬值，然而高等教育市场溢价下降的后果承受分布并不均衡。大部分负担，如所发生的变化造成的损失，都落在低收入或平均收入的群体身上，而高薪工人并没有承受与高等教育费用有关的任何损失。

五　结论

与其他社会制度相比，教育制度显得相对公平。对于造成俄罗斯社会不公正的原因，仅有 17% 的受访者将无法接受优质教育等原因列入名单。大多数受访者认为，学校教师给出的成绩在所有或大多数情况下都是公平的。在后苏联时期，教育作为一种制度发展的内在动力是相当复杂的。基础设施建设速度于 20 世纪 90 年代初开始加快，而伴随着学生数量的增加和对高等教育的兴趣不断增强，到 21 世纪 10 年代开始减慢。这种不确定的态势还体现在对高等教育入学公平性问题的答复上。虽然 40.2% 的受访者认为机会是公平的，然而作为俄罗斯社会制度的最佳价值之一，大多数受访者仍认为高等教育入学并不公平，而且高等教育的大规模分布和机构能力的差异仍然不平等，表现为教育机构本身的差异不断升级以及持久的社会不平等。

与其他社会制度不同，教育是一种“轻微”后果。一个人的受教育程度并不像其他地位特征那样常被视为不公平态度的原因。教育在致贫或致富原因中所占比重也尚不明确。三分之一左右的受访者认为，缺乏教育可能是贫困的原因之一。只有五分之一的受访者认为教育帮助致富，然而这似乎更没有说服力。另外，富人比穷人更不愿意将财富归功于良好的教育。

第六篇

住房和社会保障的平等和公正

中国住房与社会保障的平等公正

吕　鹏　任奕飞

中国改革开放以来，随着经济增长和社会转型正义的不断完善，公共服务体系建设水平总体而言得到了持续提高。但人们对公共服务的需求也愈加多元，从“有没有”向“高质量”转变。其中，住房和社会保障的公正平等正成为越来越多中国人的深切诉求。本文使用2019年中国社会状况综合调查（CSS）数据，分别从年龄、经济收入、受教育程度和体制位置出发，分析了当前中国的住房特征、住房类型、社会保障参与、社会保障评价和福利意识的差异。研究发现，中青年、高经济收入者和高学历者、体制内的员工总体上掌握着更为良好的住房资源和条件。不同类型的保障覆盖面大小不一且与体制位置高度相关，高收入者和高学历者的当前社会保障评价更高。在福利意识上，年轻人、高收入者和高学历者更认同多元主体参与，对当前保障体系建设更为满意。本文还探讨了中国未来公共服务建设的发展方向，虽然当前中国政府的住房与社会保障已取得丰硕成果，但仍存在不同程度的分化，需向更高层次的平等公正迈进。

一　研究背景和文献综述

改革开放四十多年来，中国创造了世界范围内罕见的经济增长奇迹。在做大“蛋糕”的同时，国家如何公正合理地分配，让广大人民群众共享改革成果，一直是社会各界关注的焦点。中国政府致力于建立健全国家基本公共服务制度体系，不断保障和改善民生、增进人民福祉，在幼有所育、学有所教、劳有所得、病有所医、老有所养、住有所居、弱有所扶等方面缩小各方差距，最大限度地满足人民对美好生活的向往。目前，中国的公共服务建设已取得显著成效，但社会资源与财富分配不均衡的问题依然存在，特别是与人民生活密切相关的住房与社会保障方面的公平问题，受到社会的普遍关注。

20 世纪 90 年代后期，中国开始对由国家作为住房供应主体的传统福利住房制度进行市场化改革。该改革主要沿两个方向推进：一是福利住房产权化，通过房改售房将福利住房产权由单位转移给职工家庭；二是住房商品化，允许私人建房或私建公助，鼓励外商和房地产企业开发商品住房（吴开泽，2017）。对于中国城乡居民来说，住房具有消费和资产的双重属性（杨赞等，2014），既能满足其居住需求，也能作为投资品为家庭带来收益和增值。然而，随着房价不断上涨，住房分配不平等问题日益凸显，成为社会不平等问题在新时期的集中表现。为解决这一难题，中国政府近些年来提出“租售同权”，强调房子是用来住的，而不是用来炒的，应让房地产回归居住属性。

为进一步保障全社会成员基本生存与生活需要，中国政府自 1992 年后初步建立了社会保障体系改革制度。中国共产党的十九大报告中，再次明确了建设目标，即要建成一个覆盖全民、城乡统筹、权责清晰、保障适度、可持续的多层次社会保障体系。经过不断改革，中国现有的社会保障体系共包含社会福利、社会保险、社会救助和社会优抚四大部分。该体系核心是社会保险，即失业保险、养老保险、医疗保险、工伤保险和女职工生育保险，统称“五险”（杨菊华，2011）。诸多研究发现，通过国民收入分配和再分配实现的社会保障在实施中仍然会表现出城乡、区域和职业等方面的差异，不同群体享有的权利和资源不均，未能完全实现平等公正。

使社会弱势群体享受生活和发展的基本权益、促进社会福利为广大人民共同享有，应是全社会追求的共识。但就当前发展阶段而言，无论是住房，还是社会保障，都呈现出不均和分化的态势。若不加重视也不着手解决，将可能给社会稳定造成巨大阻碍。本文基于 CSS 2019 数据，分析住房和社会保障在不同特征群体之间的差异特征，旨在了解中国在公共服务建设上的最新成效和不足，为构建平等公正的社会提供现实考量。

中国公共服务体系建设大致可以分为初建、转型和发展三个时期。在初建期，为配合计划经济的制度安排，中国的公共服务体系建立在单位、户籍和城乡二元结构之上，呈现出相对简单、平均主义和国家包办（配给制）的特征。这个时期的中国公共服务体系，实际上是社会主义国家再分配体系的一个组成部分，具有非常明显的单位制的特征。1978 年，中国开始了所谓的市场转型的进程。自此，公共服务体系开始在经济体制和行政体制双重改革的推动下，转向二元化、社会化、市场化和地方化（郁建兴，2011）。相比于计划经济时代，转型后的公共服务虽然在供给效率和服务效率上都得到了极大的提升，但城乡间、区域间和群体间的公共服务差距仍然存在，甚至可能引发更大层面的社会失衡。

为了缓解这一冲突，中国从 21 世纪初开始，进入了深化社会公共服务改革的新阶段。2002 年，中共十六大报告明确了政府职能转变的目标要求，提出将公共服务作为政府的四项基本职能之一。2006 年，中共十六届六中全会通过《中共中央关于构建社会主义和谐社会若干重大问题的决定》，首次提出实现基本公共服务均等化的目标。随后，在中国共产党的多次重要会议上，基本公共服务均等化都被作为重要内容进行强调和部署。2017 年，国务院印发《十三五推进基本公共服务均等化规划》，该规划成为我国推进基本公共服务体系建设的综合性、基础性、指导性文件。同年，中共十九大报告明确要求，中国要在 2035 年基本实现基本公共服务均等化。

目前，中国在公共服务体系上的努力主要围绕基础公共服务、公共安全服务、经济公共服务和社会公共服务四个领域展开。其中，社会公共服务旨在满足公民在生存、生活和发展上的社会性直接需求，包括住房、社会保障、教育、医疗、文化和环保等多个方面。随着中国社会的飞速发展，社会需求逐渐凸显和多元，而公共服务在住房和社会保障上的公正平等正成为越来越多中国人的深切诉求。

自古以来，中国人就对住房有一种特殊的情结。在中国人看来，房子不仅是安身立命之所，也是家庭情感凝聚之处。伴随住房市场化改革的推行，住房越来越与财富、地位和声望联系在一起，反映出人们在社会资源与经济资源占有上的差异和不平等。面对住房日益分化不均的问题，中央政府自 2005 年以来逐渐建立起一套包括经济适用房、廉租房、住房公积金、限价房和公共租赁房等在内的住房保障制度。为了抑制房价上涨过快、恶意炒房等现象，政府还相继出台了《国务院关于坚决遏制部分城市房价过快上涨的通知》《国土资源部关于加强房地产用地供应和监管有关问题的通知》等文件。就社会现状来看，虽然上述政策措施都致力于实现人们在住房上的公正共享，但许多实证研究都发现，住房分化依然存在，且这一分化受到诸多因素的影响。在社会经济地位上，年收入、受教育年限和职业阶层地位居于上层的家庭往往所拥有的平均房产价值更高（吴开泽，2019）。此外，由于许多体制内单位会向职工提供住房福利，体制内的个体相对于体制外的个体来说具有特殊优势，体制内行政级别越高、所在部门越核心的个体可得的福利更多（蔡禾、黄建宏，2013；方长春，2014；吴开泽，2017）。在城乡差异上，农村人均住房建筑面积稍大于城市，但城市住房质量远高于农村地区，同时，因户口属性带来的住房资源差异也影响着城乡住房分化（卢春天、成功，2015；朱梦冰、李实，2018）。在代际传承上，代际累积优势越大的子女越容易在住房上实现从无到有或由小变大的转变（谌鸿燕，2017；范晓光、吕鹏，2018）。

在现代社会中，社会保障是不断增进人民福祉的基本制度安排，其地位无可替代（郑功成，2017）。中国共产党的十八届三中全会明确指出，深化社会保障体制改革是中国全面深化改革任务中的一项重要内容。2019年，党的十九届四中全会通过的《中共中央关于坚持和完善中国特色社会主义制度、推进国家治理体系和治理能力现代化若干重大问题的决定》再次为社会保障发展指明了方向，即坚持和完善统筹城乡的民生保障制度，满足人民日益增长的美好生活需要。目前中国实施的社会保障项目（包括社会养老保险、医疗保险、最低生活保障等）与基础性民生紧密相连，通过政府主导再分配，以帮助处于弱势的个人和家庭提供有效保障。从区域上看，中国的社会保险参与率虽然整体得到了显著提升，但伴随地区经济发展水平表现出了明显分化，东部发达地区的参与率明显高于中西部地区（蔚志新，2013）。城镇中的流动人口，尤其是来自农村的流动人口在社会保障上与本地市民仍存在较大差距（杨菊华，2011）。社会保障的差异不仅体现在性别、年龄、受教育程度、户口性质和婚姻状况等个人特征上，还与所属行业、单位性质、就业身份和收入等职业特征密切相关（韩枫，2016）。中国的社会保障推行成效不仅反映在现实的参保差异上，也可从受众对制度的评估中窥知一二。整体而言，中国社会保障满意度水平不高，但提升很快，存在区域、城乡和项目的差异。在个体层面上，低收入者、高学历者、企业职工和中青年群体的社会保障满意度较低（文太林、肖瑶，2020），社会经济地位较高、身体健康状况较好、社会保险参与率与保险水平较高的个体则对社会保障的满意度较高（陈旭峰，2017）。此外，对社会保障评估的探讨离不开对公民福利态度的特征分析。首先，中国人对家庭有很深的家本位观念。家庭作为福利提供的重要主体成为其福利体系的显著特征（万国威、刘梦云，2011）。家庭经济地位越高的个体越倾向于从家庭内部寻求非制度性支持，而家庭经济地位较低者则依赖来自国家的制度性支持（金卉、祝建华，2014）。其次，受儒家文化的积极进取观影响，中国人普遍认为个体要通过勤奋、努力来实现自给自足，将贫困视作个体懒惰的结果。杨琨、袁迎春（2018）基于 ISSP 2009 数据库里关于中国公民福利态度的数据发现，中国民众更支持政府收入再分配和保障失业者生活的福利供给，但不赞成政府增加对穷人的津贴。最后，在全球化大背景下，与国外类似的是，个体若有较强的不公平感、不平等感以及对政府的不信任感，那么他们会更期待政府承担起收入再分配的福利责任（Whyte & Han，2008；杨琨、袁迎春，2018）。

通过回顾中国公共服务体系建设历程，结合住房和社会保障上的进展和问题可以发现，中国目前已开始注重公共服务的平等公正，但仍需不断完善。基于此，本文以公共服务中与公众生活密切相关的住房与社会保障作为切入点，通过调查数据进行详细分析，以探讨中国公共服务在经济资本、人力资本和政治资本等不同方面的差异。

二 中国住房与社会保障差异

本文将使用中国社会科学院社会学研究所于 2019 年实施的中国社会状况综合调查的数据，结合年龄、经济收入、受教育程度和体制位置等特征，分别考察社会不同群体在住房特征、住房类型、社会保障参与及其评价、福利意识等方面的差异①。

① 由于中国的住房政策在城市和乡村存在较多不同之处，本研究仅选取了有城市户口的成人样本作为分析对象。

（一）住房差异

1. 年龄与住房差异

表 1 展现了不同年龄群体的住房特征差异。在住房数量上，30～39 岁群体所在家庭拥有的住房最多，为 1.448 套，其次是 18～29 岁群体。上述群体均为社会的中青年，一方面有来自个人的财富积累，另一方面也可能受到代际间的财富传递。与此同时，30～39 岁群体的住房现值也高于其他年龄组，为 137.460 万元，50～59 岁群体所在家庭的住房现值最低，为 95.528 万元。在住房总面积上，30～39 岁群体的优势继续凸显，其当前住房面积和所有住房面积均超过其他年龄组。整体而言，中青年在住房总面积上的条件优于中老年。但若考虑人均住房面积时可发现，30～39 岁群体的人均住房面积仅为 49.479 平方米，比 50～59 岁群体少 20 平方米左右。由此可以看出，个人的生命历程及其家庭规模变化对住房条件产生较大的影响。

表 1　年龄组与住房特征

年龄组（岁）	住房数量（套）	住房现值（万元）	当前住房面积（平方米）	所有住房面积（平方米）	当前人均住房面积（平方米）
18～29	1.441	110.082	123.094	172.020	57.558
30～39	1.448	137.460	126.621	176.590	49.479
40～49	1.291	107.171	110.559	139.553	55.161
50～59	1.251	92.528	112.773	139.224	69.585
60～69	1.281	114.913	107.915	132.960	68.178

资料来源：2019 年中国社会状况综合调查（CSS）。

表 2 将年龄组与住房类型联系起来，由此我们可发现，年龄越大，自有住房的比例越高，其中 60～69 岁年龄组所在家庭的住房为自有住房的比例为 84.03%，比 18～29 岁年龄组高出 8.37 个百分点。与此相反的是，年龄越大，私人房的比例越低，其中 18～29 岁年龄组所在家庭的住房为私人房的比例是 60～69 岁年龄组的 3.1 倍。此外，廉租房/公租房在 18～29 岁群体中相对占比最大，为 6.34%，在其他年龄段占比整体较低但差距不大。亲友房和集体宿舍相对占比最高的年龄组分别是 30～39 岁和 50～59 岁。由表 2 可以看出，随着年龄的增加，中国人在住房上更偏向于购买属

于自己的房子，而不是依赖其他人。

表 2 年龄组与住房类型

单位：岁，%

年龄组	目前所居住的住房类型							
	自有住房	廉租房/公租房	亲友房	私人房	集体宿舍	其他	不清楚	总计
18～29	75.66	6.34	3.27	9.82	1.02	3.48	0.41	100.00
30～39	79.80	3.76	6.93	6.14	0.79	2.38	0.20	100.00
40～49	81.36	4.52	4.66	6.07	0.85	2.26	0.28	100.00
50～59	81.38	3.81	5.22	3.95	1.27	3.67	0.71	100.00
60～69	84.03	4.17	5.32	3.17	0.86	2.30	0.14	100.00

资料来源：2019 年中国社会状况综合调查（CSS）。

2. 经济收入与住房差异

近年来，住房作为个人和家庭的重要经济财产越来越显示出重要作用。对很多个人和家庭而言，住房不仅需要巨大的一次性金钱支出，还可能让其背负长时间的贷款。因此，良好的经济能力会直接影响到个人和家庭住房选择，进而在住房特征和性质上出现分化①。

在住房特征上，首先，高收入个人和家庭的住房数量都最高，而中低收入和中收入的个人和家庭拥有的住房数量较低；其次，高收入个人和家庭拥有的住房现值要明显高于其他群体，而中低收入个人和家庭的住房现值最低；最后，无论是当前住房面积还是所有住房面积，高收入个人和家庭都大于其他群体，但他们在当前人均住房面积上并不占据优势，反而是中低收入个人和家庭的当前人均住房面积较大。

整体而言，经济收入上占据更多资源的个人和家庭的住房条件更好，中层以下的个人和家庭的住房条件仍待完善。经济资本和住房的分化出现了一定特征，但并非差距过大。值得注意的是，低收入群体并没有在各项指标中均处于劣势，低收入者的住房数量、住房现值和当前住房面积的均值皆高于中收入者，反而是中低、中收入群体的住房条件提升的空间相对

① 本文将个人年收入和家庭年收入分别由低到高进行排序后分成了五组，以体现经济能力高低不同的个人和家庭在住房上的差异。

较大，其中中收入者的住房数量仅有 1.222 套，当前住房面积为 108.691 平方米，相对其他群体来说是最低的。这说明，一方面，低收入群体在中国社会保障和扶贫政策的扶持下生活条件已得到明显改善；另一方面，中低、中收入群体在社会上受到的竞争压力大，他们既对上层生活充满向往，又会直接受到高收入群体的挤压，所以会将有限的经济资源做更为精打细算的安排，同时，他们也无法受到相应的政策扶持。

表 3　经济收入与住房特征

经济收入	住房数量（套）	住房现值（万元）	当前住房面积（平方米）	所有住房面积（平方米）	当前人均住房面积（平方米/人）
个人层面					
低收入者	1.279	91.891	118.083	145.114	56.246
中低收入者	1.222	67.131	127.428	153.412	65.868
中收入者	1.222	69.860	108.691	131.070	62.880
中高收入者	1.271	91.951	110.732	135.656	62.068
高收入者	1.473	157.618	118.306	168.542	60.041
家庭层面					
低收入家庭	1.181	61.820	110.063	130.904	66.558
中低收入家庭	1.152	52.004	112.028	126.099	66.830
中收入家庭	1.186	66.412	108.433	126.553	65.535
中高收入家庭	1.258	90.126	108.125	132.355	60.435
高收入家庭	1.561	173.520	126.191	185.578	57.133

资料来源：2019 年中国社会状况综合调查（CSS）。

此外，经济收入与住房特征的差异在家庭层面体现出的差异要明显大于个人层面。例如，在家庭层面，高收入家庭和低收入家庭的住房数量相差 0.38 套，住房现值相差 111.7 万元，当前人均住房面积相差 9.425 平方米；在个人层面，高收入者和低收入者的住房数量仅相差 0.194 套，住房现值相差 65.727 万元，当前人均住房面积相差 3.795 平方米。这反映出住房特征更多是与整个家庭的经济实力相联系，而不是单纯依赖某个家庭中的成员。

表4 经济收入与住房类型

单位：%

经济收入	目前所居住的住房类型							
	自有住房	廉租房/公租房	亲友房	私人房	集体宿舍	其他	不清楚	总计
个人层面								
低收入者	78.36	4.49	6.07	6.86	0.53	3.43	0.26	100.00
中低收入者	77.19	7.02	6.32	6.32	0.00	2.81	0.35	100.00
中收入者	80.83	4.17	5.69	4.36	1.52	3.23	0.19	100.00
中高收入者	82.06	5.40	4.27	4.27	1.38	2.26	0.38	100.00
高收入者	82.34	3.19	4.39	6.39	0.80	2.59	0.30	100.00
家庭层面								
低收入家庭	68.83	10.12	9.31	6.48	0.40	4.45	0.40	100.00
中低收入家庭	76.47	6.82	6.82	4.47	0.94	4.47	0.00	100.00
中收入家庭	80.63	4.24	5.72	5.35	1.66	2.21	0.18	100.00
中高收入家庭	84.14	3.12	3.90	5.85	0.78	1.95	0.26	100.00
高收入家庭	83.83	3.42	3.21	5.39	1.04	2.80	0.31	100.00

资料来源：2019年中国社会状况综合调查（CSS）。

在住房类型上，个人层面的卡方检验值为30.1284，统计结果不显著（$p = 0.181$），而家庭层面的卡方检验值为72.2184，家庭经济收入与住房类型显著相关（$p < 0.001$）。自有住房在个人层面各阶层的比例都最高，大多在80%左右。廉租房/公租房、亲友房和私人房的占比差别较大，大部分处于5%～10%之间，而集体宿舍的占比仅有1%左右。经济收入越高的个人和家庭，居住在自有住房的比例越高。低收入家庭住在廉租房/公租房、亲友房的比例较其他阶层来说最高，分别为10.12%和9.31%，均是高收入家庭的3倍左右。可以看出，经济收入占据劣势的家庭在住房上更加依赖政府和他人的力量，优势家庭更加有能力去实现自由住房。

3. 受教育程度与住房差异

本文将受教育程度作为人力资本的测量指标。通过表5可知，受教育程度越高的群体，其住房数量越多，住房现值越高，但在住房面积上整体占据劣势。虽然研究生及以上群体的住房现值接近初中及以下住房现值的 4 倍，但他们在当前住房面积、所有住房面积和人均住房面积上远低于初中及以下群体。将上述发现和现实结合来看，虽然受教育程度较高的群体多集中在房价高、住房紧张的大城市，但这部分群体可以将高价值的人力资本转化为良好的住房条件，且近年来许多中国城市都涌现出了以引进人才为主的“抢人大战”，其中会涉及一些住房上的政策补贴和帮助。

表 5　受教育程度与住房特征

受教育程度	住房数量（套）	住房现值（万元）	当前住房面积（平方米）	所有住房面积（平方米）	当前人均住房面积（平方米）
初中及以下	1.217	50.145	162.407	188.189	75.572
高中/中专	1.282	78.149	145.59	178.982	70.195
大学专科	1.414	114.775	133.623	182.383	63.151
大学本科	1.411	131.928	129.489	174.07	58.388
研究生及以上	1.554	183.518	106.127	155.925	60.712

资料来源：2019 年中国社会状况综合调查（CSS）。

4. 体制位置与住房差异

“体制”是一个具有中国特色的词语。本文将 CSS 2019 中从事工作的样本划分成体制内和体制外两类①。其中，在党政机关，人民团体，军队，国有企业，国有控股企业，国有、集体事业单位，社区居委会，村委会等自治组织内的工作称为体制内，而在集体企业、私营企业、三资企业、个体工商户、民办事业单位（民办非企业单位）、无单位和其他单位的工作称为体制外。

在住房市场化改革之前，政治资本一直在由国家主导的福利制度中发

① 体制内泛指公务员、国企编制内员工或国家管理阶层家属等代表国家权力或依靠国有资产获得收益的群体。体制内具有多种优势，体现在工作稳定、福利优厚、社会主导等方面。而体制外则更灵活，但抵御风险的能力较弱、福利较低，同时对社会的影响力较弱。

挥重要作用，体制内个体在住房分配中拥有很大优势。随着住房产权化和商品化的推进，政治资本的作用依然存在，但其影响力不可避免地受到了其他因素削弱。结合表6的CSS 2019数据来看，在住房类型上，体制内居住在自有住房的比例为84.01%，比体制外居住在自有住房的比例高6.33个百分点。在其他住房类型上，体制外的个体均高于体制内个体，其中在私人房上二者差距最大。

表6　体制位置与住房类型

单位：%

体制位置	目前所居住的住房类型							
	自有住房	廉租房/公租房	亲友房	私人房	集体宿舍	其他	不清楚	总计
工作类型								
体制内	84.01	3.23	4.03	4.84	1.21	2.28	0.40	100.00
体制外	77.68	5.37	4.27	7.56	1.22	3.41	0.49	100.00

资料来源：2019年中国社会状况综合调查（CSS）。

（二）社会保障

1. 社会保障参与①

CSS 2019分别考察了养老保险、医疗保险、失业保险、工伤保险、生育保险和城乡最低生活保障的公民参与状况（见表7、表8和表9）。就整体参保水平而言，超过九成的公民参与了医疗保险或公费医疗，比例最高；参与水平位居第二的是养老保险或离退休金，有80.18%；失业保险和工伤保险保障水平相对较低，均在50%左右；生育保险的参与水平更低，只有42.31%；作为兜底保障的城乡最低生活保障的参与率为2.52%。上述发现表明，中国的医疗保障和养老保障覆盖面更广，享受保障的公民更多，但在就业保障中针对失业、工伤和生育的保险参与率整体较低，还需要后续不断完善。

① 中国社会保障体系具有城乡和职业差异，因此，本部分的研究对象为具有城市户口且从事非农业工作的样本。其中，生育保障部分仅针对上述群体中的女性进行分析。

表 7　体制位置与养老、医疗保险

单位：人，%

体制位置	是否参与养老保险或离退休金		是否参与医疗保险或公费医疗	
	否	是	否	是
体制内	61（8.21）	682（91.79）	26（3.49）	718（96.51）
体制外	248（30.39）	568（69.61）	103（12.61）	714（87.39）
总计	309（19.82）	1250（80.18）	129（8.26）	1432（91.74）

资料来源：2019 年中国社会状况综合调查（CSS）。

表 8　体制位置与失业、工伤保险

单位：人，%

体制位置	是否参与失业保险		是否参与工伤保险	
	否	是	否	是
体制内	204（28.25）	518（71.75）	203（28.16）	518（71.84）
体制外	537（65.81）	279（34.19）	522（64.05）	293（35.95）
总计	741（48.18）	797（51.82）	725（47.20）	811（52.80）

资料来源：2019 年中国社会状况综合调查（CSS）。

表 9　体制位置与生育保险、城乡最低生活保障

单位：人，%

体制位置	是否参与生育保险		是否参与城乡最低生活保障	
	否	是	否	是
体制内	118（34.4）	225（65.60）	772（98.47）	12（1.53）
体制外	264（68.75）	120（31.25）	787（96.68）	27（3.32）
总计	382（52.54）	345（47.46）	1509（97.48）	39（2.52）

资料来源：2019 年中国社会状况综合调查（CSS）。

为进一步呈现各项保障参与的内部差异，尤其是要关注整体水平较低的就业保障，有必要将体制内外作为该问题的重要切入角度之一。结果显示，整体高水平的医疗保障和养老保障在体制内外的差异相对较小，体制内参与样本人数分别是体制外参与样本人数的 1.1 倍和 1.2 倍左右，而整体低水平的就业保障在体制内外的差异十分明显。其中，在失业保险、工伤保险和生育保险中，体制内参与样本人数均为体制外参与样本人数的 2

倍左右。无论是在体制内还是在体制外，参与城乡最低生活保障的个体都很少，其比例分别是1.53%、3.32%。由此可以看出，中国社会保障水平较高的医疗和养老保障在体制内外的差异并不明显，基本上已经做到了全民覆盖。但与就业保障相关的失业保险、工伤保险和生育保险不仅整体参与率低，其中非体制内的个体参与率更低，这说明该项保障的落实和工作单位的类型有着紧密关系，在体制内的个体可以将政治资本转化为更为完善的社会保障。

2. 社会保障评价

为了更好地了解公民对于中国当前社会保障状况的满意度，CSS 2019分别询问了被调查者对政府当前提供的各项社会保障的评价和对社会保障的总体评价，其中1分表示非常不满意，10分表示非常满意。调查的社会保障包括养老保障、医疗保障、就业保障、城乡最低生活保障（低保）和政府提供的经济适用房、公租房、廉租房等基本住房保障。

将经济收入与社会保障评价结合来看，公民对医疗保障、养老保障、社会保障的评价整体较高，而对就业保障的评价整体较低（见表10）。结合不同经济收入的群体来看，无论是在个人层面还是家庭层面，经济收入较高的群体对各项社会保障的评价要高于低收入群体。对于较高收入群体来说，他们可以利用经济资源来提高生活条件和降低社会风险，因此对来自国家的社会保障并不敏感，而对于低收入者和低收入家庭而言，他们更依赖社会保障，因此对中国社会保障质量提升的期盼更为迫切。

表11和图1考察了社会保障评价在不同受教育程度群体之间的差异。受过高等教育的大学专科和大学本科群体对各项社会保障的评价要明显高于高中以下学历的群体。值得注意的是，研究生及以上学历的群体对社会保障的评价并不高，尤其是在养老保障和住房保障上，该群体的评价分数最低，且他们对社会保障的总体评价也是各群体中最低的。这给予我们的一个启示是，政府在进行社会保障体系建设的过程中，不仅要结合对低学历群体的关怀，也要重视高学历群体的需求。

结合图1来看，受教育程度相对较高的群体对社会保障的评价组内差异较小，而受教育程度相对较低的群体内部异质性较大。这一特征尤其体现在对养老保障和医疗保障上，说明虽然人们对诸如养老、医疗这样高覆盖水平的社会保障整体持有较高的评价，但受教育程度越低，评价的两极分化越明显。在就业保障、城乡最低生活保障和社会总体保障上，受教育程度低的个体对这类保障评价很可能较低。

表 10　经济收入与社会保障评价

经济收入	社会保障评价					
	养老保障	医疗保障	就业保障	最低生活保障	住房保障	总评
个人层面						
低收入者	6.672	6.792	5.475	5.813	6.067	6.402
中低收入者	6.563	6.514	5.420	6.063	6.208	6.600
中收入者	6.707	6.486	5.468	5.753	6.138	6.547
中高收入者	7.215	6.921	6.225	6.476	6.588	6.999
高收入者	7.239	7.058	6.523	6.669	6.576	7.007
家庭层面						
低收入家庭	6.732	6.601	5.245	5.865	6.072	6.373
中低收入家庭	6.674	6.432	5.387	5.513	5.950	6.365
中收入家庭	6.908	6.681	5.678	5.882	6.188	6.731
中高收入家庭	7.146	6.980	6.327	6.646	6.652	7.005
高收入家庭	7.160	7.057	6.412	6.667	6.602	7.007

资料来源：2019 年中国社会状况综合调查（CSS）。

表 11　受教育程度与社会保障评价

受教育程度	社会保障评价					
	养老保障	医疗保障	就业保障	最低生活保障	住房保障	总评
初中及以下	6.996	6.739	5.534	5.820	6.177	6.709
高中/中专	6.784	6.660	5.841	6.124	6.296	6.665
大学专科	7.098	6.871	6.283	6.519	6.405	6.886
大学本科	7.199	7.175	6.640	6.907	6.832	7.055
研究生及以上	6.656	6.773	6.469	6.390	6.155	6.621

资料来源：2019 年中国社会状况综合调查（CSS）。

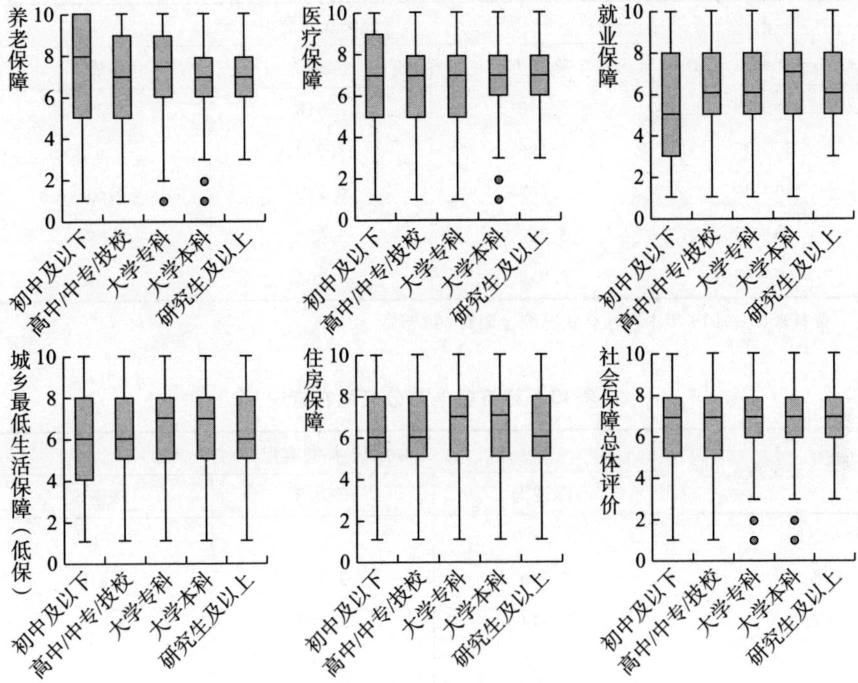

图 1　受教育程度与社会保障评价

资料来源：2019 年中国社会状况综合调查（CSS）。

3. 公民福利意识

本文还关注了不同群体对福利意识①的看法。在 CSS 2019 问卷中，分别询问了被调查者三道关于福利意识的问题，分别是“社会保障是政府的基本责任，不应当由普通百姓负担”（陈述 1）、“现在的社会保障水平太低，起不到保障的作用”（陈述 2）和“我对现在政府提供的社会保障不满”（陈述 3），调查结果见表 12 和表 13。

① 关于福利意识的各个问题分别利用“非常不同意”、“不太同意”、“不好说”、“比较同意”和“非常同意”测量，本文将其分别赋值为 1、2、3、4 和 5，表中显示的为福利意识的平均值。

表 12　年龄组与公民福利意识

年龄组（岁）	公民福利意识		
	陈述 1	陈述 2	陈述 3
18～29	3.012	2.918	2.393
30～39	3.196	3.248	2.675
40～49	3.369	3.299	2.657
50～59	3.722	3.458	2.872
60～69	3.858	3.293	2.610

资料来源：2019 年中国社会状况综合调查（CSS）。

表 13　经济收入与公民福利意识

经济收入	公民福利意识		
	陈述 1	陈述 2	陈述 3
个人层面			
低收入者	3.346	3.335	2.810
中低收入者	3.414	3.249	2.695
中收入者	3.620	3.414	2.824
中高收入者	3.575	3.276	2.673
高收入者	3.374	3.143	2.459
家庭层面			
低收入家庭	3.571	3.360	2.891
中低收入家庭	3.619	3.468	2.939
中收入家庭	3.524	3.393	2.753
中高收入家庭	3.520	3.224	2.562
高收入家庭	3.342	3.119	2.490

资料来源：2019 年中国社会状况综合调查（CSS）。

陈述 1 关注的是中国社会保障的责任主体。根据表 12 可知，年龄越大，越赞同“社会保障是政府的基本责任，不应当由普通百姓负担”的说法。在个人和家庭层面，不同经济收入的群体对此的平均态度均在“不好说”和“比较同意”之间。其中，中收入者和中低收入家庭相对更认为社会保障应由政府负责，而非由公民自己负责。对于高收入者和高收入家庭来说，他们虽然也认为政府应该负主要责任，但对普通百姓自我负责的排斥相对较低。

陈述 2 关心的是中国社会保障水平是否能够满足公民需要。表 12 的结果显示，年龄越大的群体越认为目前的社会保障水平较低，起不到保障的作用。与陈述 1 类似，在个人和家庭层面，不同经济收入的群体对此的平均态度均在“不好说”和“比较同意”之间。分经济收入来看，中收入以下的个人和家庭对当今社会保障能力的肯定态度要优于高收入群体。这意味着目前的社会保障能够在一定程度上满足低收入群体的需要，但目前的社会保障对高收入群体来说并不能满足他们的需要。

陈述 3 考察的是公民对政府提供社会保障的不满程度。在年龄上，不同年龄组的群体都未表示出对政府提供的社会保障不满。其中，18～29 岁的年轻人对当前社会保障不满的程度最低，50～59 岁的中老年人对社会不满的程度相对较高。在经济收入上，无论经济收入属于何种程度，作为个体和家庭成员的公民对该项的态度都是在“不太同意”和“不好说”之间。也就是说，大部分受访者没有表现出对当前社会保障的不满。总体趋势上看，经济收入越高的个人和家庭对社会保障不满的程度越低。

综合上述三道问题可以发现，年龄越大的群体越赞同社会保障是政府的责任，且目前社会保障尚不能满足需求，还需要不断完善。不同年龄组的群体均未表示出对社会保障的明显不满，其中 18～29 岁年轻人的不满态度明显低于其他年龄组。相对于低收入群体而言，高收入个人和家庭更认可个人也应当作为主体参与到社会保障建设中，更倾向于认为现今的社会保障有很大的提升空间，同时对当下社会保障的不满程度更低。

图 2 展现了不同受教育程度群体的福利意识差异。三道问题中，选择“不好说”的群体较选择其他选项的群体来说，受教育程度均是最低的，说明受教育程度越高的群体更容易对福利意识有清晰的判断。同时，三道问题中，选择“比较不同意”和“不同意”的群体的平均受教育程度要高于选择“比较同意”和“非常同意”的群体。这反映出，受教育程度高的群体更倾向于认为社会保障不仅需要政府主导，也需要普通百姓承担一部分。该群体对当前的社会保障持肯定态度，认可了中国社会保障建设的成效，也较少表示出不满的态度。

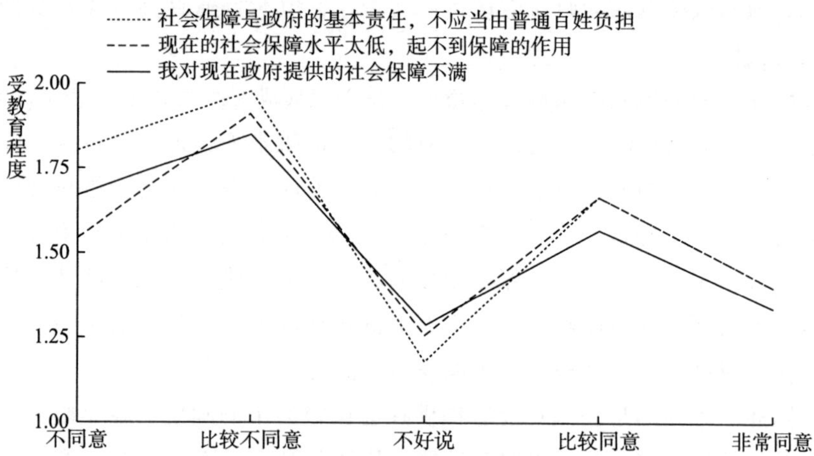

图 2　受教育程度与公民福利意识

资料来源：2019 年中国社会状况综合调查（CSS）。

三　结论与讨论

住房和社会保障一直是公共服务的核心议题之一。20 世纪 90 年代，中国的住房开始进入市场化阶段，覆盖全民的多样化社会保障体系也开始着手建立。时至今日，中国国民的住房质量和社会保障水平都得到了显著提升。但在经济增长和社会转型的交织推进下，充分涌现的各类要素使住房和社会保障不再是铁板一块，而是愈加呈现出多样性，尤其是当这二者和其他社会资源紧密相连的时候。受到现代国家平等公正的社会意识促动，住房和社会保障内部的分化和不均成为当下社会各界关注的热点。

本文结合年龄、经济收入、受教育程度和体制位置分析了中国当前的住房差异。研究结果表明以下几点。（1）30～39 岁的中青年在住房数量、住房现值、当前住房面积和所有住房面积上均较其他年龄组群体更好，但其当前人均住房面积却是最低的。年龄越大，其当前住房为自有住房比例越高，私人房比例越低。（2）经济收入较多的群体的住房条件更好，中层以下的个人和家庭的住房条件仍待完善，这一特征在家庭层面表现得比个人层面更为突出。经济优势家庭更加有能力去实现自由住房，而经济劣势家庭在住房上更加依赖政府和他人的力量，如居住在廉租房/公租房、亲友房和私人房中。(3) 受教育程度越高的群体，其住房数量越多，拥有住房的现值越高，但在住房面积上整体占据劣势。(4) 体制内个体拥有自有住房的比例要明显高于体制外个体。

本文还对社会保障参与、评价和福利意识进行了研究。(1) 在社会保障参与方面，医疗养老保障的参与率相对较高且体制内外的差异并不明显，而就业保障中针对失业、工伤和生育的保险参与率整体较低，其中非体制内的个体参与率更低。(2) 在社会保障评价方面，经济收入较高的群体对各项社会保障的评价要高于低收入群体。受过高等教育的大学专科和大学本科的群体对各项社会保障的评价明显高于高中以下学历的群体，但研究生及以上学历的群体对社会保障的评价并不高。此外，受教育程度相对较高的群体对社会保障的评价组内差异较小，而受教育程度相对较低的群体内部异质性较大。(3) 在福利意识方面，年轻人、高收入者和高学历者都更倾向于认为社会保障需要政府和公民共同参与建设，且皆对中国当前的社会保障体系更为满意。高收入者对现有保障水平提升抱有较大的期望，而年轻人和高学历者对当前的社会保障水平皆持更积极的肯定态度。

可以看出，中国当前的住房存在着一定程度上的年龄、经济、人力和政治上的分化，优势群体掌握着更为良好的住房资源和条件。社会保障体系中，不同类型的保障覆盖面大小不一且与体制位置高度相关，不同经济收入和受教育程度的群体在社会保障评价和福利意识中也存在不同观点。目前，中国的住房和社会保障建设已取得丰硕成果，但仍要向着更深层次的平等公正继续迈进。本文的发现可以说为中国未来的公共服务建设提出了更为细致的发展方向。

近年来，关于住房与社会保障平等公正的研究越来越得到学术界热议。本文侧重对社会调查数据进行定量分析，尚未涉及住房感知、住房文化和社会保障实际效用等方面，未来可进一步结合典型案例的实地研究和不同地域的比较分析来深入探索住房与社会保障分化的表现、特征和形成机制，最终提升本研究的学术价值和应用价值。

现代俄罗斯住房和社会保障方面的平等与公正

科兹列娃（P. M. Kozyreva）
尼扎莫娃（A. E. Nizamova）
斯米尔诺夫（A. I. Smirnov）

事实上，俄罗斯社会生活的方方面面都存在着各种各样的社会问题，这对俄罗斯的社会生活而言是严重的挑战，甚至可能会对其可持续发展造成威胁。要充分应对这些威胁，就需要更加重视国家社会政策的制定和实施，从而做出有利于人民富裕和民生改善的正确决定。

《俄罗斯联邦宪法》将俄罗斯定义为一个福利国家，而目前俄罗斯联邦的社会政策即建立在此基础上，旨在创造出为人民提供舒适生活和无限发展机遇的有利条件（见《俄罗斯联邦宪法》第 7 条）。该政策有助于为人民的生活创造各种有利条件，促进人民的身体健康，提高人民的受教育水平，提供满足其需求和实现公民利益的平等机会，同时确保向有此类需求的家庭和公民提供基本水平的相关社会保障和支持。俄罗斯的社会政策以社会正义、社会责任、社会伙伴关系、社会保障等原则为基础，旨在通过一切可能的手段提升人口福祉，并为俄罗斯公民提供适宜的生活环境、安全和社会保障。国家社会政策的主要目标是促进俄罗斯社会的团结和统一，在确保稳定性的同时向着一体化的方向发展（Aleshina，2013：163；Grigorieva，2008：20；Lyublinsky，2013：155）。

在俄罗斯社会政策中，最重要的组成部分包括住房政策，而住房政策又包括一系列措施，这些措施旨在为公民提供经济上可负担的舒适住房以及质量更高的公共事业服务。在改革之前，俄罗斯的住房政策在很长一段时间内没有得到足够的资金支持，导致住房供应甚至无法满足俄罗斯公民最适度的需求。俄罗斯当时正处于向市场经济过渡的阶段，需要克服这些不利趋势，因此有必要制定出全新的办法来解决在向人民提供实惠住房、使现有住房更宜居以及平衡住房市场供求关系等方面所面临的诸多问题。

国家社会政策的另一个重要组成部分和表现形式是社会保障，即政府所采取的一套经济和法律措施，旨在从物质上帮扶某些特定类别的公民，以及利用政府资金和预算外的专项国家资金，在法律规定的某些具体情况下保障公民的个人收入和无条件的社会地位（Sharin，2005）。根据《俄罗斯联邦宪法》第 39 条的规定，“在公民年老、生病、残疾、失去家庭经济支柱、需要抚养子女以及出现法律规定的其他情形，应由国家出资确保其社会保障”。

社会保障制度是政府通过实施收入再分配政策来解决个人收入不平等问题的一种工具，它还可以确保弱势群体公民具有与社会中其他成员一样平等的社会地位。现代俄罗斯的社会保障制度通常涉及各种类型的津贴、补贴、补偿金、社会服务、医疗保健服务和治疗以及特定人群的各种福利。此外，社会保障还涉及包括社会保险在内的政府措施以及各种常见拨款，例如从税款中划拨的且发放时无须核查受益人收入或是否需要这笔款项的津贴（Zamaraeva，2017：208）。

但是，值得注意的是，在俄罗斯，福利国家的官方原则与这些实际上存在缺陷的社会政策之间仍具有持续的尖锐矛盾，而且社会保障领域也是如此。经过多年的改革，政府促进社会发展的能力已日渐衰微。今天，俄罗斯国家提供的基本社会保障并未覆盖到所有人，而只针对最弱势群体。如果对总体情况进行评估，可以得出以下结论，即目前弱势群体的生活充斥了一种不确定感。用 I. Grigoryeva 的话说，“社会政策是国家、经济与人口之间的一个互动系统，但是为适应我们这个时代的新现实，这个系统还没有向那些最需要它的民众开放和让他们参与”（Grigorieva，2017：499）。

与此同时，就我们目前所处的情况而言，仅仅优化当前的社会保障制度已经远远不够，相反，需要对社会保障制度进行现代化调整，并将其转化为一种社会发展体制，力争在所有社会成员的发展方面取得长足进步（Modernization of Russia…，2011：196－201），以便实施“人类发展政策”和“已获得的能力”，也就是说需要一系列无论处于何种情况都能够使人类维护自身尊严的重要权力和手段（Chernysh，2020：9）。

这项工作旨在分析俄罗斯目前在生活和社会保障的所有相关方面所面临的问题和具体的社会政策。在构成社会政策的众多部分中，我们决定只关注其中的两个成分，同时提请人们注意这两个成分与社会平等和社会公正等问题的紧密联系。我们将在社会分层问题的背景下研究住房保障方面的差异性。我们花了一些时间分析了不同群体对俄罗斯当前的社会保障制度持有的态度。我们根据俄罗斯联邦国家统计局（FSSS RF）和俄罗斯纵向监测调查－高等经济大学（RLMS-HSE）的相关数据进行了此项分析。

一 房地产行业发展和住房不平等的主要趋势

（一）房地产行业发展的特点和趋势

俄罗斯住房政策的发展旨在为人民提供经济上可负担的住房，以满足人民目前对住房的需求。自启动市场经济转型以来的三十年里，俄罗斯建起了全新的法律架构，以帮助指导房地产行业的公民法律关系，并且开发出一个具有开放性的住房市场，与此同时，还确立起了住房市场的基本制度，几乎使公共住房完全私有化，对住房和公共事业的支付制度进行了改革，并且启动了帮助促进有效住房需求的快速发展的抵押贷款融资系统。在房地产行业，政府做了一些工作，旨在增加住房建设数量、提高住房质量、提高房地产行业的透明度、降低房地产经营的相关风险以及履行向某些特定人群提供住房的社会义务。

在实施国家住房政策方面，意义最重大的一项发展是俄罗斯采用了新的住房与城镇规划准则，这表明房地产行业正根据市场实际情况走向一个完全不同的水平，并且还执行了一些国家项目、联邦和地区项目，这些项目对增加住房建设量和抵押贷款融资量起到了促进作用，同时也使住房更加经济实惠。目前，俄罗斯正在实施另一个国家级项目，即“住房与城市环境”项目，这个项目的时间跨度为 2019 年至 2024 年，旨在为中等收入家庭提供他们能够负担的住房，包括为他们创造利用抵押贷款购买（修建）住房的机会。这大幅增加了住房建设量，使城市环境更加舒适，建立了公民直接参与创造舒适城市环境的机制，并确保了以稳定速率注销不适合居住的住房。

自市场经济转型的最初阶段以来实施的所有住房项目和方案，目的都是建立一个规范的住房市场以及使大部分民众都晋升为有房阶层。但是，私人房屋屋主数量的增加主要是由于转型之初出现的大规模私有化进程，而在随后的几年里，不断增长的住房建设量和抵押贷款融资量则开始发挥更重要的作用（Bogomolova & Cherkashina，2018：65）。换句话说，市场机制开始成为向人们提供住房的一个更重要的因素。今天，市场制度在城市房地产行业得到了更好的发展，而在农村住区却几乎不见踪影（在农村地区，个人自建住房的比例接近 85%，而在城市地区，这一比例不超过 30%）。

由于社会政策的变化，出租房的比例急剧下降。1990 年的这一比例为 74%，而 2015 年则不到 13%（Kholodilin，2019：36）。此外，今天的出租房市场主要由城市住宅组成。由于严重缺乏出租房资源，再加上合法的租赁市场也不发达，为低收入群体创造解决住房问题所需的必要条件也变得更加困难。

然而，也出现了一些比较积极的趋势，其中之一便是住房建设量有了显著增长，虽然这种增长通常不稳定。根据俄罗斯联邦国家统计局数据可以看出，俄罗斯的住房交付量从 1991 年的 4940 万平方米增长到 2015 年的 8530 万平方米，远远超过苏联时期的最大值（1987 年为 7280 万平方米）。但是，自此以后，俄罗斯进入了严重的经济危机时期，住房建设量也开始减少。尽管在 2019 年，交付使用的住房量确实达到了 8200 万平方米，但在 2018 年，这一数值已经下降到了 7570 万平方米。2019 年，退役住房总量为 1370 万平方米。除此之外，在 2008 年至 2009 年的重大经济危机之后，我们还看到在建住房的规模有所缩小。2019 年，在建公寓的平均面积为 73.2 平方米，远小于 2009 年的 85.3 平方米。

此外，还面临诸多复杂问题，其中最复杂的一个问题是如何重新安置那些住在危险或破旧建筑物中的人。乍一看，这类住房在所有住房总量中似乎只占很小的一部分。但是，根据官方统计，在 2000 年至 2018 年间，这类住房的比例从 0.3% 增加到了 0.7%（或者说从 490 万平方米增加到 2550 万平方米）。此外，还有大约 1.01 亿平方米的住房处于严重失修状态。这促使俄罗斯当局必须认真努力地尝试改善相关的制度机制，从而服务于综合土地开发以及为住在危险和严重破旧建筑物中的人提供重新安置服务。影响住房政策的方法也在发生变化，现在，如果一个区域中的现有建筑物至少有一半被纳入了拆除和重建计划，优先选择是对整个区域进行开发和复兴，而不是进行城市填充。在制定这类计划时，俄罗斯联邦的相关主体被授予了广泛的法律权力。此类计划的目标是，到2024年，重新安置居住在1050万平方米危险建筑物中的64万人。

目前，我们看到人们生活条件的主要指标正在缓慢地持续改善（见表1）。从1995年到2019年，居民的人均住房总面积增加了1.5倍左右，从18.0平方米增加到了26.3平方米。但是，专家们做了一个重要的解释，那就是这一特定值的增加在某种程度上是人口的自然下降所导致的结果（Karakhanova，2010：36）。此外，在这一期间，公寓数量从5200万套增加到了6750万套，而单套公寓的平均面积则从47.7平方米增加到了56.2平方米。

表1　1995～2019年人口生活条件的主要指标

单位：平方米，百万套

指标	年份					
	1995	2000	2005	2010	2015	2019
人均住房总面积（年末）	18.0	19.2	20.8	22.6	24.4	26.3
城市地区	17.7	18.9	20.4	22.1	24.0	25.9
农村地区	18.7	19.9	21.9	24.0	25.6	27.3
公寓数量总计	52.0	55.1	57.4	60.1	64.0	67.5
一室	12.1	12.8	13.3	14.1	15.4	17.0
两室	21.9	22.6	23.2	23.9	24.9	25.8
三室	15.0	16.2	16.8	17.4	18.2	18.8
四室	2.4	3.5	4.1	4.7	5.2	5.6
单套公寓的平均面积	47.7	49.1	50.4	52.8	54.6	56.2
一室	31.7	32.0	32.0	33.4	35.0	36.2
两室	44.7	45.4	45.7	47.1	48.3	49.4
三室	59.3	60.4	61.0	63.2	65.2	66.9
四室或更多	77.3	82.6	91.8	101.8	104.5	110.2

数据来源：俄罗斯联邦国家统计局（FSSS RF）数据。

就房屋翻新而言，俄罗斯时期出现了一些较为积极的改变，尽管这些改变实质上并没有人们希望的那么明显。在 1995 年到 2019 年间，有自来水供应的住房面积比例从 71% 上升到了 84%，有暖气供应的住房面积比例从 68% 上升到了 87%，有热水供应的住房面积比例从 55% 上升到了 72%，尽管有这些变化，但仍有相当大的一部分俄罗斯人住在不舒适的住房中，特别是在农村地区。2019 年，在农村住房中，仅有 63% 的住房有自来水供应，有 71% 的住房有暖气供应，有 40% 的住房有热水供应。总的来说，当我们把目光从大城市的住房移到更小的居住类型上时，发现住房舒适度出现了相当大程度的下降。

尽管已经出现了一些积极的转变，并且相关部门已经采取了相关措施，但目前尚未找到能够解决俄罗斯住房问题的恰当办法。在俄罗斯，除了有能力按喜好购买任何居住空间的富人以及某些有权获得免费住房的群体外，其他人群在决定其居住安排时都面临着巨大的困难。大多数人的收入都很低，因此不具备积极改善生活条件的能力。俄罗斯的国家住房政策基本上并未覆盖到大多数人口。可以获得抵押贷款的人数只有俄罗斯总人数的十分之一（Social Mobility…，2019：37），而剩余的人只能住在出租房内，或者与父母和其他亲戚住在一起。和以前一样，今天，俄罗斯人也将生活条件的不平等视为社会整体层面以及个人层面上更为敏感的不平等现象之一。在俄罗斯的最低收入地区居民和地区中心（不包括莫斯科）居民眼中，即在俄罗斯绝大多数城市居民眼中，这种不平等是一个特别敏感的问题（Gorshkov，2016：266－285）。

这种广泛的不受约束的私有化造成了很多负面影响，其中之一就是出现了一大批“贫困的房主”，这些人无法负担日益增长的房屋修缮费用，或者在现有住房完全坍塌或损毁的情况下无法购置新的住房，更不用说支付根据其住房资产的市场价值计算出的税款了。就低收入家庭而言，我们发现每位家庭成员住房面积的整体价值都在下降，而且在可用的便利设施方面，住房的舒适度也在降低（Tikhonova et al.，2018：122－123）。低收入家庭所拥有的额外住房（第二套住房、乡村住宅）也更少。

在分析房地产行业的问题时，很多研究人员都强调人口住房保障不平等与代际转移等问题之间存在一定的联系。那些在 20 世纪 90 年代没有参与私有化的年轻人正面临经济适用住房机制无效的境况（Burdyak，2015），而这往往会造成一些负面影响。事实已经证明，购买或更换住房已成为一个人生活中的重要事件，影响到人们未来的生活轨迹，包括年轻时期以及更为成熟的年龄阶段（Strelnikova，2015）。住房流动性定义了一个人的住房轨迹，与其入学、找新工作、结婚、生子、搬到其他居住地、退休等重要发展阶段息息相关（Polukhina，2017）。

住房是一种具有特定经济价值的物品，因此可以通过分层透镜来解释一个家庭及其属性。此外，无论从基本功能（作为家庭成员居住的地方）还是从价值评估的角度来看，住房都被认为是一个家庭能够拥有的最重要的财产。根据住房情况确定人口结构的过程是以各种标准为依据，而这些标准源自某些特定住房的某些属性（Social Mobility…，2019：418－426）。在住房保障和可负担能力方面，某些重要的区域差异和社会人口差异成为人们关注的焦点（Burdyak，2015）。

（二）住房差异化

在分析俄罗斯纵向监测调查－高等经济大学数据时，我们发现不同年龄阶段的人在住房安全和所居住房屋的属性方面存在明显差异。从表 2 可以看出，随着人们年龄的增长，越来越多人成为有房之人，这也正好与租房或住宿舍之人的数量急剧下降相对应。在 18 岁至 29 岁的年轻人中，租房居住的比例为 11.3%；在 60 岁至 69 岁的人群中，租房比例不超过 2%；在 70 岁及以上的人群中，租房比例则不到 1%。在住宿舍的年轻人中，绝大多数是在大学学习或在其他地方接受教育的学生。事实证明，在不同年龄组之间，住房类型的差异不太明显（与房主有关）。唯一值得注意的是，同一年龄组的不同住房类型之间人数存在很大差异。

就面积（房间数量、总面积和可居住空间）而言，40～49 岁以及 18～29 岁的人所拥有的住房的面积最大。但是，就每位家庭成员的住房面积而言，上述群体远远落后于老年人。从表 3 可以看出，这一数值随年龄的增长而不断增大，从 40～49 岁的 13.269 平方米持续增长到 70 岁及以上的 20.748 平方米，增长了约 0.6 倍，但是，所拥有住房的主要属性却随着年龄的增长而逐渐变差，这是因为向居民提供的住房的面积正逐年增加。实际上，住在所谓的“紧凑型”、非舒适公寓里的大多数人都是老年人，这些公寓位于房屋极度短缺时期所修建的建筑物内。就每位家庭成员所拥有的住房面积而言，人均面积最小的是 30～39 岁的 10.934 平方米，这个年龄组的人已经有了孩子，但却没有改善生活条件所需的资源。就所居住住房（与私人住房有关）的价值而言，最大的差异是 18～29 岁（其中很大一部分是与父母同住）与所有其他年龄组之间的差异。

表 2　不同年龄组的住房类型和类别差异

单位：岁，%

年龄组	住房类型				住房类别			
	私人住房	出租房	宿舍	其他	独立公寓	部分公寓	独立住房	部分住房
18～29	83.8	11.3	4.8	0.1	63.3	2.9	28.6	5.2
30～39	89.0	9.3	1.5	0.2	66.8	3.7	22.9	6.6
40～49	93.3	5.3	1.3	0.1	65.3	2.8	26.7	5.2
50～59	95.1	3.5	1.3	0.1	65.4	2.9	25.0	6.7
60～69	97.5	2.0	0.3	0.0	67.2	3.2	21.4	8.2
70 及以上	99.0	0.9	0.1	0.0	69.2	2.6	23.5	4.7
整体	91.8	6.2	1.9	0.1	65.8	3.0	25.1	6.1

数据来源：2019 年俄罗斯纵向监测调查－高等经济大学（RLMS-HSE）数据。

表 3　不同年龄组在住房主要属性方面的平均值差异

年龄组（岁）	居住空间（房间）数量（套）	住房市值（千卢布）	住房面积（平方米）	可用（总）住房面积（平方米）	每位家庭成员的住房面积（平方米）
18～29	2.709	2625.089	43.304	62.060	12.041
30～39	2.576	2458.600	40.961	59.787	10.934
40～49	2.724	2420.960	43.798	62.820	13.269
50～59	2.663	2304.704	42.345	61.600	17.461
60～69	2.545	2311.469	39.727	59.539	18.721
70 及以上	2.480	2294.219	38.413	56.816	20.748
整体	2.635	2422.305	41.833	60.838	14.833

数据来源：2019 年俄罗斯纵向监测调查－高等经济大学（RLMS-HSE）数据。

根据俄罗斯纵向监测调查－高等经济大学数据，农村地区拥有私人住房之人的比例最高，而在地区省会（如共和党地区、边疆地区和州首府城镇，不包括莫斯科、圣彼得堡等大城市），拥有私人住房之人的比例最低（见表4）。与此同时，数据表明，地方省会在出租房或宿舍的住房类型方面人数占比最大。不同住房类型之间最大的差异恰好与住房类别有关。在这里，我们可以看到存在这样明确定义的趋势，即部分或完全占据一套公寓的住房人群占比显著减少，而部分或完全占据一套住房的住房人群占比则有所增加，这与居住地的变化相对应。

俄罗斯纵向监测调查－高等经济大学数据可以对一些主要指标进行补充，如与人们拥有二套房的普遍程度相关的主要指标。具体来说，数据表明，居住地不同，二套房的拥有情况也明显不同。如果莫斯科和圣彼得堡居民拥有二套房（一整套公寓或其中的一部分）的比例高达21.2%，那么，在其他地区省会，这一比例仅为11.9%，其他城市为9.5%，城市型居住地为7.3%，农村住区为8%。

表4　不同居住地的人群的住房类型和类别差异

单位：%

居住地类型	住房类型				住房类别			
	私人住房	出租房	宿舍	其他	独立公寓	部分公寓	独立住房	部分住房
大城市	94.2	5.4	0.4	0.0	87.5	12.5	0.0	0.0
地区省会	86.2	9.2	4.6	0.0	89.4	3.6	4.6	2.4
城市	91.4	6.8	1.7	0.1	78.6	1.0	16.4	4.0
小城镇	94.5	4.7	0.7	0.1	49.5	0.9	45.7	3.9
农村	96.9	2.8	0.0	0.3	23.4	0.7	60.7	15.2
整体	91.8	6.2	1.9	0.1	65.8	3.0	25.1	6.1

数据来源：2019年俄罗斯纵向监测调查－高等经济大学（RLMS-HSE）数据。

奇怪的是，在较小的居住地，如小城镇和农村，所有表征居住房屋面积的指标都遥遥领先，而地区省会的指标则处于这一层次结构的底部（见表5）。例如，小城镇的每位家庭成员的平均住房面积为18.574平方米，在农村居住地为17.512平方米，而在地区省会，这一数值仅为12.924平方米。但是，当谈及住房的市场价值差异时，情况就完全不同了。在这里，我们看到了这样一个明显趋势，即居住地状况越好，住房的市场价值也越高。值得注意的是，大城市与其他类型的居住地在这项指标上存在巨大差距。例如，莫斯科和圣彼得堡住房的平均市场价格为767.0410万卢布，其他地区省会的平均市场价格为266.8304万卢布，而在农村，这一平均价格仅为130.0273万卢布。

如果查看一下主观指标，我们会发现，关于如何评估住房条件，不同居住地的人群之间的差异相当小。唯一值得注意的是，与城市居民相比，农村居民将其住房评为“好”或“非常好”的频率略高（后者51.9%对比前者43.8%），并且不太倾向于将其住房评为“一般”（后者41%对比前者45%）、“差”或“非常差”（后者7.1%对比前者11.1%）。

表5 不同居住地的人群在住房主要属性方面平均值的差异

居住地类型	居住空间（房间）数量（套）	住房市值（千卢布）	住房面积（平方米）	可用（总）住房面积（平方米）	每位家庭成员的住房面积（平方米）
大城市	2.260	7670.410	35.271	56.594	13.074
地区省会	2.254	2668.304	34.385	51.997	12.924
城市	2.419	1865.048	36.895	54.660	14.255
小城镇	3.247	1920.513	57.097	78.246	18.574
农村	3.316	1300.273	54.657	74.775	17.512
整体	2.635	2422.305	41.833	60.838	14.833

数据来源：2019年俄罗斯纵向监测调查－高等经济大学（RLMS-HSE）数据。

当开始向市场经济过渡时，在住房分配和所有权出现不平等的背景下，对住房的研究开始更加清晰地呈现出住房与家庭和个人财务状况之间的联系。20世纪90年代中后期，由于不同家庭的收入水平不同，不同家庭之间的住房差异也日益增大，尽管与收入方面的差异相比，住房方面的差异要小一些（On the Situation of Families…，1998：80－81）。在私有化的早期阶段，对于成员中有购买住房的家庭所占比例而言，不同收入群体之间并没有真正的差异，但在之后的阶段，这种差异确实开始逐渐增大（Social Mobility…，2019：431）。高收入家庭开始搬进自己的精英公寓以及私人住宅，而努力改善生活条件的家庭的总数量也开始下降。

从表6可以看出，截至2019年，低收入家庭对所居住房屋持有产权的比例仍远远落后于高收入家庭。尽管对于那些住在出租房的人来说，这种情况恰好相反。此外，收入增长与以下两个因素有关，即住独立公寓的家庭的比例在增加，而与其他家庭共享公寓和住房的家庭的比例在减少。对总体情况进行评估后，我们可以得出以下结论。大多数俄罗斯家庭的微薄收入仍然是限制他们积极改善生活条件的一大障碍。直到今天，他们也无法只靠自己的钱来实现购买公寓的愿望。另外，房价和公共事业费用不断上涨，导致住房问题进一步恶化。

表6　不同收入群体的住房类型和类别差异

单位：%

收入水平	住房类型				住房类别			
	私人住房	出租房	宿舍	其他	独立公寓	部分公寓	独立住房	部分住房
个人								
低水平	92.4	4.8	2.7	0.1	51.8	2.5	38.1	7.6
平均水平以下	93.6	4.0	2.4	0.0	60.9	2.0	30.0	7.1
平均水平	92.3	6.5	1.2	0.0	66.1	3.6	24.3	6.0
平均水平以上	89.6	8.5	1.9	0.0	69.7	4.0	20.8	5.5
高水平	92.2	6.7	1.0	0.1	79.4	3.8	12.4	4.4
整体	92.1	6.1	1.7	0.1	65.5	3.2	25.2	6.1
家庭								
低水平	88.6	6.2	5.1	0.1	61.4	3.6	25.4	9.6
平均水平以下	91.3	7.3	1.4	0.0	64.2	3.8	25.3	6.7
平均水平	89.5	9.1	1.1	0.3	67.4	3.9	23.3	5.4
平均水平以上	93.6	5.2	1.2	0.0	66.5	2.0	27.5	4.0
高水平	95.1	3.6	1.2	0.1	66.4	1.2	27.1	5.3
整体	91.6	6.3	2.0	0.1	65.3	2.9	25.7	6.1

数据来源：2019年俄罗斯纵向监测调查－高等经济大学（RLMS-HSE）数据。

通过观察个人收入差异，我们可以明显发现住房分配不平等的趋势。

在这种趋势下，住在独立公寓的人的比例从低收入群体的 51.8% 持续上升到高收入群体的 79.4%，而住在独立住房的人的比例以更快的速度下降，从 38.1% 下降到 12.4%。其原因是当个人收入水平作为构建收入群体的标准时，其他因素开始产生影响，其中的主要因素为家庭类型、规模和居住地。个人收入较低的群体往往由农村或小城镇家庭的成员组成，家庭成员之间相互依赖，居住于独立的农房中。

我们持续发现（在“家庭总收入”和“个人收入”类别下的）收入群体在其他住房资产所有权方面的差异，而这也与我们之前的研究结果相吻合。根据俄罗斯纵向监测调查 - 高等经济大学数据，拥有额外公寓（或部分公寓）的家庭比例从低收入群体的 3.6% 上升到高收入群体的 1.2%。

从表 7 中收入群体所占住房的主要属性平均值的差异来看，与不富裕的家庭相比，通常情况下高收入家庭的住房更加宽敞、高质量。最能说明这点的便是持续大幅增长的房屋平均市场价值，从低收入家庭的 154.2135 万卢布增长到高收入家庭的 356.0855 万卢布，相差约 1.3 倍。这种差异让我们不能忽视一个奇怪而又令人不安的事实，即随着家庭收入的增加，每个家庭成员的平均居住面积这一关键指标下降了近 50%——从低收入家庭的 21.128 平方米下降到高收入家庭的 10.827 平方米。从个人层面来看，这种趋势并不明显。此外，在个人收入增加的同时，以住房面积和居住空间数量为特征的住房主要指标下降非常缓慢。富有群体拥有更强的个人能力来安排他们的居住，一个让人信服的证明便是他们的住房比低收入个体的增加了 1 倍多的平均住房价值——从低收入群体的 173.7257 万卢布增加到高收入群体的 360.2790 万卢布。

在苏联时期，住房和身份地位往往一致，这种情况在俄罗斯时代早期依然存在。但是，随着转型过程的加快，这种一致性开始分离，随后加速发展（Bessonova & Krapchan，1994；Popov & Strelnikova，2017）。其中一个例子便是低收入的津贴领取者可能拥有苏联时期购买的昂贵住房。住房状况与一个人的教育水平和职业地位有本质上的联系，但是二者之间的不一致性却屡见不鲜（尽管近年来这种不一致性已经开始逐渐减弱）。这在很大程度上是因为俄罗斯当前住房政策的特殊性，该政策通常使用更新的分配机制向目标群体（如军人、科学家、医生等）免费或者打折授予住房。事实上当前住房行业由市场和分配机制结合而成（Bessonova，2015）。

表 7　收入群体所占住房主要属性平均值的差异

收入水平	居住空间（房间）数量（套）	住房市值（千卢布）	住房面积（平方米）	可用（总）住房面积（平方米）	每位家庭成员的住房面积（平方米）
个人					
低水平	2.793	1737.257	44.567	62.710	15.464
平均水平以下	2.677	1840.249	42.665	61.219	16.860
平均水平	2.587	2289.663	40.661	59.066	15.022
平均水平以上	2.511	2527.961	59.980	59.248	14.474
高水平	2.534	3602.790	39.659	60.078	13.537
整体	2.621	2386.066	41.506	60.463	15.071
家庭					
低水平	2.157	1542.135	33.621	49.720	21.128
平均水平以下	2.424	1838.840	38.289	57.279	15.825
平均水平	2.575	2194.845	41.403	59.693	14.314
平均水平以上	2.960	2538.206	46.273	66.880	12.904
高水平	3.091	3560.855	50.099	70.908	10.827
整体	2.642	2366.673	41.996	60.970	14.967

数据来源：2019 年俄罗斯纵向监测调查 – 高等经济大学（RLMS-HSE）数据。

表 8 显示，一个人的教育水平实际上对居住空间数量、总住房面积等住房基本属性没有影响。不同教育背景的群体在每位家庭成员住房面积上的差异也微乎其微，但是平均住房市值持续增长明显。从数据上来看，未完成中等教育的人的平均住房市值为 183.4244 万卢布，而完成研究生教育的人的平均住房市值为 362.6771 万卢布。

表 8　不同教育背景群体在住房主要属性方面平均值的差异

教育水平	居住空间（房间）数量（套）	住房市值（千卢布）	住房面积（平方米）	可用（总）住房面积（平方米）	每位家庭成员的住房面积（平方米）
未完成中等教育	2.560	1834.244	40.437	58.355	14.513
普通中等教育	2.741	2028.936	43.794	62.213	14.877
中等专业教育	2.556	2455.180	40.335	59.404	14.900
高等教育	2.633	3049.348	41.812	61.909	14.778
研究生教育	2.581	3626.771	41.561	61.906	18.303
整体	2.635	2422.899	41.835	60.841	14.828

数据来源：2019 年俄罗斯纵向监测调查－高等经济大学（RLMS-HSE）数据。

二　当前社会保障制度发展中存在的问题

在俄罗斯，社会政策和社会保障的基本组成部分是社会保险（Modernization of Russia…，2011：178），旨在在困难情况下补偿公民损失，并促进人民对国家的信任和社会团结的氛围。社会保障制度的目的在于帮助退休人员，残疾人，遭受与工作有关的疾病或创伤、暂时丧失劳动能力、生病、休产假的人。在整个俄罗斯时期，社会保障制度的发展历经坎坷，至今也没能完善。为了进一步发展社会保障制度，大多数专家建议将失业保险重新纳入保险范围（Kolodeznikova et al.，2019）。

社会保障制度可积累和分配最大的财政资源，而这一制度的一个关键组成部分是保护公民免受长期风险因素（如老年、残疾、失去养家之人）影响的津贴覆盖。与许多其他国家相比，俄罗斯的津贴制度覆盖面广。根据俄罗斯联邦国家统计局数据，从 1991 年到 2019 年，在俄罗斯养老基金系统登记的津贴领取者人数从 3284.8 万人增加到 4386.5 万人。2019 年，152.61 万人（占津贴领取者人数的 3.5% 左右）领取了非国家津贴。当时俄罗斯的总人口为 1.469 亿。

俄罗斯的劳动年龄人口和津贴领取者的比例逐年下降，可能导致未来整个津贴体系的不稳定，以至于政府无法最大限度地履行其社会义务。正是由于这个原因，俄罗斯决定在 2028 年前将男性的退休年龄从 60 岁逐步延长到 65 岁，女性从 55 岁延长到 60 岁。事实上，做出这个决定的部分原因是俄罗斯目前的退休年龄是世界上最小的。退休年龄的延长并不影响残疾津贴。残疾津贴将完全保留并发放给永久失去劳动能力的人，其年龄不会成为残疾津贴的影响因素之一。

俄罗斯政府延长退休年龄，取消在职退休人员的津贴指数化，刺激延迟退休和“冻结”津贴储蓄等减少津贴领取者的措施，总体上与世界其他地区的情况一致。但我们需要注意的是，从全球来看，在俄罗斯，无论是男性还是女性津贴领取者的预期寿命都非常短。另一个问题是俄罗斯基于购买力平价计算的收入很低，工资津贴的替代系数也很低。2019 年，发放的津贴的平均价值（14163 卢布）仅为工人平均工资的 29.8%。

残疾人占政府帮助人群的绝大多数。根据俄罗斯联邦国家统计局数据，2019 年俄罗斯有 67 万残疾儿童和 1127.7 万 18 岁以上的残疾人（占该年龄层公民总数的 10% 以上）。自 2011 年以来，俄罗斯的残疾人总数减少了 126.2 万人。据主管部门称，这种下降是由人口结构变化这种客观因素造成的。但有专家认为，真正的原因是国家开支的减少。开支减少促使政府发布新的残疾人资格标准，履行对医疗和社会专家团体运作的更严格的要求。为了节约开支，健康受损的人通常被划分为严重程度最低的残疾类别（Kozyreva & Smirnov，2019）。

2019 年，领取月度津贴的人数达到 1524.78 万人，其中 23.85 万人每月领取一种以上的津贴。还有一些人使用了某些社会服务的权利，具体来说，229.26 万人获得了免费药品，25.02 万人在疗养地接受治疗，16.77 万人使用了乘坐免费城际交通往返医院进行治疗的权利。

俄罗斯拥有强制性和自愿性医疗保险。强制性医疗保险适用于所有人，是俄罗斯医疗保健系统的关键组成部分。这一特定医疗保险的投保人的权利受到联邦法律保护。公司客户对自愿性医疗保险的需求更高。保险公司实际上更喜欢与公司客户打交道，因为在为大型团队投保时，风险平均分布在整个集体中，不需要分别对每个人进行调查和风险评估。

工作场所事故或职业病社会保险的一项重大成就是就业公民的保障性措施的加强。现在受工伤的人能享受全面的康复治疗措施，包括为在工作场所遭受严重事故的公民支付治疗费用，以及逐渐兴起的减少与工作有关的创伤和疾病的种种措施。从 2000 年到 2018 年，我们看到在工作场所受伤的人数减少了约五分之四——从 15.18 万人减少到 2.36 万人，其中致命事故死亡人数从 4400 人减少到 1070 人。每 1000 名工人同期工伤事故的人数从 5.1 人降至 1.3 人，死亡人数从 0.149 人降至 0.055 人。

近年来，俄罗斯的与工作有关的疾病率与 20 世纪 80 年代大致相同，即每 10 万名工人中有 1.54 人，低于欧盟国家。有专家指出其原因可能是这些疾病没有被积极识别出来（Modernization of Russia…，2011：183）。俄罗斯消费者权益保护局（Rospotrebnadzor）的数据补充显示，从 2000 年到 2018 年，确定患有与工作有关的疾病的人数首次从 9280 人下降到 4147 人。当按每万名工人计算时，我们看到这一数字从 1.81 下降到 0.94（Russia in Figures…，2019：106）。

社会保障和社会保护的另一种重要保险是暂时丧失劳动能力或产假社会保险。以下为暂时丧失劳动能力或产假强制性社会保险的有效赔偿事由：被保险人因疾病或创伤而暂时丧失劳动能力（因工作事故或与工作有关的疾病而暂时丧失劳动能力除外）、怀孕和分娩、生育子女、照料婴儿至 1.5 岁、被保险人或其未成年家庭成员死亡。

俄罗斯时期发展起来的社会保险制度可以解决一系列与组织和实施社会保障有关的关键且十分具体的问题，用保险保护人民，为因暂时丧失劳动能力而失去收入的人提供保障。在实现其功能的过程中，该制度不同程度地覆盖了俄罗斯的整个人口。

然而，俄罗斯人民的收入普遍不高，如此广泛的覆盖面给保险基金带来了沉重的负担，使基金管理越来越困难，而专家们似乎也没有解决这个问题的明确答案。一些人认为，扩大私人社会保险基金网络可以解决这个逐年严峻的问题，因为这可以使更大范围的工人支付保险费。其他人建议采取苏联的保险支付体系，直接使用联邦预算。这种方法的支持者主要是想将这种方法应用于津贴制度，因为他们认为津贴制度属于国家的预算义务，而不是一种失业保险。

在研究任何特定的社会政策问题时，必须注意公民对该政策的态度，因为他们是所述政策的实施对象。本研究的主要指标是社会政策的具体方向在不同方面得到的不同社会群体和全体人口的评价。由于某些外部因素，这些评价可能会快速改变。与此同时，它们也受到广泛的个人因素的影响——年龄、定居类型、教育、职业、物质财富等。

在这种背景下，全俄社会舆论研究中心（VTsIOM）进行的每日全国电话调查的数据显示，俄罗斯人对社会政策的满意度高于经济政策，但低于外交政策（VTsIOM…，2020）。在2017年底到2018年初，“您对我国政府实施的社会政策有多满意？”这一问题的积极回答多于消极回答（相应指数[①]大多在35~44），而从2018年年中到2019年年底，情况则完全相反（指数在10~18）。这一转变主要是因为人们不满意政府在2018年8月宣布的延长男女退休年龄的决定。到2020年夏天，社会政策评价逐渐趋于平稳，这表明尽管新冠病毒疫情带来了新的问题，但是俄罗斯人民的态度依然十分积极。约三分之一的受访者表示总体上对当前的社会政策感到满意，三分之一的人总体上不满意，另外三分之一的人部分满意或不确定。指数上升到30~33之间。

值得注意的是在列瓦达中心2018年9月进行的一项调查中，88%的受访者对将女性退休年龄延长到60岁这一提议持消极态度（其中66%的人“非常消极”，22%的人“相当消极”），而85%的受访者对将男性退休年龄延长到65岁持消极态度（其中63%的人“非常消极”，22%的人“相当消极”）（Levada-Center Press-Release…，2018）。这种态度是完全可以被人理解的。经验告诉我们，在俄罗斯退休后继续工作的人不超过25%。男性的平均工作年龄为64岁，女性为60岁。一年后，在回答“在2019年前一年发生的这些事件中，你认为哪件事情最重要？”这一问题时，大多数受访者（44%）将津贴改革及其后果列在首位（Public Opinion…，2020：9）。

对津贴改革的态度取决于人们的年龄。分析表明，年龄越大，态度越消极，即将退休的人的态度更是达到了“消极峰值”。过了退休年龄门槛后，随着年龄的增加，人们对改革的态度开始略有改善，但是大多数人仍持消极态度。

延长退休年龄所带来的强烈的消极反应动摇了俄罗斯人民对当前津贴制度和总体社会政策的信任。某些政府机构采取结构性措施来应对通货膨胀引起的消费增长，但这却进一步加深了人们的消极态度。在价格不断上

---

① 该指数的计算方法是积极分数和平均分之和与消极分数的比例之差（可取-100到100之间的任何值）。

涨的情况下，不一致的津贴指数化不足以充分弥补损失，并不可避免地导致很大部分人口的购买力进一步下降。其中一个绝佳例子便是在职退休人员的津贴指数化的取消。

关于人们对现代医疗保险的态度，最有效的指标是人们对医疗服务质量的满意度。经济发展部的数据显示，在 2018 年只有 38.7% 的俄罗斯公民对医疗服务质量感到满意。该指标根据人们对诊所、救护车和医院工作者提供医疗援助的满意度问题的回答计算而成。根据列瓦达中心的数据，总体而言，对医疗保健感到满意的人的比例更低，约为 31%。全俄社会舆论研究中心数据同样表明，大多数俄罗斯人对本国提供的医疗服务不满意。数据显示，俄罗斯人最常抱怨的内容包括缺乏专家（37%）、医生专业培训不足（37%）、缺乏医疗救助（35%）以及医疗机构没有足够的现代设备（31%）。在医疗保健服务方面，人们最不满意的是等待预约的时间过长（56%）、候诊室环境不舒适（42%）、缺乏必要的设备和药物（40%）以及医生医术不精（37%）。此外，约三分之一的患者抱怨卫生条件差和医务人员举止粗鲁（Solovyova，2018）。

绝大多数俄罗斯公民对向残疾人提供的社会保障的程度和质量感到不满，同时指出政府对他们的问题缺乏关注。71% 的俄罗斯受访者都同意这一观点。高达 83% 的残疾人不满意政府对残疾人面临的问题的关注程度。这表明政府应该采取一些积极和宽慰人们的行动。例如，52% 的受访者发现，近年来残疾人实际上在我们的社会中受到的待遇有所提高（Research on the Topic…，2018）。

大多数俄罗斯人不仅对当前的社会保障体系持怀疑态度，还对其公平性产生了质疑。这一点在 2019 年俄罗斯纵向监测调查 - 高等经济大学框架内进行的调查结果中再次得到了证实。在被问到“在你看来，我国目前的津贴和社会福利有多公平或不公平?”时，42.5% 的受访者认为“完全不公平”，37.6% 的受访者认为“相当不公平”。

尽管在许多参数上差别不大，但这些评价内容确实存在差异。造成这种差异的一个明显因素便是年龄。如图 1 所示，18 ~ 29 岁的年轻人和 70 岁及以上的大多数老年人对俄罗斯社会保障体系的看法并不消极。前者不太认为社会保障不公平，他们对此事并不太了解——这也解释了他们中许多人态度不确定的原因。后者认为这一问题不太重要，因为人们已经开始日益关注处于最困难情况的大多数老年人面临的问题。

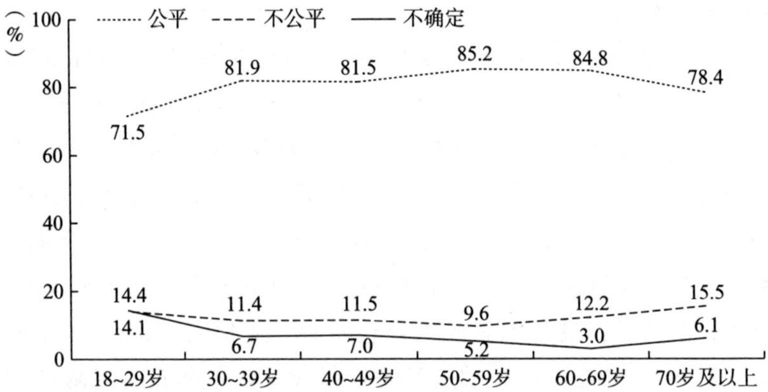

图1　按年龄划分的社会保障公平性评价差异

从公平性来说，村民和小城镇居民与城市居民相比，就业者与失业者相比，在主要工作地点正式注册的人与没有服务合同或任何其他类型协议从而自己承担风险的人相比，前者对俄罗斯社会保障体系的评价略微积极。

缺乏民众的信任或正义感是阻碍非政府性社会保险发展的具有影响力的原因之一。绝大多数俄罗斯人不信任私人津贴基金，也就是非政府性的强制性社会保险。此外，随着公民年龄的增长，津贴国有化也越来越明显，18～25岁人群的国有津贴比例为61%，60岁及以上人群的比例为80%（Gorshkov & Petukhov，2018：99）。自愿医疗保险本身引发了相当多的批评，而大多数批评则集中于有偿和无偿服务的提供。尽管强制性医疗保险为不同年龄或健康状况的公民提供法律规定的同等数量的服务，但一小部分富裕公民有机会求助于私人保健服务，而这对于那些缺乏这种能力的人来说是不公平的。

三　结论和讨论

分析表明，大多数俄罗斯公民面临改善居住条件等问题，但他们缺乏必要的购买能力。不断上涨的房价和公共设施费用、越来越多的破房和危房以及大量需要大修的房屋，使向家庭提供可支付的舒适住房这一事变得更加棘手。住房低质量仍是一个严重的问题。几十年前建造的许多房屋缺乏一些基本设施。公共设施在俄罗斯许多小的农村居民点极度缺乏。鉴于目前的形势，找到快速建造符合现代标准的新装修住房的方法至关重要。此外作为经济的一个重要领域，住房建设在某些条件下可以成为经济发展的主要驱动力之一。住房政策最重要的发展方向之一是帮助家庭——特别是低收入群体的家庭——改善他们的居住条件。

社会保障的主要目标在于，在解决社会政策传统任务的同时满足不同人群的相关物质需求。为了实现这一目标，政府应着眼于社会发展新理念以及实施旨在提高俄罗斯公民生活水平的国家项目和政府方案。大多数人都会肯定俄罗斯政府在这一领域取得的此类积极的成果，而成果与扩大政府在社会保障中的主导作用息息相关，也就是与政府在发展和刺激目标集中的社会保障新形式和机制方面发挥的作用相关。在一系列与社会保障相关的任务中，重要的问题之一是改善社会保险制度，其中最复杂的问题是改革津贴制度。津贴制度是整个社会保障制度中最重要和问题最多的机制，其本身必须建立在共性、公正和代际团结的原则的基础上。

第七篇

性别平等和社会公正感知的性别差异

中国社会经济地位及其认同的性别差异

梅　笑　龚　顺

改革开放四十多年来，伴随着经济体制改革的不断深入和社会生活的巨大变迁，中国社会中的社会不平等与不公正问题日益凸显，不仅关系到普通百姓的生活机会和福祉，而且对整个社会的良性运行、国家的长远发展具有重要影响。其中，性别平等是实现社会平等与公正的核心议题之一。

本文利用2008年和2019年中国社会状况综合调查（CSS）数据，探索当前中国社会中不同性别在客观社会经济指标（教育、收入、就业）和主观社会经济地位认同的差异以及在过去十年中的变化趋势。

一　性别平等的相关研究综述和宏观背景

中华人民共和国成立以来，中国女性的政治地位、健康状况、社会保障水平等均得到大幅改善，包含教育、就业在内的生活机会增多，社会经济地位显著提升（国务院新闻办公室，2019）。公共领域中，中国女性的劳动参与率居全球领先水平，且女性的就业结构不断优化，就业层次不断提高。20世纪80年代，有高达78.7%女性在农业领域就业，而今天，中国女性的非农劳动参与水平显著提高，进入服务业、技术领域的机会显著增多。2015年，中国女性在国家机关、党群组织、企业、事业单位就业的比例为24.9%，专业技术人员的比例为51.6%。此外，女性的政治参与水平也有所提升，全国人大代表和政协委员中的女性比例不断提高。私人领域中，女性拥有更多对家庭收入和财产的决策权和支配权，这意味着她们对家庭和配偶的经济依赖程度大大降低（杨菊华，2018）。越来越多女性从家务劳动和生育中解脱出来，追求经济独立和个人发展，为社会做出了巨大贡献。

尽管我国的性别平等事业取得了丰硕成果，但性别不平等现象依然存在于中国社会的方方面面。例如，我国在受教育程度上的性别平等情况虽然取得了巨大进步，但正如现有文献所指出的，教育的回报率依然存在性别差异。受教育程度在转化为就业和收入时，性别之间依然不平等，且随着高等教育的普及，这种不平等有加剧的趋势（郑磊、张鼎权，2013）。此外，中国女性正在面临传统性别观念回归所带来的不利于就业的影响。在全面开放二孩的政策背景和新的子女养育观的影响下，女性面临更加严峻的生育与就业平衡难题（卿石松，2017；李春玲，2016）。与此同时，中国社会发展的不平衡与不充分也造成了女性群体中的分化。地区间、城乡间的发展差距使中西部地区的农村女性和城市老年女性不仅与男性之间存在较大的社会经济地位差距，而且与同为女性但生活在发达地区城市中的年轻一代女性的差距也在不断扩大（杨菊华，2018）。

造成性别间社会经济不平等的因素很多，机制也很复杂。其中，国家与市场是两个重要的宏观因素。国家政策是影响性别平等的重要宏观因素。国家普及九年义务制教育、高校扩招等政策极大提高了女性完成基础教育的人口比例，增加了女性接受高等教育的机会，为女性获得更高的社会经济地位、争取更多的生活机会奠定了基础。国家的福利政策、再分配体制能够在很大程度上影响收入差距，这对有效保障属于社会弱势群体的农村女性、城市老年女性的基本生活和养老具有重要意义。此外，国家的意识形态和文化宣传也能够对性别观念起到引导和塑造作用（朱斌、徐良玉，2020）。例如，新中国成立后，国家通过对性别平等意识的宣传，极大提高了女性的劳动参与率。

除了国家在性别平等事业中的重要作用，另有大量研究探索了我国改革开放后的经济体制改革对性别不平等的复杂影响。在收入方面，李春玲、李实指出，在中国进行经济体制改革的前二十年间，市场竞争机制和性别不平等共同造成了收入的性别差异，而市场机制在第一个十年间起主导作用，性别不平等在第二个十年中起主导作用（李春玲、李实，2008）。贺光烨、吴晓刚的研究也指出，在地区层次上，市场化和社会经济发展影响性别收入不平等的方向和强度不同。尽管经济发展在一定程度上可以降低性别间的收入不平等程度，但在市场的主导作用下，男性与女性之间的收入差距仍然不断扩大（贺光烨、吴晓刚，2015）。在就业方面，随着国家政策保护的程度逐步下降，中国社会中的传统父权价值观念有所回归，并与市场竞争机制结合，造成了女性回归家庭的社会趋势，女性的劳动参与率有所下降（朱斌、徐良玉，2020；吴小英，2009）。

女性占我国人口的一半，构成了中国经济发展和社会进步的核心力量。促进性别平等、发挥女性潜力、提升女性的生活水平和增进女性的健康福祉是社会可持续发展和再生产的重要基石。那么，在当前的中国社会中，女性的社会经济地位到底如何呢？近年来中国社会中存在的性别不平等状况是否有所变化？

既有研究对我国性别不平等问题的讨论主要关注性别不平等的影响机制（贺光烨、吴晓刚，2015），以及经济改革前后我国性别不平等状况的变化趋势（李春玲、李实，2008）。这些研究使用的大多是2010年以前搜集的数据资料（李汪洋、谢宇，2015），对近年来我国性别不平等现象的变化趋势关注较少。中国处于经济体制改革与社会转型期，基于陈旧数据的分析结果具有较大的政策局限性，亟须利用最新的数据来全面了解社会变化的趋势。另外，既有研究对性别不平等问题的关注主要集中在客观经济指标方面，而较少关注主观社会经济地位认同。事实上，主观社会经济地位认同可以反映不同性别群体的社会认同，也是甄别性别不平等现状的重要指标。

二 客观社会经济地位获得的性别差异

社会经济地位（Socio-Economic Status）指的是反映个体所拥有的物质财富和教育水平等的级别，通常由受教育程度、收入和职业声望来衡量（Oakes & Rossi，2003）。国内的相关论文普遍使用收入和受教育程度来衡量社会经济地位（田丰，2017；李忠路、邱泽奇，2016）。本文主要使用受教育程度和收入来衡量社会经济地位的性别差异。此外，考虑到就业情况关系到女性的社会参与程度和经济独立水平，并对女性的社会经济地位具有直接且重要的影响，本文也从就业率来考察性别间的不平等情况。

（一）受教育程度的性别差异

由于中国基础教育扩张、人口出生率下降等社会因素，在过去的几十年间中国女性的入学率大大提高，整体受教育程度不断加强（吴愈晓，2012；叶华、吴晓刚，2011；许琪，2015；李春玲，2016）。2017 年女童小学净入学率到达 99.9%，义务教育阶段基本实现男女平等；高中阶段教育在校女生、普通高等学校本专科在校女生以及女性研究生占在校生（研究生）总数的比例分别是 50.9%、52.5% 和 48.4%（国务院新闻办公室，2019）。

2019 年最新调查数据显示（见图 1），在人口总样本中，未接受正式教育的女性占女性总人口的 13.7%，完成九年义务制教育的女性占女性总人口的 52.8%，完成高中/技校/职高/中专的女性占女性总人口的 16.4%，完成大专及以上高等教育的女性占女性总人口的 17.1%。对比男性人口的总体受教育程度，女性与男性完成九年义务制教育的人口比例相当，但女性未接受教育的比例远高于男性。同时，女性完成高中/技校/职高/中专以及接受高等教育的人口比例都低于男性。

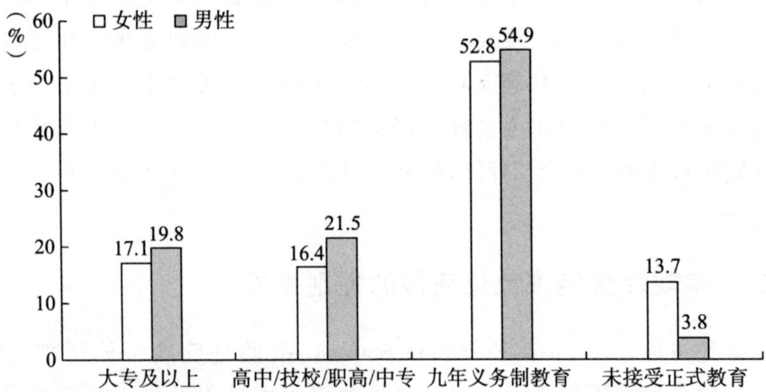

图 1　2019 年男性与女性的教育水平比较（N = 10283）

资料来源：2019 年中国社会状况综合调查（CSS）。

从整体上看，男性和女性的受教育程度依然不平等。但是，需要指出的是，中国在过去的几十年间经历了巨大的社会转型进程，不同年代的人们面对的是完全不同的成长环境。本项研究的总样本中，受访者的出生年龄跨度从 1940 年到 2000 年，总样本显示的性别间受教育程度差异可能主要是较早世代的性别不平等所致。为了解不同年代的人在受教育程度上的性别不平等情况，本文展示了不同年代的人受教育程度的差异（见图 2）。

图 2 显示，随着我国经济社会的发展以及对基础教育投入的增加，较晚世代的男性与女性在受教育程度方面的差距快速缩小。可以说，在 90 后中，受教育程度的性别不平等现象几乎消失。

如图 2、图 3 所示，出生于 20 世纪 50 年代的女性中，高达 35.2% 的比例没有接受过正式教育，该比例在出生于 20 世纪 60 年代、70 年代、80 年代和 90 年代的女性中分别为 16.1%、8.9%、2.8% 和 0.7%，女性群体中未接受正式教育的比例显著下降，在 90 后群体中降到极低水平。仅"完成九年义务制教育"的女性人口比例先升后降，上升主要是因为随着我国基础教育的普及，"未接受正式教育"的女性人口减少，更多女性完成了九年义务制教育；这个比例随后在出生于 20 世纪 70 年代、80 年代和 90 年代的女性人口中逐渐降低，主要是因为完成高等教育的比例大幅提高。对出生于 20 世纪 80 年代及之前的女性来说，有超过一半的人口仅完成了义务制教育。这在出生于 20 世纪 90 年代的女性中发生了显著的变化，仅完成义务制教育的女性比例降至 28%。如图 4 所示，女性接受高等教育（大专及以上）的比例逐年上升。出生于 20 世纪 50 年代的女性接受高等教育的比例仅为 1.7%，出生于 20 世纪 70 年代的女性接受高等教育的比例上升到 12.9%，而出生于 20 世纪 90 年代的女性已经有超过一半的比例接受了高等教育。

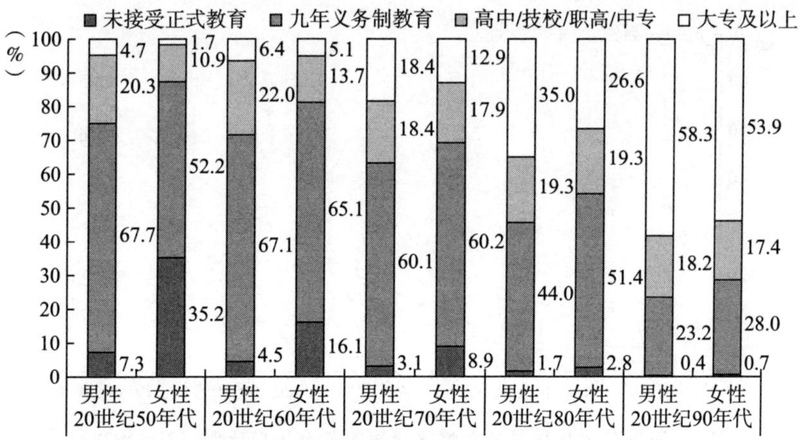

图 2 不同年代里男性与女性的教育水平比较（N = 10283）

资料来源：2019 年中国社会状况综合调查（CSS）。

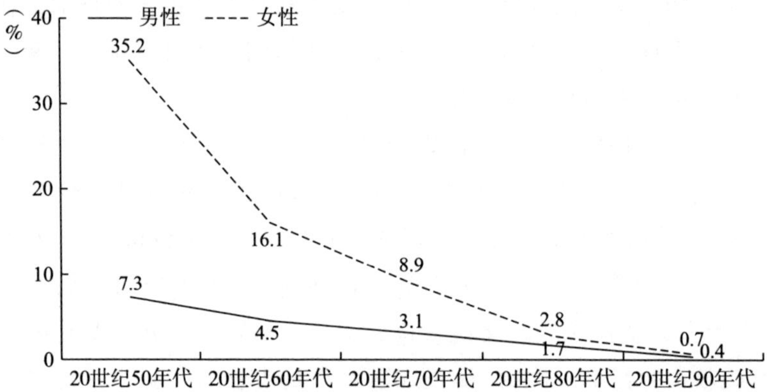

图 3　不同年代里男性与女性未接受正式教育人口比例（N = 10283）

资料来源：2019 年中国社会状况综合调查（CSS）。

对比不同年代的男性与女性的受教育程度情况，如图 3 所示，女性未接受教育的比例在过去的几十年间大幅下降，但同时，无论出生于哪个年代，女性未接受正式教育的比例总是高于男性。生于 20 世纪 50 年代的女性未接受正式教育的比例比男性高出 27.9 个百分点，而生于 20 世纪 90 年代的女性未接受正式教育的比例仅比男性高 0.3 个百分点，性别差距不断缩小。如图 4 所示，无论出生于哪个年代，女性接受高等教育的比例都略低于男性。差距最大的是出生于 20 世纪 80 年代的男性与女性，女性接受

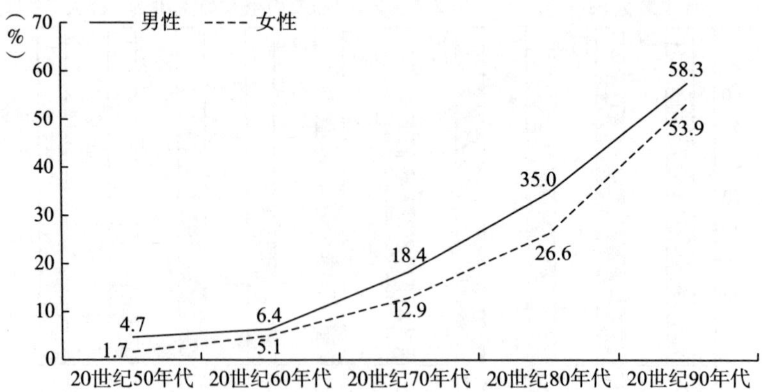

图 4　不同年代里男性与女性接受高等教育人口比例（N = 10283）

资料来源：2019 年中国社会状况综合调查（CSS）。

高等教育的比例比男性低 8.4 个百分点；差距最小的是出生于 20 世纪 60 年代的男性与女性，女性接受高等教育的比例仅比男性低 1.3 个百分点，但总体接受高等教育的比例都很低。

总的来说，在过去的几十年间，中国女性接受教育的机会不断增多，受教育程度不断提升。虽然存在一定的性别差异，但对比不同年代的受教育程度，可以看到性别差距日渐缩小。可见，我国在受教育程度上的性别平等事业取得了长足的进步。

（二）就业的性别差异

在考察社会经济地位的性别差异中，除了受教育程度，就业对个人的社会经济地位也具有重要影响。中国第六次全国人口普查（2010）数据显示，女性劳动参与率为 63.61%。尽管与世界其他国家相比还是很高的，但大大低于男性 81.82% 的劳动参与率，且相比我国经济体制改革之前的女性劳动参与率，回落了近 27 个百分点（李春玲、李实，2008；卿石松，2017）。越来越多女性退出劳动力市场，一方面是对国家经济社会发展的挑战，另一方面也可能加剧不同性别在社会经济地位获得方面的不平等。

以 2008 年和 2019 年的数据来考察女性就业情况的变化趋势①（见图 5），女性的就业率不仅低于男性，而且二者的差距正在扩大。2008 年，男性的就业率（包括“有工作”和“有工作但目前在职休假”）为 83.0%，女性的就业率为 68.6%，相差 14.4 个百分点；2019 年，男性的就业率为 79.9%，女性的就业率为 61.2%，相差 18.7 个百分点。与 2008 年的数据进行比较，可以看到 2019 年女性的就业率总体有所下降，且与男性的差距略有扩大。

就业可能受到多种因素的影响，为进一步证明性别对个体就业情况的影响及其在 2008～2019 年是否有所扩大，本文采用二项逻辑斯蒂回归（Binary Logistic Regression）模型分析在控制了户口、性别、党员身份因素后就业的性别不平等以及时间变化的效果。表 1 中，模型 1 考察性别对就业状况的影响，模型 2 使用了性别与年份效果的交互作用，考察性别对就

① 这里只分析年龄为 18～60 岁的样本。

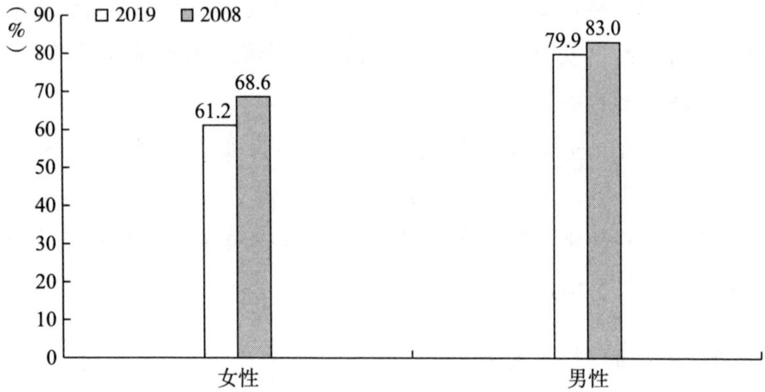

图 5　2008 年和 2019 年男性与女性就业率比较（N = 14450）

资料来源：2018 年和 2019 年中国社会状况综合调查（CSS）。

业情况的影响是否有所扩大。模型 1 显示，在控制其他变量的情况下，女性就业率显著低于男性。具体而言，男性比女性处于有工作状态的发生比高出了 62%（1 - 0.38），且具有统计显著性（$p<0.001$），就业方面的性别不平等得到了证明。但模型 2 的性别和年份交互作用的结果显示，在控制了其他变量的影响后，与 2008 年相比，性别对就业的影响在 2019 年并没有扩大（$p>0.1$）。

（三）收入的性别差异

除教育水平和就业外，收入是反映个人社会经济地位的重要指标。现有大量社会学研究证实了不同性别在收入方面存在差异。研究发现，1995～2003 年间，女性的收入比男性低约 25%，即使控制了包括教育水平、技术水平和工作经验在内的其他因素，女性的收入还是低于男性（王天夫等，2008）。李春玲、李实的研究显示，1988 年，女性收入的绝对均值是男性的 83.69%，相对均值是男性的 90.39%；1995 年，女性收入的绝对均值是男性的 80.25%，相对均值是男性的 88.69%；到了 2002 年，女性收入的绝对均值是男性的 79.22%，相对均值是男性的 87.37%（李春玲、李实，2008）。朱斌、徐良玉基于 1988 年、2002 年和 2013 年中国居民收入调查的数据发现，从 1988 年到 2013 年，无论男女，城镇居民的收入都有所提升，但男性的收入始终高于女性（朱斌、徐良玉，2020）。

表 1　不同性别就业情况的二项逻辑斯蒂回归模型

	模型 1	模型 2
女性（参照组：男性）	0.38 *** (0.02)	0.38 *** (0.02)
农村户口（参照组：城市户口）	0.39 *** (0.02)	0.39 *** (0.02)
受教育程度初中及以下		
（参照组：高中）	0.88 ** (0.05)	0.88 ** (0.05)
（参照组：大学及以上）	1.76 *** (0.11)	1.75 *** (0.11)
党员身份（参照组：否）	0.32 *** (0.02)	0.32 *** (0.02)
2019 年（参照组：2008 年）	0.64 *** (0.03)	0.64 *** (0.04)
女性（参照组：男性）* 2019 年（参照组：2008 年）		0.98 (0.08)
截距	9.05 *** (0.44)	8.98 *** (0.52)
N	14，322	14，322
AIC	19851.4	19852.67
BIC	19905.69	19914.72
R^2	0.10	0.10

*** $p<0.01$，** $p<0.05$，* $p<0.1$。

注：(1) 双尾检验；(2) 括号内数字是标准误；(3) 系数表示优势比。

在研究性别间的收入差距时，研究者一般将造成差距的原因分为两类：一是由于教育水平、劳动经验等方面的不同造成的男性与女性的生产率差异；二是基于性别歧视而产生的收入决定机制。大部分研究指出，在控制了教育水平、劳动经验等变量后，男性与女性的收入仍然不平等，可见性别歧视是存在的（葛玉好、赵媛媛，2010）。有研究指出，性别收入差异的主要原因并不是同工不同酬，而是因为女性大多集中于职位“金字塔”结构的底层，且缺乏平等的晋升机会（卿石松、郑加梅，2013）。因此，职业的性别区隔是结构性的性别歧视，是导致男女工资差异的主要来源之一（吴愈晓、吴晓刚，2009）。李汪洋、谢宇在对 1982 ~ 2010 年中国职业性别隔离趋势的梳理中发现，中国的劳动力市场始终存在性别隔离现象，且总体上程度有所加强。其中，非农职业的性别隔离程度远大于农业部门，但经历了一个先升（1982 ~ 1990 年）后降（1990—2010 年）的过程（李汪洋、谢宇，2015）。另有研究发现，男女间的收入差距在机关事业单位最小，但随着就业部门的市场化程度加深而扩大（贺光烨、吴晓刚，2015）。

除了职业区隔，也有学者从包括社会资本、性别观念等在内的其他角度来解释收入差异。例如，有研究从社会资本的角度来解释中国劳动力市场中的性别收入差异，发现相比男性，女性的社会资本较为欠缺，且社会资本的回报率低于男性（程诚等，2015）。另有研究发现，以“男主外女主内”为核心的传统性别角色观念对女性的工资收入具有直接的抑制作用，对男性收入则没有显著影响。性别角色观念通过教育获得、劳动参与、工作时间及职业地位等中介因素对两性间收入不平等产生广泛影响（卿石松，2019）。

本项研究使用绝对均值比和相对均值比来测量收入性别差距。绝对均值比使用最为直接的测量方法比较男性就业者与女性就业者的平均收入，能够直接反映男性与女性就业者的收入差距。考虑到绝对均值比可能无法准确反映性别因素对收入差距的作用，本文又引入“相对均值比”的概念把性别因素和其他因素区别开来，把户籍、受教育程度、党员身份等其他相关变量加入模型，测量在其他条件相同的情况下男性与女性的平均收入之比（李春玲、李实，2008）。

如图 6 所示，2008 年男性与女性收入的绝对均值比是 1.35，而 2019 年上升到 1.84，性别间的差距进一步扩大。需要说明的是，这里的“收入”指的是受访者自行报告的月收入值。由于个人收入信息较为私密，调查中有关收入的欠损值较多。此外，月收入主要指工作所得收入，非就业个体一般也被作为欠损值处理。由于欠损值较多，这里呈现的男性与女性收入的绝对均值比可能与实际情况存在一定偏差。

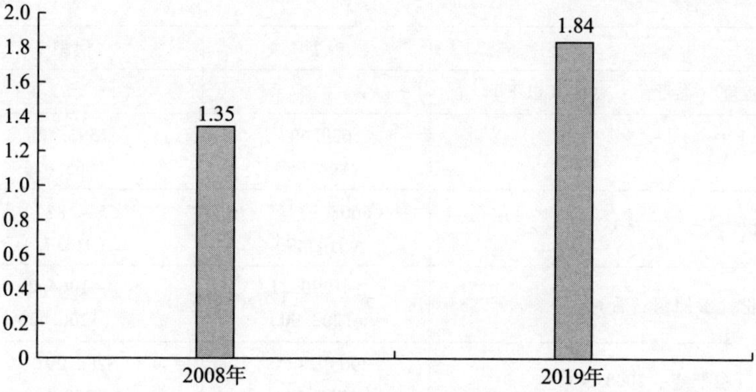

图6　2008 年、2019 年男性与女性收入的绝对均值比（N = 6461）

资料来源：2018 年和 2019 年中国社会状况综合调查（CSS）。

表 2 进一步分析了在控制户口、受教育程度、党员身份因素后，性别对月收入的影响以及 2008 ~ 2019 年性别对收入的影响是否有所扩大。由于收入是连续性变量，本文使用一般线性模型进行分析。模型 1 考察了性别对月收入的影响，模型 2 使用了性别与年份效果的交互作用，分析了性别对收入影响的年份差异。模型 1 显示，在控制其他变量的情况下，女性收入显著低于男性，男性月收入比女性多 2727.04 元，且具有统计显著性（$p < 0.001$）。模型 2 的性别和年份交互作用的结果显示，在控制了其他变量的影响之后，与 2008 年相比，2019 年性别对收入的影响显著扩大（$p > 0.1$）。值得注意的是，本文发现在控制了性别和年份交互作用后，性别的主效果变得不显著了。这表明，2008 年性别方面收入差距较小且在统计上不显著，而 2019 年男女收入方面的不平等现象较为严重，2008 ~ 2019 年性别对收入的影响呈扩大趋势。

表 2　不同性别月收入情况的一般线性回归模型

	模型 1	模型 2
女性（参照组：男性）	−2727.04 *** (670.37)	−817.16 (1126.38)
农村户口（参照组：城市户口）	−1811.11 ** (764.58)	−1814.24 ** (764.36)

续表

	模型 1	模型 2
受教育程度（参照组：初中及以下）		
高中	1639.60 * (864.96)	1591.42 * (865.02)
大学及以上	5608.33 *** (914.49)	5544.87 *** (914.72)
党员身份（参照组：否）	−1290.21 (1202.00)	−1064.21 (1206.42)
2019 年（参照组：2008 年）	3963.22 *** (727.54)	5280.29 *** (958.53)
女性（参照组：男性）* 2019 年（参照组：2008 年）		−2956.88 ** (1401.61)
截距	2385.25 *** (783.05)	1575.93 * (871.77)
N	6031	6031
R^2	0.02	0.02

*** $p<0.01$，** $p<0.05$，* $p<0.1$。

注：（1）双尾检验；（2）括号内数字是标准误。

三　主观社会经济地位认同的性别差异

在衡量个人或群体的社会经济地位时，已有研究发现，中国民众的主观阶层地位认同很难用包括教育、收入、职业地位等在内的客观指标来推断，且通常与客观社会经济地位指标存在偏差（刘欣，2001；许琪，2018）。近年来，主观社会地位的认同受到不少社会学研究的关注。在经典的地位决定论之外，学者进行了新的理论发展和补充。例如，刘欣（2001）提出了“相对剥夺”的概念，且认为处于相对剥夺状态下的个体更容易低估其社会阶层地位。此外，也有学者指出个体的生命历程，即社会经济地位所经历的变化也会影响当下的主观认知，如经历向下流动会强化阶层地位认同的下偏，而经历向上流动会强化阶层地位认同的上偏（范晓光、陈云松，2015）。

如图 7 所示，2019 年的数据显示，女性在对自己的社会经济地位进行自评时，认为自己处于上层的人口占女性总人口的 0.92%，中上层的占 6.26%，中层的占 43.13%，中下层的占 28.09%，下层的占 21.60%。相比 2008 年女性的社会经济地位自评，认为自己处于上层和中层的比例有所上升（2008 年分别为 0.5% 和 41.13%），认为自己处于中上层和中下层的比例下降（2008 年分别为 7.27% 和 29.57%），认为自己处于下层的比例基本不变（2008 年为 21.53%）。总的来说，认为自己的社会经济地位处于中层和中下层的女性占女性总人口的大多数，认为自己处于上层的人口比例远少于认为自己处于下层的人口比例。2008～2019 年，女性的主观社会经济地位认同变化较小，略有改善。

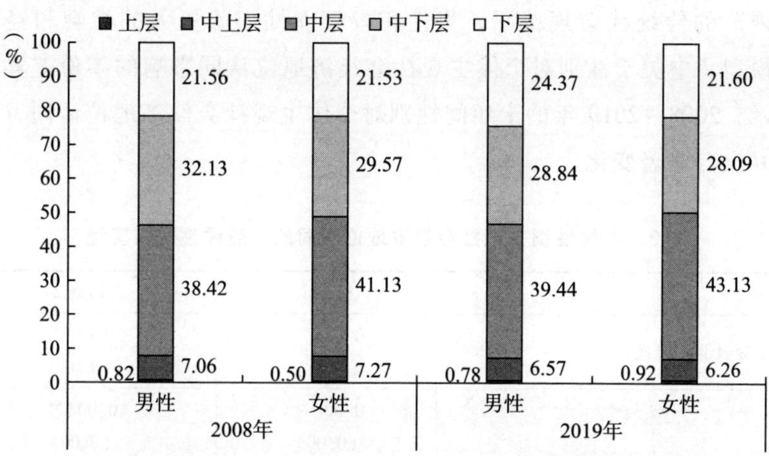

图 7　2008 年、2019 年男性与女性的主观社会经济地位认同

资料来源：2018 年和 2019 年中国社会状况综合调查（CSS）。

2008～2019 年，男性人口中认为自己处于上层和中上层的比例均有所下降（上层的比例从 2008 年的 0.82% 下降到 2019 年的 0.78%，中上层的比例从 2008 年的 7.06% 下降到 6.57%）；同时，认为自己处于下层的比例从 2008 年的 21.56% 上升到 2019 年的 24.37%。与女性人口相似，认为自己的社会经济地位处于中层和中下层的男性占男性总人口的大多数，认为自己处于上层的人口比例远少于认为自己处于下层的人口比例。2008～2019 年，男性的主观社会经济地位认同总体水平有所下降。

2019 年，相较于男性，有更多比例的女性认为自己处于社会上层，有更少比例的女性认为自己处于社会下层。2008～2019 年，尽管男性与女性的主观社会经济地位认同在结构上较为稳定，但可以看到女性的自评结果略有改善，男性的自评结果略有下降。

为进一步分析以上描述性统计中不同性别主观社会经济地位认同的结果，本文采用一般线性回归模型考察在控制年龄、户口、受教育程度、党员身份因素后，性别对个体主观社会经济地位认同的影响以及2008～2019年这一影响是否发生变化。表3中，模型1考察了性别本身的影响，模型2使用了性别与年份效果的交互作用，分析了性别对个体主观社会经济地位认同影响的年份差异。模型1显示，在控制其他变量的情况下，女性的主观社会经济地位认同显著高于男性，这或许是由于在东亚社会"男主外女主内"的传统社会规范下，男性相较于女性面临更大的社会和经济压力。模型2中关于性别对个体主观社会经济地位认同影响的年份差异的分析显示，2008～2019年的十年间性别对个体主观社会经济地位认同方面的影响并没有显著变化。

表3　不同性别主观社会经济地位认同的一般线性回归模型

	模型1	模型2
女性（参照组：男性）	0.07*** (0.01)	0.05** (0.02)
年龄	0.00*** (0.00)	0.00*** (0.00)
农村户口（参照组：城市户口）	-0.09*** (0.02)	-0.09*** (0.02)
受教育程度（参照组：初中及以下）		
高中	0.14*** (0.02)	0.14*** (0.02)
大学及以上	0.39*** (0.02)	0.39*** (0.02)
党员身份（参照组：否）	0.11*** (0.03)	0.11*** (0.03)
2019年（参照组：2008年）	-0.05*** (0.01)	-0.07*** (0.02)
女性（参照组：男性）*2019年（参照组：2008年）		0.04 (0.03)

续表

	模型 1	模型 2
截距	2.10*** (0.03)	2.11*** (0.03)
N	17，032	17，032
R^2	0.02	0.02

*** $p<0.01$，** $p<0.05$，* $p<0.1$。

注：（1）双尾检验；（2）括号内数字是标准误。

四　总结与讨论

性别平等关系到整个社会的公平与正义。在过去的几十年间，虽然中国女性的社会经济地位有所提高，但依然存在基于性别的结构性不平等现象，且性别不平等的程度在某些社会生活领域有所增强。

本文利用 2008 年、2019 年中国社会状况综合调查数据，探索过去十年间男性和女性在社会经济地位的客观获得和主观认同两个方面的差异以及变化趋势。研究发现，虽然在总样本中男性和女性的受教育程度依然存在一些不平等现象，但主要是由较早世代的性别不平等导致的。新中国成立以来，尤其是改革开放以来，随着我国经济社会的发展、教育投入的增加，中国女性接受教育的机会不断增多，受教育程度不断提升。可以说，对于 20 世纪 90 年代出生的人口来说，性别间的教育平等水平已经大幅度提高了，但是教育平等只是降低性别不平等程度的一个环节，保障女性的平等就业机会、建立公平的收入决定机制对实现性别平等也至关重要。本文的分析显示，在就业和收入方面，我国的性别不平等现象依然存在。在就业方面，女性就业机会显著低于男性，且近十年来就业中的性别不平等程度有所增强；在收入方面，性别不平等现象也依然存在，同样在近十年来呈现扩大趋势。

除客观社会经济地位方面的性别差异，本文还考察了主观社会经济地位认同的性别差异。分析显示，我国民众的主观社会经济地位认同较为稳定。无论是 2008 年还是 2019 年，男性和女性人口中认为自己的社会经济地位处于中层和中下层的人数均占人口中的大多数，认为自己处于上层的人口比例远少于认为自己处于下层的人口比例。值得注意的是，本文发现主观社会经济地位的认同存在“反向性别不平等”，即男性主观社会经济地位认同要低于女性。具体来说，相较 2008 年，2019 年女性的自评结果略有改善，有更多比例的女性认为自己处于社会上层，有更少比例的女性认为自己处于社会下层，而男性的自评结果略有降低，认为自己处于上层和中上层的比例均有所下降，认为自己处于下层的比例有所上升。

综上，中国的性别平等事业呈现发展不均衡的现状。在客观领域，我国在教育方面的性别平等状况要优于就业和收入方面。女性的社会经济地位虽然整体上有所提高，但仍落后于男性，且在市场转型和文化转向的背景下面临更大的挑战。在主观领域，男性的社会经济地位认同普遍低于女性，这提示我们对男性社会认同的塑造以及心理健康方面的积极引导非常必要。总的来说，从客观社会经济地位的指标来看，男性具有较为明显的地位优势，但在主观社会经济地位认同上，女性方面则存在一定的地位优势。

当然，本文的分析还存在一些不足，例如在分析就业和收入时未能纳入包括职业区隔、社会资本和性别意识在内的更多变量。已有研究指出了在分析性别不平等问题时引入更加全面、深入的解释机制的必要性，这也为未来的研究指明了方向。

俄罗斯的男性和女性如何看待社会公正

沃罗尼娜（N. S. Voronina）

早在1980年，著名的未来学家阿尔文·托夫勒（Alvin Toffler）就在其著作《第三次浪潮》(The Third Wave）中预言，后工业社会转型导致人们生活方式的改变，并引发了个人和社会问题，政治问题，公正、平等和伦理问题，以及与就业、富裕和自给自足有关的新经济问题。托夫勒这部作品也关注性别角色的变化。以前社会的主流思想是：男性需要从童年时期就开始准备好成为养家糊口者和挣钱者，而女性则需要关注自身的生殖功能和家务活。这曾被视为一种公平的思想。但是，随着社会的不断进步，越来越多的女性摆脱了相对孤立的家庭状态，开始从事互助的生产活动，这使她们遭受指责，称她们已经不再是女性了，而是冷漠、粗鲁、麻木之人（Тоффлер，2004）。考虑到新的事实，我们需要了解当今男性和女性认为怎样的社会才是一个公正的社会？他们如何看待当前的社会秩序以及他们的看法是否存在差异？如果存在差异，那么该差异是由什么造成的？

社会公正意味着社会中的所有成员均享有同等的机会，因此在讨论社会公正这一议题时，不得忽视一些问题，如性别平等。“性别平等”解释为“在享有权利、责任、尊严以及生活各方面（经济、劳动力市场、政治、家庭和政府）的机会上，男性和女性完全平等”（Айвазова，2017）。Blumberg（1984）和Robeyns（2007）强调，制度中的性别不平等会使社会和物质层面上的性别不平等状态合法化，从而反对性别平等。在很大程度上，性别不平等是由人们对性别的成见和规范造成的。反之，这些成见和规范又存在于各种社会制度中，包括婚姻和财产、劳动力市场、文化和宗教团体等法律制度。诸多会议和分析战略都反映了社会公正和性别平等的相关主题，如《可持续发展目标报告》中，联合国秘书长呼吁消除贫困和不平等，确保实际扩大所有妇女和女孩享有的权利和机会，在全世界范围内建立一个更加开放、公平的社会。为了世界上男女关系更加公平，国际社会多次尝试制定相关的具体措施和战略。1995 年，联合国在北京举行了第四次世界妇女大会，并在会上通过了一项关于在全世界范围内实现法律平等的计划。此次会议是一个里程碑式的会议，提出了社会公正和性别平等问题，并制定了在全球范围内解决此类问题的相关战略。此外，北京通过了一项宣言，其中包括以下提议：要想通过稳定的经济增长、社会发展、环境保护和社会公正来消除贫穷，需要让女性全面、平等地参与其中，参与经济和社会发展、得到平等的机会，并且需要男性和女性均作为以人为本、可持续发展的驱动力和受益者。后来，联合国制定了一项创造社会公正和性别平等相关条件的决议，其中包括“到 2030 年，确保女性能够全面有效地参与政治、经济和公共领域的相关决策”。这项决议成为俄罗斯制定《2017 ~2022 年保障女性利益国家行动战略》的基础。此战略着重维护男女平等原则，并创造各种平等机会，以实现男女权利和自由。文件指出，女性在社会中的既定角色主要是家庭主妇和母亲，这对女性的权利和自由产生了负面影响，抑制了她们的职业发展。为消除男女之间的不平等，须采取以下行动：父母双方共同对子女承担抚养责任、男女同工同酬、使女性有经济条件接受前沿领域教育、雇主负责为有子女的女性创造合适的工作条件及其他相关条件。

在分析达沃斯世界经济论坛《全球性别差异报告》（于 2006 年至 2013 年间编写）时，我们发现俄罗斯男女机会差距仍在持续扩大。在全球性别差距排名中，俄罗斯在 2006 年排名第 49 位，2013 年降至第 61 位（Айвазова，2017 ）。在政治领域，男女机会差距达到最大。根据《2020 年全球性别差距报告》的数据，在全球性别平等评级中，俄罗斯在 153 个国家中排名第 81 位。

目前，男女权利平等和机会平等原则受《俄罗斯联邦宪法》第 3 章第 19 条保护：“男性和女性均享有平等的权利和自由，同时也享有实现这些权利和自由的平等机会。”（Женщины и мужчины России，2018）尽管在立法层面上，俄罗斯男性和女性确实享有平等的权利，但是在该层面中，我们可以看出，俄罗斯在就业方面确实存在性别歧视，并且在从事传统意义上被认为属于男性特权的工作岗位时，女性也会遭遇不平等对待。在教育方面也存在性别歧视，男女接受教育的机会也不平等。此外，俄罗斯还存在其他形式的性别歧视。与此同时，女性健康得到了国家层面上的保障。女性申请“在艰苦或危险工作条件下从事体力劳动”的工作时，政府对此设置了相应的限制条件。事实上，雇主也会拒绝女性从事此类行业的工作岗位，这不仅是为了遵守相关法律，也是为了坚持“男性工作”的陈旧观念。因此，根据这种性别不平等现象，我们可以推断出女性尤其认为社会不公正。

一　当今俄罗斯社会的性别不平等背景

我们的一个假设是：现有的性别不平等可能会扩大人们对社会不公正的感受。为了验证这一假设，我们需要考虑现代俄罗斯社会性别不平等的相关背景。Davidson 等也强调了背景因素的重要性，他们认为，“在社会公正一系列问题上，性别不平等是影响女性权益唯一的、最关键的问题”(Davidson，Susanne，& Bernd，1995)。下面，让我们来看看俄罗斯目前最敏感的性别不平等问题。

根据联合国教科文组织提供的数据，性别不平等正影响着现代社会中一系列不平等现象，如受教育机会，全世界有1600万女孩未上过学，并且在7.5亿成年女性中，有2/3的女性甚至不具备基本的读写能力。表1显示了性别与受教育程度之间的相关性。从表中可以看出，在俄罗斯，受过高等教育的女性人数比男性多7个百分点，但就未完成中学教育而言，男性人数多于女性，分别占20.5%和16.2%。

表1　不同性别调查对象的受教育程度

单位：%

性别	未完成中学教育	普通中学教育	中专	高等教育	合计
男性	20.5	33.9	22.4	23.2	100
女性	16.2	25.2	28.4	30.2	100

资料来源：数据源于RLMS。

所得数据与《2020 年全球性别差距报告》中的结论一致，即尽管女性平均受教育程度高于男性，但俄罗斯女性很少担任领导职位。此外，数据还表明，在完成学业后，89% 的女性继续接受高等教育，而男性仅为 75% 。

《现代世界的社会公正》这部著作包含了一系列文章，专门讨论性别不平等问题和社会公正问题。Shvets 着重强调了一种全球趋势：在就业领域，基于性别建立的传统劳动分工制正逐渐瓦解，并且男性和女性在社会生产角色、职业以及活动领域的两极分化也在逐渐削弱（Швец，2017）。然而，RLMS 统计数据却揭示出俄罗斯社会现实中的不同状况。

根据表 2 可以看出，男性就业比例（58.8%）超过女性（45.3%）。国际劳工组织副主席引用了 2019 年男女就业人数的数据，数据明显表明已经就业或者正在找工作的女性比例为 56.3%，而男性达到 71.3%。我们得出的数据与国际劳工组织干事所提供的数据存在差异，很可能是因为国际劳工组织在问卷中将“目前正在找工作”与“目前已就业”两项答案结合在了一起。根据我们得出的数据，失业女性的比例为 51.7%，失业男性的比例为 40.9%，二者相差超过 10 个百分点。女性休产假的比例为 2.9%，但未能了解男性休产假的情况，对于这种现象，一项名为“家庭与工作：权利与能力之间的平衡”的研究可进行解释。该研究作者在指出了之所以出现男性休产假的情况，是因为即使男性拥有休假照顾子女的合法权利，男性在工作场所的保障也比女性低得多（Герасимова，Саурин，Лютов，2015）。此时，我们似乎看到了与性别角色有关的社会陈旧观念。

表 2　不同性别调查对象的就业情况分布

单位：%

性别	已就业	休假：休产假或照顾 3 岁以下的孩子	带薪休假（产假除外）	无薪休假	失业
男性	58.8	0.0	0.2	0.0	40.9
女性	45.3	2.9	0.1	0.0	51.7

资料来源：数据源于 RLMS。

图 1 显示了男性和女性在就业行业的分布情况。17.2% 的男性和 24.6% 的女性从事贸易和消费者服务行业。女性从业人数较多分别是教育行业

(17.7%)、医疗保健行业（11.9%）以及轻工业（5.8%）。应当注意的是，在公众的普遍认知中，尤其对于被认为通常由女性从事的行业，男性工作者并不太多（教育行业仅3.5%，医疗保健行业2.2%），轻工业领域男性从业人数的比例与女性大致相同，为5.5%。更受男性青睐的行业包括交通和通信行业，占13.7%（女性占5.5%）；建筑行业，占12.2%（女性占2.2%）；军人、警察以及其他安保行业，占比7.4%（女性占2.7%）。在科学和文化领域，女性的就业比例高于男性，二者分别为3.6%和1.6%。根据2020年的国际数据，拥有博士学位的女性比例几乎与男性的比例相等（分别为64%和66%）。

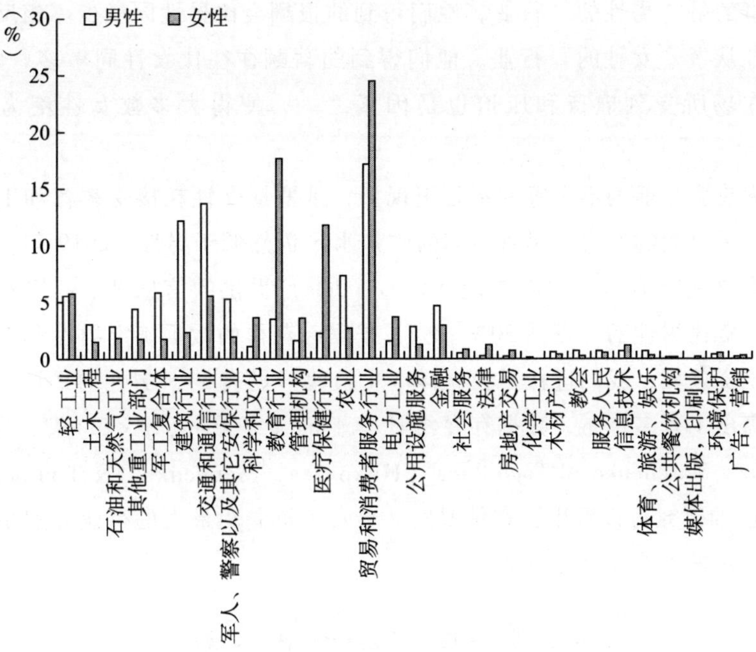

图1　按就业行业分列的男女分布情况

资料来源：RLMS。

根据《全球性别差距报告》的数据：劳动力市场上，俄罗斯女性的比例达到68.9%，与男性相比，女性从事专业和技术工作的比例（62.3%）

更高。[①] 在领导职位方面，女性遭受到了歧视：在管理人员和高级官员中，女性占 41.8%；在董事会成员中，仅有 7%。就俄罗斯拥有政治权力的女性人数而言，俄罗斯排名第 122 位。因此，我们可以看出，俄罗斯女性虽有机会接受教育，也有机会涉足劳动力市场中的某些行业，但“玻璃天花板”却未给予大多数女性获得领导职位的机会。女性寻找工作的时间比男性更长，2015 年，女性寻找工作的平均时间比男性多 0.3 个月，这反映在女性的收入水平和社会地位上。

在俄罗斯，歧视女性的现象仍然十分严重：有一些行业主要由女性从事，并且这些行业的工资比男性所从事行业的工资低。与此同时，如果女性从事的是“男性的”行业，她们得到的报酬会比男性同事少。相反，如果男性从事“女性的”行业，他们得到的薪酬往往比女性同事多。此外，在工作场所受到虐待和压迫也是因素之一，使得大多数女性沦为了受害者。

为克服当前的不平等和不公正现象，俄罗斯女性在接受教育和工作方面做出了更大的努力，尽管她们的收入水平仍然低于男性。2019 年，俄罗斯前副总理奥莉加·戈洛杰茨（O. Golodets）提供的信息显示：俄罗斯女性的工资比男性的工资低 30%。为了根据已获得的数据确定男性和女性的平均工资差异，我们进行了独立样本 T 检验（见表 3）。男性的平均工资比女性高出 1 万多卢布，数据存在统计学上的显著差异，$p < 0.001$。从 Nikolayev、Marchenko 和 Tochilkina（Николаев，Марченко，& Точилкина，2017）的研究可以看出：在俄罗斯，男女工资差距最大的行业分别是房地产业、化学工业和金融行业。

表 3　男女平均工资差异显著性（T 检验）

性别	数量（人）	均值	标准差	标准误
男性	3484	35289.89	25279.71	428.28
女性	3891	25504.86	20720.60	332.17

① The Global Gender Gap Report 2020//World Economic Forum. 2020. http://www3.weforum.org/docs/WEF_GGGR_2020.pdf (accessed 4.08.2020)

		Levene 检验（测试方差齐性）		T 检验（测试均值齐性）			
		F 值	显著性	*t* 值	自由度（*df*）	显著性（双尾）	平均差
在过去的 30 天里，扣除税收和其他扣除项目后，您的主要职业收入是多少？如果您的全部或部分工资是由外币支付的，请将该货币兑换成卢布，并说明具体总额。	假设方差相等	73.423	0.000	18.250	7373	0.000	9785.03105
	假设方差不相等			18.053	6747	0.000	9785.03105

资料来源：数据源于 RLMS。

俄罗斯社会的收入性别不平等，已经可以通过五等分分组的性别分布数据进行证实：最穷者（男性占 13.1%，女性占 30.8%）与最富者（男性占 25.6%，女性占 11.6%）的收入比例之间存在巨大差异（见表 4）。

表 4　五等分分组的性别分布情况

单位：%

性别	1（最穷者）	2	3	4	5（最富者）
男性	13.1	14.1	17.6	29.6	25.6
女性	30.8	20.4	18.8	18.4	11.6

Aivazova 认为，实现性别平等主要在于经济领域。但是，2006 年至 2013 年间，经济领域的性别差距几乎没有发生任何变化，“在调控劳动关系以及为增强女性竞争力条件方面，政府基本上什么也没做”（Айвазова, 2017）。随着时间的推移，教育和医疗领域的性别平等价值观不断恶化。尽管我们之前提到过，在俄罗斯，受过高等教育的女性人数比男性多，但 Aivazova 却强调，在俄罗斯社会，当只能选择其中一个孩子接受更好的教育时，父母往往更喜欢将机会给予男孩，而不是女孩。

国际劳工组织（ILO）公布了不同性别月薪差距最大的国家排名，其中，俄罗斯排名第 10 位，巴基斯坦、尼泊尔和荷兰分别位居前三。

相关社会公正的经典理论和现代理论在论述公正时似乎都忽略了性别问题。目前数据表明：在俄罗斯，几乎所有职业的女性都受到了歧视，她们的收入比男性低，失业率也比男性高，还有其他可能会加深其关于俄罗斯社会不公正感受的歧视。

本文将进一步探讨如何运用社会公正理论来分析性别不平等。按照 Sen（1995）的观点，观察到不平等现象后，只有通过社会公正理论，才能对不公正情况进行诊断。

二 不同性别对社会公正的感知：理论前提

本文将社会公正定义为：确保每个人均有参与劳动活动的平等机会，按投入和质量向其支付劳动报酬，在利用公共福利的同时满足人民的迫切需求，防止收入和财富分配出现过度的两极分化，合理利用人民的积极能力（Райзберг，Лозовский，Стародубцева，2011）。

人们关于社会公正的看法与其不平等观念相关（Хахулина，2003）。Chernysh 指出，“如果大多数人认为所谓不平等的性质不合理，并且从公正的角度来看，不平等的程度超出了可接受的范围，那么这种不平等就会成为影响公众态度的一个负面因素”（Черныш，2016）。任何特定社会中如果大多数人都认为其所在社会不公正，那么就会对该社会的稳定性造成威胁，并且有可能导致社会紧张局势加剧。

对社会公正性的感知取决于受访者对公共利益和各种社会群体特权分配的理想观念。就个人层面而言，不平等感知不仅取决于特定社会中普遍存在的价值观和信念体系，还取决于个人的生活环境及其在社会结构中的地位等。根据 Bourdieu 的说法，一方面，人们对社会领域的感知是客观的，这与“生活条件、社会地位和出身”有关（Бурдье，1994）；另一方面，这种感知又是主观的，与“价值观、性格、形象、偏好以及符号空间的其他属性”有关（Бурдье，1994）。不平等感知被定义为“共同的、大众意识中的陈规观念，语言（有自己的逻辑，但同时也是一种集体产物），传统，习俗以及常见的社会惯例”（Бурдье，1994）。

这里讨论男性和女性如何看待社会公正程度，诺贝尔奖获得者 Sen 在理论上已将其全面证实为基于能力评估方法的一部分（Сен，2016）。这种方法以“功能”和“能力”为基础。Sen 认为，“功能”可以指一个人的本性、活动或当前状况。将各种功能结合起来，可以确定并限制一个人在众多可选项中的选择。一个人可以实现的功能组合被 Sen 定义为“能力”。根据 Sen 的说法，无论男性还是女性，具备的能力（或可选行动方案）越多，其所在的社会越公平。

Sen 把财富归因于可创造能力的手段。根据他的看法，财富并不仅仅关乎有无资源。他批判了资源方法，因为在他看来，这种方法很少提及社会公正问题。Sen 认为收入只是一个人获得能力的众多工具之一。例如，富人可以花费大量金钱来治疗严重疾病，而与一个贫穷但健康的人相比，这个富人可能不具备很多能力。Sen 的方法侧重于评估个人的能力，而不是所拥有的资源（Сен，2016）。因此，在考虑个人收入时，不应孤立考虑，而应结合人与人之间的各种差异评估，如年龄（尤其是老年公民获得工作的能力比年轻公民低）、性别（社会中确实存在性别歧视，并且这种歧视可能会阻碍女性获得与男性相同的机会，如社会中通常被认为属于“男性专属”的职位）、健康状况（患有严重慢性病的人与健康人相比，在获得同等能力方面更困难。例如，由于缺乏专门的设备，坐轮椅的残疾人无法抵达其欲抵达的楼层，而被迫地寻求帮助）。根据 Sen 的说法，“年龄、身体限制和疾病等各种形式的功能丧失都会降低一个人赚钱的能力”（Сен，2016）。除了收入本身外，我们必须考虑人的收入价值，即收入能负担起什么。

此外，Sen 也将一个人的物理环境（即有利的生态环境）列为能力获得的手段。此外，还有其他重要因素，包括社会环境、公共机构的工作条件、受教育机会，以及安全、无犯罪活动。Sen 尤其强调背景对于所讨论的社会有多么重要。例如，在一些国家，宗教不主张奢华的生活，昂贵的手机以及其他与富裕生活方式有关的物品可能都会变得一无是处。这些国家的人民甚至可能具备过度消费的必要能力，但由于行为模式长期受宗教文化的影响，因此他们并没有过度消费。当一个国家的人民都认为女性不应接受教育，而应成为家庭主妇时，这种文化背景就可能阻碍女性获得能力。在分析社会公正时，必须考虑到特定社会中各种性别不平等现象的已有背景。特别是一个社会中与性别角色相关的、被视为规范的既定文化准则（即使没有公开讨论过）（Sen，1995）。在这种情况下，女性自身可能会将性别不平等视为一种正常现象。Sen 强调，没有认识到性别不平等是一种社会不公正现象，而复制任何特定文化所认可的性别角色规范和传统，会使不平等问题变得更加严重。

虽然 Sen 并未在研究中对能力进行详细阐述，但他的同事 Nussbaum 却为所有人（无论性别如何）开发出了一套跨文化的基本社会能力。具体包括“生活（活到老的能力）；健康（保持身体健康的能力）；身体不可侵犯性（安全生活的能力）；感觉、想象力和思想（如果一个人受过教育，则应具备体会这些感觉的能力）；情绪（体会和表达各种情绪的能力）；务实性（具备批判性思维以及为生活做计划的能力）；归属感（没有因为性别、种族、宗教等方面的因素而受到社会的歧视）；其他生命形态（照料植物和自然界中的其他组成部分以及与之互动的能力）；玩耍（休息、娱乐和享受闲暇时间的能力）；控制自己的栖身地（具备参与政治决策和保证言论自由的能力，在物质意义上，具备拥有财产以及享有平等劳动权的能力）”（Nussbaum，2002）。Nussbaum 认为，目前在切实履行这一特殊能力模式方面，斯堪的纳维亚国家处于领先地位，这些国家拥有非常完善的社会政策且经济繁荣，可为所有公民提供更多接受教育和医疗的机会。

Nussbaum（2002）认为，这套本可以为所有国家女性提供平等待遇的“普遍准则”却有可能引发大量的反对意见。尤其是文化方面的争论，主要的争论点在于女权主义者不应毫无根据地假设传统文化中默认包含了“有缺陷”的、不利于女性良好生活的规范。传统文化中的女性更喜欢传统生活方式，同时对自身能力及其与男性的同等价值方面缺乏深入了解。如果女性选择传统生活方式，则应有按传统方式生活的自由，但这必须是一种有意识的选择，她们应具备相应的经济和政治能力。此外，还有另一种推理方法，涉及多样性。这一观点的支持者为了促进独特文化的多样性，认为如果文化变得更加单一，世界则将变得沉闷无趣。Nussbaum 坚持认为与经久不衰的文化元素（如语言等）不同，有害的习俗着实没有必要保留。以家庭暴力为例，这种过去遗留的陋习是需要消除的。另一种反对意见称这是一种家长式观点。反对意见认为如果所有文化都采用同一套规范，那么就是在破坏人们按照最有利的情况进行的自由选择，这在本质上就像是以家长式态度对待孩子一样对待他们。Nussbaum 认为，当前很多价值体系仍坚持以家长式态度对待女性，“认为她们在法律面前处于不平等地位，缺乏完全的民事行为能力，缺乏男性所拥有的所有权、相关自由权和就业权”（Nussbaum，2002）。根据 Nussbaum 的说法，平等的条件是追求扩大每个人的权利和能力，而女性往往被视为家庭成员，她们的权益来自于家庭的权益，在这个意义上，女性没有任何自我价值。

Nussbaum 认为，有一些因素可能会对男性和女性拥有的能力产生负面影响，其中包括：受教育程度低、性侵犯、没有机会获得医疗服务以及各领域对女性的歧视，如照顾老人和小孩的人往往是女性，她们被剥夺了充实生活的机会（Nussbaum，2002）。

总结一下 Sen 和 Nussbaum 的观点：在纯粹状态下，一个人拥有高收入、高受教育程度和其他福利并不能说明这个人拥有能力。这些都是“实现目标的手段，而目标就是获得能力”，只有获得能力后，才能最终促成社会公正（Нуссбаум，2020）。因此，我们的研究假设是：掌握能力获得的手段后，男性和女性都更倾向于认为社会是公平的，而没有掌握能力获得的手段时，男性和女性则认为俄罗斯社会是不公平的。

Sen 建议通过财富来对能力进行评价，财富不仅仅是经济收入和购买商品的能力，而且是与其他能力获得手段的结合因素，如年龄、性别、身体健康状况、生态环境、国家医疗体系运作、受教育程度、有无犯罪活动、居住区的安全性、根深蒂固的行为模式、长期的社会价值观等。我们将获得能力的方法总结成了一张图（见图 2）。

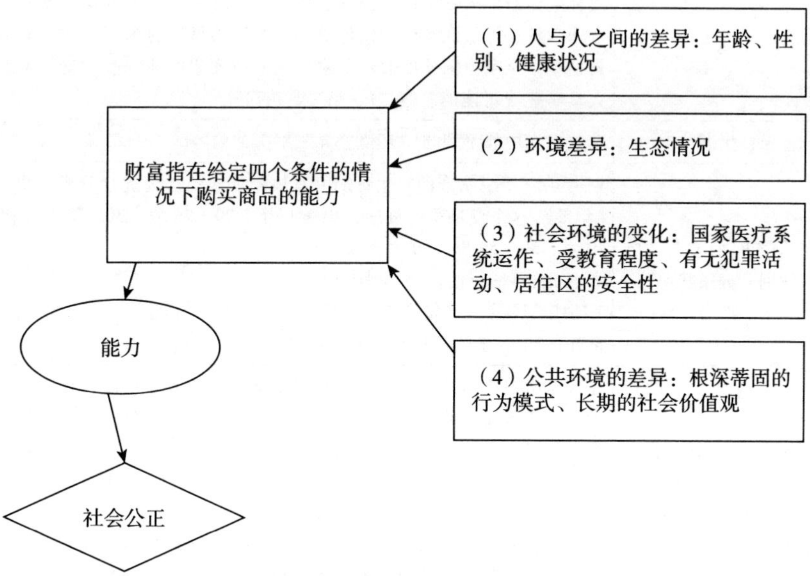

图 2　获得能力的方法

三　数据基础和分析程序

这部分的数据基于 2019 年第 28 次俄罗斯纵向监测调查 - 高等经济大学（RLMS-HSE）数据。样本人数为 18061 人。该数据基础包含一整套关于社会公正的问题，可评估俄罗斯社会的总体公正程度、不公正的原因、收入和税收分配以及其他方面的公正性。

根据现有数据，可以找到一部分与能力获得手段相当的等效物，如表 5 所示。

表 5　RLMS 数据库中与能力获得手段相当的等效物

能力获得手段	RLMS 等效物
财富	1. 在过去的 30 天里，扣除税收和其他扣除项目后，您的主要职业收入是多少？如果您的全部或部分工资是由外币支付的，请将该货币兑换成卢布，并说明具体总额。变量已被重新编成了五等分分组［按照所拥有的金钱量排名情况构建的五等分分组，每个组包括 20% 的受访者，第一组（最低收入）代表最贫困人群，然后依次递增，逐步上升到最富裕的第五组］。 2. 如果愿意，您或您的家人是否有能力……每隔一天吃肉（鸡或鱼）；改善生活条件——买房、公寓、房间；支付子女的课外课程费用——音乐学校、外语课、体育俱乐部等；攒钱买昂贵的东西，如汽车或避暑别墅；全家去国外度假；全家去俄罗斯度假胜地度假；支付子女的大学学费（可能的答案：1 - 是，2 - 否）
环境差异：生态情况	在数据库中找不到与“环境差异”对等的内容
人与人之间的差异：年龄、性别、健康状况	1. 年龄：请说明您的出生日期（具体年月日）。（为进行分析，我们将“年龄”这个变量重新编成：20 岁以下、20 ~ 29 岁、30 ~ 39 岁、40 ~ 49 岁、50 ~ 59 岁、60 岁及以上） 2. 性别：1 - 男性，2 - 女性 3. 健康状况：“您如何评价自己的健康状况？”回答：1 - 非常好；2 - 良好；3 - 一般，不好也不差；4 - 较差；5 - 很差
社会环境的变化：国家医疗系统运行、受教育程度、有无犯罪活动、居住区安全性	在数据库中找不到与“国家医疗系统运行、受教育程度、有无犯罪活动、居住区安全性”对等的内容。为说明受教育情况，我们从包含所有受访者完成教育情况的数据库中取出了一个变量，并将其重新编为四组：未完成中学教育、普通中学教育、中专、高等教育。可能的答案：“完成 1 - 6 年级教育”、“未完成中学教育（7 - 8 年级）”、“未完成中学教育（7 - 8 年级）+ 其他”合并成“未完成中学教育”；“完成中学教育”重新编为“普通中学教育”；“中专”保持不变，“完成高等教育及以上”重新编为“高等教育”

续表

能力获得手段	RLMS 等效物
公共环境的差异：根深蒂固的行为模式、长期的社会价值观	在数据库中找不到与“长期的社会价值观”或“根深蒂固的行为模式”对等的内容

为确定表 5 中哪些变量与人们对公正的评价有关，我们使用了一种称为“决策树方法（CHAID）”的数据分类方法。这种方法可以确定不同变量（采用任何标度测量）之间的联系，因此适用于本研究。由于这种方法可以清楚地显示出联系最紧密的变量，因此在分析中排除其他变量后，使用起来非常方便。这种方法之所以有助于我们的分析应用，是因为几乎所有有意义的、有关社会公正的变量都采用名目尺度衡量。通过这种方法，我们可以获得能够理解且易于解读的数据。

这种方法并非新方法，早在 1980 年 Kass（1980）就在其作品中提到过该方法，但在俄罗斯却很少使用。这种方法有点像回归分析，也是为了评估各变量之间的相关性。区别在于，第一，这种方法更具说明性，因为各变量之间的相关性以分层树形结构呈现。第二，这种方法允许将大量的自变量（以任何尺度衡量的）作为独立变量。第三，通过分层树，我们不仅可以发现线性关系，也可以发现非线性关系。第四，分层树产生的偏差较小。

这种方法的主要是对那些更有可能成为目标群体的对象进行分类。分析中包含的整个数据集称为“根节点”。在分析过程中，“根节点”被进一步划分为“节点”。这种划分形式是通过因变量，确保自变量之间的差异最大，如确定那些对社会公正认知具有消极或积极评价的“节点”。使用统计标准来评估划分“节点”的质量（如果变量是一个明确值，则为卡方；如果变量是一个区间，则为 f - 统计量）。“树枝”就是连接分析过程中所获得的各种“节点”的线条，这些“树枝”表示的是划分和统计规则。针对每个因变量，以百分比的形式计算出每个“节点”的概率，并以该变量的预测类别的形式做出决策。划分“节点”的过程一直持续到所有自变量用完为止。最后一个不能再进一步划分的“节点”称为“终端节点”或“叶”。分析得出：将被分析的变量分布在不同的组，且各组之间的因变量值差异悬殊。因此，我们能够清楚地看到，关于男性和女性对现代俄罗斯社会实际公平程度的看法，有哪些变量是最为密切相关的。

四　男性和女性对俄罗斯社会公正的评价

为验证“女性比男性更倾向于认为俄罗斯社会不公平”的假设，图3显示了关于不同性别的受访者对俄罗斯社会整体公平程度的评价。受访者使用0~9的数字来评估社会公平程度，0表示社会完全不公平，9表示社会绝对公平。

为便于解释，我们将0~3分的公平性分数总结为“完全不公平”（将其评估为社会“总体不公平”），4分和5分作为平均分数，6~8分合并为“总体公平”（表明社会总体公平）。我们发现，39.8%的男性普遍认为社会不公平，而持相同观点的女性比例略高，为40.6%（见图3）。在认为俄罗斯社会公平的人群中，男性占41.8%，女性占38.8%。在认为俄罗斯社会总体公平的人群中，男性比例略高于女性（分别为18.6%和17.8%）。总的来说，和我们预料的一样，大多数女性认为俄罗斯社会不公平，而大多数男性认为俄罗斯社会公平。

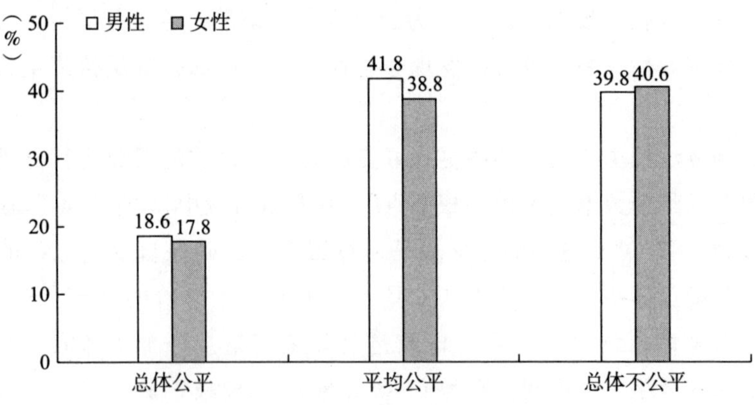

图3　男性和女性对俄罗斯社会公平的评价

说明：女性数据有缺失值。

为验证“掌握能力获得的手段男性和女性倾向于认为俄罗斯社会公平，而缺乏获得能力手段的男性和女性则认为俄罗斯社会不公平”的假设，我们将使用上述决策树方法进行验证。因变量是对俄罗斯社会公平程度的评估，其数值范围为 1 ~ 3。自变量如表 5 所示，另外对评估性别不平等背景具有至关重要作用的自变量进行了补充：婚姻状况（1 – 未婚，2 – 已婚，3 – 未经正式登记同居，4 – 离婚且目前未再婚，5 – 丧偶，6 – 已婚但未同居），子女（1 – 有，2 – 无），目前主要职业（1 – 已就业，2 – 休假，休产假或照顾 3 岁以下的孩子，3 – 带薪休假，4 – 无薪休假，5 – 无业），就业领域。性别变量作为筛选因素。图 4 显示的是关于男性的决策树。

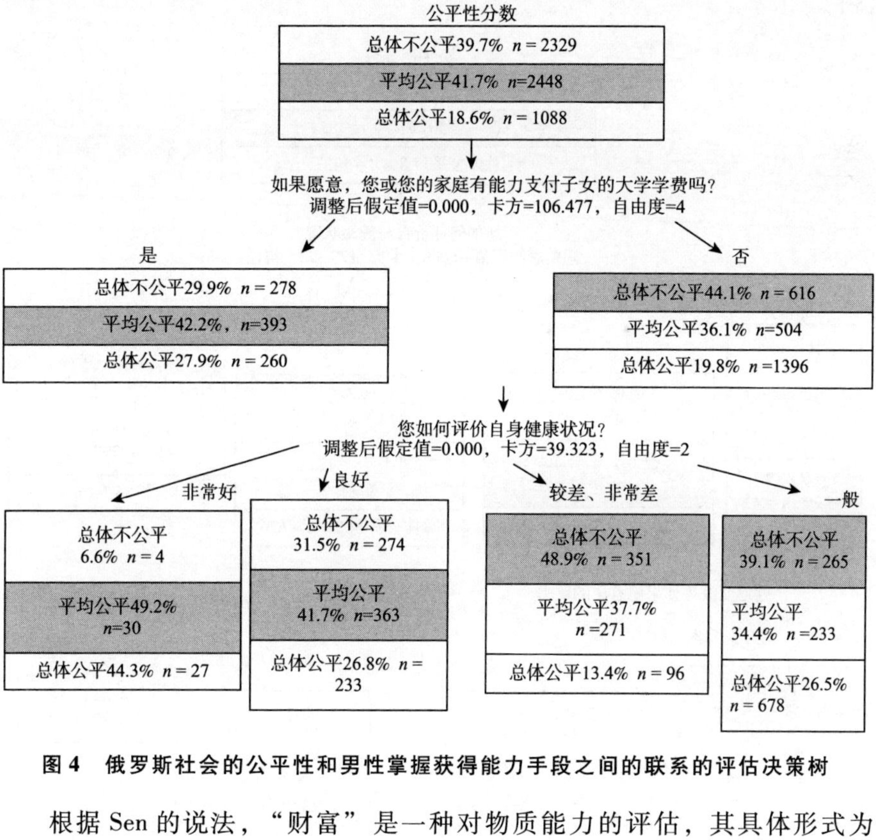

图 4　俄罗斯社会的公平性和男性掌握获得能力手段之间的联系的评估决策树

根据 Sen 的说法，“财富”是一种对物质能力的评估，其具体形式为是否有能力支付子女的大学学费。正如我们所看到的，大多数缺乏这种能力的人认为社会不公平，而拥有这种能力的人则认为社会相当公平。

此外，也按照自身健康状况评估来划分支付子女大学学费能力的相关“节点”。也就是说，此变量也与公平感有关。有能力支付子女大学学费的男性认为自身健康状况良好或非常好，他们的社会公平性分数处于平均水平。与此同时，没有能力支付子女大学学费的男性认为自身健康状况较差、非常差或一般，他们认为总体上社会是不公平的。

图 5 显示的是关于女性的决策树。在这种情况下，社会公平性分数与健康评价的联系最为紧密。认为自身健康状况一般、较差或非常差的人通常认为俄罗斯社会不公平。通常，缺乏带全家人去俄罗斯度假的能力的女性认为社会不公平，而拥有带全家人去俄罗斯度假的能力的女性认为社会公平。

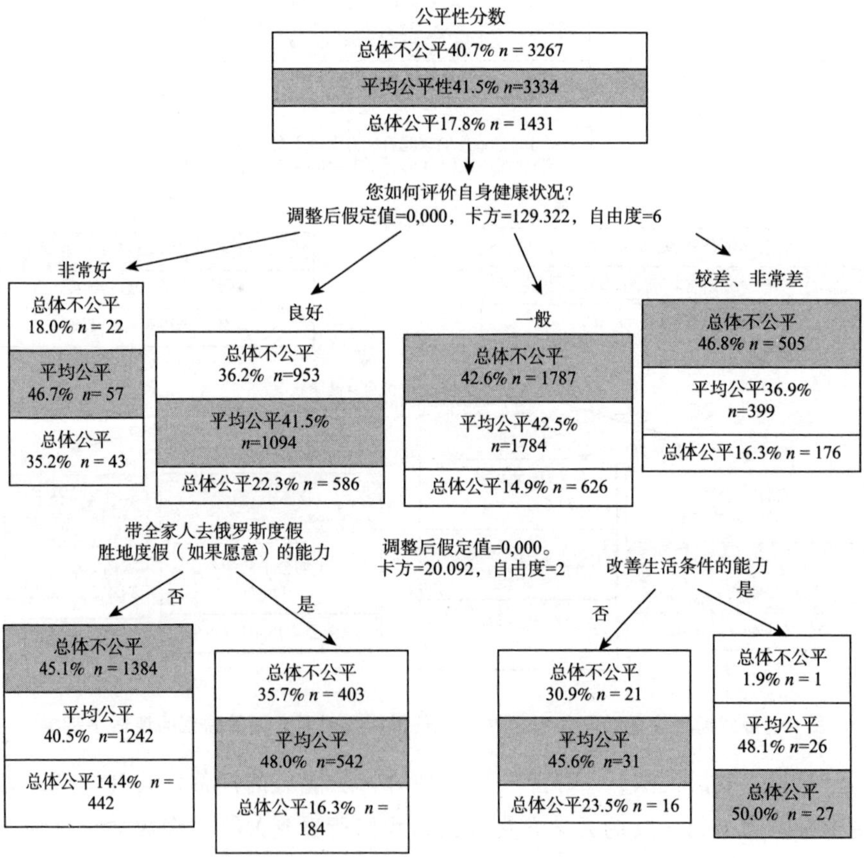

图 5　俄罗斯社会的公平性和女性掌握获得能力手段之间的联系的评估决策树

在健康状况为“非常好”的女性中拥有改善生活条件的能力的人认为社会总体上是公平的，而缺乏改善生活条件的能力的人则认为社会总体上是不公平的。

总的来说，我们的假设得到了部分证实，即缺乏获得能力的手段的人认为社会总体上是不公平的。也许，这在一定程度上是因为调查对象通常并不认为俄罗斯社会在总体上是公平的。

健康状况良好或非常好的女性认为社会公平，而健康状况一般、较差或非常差的女性认为社会不公平。因此，男性和女性的公平性分数都与健康状况和物质能力有关，而其他自变量则与公平性分数无关。俄罗斯社会不公平的评价与健康状况较差、非常差或一般，以及缺乏物质能力有关。Sen 特别强调了健康状况和物质能力，指出世界上有许多健康状况非常差的人，他们需要用大量经济收入来支付治疗费用，但同时，他们通过体面的工作赚取金钱的能力却由于疾病而减弱，这使他们不可能过上富裕的生活（Сен，2016）。从性别角色转换来看，男性的分数与他们对子女的教育能力相关，而女性的分数则与满足度假需求和提高生活水平的纯物质目标相关。人们普遍认为，普通女性的主要关注点应该是照顾子女，而提高物质能力是男性的特权。

我们又进行了深入分析，以便确定出俄罗斯男性和女性对政府管理这些能力的公平程度的看法（见表 6）。大多数调查对象都认为，俄罗斯完全不公平的方面包括“国民收入分配”（男性占 44.0%，女性占 46.4%），“养老金覆盖面、社会福利”（男性占 44.0%，女性占 46.3%）以及“政府资金的城乡分配”（男性占 36.9%，女性占 39.6%）。在“完全不公平”项目中，除了“人民的政治权利”之外，女性认为社会不公平的比例都高于男性。

表 6　对政府监管这些能力的公平程度的评估

单位：%

公平性判断	完全不公平		可能不公平		可能公平		完全公平	
	男性	女性	男性	女性	男性	女性	男性	女性
国民收入分配	44.0	46.4	46.6	44.6	8.9	8.4	0.5	0.6

续表

公平性判断	完全不公平		可能不公平		可能公平		完全公平	
	男性	女性	男性	女性	男性	女性	男性	女性
养老金覆盖面、社会福利	44.0	46.3	42.5	40.3	12.4	12.3	1.1	1.1
政府资金的城乡分配	36.9	39.6	49.2	47.3	13.2	12.4	0.8	0.7
工作机会	30.5	31.6	47.6	46.9	20.8	20.4	1.1	1.1
司法系统和执法	23.8	25.3	47.5	46.8	27.5	26.6	1.2	1.3
医疗系统	22.0	25.8	51.0	49.2	25.9	23.7	1.1	1.2
接受高等教育的机会	14.8	16.9	43.4	43.9	38.8	36.8	3.1	2.4
人民的政治权利	14.8	14.8	42.7	43.4	39.6	38.9	2.9	2.8

此外，我们还可以看到，表6中评价为“完全公平”的人非常少，不超过调查对象总数的4%。调查对象评价为“可能公平”的项目包括“人民的政治权利”（男性占39.6%，女性占38.9%）、“接受高等教育的机会”（男性占38.8%，女性占36.8%）、“司法系统和执法”（男性占27.5%，女性占26.6%）。您可能会想，在高收入、健康状况良好或非常好、受过高等教育、有工作的调查对象（即拥有获得能力的手段的调查对象）中，会将表6中的项目更多地评为公平，因为他们没有被剥夺各种资源。但分析后，我们发现事实并非如此。大多数拥有各种资源（如高收入、有工作、受过高等教育、健康状况良好或非常好）的男性和女性群体认为政府的监管能力是完全不公平的。

五　男性和女性的待人不公正的原因

为了评估俄罗斯社会中待人不公正的原因，调查对象被问及一些问题，这些问题的可能答案分为四类：“很可能”“可能”“不太可能”“不可能”。表7列示了不同性别的调查对象对于待人不公正原因的看法。通过“很可能”和“可能”的回答分布，可以发现，从各方面来看，女性相比男性更容易感到不公正。如果对不公正的主要原因进行排序，男性和女性都将年龄放在第一位，第二位是未取得居住地户籍，第三位是缺乏有用的关系。

表 7　不同性别调查对象对于待人不公正原因的看法

单位：%

不公正的原因	很可能		可能		不太可能		不可能	
	男性	女性	男性	女性	男性	女性	男性	女性
年龄	35.0	37.6	36.1	37.1	18.9	17.0	10.0	8.3
未取得居住地户籍	34.6	34.8	37.4	37.9	19.2	18.9	8.8	8.4
缺乏有用的关系	30.8	30.8	38.1	39.4	20.9	20.5	10.2	9.2
国籍	30.3	30.6	39.6	41.0	22.2	21.8	7.8	6.7
人的素质、个性	24.4	24.9	40.3	42.1	25.6	24.8	9.7	8.2
受教育程度	23.9	25.3	37.4	38.7	27.3	26.0	11.4	10.0
外貌	21.7	23.0	34.7	36.7	32.0	30.3	11.6	10.0
性别	21.3	24.1	31.1	32.2	33.5	31.5	14.1	12.2
政治观点	21.0	20.3	34.3	35.2	31.7	32.9	13.0	11.7
职业	19.8	20.4	35.8	37.2	30.8	30.2	13.6	12.1
宗教信仰	17.0	17.2	27.5	28.7	37.8	38.6	17.7	15.6

让我们分析一下男性和女性所给出的回答为什么会呈现这样的分布情况。年龄作为待人不公正的原因之一，如果根据年龄组来研究这个变量，可以看到往往 60 岁及以上的男性和女性倾向于认为社会最不公正。我们可以假设，他们将年龄作为不公正原因的看法是特别敏感的，因为在生命周期的这个阶段，年龄问题恰好是与他们更为相关的一个问题。

结果显示，认为受教育程度可能是不公平原因的女性比例略高于男性。我们可以合理假设，大多数同意受教育程度是不公正原因的人都受过基础教育，因此，他们根据自己的受教育程度，认为自己受到了歧视，从而认为这可能是社会不公正的一个原因。分析表明，大多数认可这一说法的男性都完成了普通中学教育。而实际上，大多数认可这一说法的女性却完成了高等教育。这与我们前面所提到的性别不平等背景是一致的，这表明，对俄罗斯女性来说，受过高等教育并不能保证她们拥有体面的工作、担任领导职位或者高薪报酬。

性别既作为不公正的原因之一，也与拥有获得能力的手段有关。赞同这一假设“性别是不公正原因之一”的女性收入低，属于五等分分组的第一个组，即最贫困组。她们大多处于无业状态，身体健康状况一般，年龄在 60 岁及以上，受过高等教育。与此同时，赞同这一假设的男性是受过普通中学教育，年龄在 40 ~ 49 岁，身体健康，有工作，收入高（属于五等分分组的第四个组）。有数据表明，与男性相比，认为性别是待人不公正原因的女性在能力获得手段方面存在一定的困难，但实际上，认为性别是待人不公正原因的男性和女性的人数基本相同（女性比例略高，为 24. 1%，男性为 21. 3%）。

为了了解社会不公正的三个主要原因，研究人员向调查对象提供了一个可能原因列表，如图 6、图 7 和图 8 所示。48. 7% 的男性和 44. 6% 的女性认为“我国的大多数法律不公正”是社会不公正的第一个原因（见图 6），其次是“大多数人只考虑自身因素”（22% 的男性和 23. 5% 的女性同意这一观点）。此外，13. 1% 的男性和 12. 8% 的女性认为不公正是由普遍的腐败现象造成的。

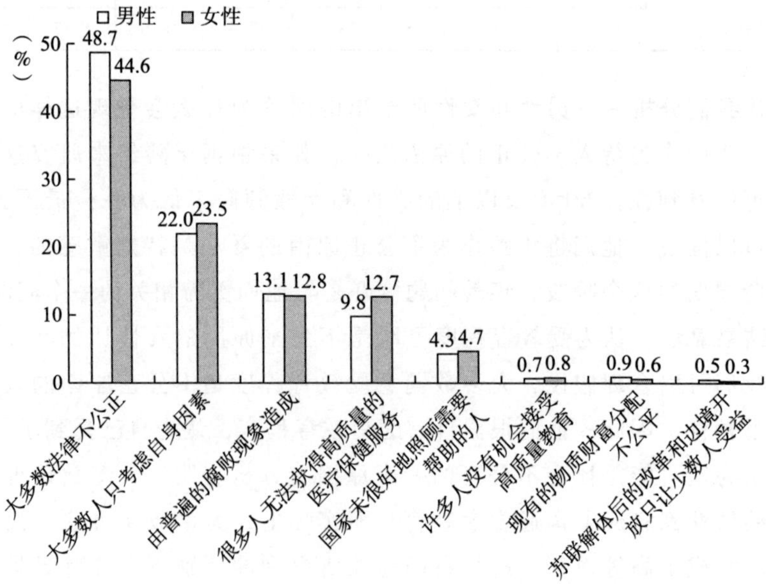

图 6　社会不公正的第一个原因

31.1%的男性和31.9%的女性认为普遍的腐败现象是社会不公正的第二个重要因素（见图7）。21.1%的男性和21.4%的女性认为不公正是由于政府未很好地照顾需要帮助的人。15.1%的男性和13%的女性认为社会现有的物质财富分配秩序是造成不公正的原因。

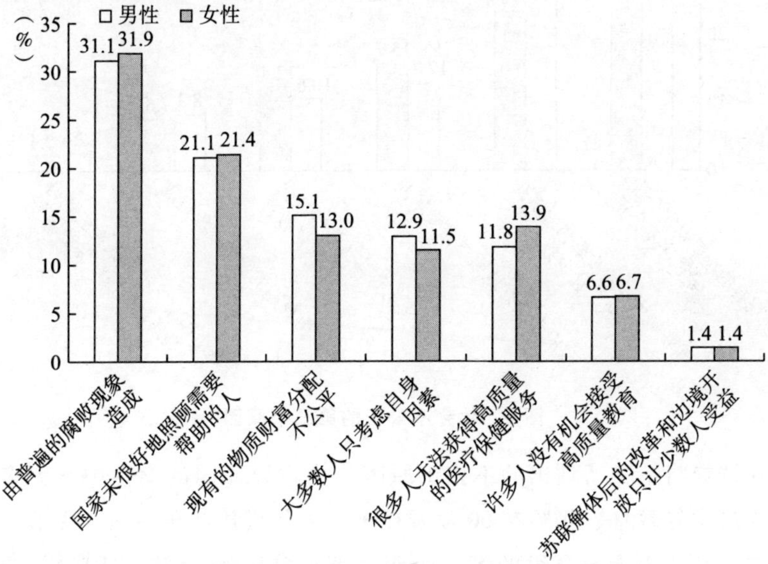

图7　社会不公正的第二个原因

39.7%的男性和38.4%的女性认为导致社会不公正的第三个原因是“俄罗斯社会现有的物质财富分配不公平”（见图8）。26.2%的男性和23.4%的女性认为，不公正的第三个原因在于苏联解体后的改革和边境开放只让少数人受益。12.7%的男性和15.7%的女性认为，政府未很好地照顾需要帮助的人是社会不公正的第三个原因。

因此，造成社会不公正的三个主要原因如下：第一，俄罗斯通过的大多数法律不公正；第二，普遍的腐败现象造成了社会不公正；第三，俄罗斯社会现有的物质财富分配不公平。

在思考人们认为国家法律不公正的原因时，Rimskiy认为这些法律是为精英阶层的利益服务的，而不是为整个社会服务的，“更富裕和更强大的社会群体有更强的能力来确保法律规范符合他们对公正的看法”（Римский，2017）。

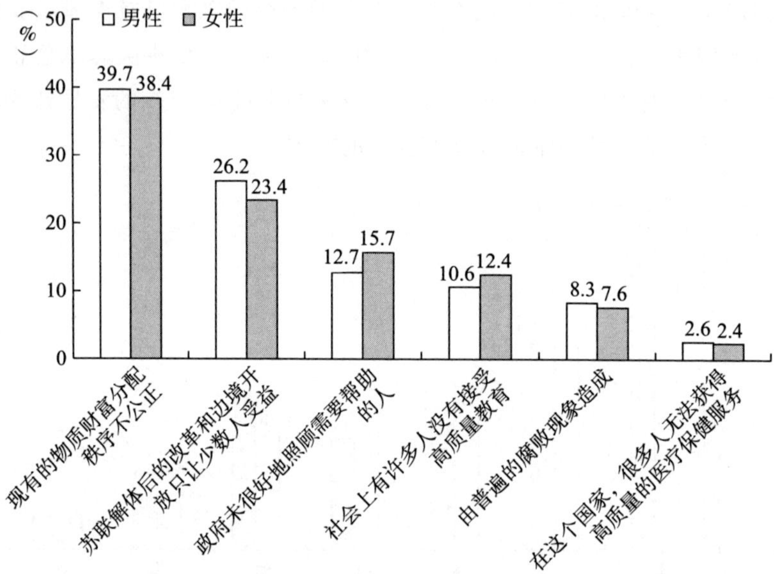

图 8　社会不公正的第三个原因

在选择将上文所列出的不公正原因作为主要原因的女性中，大多数都是接受过中专教育、年龄在 60 岁及以上、身体健康状况一般、无业、低收入群体（属于五等分分组的第一个组，即最贫困组）。与此同时，持相同观点的男性通常是接受过普通中学教育、年龄在 30 ~ 39 岁、身体健康、有工作、高收入群体（属于五等分分组的第四个组）。因此，我们可以看到，女性有更多客观理由表示所受待遇不公正，相对男性而言，她们拥有的能力获得手段确实更少。

六　结论和讨论

性别不平等是俄罗斯的一个主要问题。数据显示，女性的工资与男性相比低得多（男性和女性贫困的数量明显不平衡，女性的比例要高出 20%），并且还经常失业。尽管受过高等教育的女性比例超过男性，但她们通常并未担任领导职务。

纵观俄罗斯的性别不平等环境，我们得到的数据表明，俄罗斯大多数女性认为社会总体上是不公平的，而男性认为社会一般公平。男性和女性的这种看法主要与健康状况和物质能力有关。一个人的健康状况越差，物质能力越差，所给出的公平性分数就越低。此外，我们还就性别角色的转变得出一个重要结论：男性对社会公正的看法与其支付子女大学学费的能力有关，而女性则更关注改善其生活条件的能力以及度假需求。在劳动力市场上，确实存在基于性别的能力和收入差异，但性别本身并不是评价社会公正的重要因素。从本质上说，性别充当的是其他因素（与获得能力的手段差异相关）影响社会公正的中介。

在由国家监管的各项能力中，男性和女性认为最不公平的是国民收入分配，养老金覆盖面、社会福利和政府资金的城乡分配。有趣的是，无论性别、收入高低、是否有工作、健康状况和受教育程度如何，整个社会似乎在这一问题上达成了一致。因此，尽管某些特征通常作为差异因素（如年龄、受教育程度、健康状况、收入水平），但在提到不公正的原因时，男性和女性达成一个共同观点。最终，他们克服了社会差异，达成了一种"关于不公正的共识"。

在所有待人不公正的原因中，排名前三的分别是：年龄、未取得居住地户籍以及缺乏有用的关系。根据60岁及以上调查对象的说法，年龄似乎是社会不公正的最显著原因，这可以通过人们的生命周期的性质和俄罗斯老年人的生活条件来解释，Tikhonova 评价道："老年人缺乏必要的资金来支付基本必需品，包括医疗物资。"（Пенсия меньше，2006）调查对象认为待人不公正的其他原因还包括受教育程度、性别等。与此同时，认同这种观点的女性接受了更高的教育，但这并不可能保证她们获得高收入或担任领导职位。将性别视为待遇不公正原因的女性获得能力的手段也较少，她们大多收入低、健康状况一般、无业、年龄在60岁及以上，而持有这一观点的男性实际上拥有这种能力获得的手段。

调查对象认为造成社会不公正的原因主要有三个：法律不公正、普遍的腐败现象、物质财富分配不公平。持相同观点的女性大多年龄在60岁及以上、健康状况一般、无业、收入低（属于五等分分组的第一个组，即最贫困组）。而男性大多接受过普通中学教育、年龄在30～39岁、身体健康、有工作、收入高（属于五等分分组的第四个组）。换句话说，在俄罗斯社会不公正原因方面，持相同观点的女性获得能力的手段比男性少。

总的来说，从 Sen 的理论来看，俄罗斯女性获得能力的手段比男性少得多。然而，除了对社会公平的完全公平和相当公平评价（大多数女性认为完全公平，大多数男性认为相当公平）存在差异外，我们并未发现有关俄罗斯社会各个方面的公平性得分存在显著差异。应该说，就所有考虑的问题而言，女性更倾向于认为社会在很多方面都不公正。

结果表明，必须采取措施改变女性的社会地位。目前，女性受歧视的情况被绝大多数俄罗斯人视为常态。尽管目前的制度无法完全实现俄罗斯所有公民均获得平等的机会，但无论男性还是女性都认为潜在的改善能力属于个人责任。Nussbaum 指出，选择自由建立在物质前提的基础上。除了以书面形式阐明权利之外，实现这些权利还需要一些资源。因此，维护这些权利并保证其实施条件的政府有义务确保“关于财富和收入再分配、就业、土地法、卫生和教育的明确立场”（Nussbaum，2002）。

第八篇

城乡和地区之间的发展差距

中国区域之间的经济社会发展差距

崔　岩

随着中国社会经济转型，社会结构逐渐向更为多样性的利益格局转变。改革开放以来，我国经济建设取得了举世瞩目的成就，人民生活水平得到了前所未有的提高。但同时，经济社会发展不平衡、资源分配不均衡的现象也造成了社会的迅速分化，导致一些社会问题的凸显，如贫富差距加大、城乡差距严重、区域发展不平衡等。在经济社会发展中，实现社会公平正义，消除各种制度性差异导致的社会不平等，是国家发展的题内之意，也是广大人民群众的价值追求和迫切愿望。在国家经济社会发展中，应当在政策制定上充分保证起点公平、过程公平、结果公平，在劳动就业中保证劳动者有平等的就业机会、竞争机会、就业权利；在教育方面实现教育资源的均质化配置为核心的教育公平，促进起点公平；在社会保障、医疗健康等方面，实现基本公共服务均等化，增强社会公众的公平感。

一　关于发展不平等的研究综述

近年来，发展不平等问题得到学界广泛关注，较多的研究对当前中国社会不平等现象的现状、成因、对策进行了详尽的分析（张宏，2018）。在对国内不同区域间差异的研究中，部分学者重点讨论了经济方面的区域差距。有学者指出，区域间居民收入不平等作为我国区域经济发展不平衡不充分矛盾的现实反映，影响和制约着我国高质量发展和共同富裕目标的实现（罗楚亮、曹思未，2018；赵桂芝，2019）。也有学者从消费层面讨论了区域间的发展差异，并提出，与收入不平等相比，消费不平等是对经济不平等更好的度量。其研究表明，中国居民消费不平等程度较高，城乡消费不平等呈现出倒 U 型走势，区域消费不平等不存在倒 U 型规律；收入不平等通过预算约束差异形成消费不平等；机会不平等通过代际传递和路径依赖形成消费不平等；制度因素通过消费机会和消费资源的分配不均形成消费不平等（孙豪、毛中根、桂河清，2019）。

现有部分研究主要是对国内城乡差异与不平等进行分析。有研究表明，对于教育文娱方面的消费，我国居民消费差距的不平等程度在不断降低；对于医疗保健方面的消费，农村居民消费不平等程度在不断降低，城镇居民消费不平等程度非但没有降低，反而有进一步升高的趋势，所以居民整体消费差距的不平等程度改善得并不明显；居民消费差距的不平等程度都体现出组间不平等程度变低以及组内不平等程度变高的趋势（孟佶贤、方毅，2020）。

部分学者从社会福利方面对我国各区域福利不平等状况进行了研究分析并提出，西部地区福利不平等最为严重，虽然各区域长期福利分布均逐渐更为公平，但是中部地区个人福利状况的改善程度要明显优于东部地区和西部地区（解浩，2018；陈志鸿、李扬，2018）。

医疗资源分布不平等问题得到了部分学者的关注，有研究表明，2007年以来全国范围内卫生资源不平等情况已逐步改善，东部地区的卫生资源较中西部地区更丰富，均衡性也更强（周怡、余奕杉，2018）。

住房不平等问题也得到了部分学者的关注。有研究表明，在住房市场化体制建立和发展的过程中，虽然从财产所有权上的住房均等化有所提升，家庭居住面积有了很大的改善，但人均居住面积分布的不均等程度却进一步升高（朱梦冰、李实，2018）。

以往研究中，主要是从单一维度对社会不平等现象进行讨论。在本研究中，一方面结合调查数据对中国六个地理区域的不平等情况进行分析；另一方面，在对不平等现状的讨论中，既从收入消费、社会保障等客观指标对不平等现状进行了描述，也从社会地位认知、社会公平感等主观维度，对当前社会公众的不平等认知层面进行分析。

为了比较不同区域间社会发展不平等情况，本研究使用了2019年中国社会状况综合调查（CSS）的数据。六个具有代表性的地理区域是：华北地区（北京、天津、河北、山西、内蒙古），东北地区（辽宁、吉林、黑龙江），华东地区（山东、江苏、上海、浙江、安徽、江西、福建），中南地区（河南、湖北、湖南、广东、广西、海南），西南地区（四川、重庆、贵州、云南、西藏），西北地区（甘肃、宁夏、陕西、青海）。

二 区域之间的居民收入差距

以 2019 年全国家庭总收入的均值为 1，家庭总收入的中位值为均值的 0.62 倍，也就是说，在全国范围内有一半的家庭户，其家庭总收入低于均值的 0.62 倍。分六个地区来看，华东地区家庭总收入均值最高，其收入均为全国均值的 1.25 倍，中南地区次之，其家庭总收入均值仅为全国均值的 0.95 倍；东北地区的家庭总收入均值在六个地区中最低，其家庭总收入均值仅为全国均值的 0.75 倍。家庭总收入中位值最低的为东北地区，仅为全国均值的 0.43 倍（见表 1）。

表 1　2019 年受访者家庭总收入情况

单位：倍

	全国	华北	东北	华东	中南	西南	西北
个案数（个）	9825	1236	801	2888	2747	1482	671
平均值	1.00	0.94	0.75	1.25	0.95	0.86	0.84
中位值	0.62	0.60	0.43	0.80	0.61	0.58	0.57
25% 分位值	0.29	0.28	0.24	0.35	0.30	0.24	0.25
50% 分位值	0.62	0.60	0.43	0.80	0.61	0.58	0.57
75% 分位值	1.18	1.18	0.71	1.41	1.18	1.05	0.97

注：以 2019 年全国家庭总收入的平均值为 1。

从收入五等分组情况来看，以低收入组为 1，计算各个不同收入组与低收入组的倍数。如表 2 所示，从不同区域来看，最高组和最低组的比值最大的地区为西南地区，比值为 29.5；其次是西北地区，最高组和最低组的比值为 26.5。可以看出，相对于中东部经济发达地区，西南、西北地区经济发展较为落后，同时存在比较显著的发展不均衡问题，导致地区内的贫富差距水平显著高于全国平均值。

表 2　2019 年不同地区受访者的家庭总收入情况

单位：倍

	全国	华北	东北	华东	中南	西南	西北
低收入组	1.0	1.0	1.0	1.0	1.0	1.0	1.0

续表

	全国	华北	东北	华东	中南	西南	西北
中低收入组	3.2	3.5	2.9	3.3	3.5	3.7	3.4
中等收入组	5.6	6.0	4.8	5.8	6.0	6.9	6.2
中高收入组	9.0	9.5	7.3	9.2	9.6	11.4	9.8
高收入组	25.5	25.2	25.7	26.1	25.0	29.5	26.5

注：以低收入组为1。

以李培林（2017）教授提出的划分不同收入组的相对标准，本研究进一步采用相对标准界定不同收入群体的位置。其中，定义收入中位值的75%及以下为低收入人群（细分为脆弱人群和贫困人群），76%～200%的为中等收入人群（细分为中低收入人群和中高收入人群），201%及以上的为高收入人群（细分为富裕人群和高富人群）。从全国情况来看，贫困人群占15%，脆弱人群占22.3%，合计37.3%；中低收入人群占21.9%，中高收入人群占19.9%，合计为41.8%；富裕人群占14.6%，高富人群占6.3%，合计为20.9%。在不同区域中，东北地区低收入人群比例最高。具体来看，东北地区贫困人群占18.5%，脆弱人群占33.2%，合计为51.7%；中低收入人群占25.9%，中高收入人群占14.2%，合计为40.1%；富裕人群占6.1%，高富人群占2.1%，合计为8.2%。西南地区的低收入人群占42%，西北地区的低收入人群占41.6%。相比来看，华东地区中高收入人群占比较高，具体来看，华东地区贫困人群占11.8%，脆弱人群占18.3%，合计为30.1%；中低收入人群占19.1%，中高收入人群占21.9%，合计为41%；富裕人群占19.3%，高富人群占9.5%，合计为28.8%（见表3）。

表3　2019年不同收入人群情况分析

单位：%

		全国	华北	东北	华东	中南	西南	西北
贫困人群	中位值的25%及以下	15	16	18.5	11.8	15.2	17.9	16
脆弱人群	中位值的26%～75%	22.3	21.5	33.2	18.3	22	24.1	25.6

续表

		全国	华北	东北	华东	中南	西南	西北
中低收入人群	中位值的76%～125%	21.9	22.7	25.9	19.1	22.4	22.4	24.2
中高收入人群	中位值的126%～200%	19.9	20.4	14.2	21.9	20.3	17.5	20.3
富裕人群	中位值的201%～400%	14.6	12.8	6.1	19.3	14.8	13.3	10.5
高富人群	中位值的401%及以上	6.3	6.6	2.1	9.5	5.4	4.9	3.4

三　区域之间就业质量的差距

1. 就业结构的地区差异

不同区域劳动力的就业结构，在一定程度上反映了地方经济发展水平、经济结构和工资收入水平。知识型、技术型职业，相对于体力劳动职业，反映了更高的就业质量。如表4所示，在全国就业群体中，制造业工人占13.43%，商业服务业从业者占25.74%，农业劳动者占31.76%，企事业单位一般办事人员占8.75%，民营企业主占1.42%，专业技术人员占10.49%，党政机关干部、国有企业高级管理者占4.26%，非正规就业和自由职业者占4.13%。

在不同区域中，西南地区、东北地区、西北地区农业劳动者占比显著高于全国平均值，分别为47.79%、46.63%、41.49%；华东地区农业劳动者占比最低，仅为19%。华东地区的制造业工人、商业服务业从业者、民营企业主占比显著高于全国平均值，分别为18.76%、29.09%、1.97%。

专业技术工作是典型的知识型、技术型职业。从专业技术人员比例来说，华北地区占比最高，为16.26%；其次为华东地区，为12.05%；东北地区和西北地区的专业技术人员在就业群体中占比较低，仅为7.55%和7.71%。

从非正规就业和自由职业者比例来说，西南地区占比最高，为5.79%；东北地区和华东地区占比较低，仅为2.96%和2.77%。

表 4　2019 年中国不同职业的地区差异

单位：%

	全国	华北	东北	华东	中南	西南	西北
制造业工人	13.43	9.86	6.74	18.76	13.14	9.08	13.83
农业劳动者	31.76	25.61	46.63	19	32.43	47.79	41.49
民营企业主	1.42	1.04	0.81	1.97	1.45	1.25	0.53
专业技术人员	10.49	16.26	7.55	12.05	9.25	8.4	7.71
党政机关干部、国有企业高级管理者	4.26	5.02	5.12	5.72	3.3	2.95	2.93
企事业单位一般办事人员	8.75	11.94	7.82	10.64	7.79	5.79	7.45
商业服务业从业者	25.74	26.3	22.37	29.09	27.61	18.96	22.07
非正规就业和自由职业者	4.13	3.98	2.96	2.77	5.02	5.79	3.99

2. 劳动技能的地区差异

劳动技能水平是评价就业质量的重要指标之一。高质量的就业应当是技术密集型和知识密集型为主的，一般需要很高或者较高的专业技能，职业发展空间也更为广阔。就全国就业所需的劳动技能水平来说，37.0%的从事非农就业的受访者表示其工作不需要专业技能。其中东北地区受访者表示其工作不需要专业技能的比例最高，为43.6%；其次分别为西南地区（38.8%）和中南地区（38.6%）。在华北地区，有10.1%的受访者表示其工作需要很高专业技能，24.4%的受访者表示其工作需要较高专业技能，合计约为35%，显著高于全国水平（见表5）。

表 5　2019 年中国劳动技能的地区差异

单位：%

	全国	华北	东北	华东	中南	西南	西北
需要很高专业技能的工作	7.2	10.1	7.9	6.4	6.7	7.4	7.5
需要较高专业技能的工作	18.2	24.4	15.0	17.9	16.4	17.4	21.3

续表

	全国	华北	东北	华东	中南	西南	西北
需要一些专业技能的工作	37.6	33.7	33.5	39.6	38.4	36.4	36.4
不需要专业技能的工作	37.0	31.8	43.6	36.1	38.6	38.8	34.8

3. 劳动合同签订情况的地区差异

从全国劳动合同的签订情况来看，41.30%的受访者没有签订合同，这部分群体中有一部分在劳动力市场中是非正规就业的形式，工作处于不稳定状态，没有有效的法律保障和制度保障。就不同地区来说，西南地区、中南地区、西北地区的就业群体中，没有签订合同的比例高于全国水平，分别是48.04%、45.69%、41.80%（见表6）。

表6　2019年中国劳动合同签订情况的地区差异

单位：%

	全国	华北	东北	华东	中南	西南	西北
签订了劳动合同	35.70	34.11	35.56	42.49	31.84	29.50	28.57
签订了劳务合同	6.26	4.69	8.33	5.00	7.37	7.31	7.94
签订了人事合同（如国家机关、事业单位等聘用合同）	7.21	15.36	6.67	5.82	4.99	7.83	7.41
签订了其他合同	0.96	0.78	0.56	1.09	1.12	0.78	0.53
没有签订合同	41.30	34.64	38.89	38.40	45.69	48.04	41.80
不需要签劳动/劳务合同（如公务员或国家机关、事业单位）	6.16	7.81	5.56	4.91	6.74	4.70	11.11
不清楚	2.40	2.60	4.44	2.27	2.25	1.83	2.65

4. 就业稳定性地区差异

从全国就业稳定性来看，共有24.7%的受访者表示在短期内有可能失业。这一比例在西北地区为35.9%，在西南地区为32.2%，在中南地区为26.2%，在东北地区为25.5%（见表7）。

表 7　2019 年中国就业稳定性的地区差异

单位：%

	全国	华北	东北	华东	中南	西南	西北
完全有可能失业	9.2	8.8	11.6	6.8	9.1	13.0	14.6
有可能失业	15.5	11.9	13.9	13.4	17.1	19.2	21.3
一般	9.0	6.7	6.0	9.2	10.9	8.2	7.1
很不可能失业	26.9	29.1	20.4	29.0	27.1	23.9	20.5
完全不可能失业	39.5	43.5	48.1	41.7	35.7	35.6	36.4

5. 就业满意度的地区差异

在调查问卷中，为了解不同地区受访者的就业满意度，以 1 分到 10 分对就业满意度进行评分。从图 1 可以看出，西南地区最低，仅为 6.63 分，西北地区为 6.95 分，中南地区为 7.12 分，均低于全国平均水平（7.15 分）。

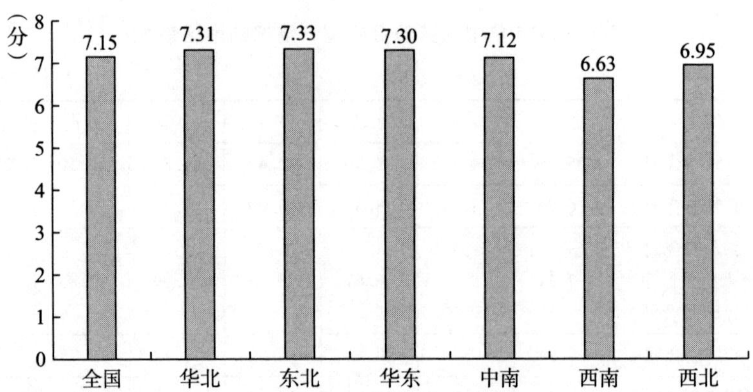

图 1　就业满意度的地区差异

四　区域之间社会保障的差异

从全国社会保障的享有情况来看，58.08% 的受访者表示其享有养老保险或离退休金，84.96% 的受访者表示其享有医疗保险或公费医疗，13.23% 的受访者表示其享有失业保险，15.08% 的受访者表示其享有工伤保险。

我国各个地区在社会各类社保享有率上也存在一定的差异。其中，东北地区各类社保享有率均低于全国平均水平，仅 50.20% 的受访者表示其享有养老保险或离退休金，81.70% 的受访者表示其享有医疗保险或公费医疗，9.30%的受访者表示其享有失业保险，7.90%的受访者表示其享有工伤保险（见表8）。

表8 2019年中国地区之间各类社会保障享有率差异

单位：%

	华北	东北	华东	中南	西南	西北
养老保险或离退休金	62.6	50.2	61.8	51.0	58.7	70.6
医疗保险或公费医疗	80.7	81.7	85.6	84.4	89.9	85.4
失业保险	14.2	9.3	18.5	10.7	10.1	10.6
工伤保险	15.6	7.9	20.2	13.4	12.2	13.6
生育保险	12.6	7.3	16.1	9.9	10.6	7.6
城乡最低生活保障（低保）	6.2	5.9	3.8	4.1	5.7	5.3

以1分到10分对所享有的社会保障水平进行评分，结果如表9所示。从全国享有的社会保障水平来看，社会公众对总体社会保障评价得分为6.69分，其中，对养老保障评分为6.94分，对医疗保障评分为6.74分，对就业保障评分为5.71分，对城乡最低生活保障（低保）评分为5.97分，对政府提供的经济适用房、公租房、廉租房等基本住房保障评分为6.17分。从不同地区受访者对所享有的社会保障水平评价来看，不同地区有着较大的差异。东北地区的总体社会保障水平显著低于全国水平，具体来说，东北地区受访者对总体社会保障状况评分为6.27分，养老保障评分为6.36分，医疗保障评分为6.12分，就业保障评分为5.35分，城乡最低生活保障（低保）评分为5.56分，政府提供的经济适用房、公租房、廉租房等基本住房保障评分为5.93分。就养老保障、医疗保障来看，华东、西南、西北地区的评价均高于全国水平，但是西部地区在就业保障、城乡低保上的评分却偏低。

表9 2019年中国地区之间各类社会保障评价差异

单位：分

	全国	华北	东北	华东	中南	西南	西北
养老保障	6.94	6.88	6.36	7.1	6.72	7.23	7.32
医疗保障	6.74	6.7	6.12	6.97	6.55	6.91	6.94

续表

	全国	华北	东北	华东	中南	西南	西北
就业保障	5.71	5.66	5.35	6.04	5.55	5.73	5.52
城乡最低生活保障（低保）	5.97	6.11	5.56	6.38	5.82	5.65	5.85
政府提供的经济适用房、公租房、廉租房等基本住房保障	6.17	6.14	5.93	6.43	6.04	6.05	6.28
总体社会保障状况	6.69	6.71	6.27	6.87	6.5	6.78	6.98

五　公众生活压力和社会问题的区域比较

1. 地区之间生活压力的差异

居民对生活压力的评价，从侧面反映出不同区域的经济发展水平和社会保障水平。在全国层面，公众压力比较大的方面主要集中在：物价上涨，影响生活水平（47.75%）；家庭收入低，日常生活困难（43.34%）；住房条件差，建/买不起房（36.44%）。就高物价问题，中南地区、西南地区的受访者反映较为集中，认为这方面有压力的比例均超过50%；就家庭收入低问题、住房困难问题、就业问题，西北地区、西南地区的受访者反映较为集中，认为这方面有压力的比例均超过全国水平；就医疗问题，东北地区的受访者较为关注，有41.47%的人在这方面有压力（见表10）。

表10　生活压力的地区差异

单位：%

	全国	华北	东北	华东	中南	西南	西北
住房条件差，建/买不起房	36.44	32.72	30.89	32.66	37.17	46.15	41.16
教育费用高，难以承受	27.62	24.85	26.68	23.99	29.82	32.78	28.41
医疗支出大，难以承受	33.46	31.88	41.47	26.52	34.92	39.24	37.39
物价上涨，影响生活水平	47.75	43.58	49.52	42.89	52.16	51.28	46.96

续表

	全国	华北	东北	华东	中南	西南	西北
家庭收入低，日常生活困难	43.34	38.30	47.72	34.33	46.14	53.72	51.30
家人无业、失业或工作不稳定	33.01	27.60	29.57	26.71	34.57	44.50	42.17
赡养老人负担过重	15.59	15.60	14.66	12.70	16.38	19.42	17.10
居住地区环境污染问题严重	18.82	16.13	20.55	16.64	19.43	23.24	18.55
其他方面的生活压力和困难，请说明	6.79	5.73	4.57	4.53	7.76	10.86	8.26
没有这些生活方面的问题	19.18	20.18	16.23	24.88	16.66	14.22	16.38

2. 不平等待遇严重情况的地区差异

如表 11 所示，从全国来看，存在严重不平等待遇的方面主要是家庭背景及社会关系，表示很严重或较为严重的比例为 43.14%；其次是因受教育程度导致的不平等待遇，表示很严重或较为严重的比例为 41.09%。因职业和年龄导致的不平等待遇在一定程度上也比较显著，表示很严重或较为严重的比例分别为 36.26% 和 34.62%。

从各地区的情况来看，华北地区的受访者表示在各种不平等待遇中，家庭背景及社会关系歧视最为显著，表示很严重或较为严重的比例为 46.48%，显著高于全国水平。东北地区的受访者表示，因年龄导致的不平等待遇比较显著，表示很严重或较为严重的比例为 37.86%。

表 11　2019 年中国不平等待遇情况的地区差异

单位：%

	全国	华北	东北	华东	中南	西南	西北
年龄	34.62	35.83	37.86	31.40	34.85	37.05	36.34
性别	23.34	25.50	21.36	21.26	24.20	25.12	23.26
种族/民族	9.99	9.11	7.52	8.03	9.67	14.63	14.39
户口	22.32	21.82	17.35	21.53	23.16	24.26	24.85

续表

	全国	华北	东北	华东	中南	西南	西北
宗教	9.35	9.80	7.40	8.00	9.78	10.42	12.65
受教育程度	41.09	45.10	34.83	39.60	42.79	40.74	41.28
职业	36.26	38.21	32.16	34.96	38.18	35.27	37.35
家庭背景及社会关系	43.14	46.48	36.77	41.08	44.87	44.23	43.90

3. 社会问题认知的地区差异

从全国民众社会问题认知情况来说，58.9%的人认为看病难、看病贵是中国面对的主要问题；29.8%的人认为住房价格过高是当前中国面对的主要问题；29.7%的人认为当前中国贫富差距过大问题比较严重；28.9%的人认为当前中国物价上涨问题比较严重。在不同区域的受访者中，对当前中国主要社会问题的认知差异不大。华北地区、西北地区的受访者对住房价格过高问题、贫富差距过大问题的反映较为强烈，均超过了30%。在东北地区，对就医方面的问题反映较为强烈，66.8%的人表示看病难、看病贵是当前面对的主要社会问题；在西北地区、西南地区和华北地区，有相当一部分人认为当前的主要问题是就业失业问题，比例分别是31.9%、27.5%和27.3%，均高于全国平均水平（见表12）。

表12　2019年中国民众社会问题认知情况的地区差异

单位：%

	全国	华北	东北	华东	中南	西南	西北
就业失业问题	24.6	27.3	25.8	21.0	23.4	27.5	31.9
看病难、看病贵	58.9	59.9	66.8	57.5	59.4	58.5	52.0
养老保障问题	21.6	24.5	30.8	20.1	21.1	20.2	16.9
教育收费问题	17.6	19.6	26.4	15.2	18.7	15.0	15.0
贫富差距过大问题	29.7	32.1	25.6	29.9	28.4	31.6	30.8
物价上涨问题	28.9	25.6	28.1	28.7	33.5	25.2	25.8
住房价格过高问题	29.8	33.4	16.0	37.1	28.1	21.7	32.1
社会治安问题	3.4	2.3	2.6	2.9	4.2	4.5	3.3
社会信任度下降	7.3	8.4	4.1	7.2	7.4	7.6	8.6

续表

	全国	华北	东北	华东	中南	西南	西北
贪污腐败问题	20.6	19.2	17.8	18.9	21.5	24.6	21.2
环境污染问题	10.8	9.2	8.4	11.3	11.0	12.2	11.3
食品安全问题	10.4	10.0	9.2	11.7	10.2	9.3	10.4
征地、拆迁补偿不公问题	5.7	5.5	3.2	6.6	4.4	6.6	7.9
进城农民工受到不公平待遇问题	5.0	4.2	4.2	4.2	4.6	7.0	8.1

六　结论和讨论

1. 区域差异存在的主要原因

我国不同地区经济社会发展存在较大差距的情况，受到多种因素的影响。其中有自然地理方面的原因，例如华东、华中等地区主要以平原为主，水陆交通便利，有利于发展对内对外商业贸易。而以西北地区、西南地区为主的西部地区多为山地、丘陵和戈壁，地形地貌复杂，土地贫瘠，交通不便，这些因素在一定程度上制约着西部地区的发展。同时，东部地区和西部地区在制度上的非均衡发展，也在一定程度上导致了区域发展的不均衡性。华东、华南等地区较早形成了以市场经济为主的资源配置制度体系，而西部地区市场化资源配置机制建立较晚，区域间在所有制结构、非国有经济比重上存在较大差异。同时，区域差异形成机制中也有部分政治社会方面的原因，东部地区和西部地区在地方政府行政理念、社会公众现代性意识水平、市场经济观念、价值观等方面有一定的差异。总之，在多种因素共同作用下，我国不同地区之间形成了明显的经济社会发展差距，这也对不同地区社会公众的不公平认知形成差异性的影响。

2. 区域发展差距对国家整体发展质量的制约效应

区域发展不平衡必然会提高社会不平等程度，对经济社会可持续发展造成负面影响。一方面，区域间较大发展差异可能会形成进一步的“聚集效应”，即优质资源和要素进一步向发达地区集中，如人才、资金、技术等；与之相对应，落后地区则形成“负向循环”，呈现出“人才外溢”“资金外溢”“技术外溢”的不利局面。落后地区在无法吸引高素质人才、面临资金匮乏和技术短缺等的情况下，与发达地区的差距越来越大。在这种情况下，地区间发展差异非但不能形成所谓的发达地区面向欠发达地区的“辐射效应”和“示范效应”，与之相反，地区间差异可能会进一步加剧地区间的不平等情况，造成发达地区日渐发达，落后地区日渐落后的情景。当前东北地区在一定程度上正面临这一问题。这一情景不利于国内经济社会资源的有效配置，也不利于形成区域间经济协同发展的格局。另一方面，区域间过大的发展差距不利于社会和谐稳定和社会整体公平的实现。如果区域差异得不到及时的治理，必然对社会公正的实现形成挑战，造成落后地区社会公众的“相对剥夺感”，增加不稳定因素，形成社会矛盾激化等社会风险。威廉姆森曾提出倒 U 型理论，认为区域不平等与经济发展之间呈现倒 U 型关系（Williamson，1965）。但是这一理论并没有得到广泛的证实。要提高区域间的协同发展水平，必须依靠公平公正的经济社会政策，加强国家区域经济社会发展的政策规划。面对区域发展不平衡时，在尊重市场的前提下，利用“聚集效应”“规模效应”提高经济发展和资源配置效率；但同时，在政策上要对落后地区有所倾斜，消除制约落后地区发展的制度瓶颈。

俄罗斯城乡和地域之间的发展差距和公正感知差异

苏什科（P. E. Sushko）

本文是关于俄罗斯城乡社会公正评估差异的研究，该研究针对的问题是当前俄罗斯居住地和地域发展不平衡导致居民生活水平的巨大差异。已有的假设（社会公正评估可能因人口社会特征而异）并非不合理，且已得到一些国内研究数据的证实（Mareeva，2015，2016；Mareeva & Tikhonora，2016）。人们生活机会和机遇发展空间的差异，形成了人们在社会经济、社会文化、社会人口以及其他方面差距的新特性，决定了获得某些社会福利的各种界限。这些界限又导致不同人群的生活方式发生重大变化，不仅反映在人们的经济社会地位的主观感知上，也反映在更普遍的和多层面的与幸福、福祉和公正感相关的领域。

在很大程度上，社会公正感知受到社会差异程度的影响，表现在不同形式和不同层次的社会关系中。国内外研究表明，社会不平等现象既没有消失，也没有减少，而是呈现出了一种全新的形式和深度（Gorshkov，2014；Sushko，2019；Grusky & Jasmine，2018）。比较一些客观指标与其他国家类似指标[①]，以及人口主观评估时，都可以看出这一点。虽然人们对于俄罗斯社会不平等的一般模式持有不同意见，但他们都并未否认社会分层的显著深度。

至于社会不平等的详情，根据 Tikhonova 的研究，俄罗斯已经形成一种两极社会结构模式，其中大部分人集中在底层，极少数人在顶层（Tikhonova，2014）。

大众意识中的社会公正程度并非取决于不平等这一事实，而取决于贫

① 例如，十分位系数、基尼系数等都证明了社会不平等的加深。

富差距、城乡差距、年龄差距等，以及现存社会差异的正当性。我们可以提供大量关于此类比较的依据，但这些差异很少成为社会局势紧张和社会不满情绪增长的真正导火索。传统上，对于俄罗斯社会来说，这类刺激因素包括财富和物质资源分配不平等（这是决定个人社会地位的关键）（Kolennikova，2018），获得各种社会福利和社会保障（教育、保健、劳动力市场等）的机会不平等（Sushko，2020），各种社会进步和流动障碍，以及人权和自由限制（Semenova，Chernysh，& Sushko，2019）。鉴于这些原因，俄罗斯人对于社会公正的看法是最尖锐的话题之一，因为它揭示了关键的“触发点”和问题域，使人们怀疑俄罗斯社会的发展理念。正是由于这些原因，消除当前社会差距的要求日益成为抗议情绪的主要形成动机（Petukhov，2020）。

在本研究框架内，一方面，我们将重点关注俄罗斯社会不平等的一些特征；另一方面，我们将试图结合人们的社会公正感知和评估，分析其特殊性。我们将十分关注基于居住地因素的两种观点，因为一些俄罗斯研究人员认为，在很大程度上俄罗斯社会不平等程度取决于地区特征和居住地（Zubarevich，2019）。

一　不平等和公正感知：交叉点

根据国家研究大学高等经济学院 2019 年第 28 次俄罗斯纵向监测调查（RLMS）数据的一组问题（旨在从各种社会群体角度界定“社会公正”类别并确定其语义内容），我们追溯了三组因素类别的普遍特性和具体特征。基于这样一个事实，社会公正感知既受物质因素和获得各种资源不平等机会的影响，也受无形因素（如受教育程度、社会地位等）的影响。同时，从四种主要居住地类型（区域中心、城镇、城市型居住地、村庄）分析了不同地域受访者的社会公正感知。

在进一步分析这些因素前，首先考虑社会公正的普遍情况和公众意识中一些社会不平等的方面。实证研究结果表明：社会不公正主要与物质财富分配不公平（50%）和普遍的腐败现象（51%）、法律不公正（46%）以及国家未很好地照顾有需要帮助的人（38%）有关（见表 1）。在很大程度上，后者可归因于外部控制点（Tikhonova，2019），这是大部分俄罗斯人的典型特征，具体特征为：个人认为自身对生活各个方面的影响较小，主要倾向于认可外部因素的影响。在这种情况下，人们会依赖国家，将国家作为主要庇护人（主要目的是照顾公民）之一。至于法律不公正（导致俄罗斯人民对社会不公正观点的来源之一），其作用主要由历史决定，一般会造成模棱两可的评估。

表 1　2019 年不同地域受访者认为社会不公正的主要原因

单位：%

不公正原因	区域中心	城镇	城市型居住地	村庄	全国
由普遍的腐败现象造成	55	54	48	39	51
现有的物质财富分配不公平	50	51	46	48	50
大多数法律不公正	43	46	38	54	46
国家未很好地照顾有需求的人	36	39	41	42	38
大多数人只考虑自身因素	37	29	40	35	35
许多人无法获得高质量的医疗保健服务	24	28	30	29	26
苏联解体后的改革和边境开放只让少数人受益	25	24	25	22	24
许多人没有接受高质量教育	16	18	20	20	18

在地域背景下，公正感知有其自身的特点。如果对城市居民来说，不公正与普遍的腐败现象有关，那么拥有更成熟的集体主义意识和占主导地位的外部环境，较小居住地的居民会认为国家未很好地照顾有需求的人，以及无法获得高质量的医疗保健服务（当代俄罗斯最尖锐和紧迫的问题之一）。高质量的医疗机构和专家主要集中在大区域中心和大城市，而村庄甚至缺乏最起码的医疗保障，这主要是因为地域不平等（Sushko，2020）。

二　地域不平等背景下的社会公正评估

地域不平等问题是各种研究的主题。众多研究从不同角度对地域不平等进行分析，可参考相关研究（Zubarevich & Safronov，2014；Mkrtchyan & Florinskaya，2019）。其中一个最尖锐的问题与城市发展有关，并导致了一些未知矛盾的出现。一方面，这些矛盾与农村地区衰落和人口减少有关；

另一方面，与移民涌入有关，这些移民难以适应新环境，同时伴随社会紧张局势加剧，社会福利难以维持等。总的来说，这种变化不仅包括正式行政地位改变，还包括个人结构机会相应扩大，新流动渠道出现等。事实上，如果我们发现人口的人力资本普遍增加，则各种再现模式的存在可以表明渐进发展。

与此同时，从俄罗斯社会现有的社会基础设施、劳动力市场机会、某些地区人口潜力来看，存在严重的不平衡现象。一方面，侧重于阐述地域不平等加上物质福利和非物质因素差异，加剧了人口社会机会不平等。另一方面，要解决有关当前人力资本水平的公正感知问题，这对于促进个人社会地位至关重要。侧重于关注人力资本特征，从而更深入地解释社会不平等详情和社会公正评估。

据研究，社会公正总体评估更偏向于下极。与此同时，试图考虑不同居住地受访者的社会公正感知后，我们可以看到，在同一范围内的分数，也可能表明不同居住地群体有着相似的社会公正感知（见表2）。可通过各级社会生活组织的社会分层一般模式以及低收入和低资源群体（不考虑人口类型）主导地位，解释这一现象。

表2　2019年不同居住地受访者的社会公正平均得分

单位：分

居住地类型	平均得分
区域中心	3.88
城镇	3.86
城市型居住地	4.73
村庄	3.88
全国	3.93

注：此表中的均值是根据对“现代俄罗斯社会总体上是否公正?”这个问题的回答计算的，“完全不公正”为0分，“完全公正”为9分。

一项更详细的研究揭示了总体评估背景下的差异。构建不同类别的社会公正感知指数后，我们可以看到，所有俄罗斯人都能感受到不同强度的不平等待遇，而不仅限于社会机会和福利平等分配不公平（见表3）。然而，区域中心和特大城市的居民强烈感受到“国家收入、社会财富分配”

不公正（该指标为 -87 分，接近最大负值），并提及“司法系统和执法机构”不公正（-46 分）。与区域中心的居民相比，农村居民更有可能在“接受高等教育的机会”（-34 分）以及“找到工作的机会”（-65 分）方面受到不公正待遇。在很大程度上是社会流动渠道受限的结果，因为只有离开居住地，人们才能实现自身的职业价值或提升自身的人力资本。

城镇（主要是小城镇和单一产业城镇）居民的社会公正感知在所有居住地居民中显得尤为尖锐。这种城镇既不属于小居住地，也不具备大城市中发达的社会基础设施，同时感受到了城市生活的弊端和小居住地的限制。对于这类城镇，要么基础保健设施水平尚未令人满意，要么道路基础设施和公共交通不够发达，甚至根本没有。由于诸多因素，在表 3 的大多数指标中，这类城镇居民更加感到社会不公正，并且无法平等获得某些社会福利。

表 3　2019 年不同居住地受访者的社会公正感知

单位：分

类别	区域中心	城镇	城市型居住地	村庄	全国
政治权利	-16	-10	-10	-24	-16
接受高等教育的机会	-9	-25	-11	-34	-19
司法系统和执法机构	-46	-47	-22	-41	-43
保健系统	-42	-63	-39	-46	-48
找到工作的机会	-46	-67	-51	-65	-57
津贴保障、社会福利	-75	-79	-53	-69	-73
公款城乡分配	-75	-77	-54	-71	-73
国家收入、社会财富分配	-87	-84	-61	-75	-82

注：此表中的分值是根据对“你认为我国是否公正?”这个问题的回答计算的，“非常不公正”为 -100 分，“非常公正”为 100 分。

实质上，一些歧视性因素的相关分析补充了社会不公正感知描述，包括居住地具体特征背景下的歧视性因素。由表 4 可以看到，对于区域中心的人们来说，年龄（-53 分）、国籍（-49 分）、未取得居住地户籍（-48 分）、个人品质/性格（-41 分）和缺乏有用的关系（-38 分）是受到不公平待遇的主要原因。在农村地区，一系列歧视因素的表现各有不同。除了未取得居住地户籍（-48分）之外，居民在缺乏有用的关系（-45分）、年龄（-41分）、受教育程度（-32分）和政治观点（-23分）方面的不公正感最强烈（见表4）。其中，有几个因素的含义普遍积极，即不会加剧社会不公正感的因素。因此，在所有居住地类型中，宗教信仰都不被视为不公平待遇的因素。在区域中心，职业和政治观点不具有歧视性，但却是城乡居住地不公平待遇的原因。

表4　2019年不同居住地受访者的歧视性因素感知

单位：分

类别	区域中心	城镇	城市型居住地	村庄	全国
年龄	-53	-43	-37	-41	-46
未取得居住地户籍	-48	-39	-37	-48	-45
国籍	-49	-37	-36	-36	-42
缺乏有用的关系	-38	-38	-33	-45	-39
个人品质/性格	-41	-23	-33	-25	-32
受教育程度	-19	-30	-29	-32	-26
外貌	-29	-12	0	-4	-17
职业	-8	-15	-15	-21	-14
政治观点	-4	-9	-16	-23	-11
性别	-14	-9	-2	-3	-9
宗教信仰	13	12	7	1	9

注：此表中的分值是根据对“在你看来，我国是否存在因个人歧视造成的社会不公平？”这个问题的回答计算，“完全存在”为-100分，“完全不存在”为100分。

在“村庄-城市”的空间连续体中，关于不公正因素的观点十分不同。一方面，在农村地区，社会不公正感知往往是由居住地的特殊性造成的，这意味着居住地面积小，且居民缺乏频繁的社会流动机会。另一方面，在区域中心，歧视性因素主要基于个人特征，以及判断个人对某一特定地点“依恋”程度的标准。这些特征组合能够产生更大的歧视效应，并成为个人融入特定社区不可逾越的障碍。

三　物质因素背景下的社会公正感知

俄罗斯社会财富分配不均仍然是最重要的指标，很大程度上决定了人口的社会经济状况（Ovcharora，Popova，& Rudberg，2016；Anikin & Slobodenyuk，2018）。在过去的几年里，俄罗斯科学院（FCTAS RAS）社会学研究所、俄罗斯国有民调机构（WCIOM）和列瓦达中心的研究表明，俄罗斯社会面临着一系列问题。随着时间的推移，收入减少、物价上涨、通货膨胀等各种物质不平等现象并未出现太大变化。收入差距仍然决定着获得各种社会福利的机会，包括无形的福利。各种统计数据表明，收入差距与人口实际收入减少尤为相关。对俄罗斯人来说，物质不平等是最明显和最令人不安的问题之一，因此，我们将更细致地分析收入如何直接影响社会公正评估，是否会改变社会公正总体描述。

为了确定收入分组，我们使用了相对法，并根据人口相对于居住地的收入进行了分组。划分收入分组时，世界以及国内研究人员都会使用相对法，通过这种方法，可以更准确地识别绝对指标方面的差异群体，以及获得其他物质利益方面的被剥夺群体。换句话说，就绝对指标而言，某些人可能不被视为贫困人群。但通过相对法可以发现，这类人群可能未达到该国或该地区最普遍的收入标准。也就是说，在相对法的框架内，个人或家庭的地位是否处于正常水平，与当地现有的标准有关。

从表5可以看出，随着收入水平的提高，不平等分数的分布更合理。对于社会公正感知来说，收入增长有着积极影响。因此，再次证明了物质因素在塑造不公正社会形象方面的作用。

表5　2019年不同收入群体的社会公正感知平均得分

单位：分

收入群体	平均得分
低收入（0.75以下）	3.75
中等收入（0.75~2.00）	3.95
高收入（2.00以上）	4.11
整体	3.93

注：表中收入分层的收入中位值为1。

如表6所示，受访者的收入越低，就越敏锐地感知到整个社会的不公正。相反，随着收入增加，刺激因素减少。高收入群体中的刺激因素要少得多，因此社会公正负面感知也在减少。从这个意义上说，物质福利消除了受访者社会不公正感知。

表 6　2019 年不同收入群体的社会公正感知

单位：分

类别	低收入（0.75 以下）	中等收入（0.75～2.00）	高收入（2.00 以上）	整体
政治权利	-24	-17	-24	-16
接受高等教育的机会	-28	-19	-15	-19
司法系统和执法机构	-51	-46	-41	-43
国家卫生保健系统	-57	-53	-48	-48
找到工作的机会	-67	-55	-49	-57
津贴保障、社会福利	-81	-79	-76	-73
公款城乡分配	-78	-77	-72	-73
国家收入、社会财富分配	-88	-85	-83	-82

注：表中收入分层的收入中位值为 1。

社会公正感知的另一个角度涉及各种可能导致不公平待遇的理由。如表 7 所示，低收入群体更有可能感受到表中所有已列示因素的歧视性，随着收入的增加，歧视性会减少。此外，国内研究人员也指出，收入在社会公正评估中的抵销性（Mareeva，2018）。

表 7　2019 年不同收入群体的歧视性因素感知

单位：分

因素	低收入（0.75 以下）	中等收入（0.75～2.00）	高收入（2.00 以上）	整体
宗教信仰	5	11	5	9
性别	-15	-10	-10	-9
政治权利和政治观点	-12	-8	-17	-11
职业	-20	-15	-16	-14
外貌	-22	-21	-17	-17
受教育程度	-30	-26	-28	-26

续表

因素	低收入（0.75 以下）	中等收入（0.75～2.00）	高收入（2.00 以上）	整体
个人品质、性格	-36	-33	-33	-32
缺乏有用关系	-46	-41	-38	-39
国籍	-47	-44	-46	-42
未取得居住地户籍	-50	-44	-49	-45
年龄	-51	-46	-47	-46

注：表中收入分层的收入中位值为 1。

应当特别指出的是：在高收入群体中，公民的政治权利和政治观点经常被作为社会不公正的表现和因素。在所有指标中，低收入群体所产生的社会不公正感知更强烈。因此，在社会不公正感知方面，收入具有抵销功能。

四　其他无形的不平等和社会公正感知

确定了地域和物质不平等及其个人理由与社会公正总体感知有着密切和定向联系后，我们还将考虑其他形式的非物质不平等因素。

现代俄罗斯社会无形的不平等在受教育程度、受教育年限、职业以及拥有特定知识和技能等方面经常出现。这一切都会以某种方式与个人的人力资本相关联。此外，在受教育程度、职业和收入群体方面，特定的个人特征也可能因居住地类型而变化，这意味着我们有理由相信，社会公正感知详情不仅可根据个人的居住地及其物质福祉再现，还可根据人力资本特征再现。农村地区与远离行政和区域中心的地区形成了一个更加相似的社会文化环境，有着共同的生活模式。若干研究表明，这种生活模式限制了居民的社会观，他们侧重于比较自身与周围环境和参照群体的社会地位，大大削弱了成就刺激和动机（Kolennikova，2020）。身处相似地域的居民的社会公正感知可能会受到当地环境的限制。与此同时，大城市和特大城市人口的发展潜力领域不同，个人可以追求不同的生活水平，这使得人们的社会公正感知超越接触群体的界限。同时，由于城乡居民的社会问题认识程度、自身生活经历和价值取向不同，歧视性标准的内容可能会有很大差异。

我们可以利用地域和物质不平等背景下的指标，观察不同受教育程度人群的社会居住地结构比例，可以看到：在农村和城市型居住地，未完成中专教育的人口比例更高，而受教育程度最高的人口则集中于较大城市（见表 8）。

表 8　2019 年不同居住地居民的受教育程度

单位：%

受教育程度	区域中心	城镇	城市型居住地	村庄	全国
未完成中学教育	14	17	18	27	18
中学	24	29	32	36	29
中专	26	29	26	22	26
高等教育及以上	36	26	25	15	27

此外，获得高等教育文凭并不能保证就业。例如，如今中专教育正处于危机之中，主要是由于其质量和工资水平低。因此，我们可以这样假设：居住地规模越小，当地劳动力市场期望工资和实际工资之间的差异越大。此外，在完全信息化和技术化的条件下，许多小居住地的公司和企业根本不符合现代要求，无法吸引求职者，从而引发社会不公正感，刺激人们寻找其他渠道，涌入居住地以外的社会。

与此同时，小居住地也有潜力实施各种教育方案并让人口参与专业劳动。根据 2019 年的数据，大部分居民都接触了数字环境，学习了计算机技能和互联网（见表 9）。然而，我们又通常认为所有居住地类型的居民中存在“数字滞后”。

表 9　2019 年不同居住地居民使用互联网的目的

单位：%

使用目的		区域中心	城镇	城市型居住地	村庄	全国
在过去的 12 个月里，您是否使用过互联网？	是	78	74	70	62	73
	否	22	26	30	38	27

续表

使用目的		区域中心	城镇	城市型居住地	村庄	全国
在过去的 12 个月里，您是否进行过网络学习？	是	25	21	19	23	23
	否	75	79	81	77	77
在过去的 12 个月里，您是否在工作中使用互联网？	是	49	42	45	38	44
	否	51	58	55	62	56
在过去的 12 个月里，您是否参加过网络娱乐活动？	是	78	76	79	72	76
	否	22	24	21	28	24
在过去的 12 个月里，您是否通过互联网进行社交？	是	90	90	89	85	89
	否	10	10	11	15	11

然而，这种滞后的情况可能会有所不同。毕竟，数字服务的发展不仅与新基础设施有关，还与人口习惯有关。如果基础设施所造成的“数字不平等”正在逐渐减少（农村地区可以看到这种现象），那么有关现代数字服务使用的实践问题仍然是有意义的。不同的人所获得的实践机会不同，这可能会导致一种独特的、新的不平等形式，从而影响人们的社会公正感知。例如，城市研究高等学院（Higher School of Urban Studies）和 Yandex-Taxi 的一项联合研究表明，在小型城市居住地，互联网主要用于通信，而在大城市居住地，除了作为社交网络和即时通信工具之外，互联网还可用于购物、金融交易和服务（Vysokovsky，2018）。

谈论劳动力市场数字化，人们只有参与新式劳动的热情是不够的，还需要积累物质和时间资源，以及可用的个人技能，如规划。因此，全俄罗斯信息化和技术化趋势表明，俄罗斯正顺应全球主流进行发展。但这绝不是一个积极的趋势，因为受过高等教育的人口比例（2018 年为 21%）和使用个人电脑的人口比例（2018 年为 65%）的差距越来越大。这种差距的出现，主要出于娱乐和消费的目的，并非教育或职业原因。从而造成使用个人电脑和互联网的惰性人群增多。从这个意义上说，计算机和互联网技能虽然是现代世界人力资本的一个组成部分，但其使用水平最多处于基础水平，并非作为提高个人货币回报的特定技能。此外，如果需要思考人口的总体债务负担以及“月光族”的主流模式，那么我们可以谈论一场深刻的社会危机。这场危机形成的原因包括：人口债务负担、劳动力市场退化以及人们不愿意应对现代挑战。

五　结论和讨论

总之，需要注意的是：俄罗斯社会不平等的现象与人们的社会不公正感知及其个人因素密切相关。在地域不平等的背景下，这一点尤其明显，这在很大程度上决定了获得各种社会福利和资源不平等的其他载体。区域中心（实际上是大城市）和所有其他较小居住地之间存在“断层”。换言之，在大众认为俄罗斯社会不公正的背景下，我们可以追踪这种不公正的某些决定因素的具体感知。大居住地的居民常将个人特征（如年龄、国籍）或对一个地方的依恋因素（在一个城市登记）作为社会不公正的可能理由，而小居住地的居民更倾向于认为个人社会流动性相关因素是形成社会不公正的基础，包括受教育程度、找到工作的能力以及地区基础设施特征（如获得高质量卫生保健的机会）。

在很大程度上，俄罗斯的地域特征决定了社会收入结构，公民的社会公正感知也反映了收入结构详情。研究表明，低收入群体常认识到各种社会因素在不公平分配和待遇方面的重要作用。随着收入的增加，人们的感知“敏锐度”降低。也就是说，收入高于普遍水平可以在很大程度上抵销社会不公正感。

其他非物质因素也会影响社会不公正状况。有记录表明，某些人力资本指标的分布情况证实了地域不平等造成地域间人的发展和获得人力资本的机会和机遇差异，大型居住地占优势地位，这是另一种形式的社会不公正。随着信息化和技术化新趋势的发展，这种不公正程度大大加剧。

第九篇

公众社会公平感和社会公平性

中国公众社会公平感的特征和趋势

李　炜

自1978年改革开放以来，中国社会发生了巨大的社会变迁。工业化、市场化、城镇化改革促进经济高速增长的同时，社会财富分配不平等现象也随之凸显。据国家统计局资料及相关学者的测算，1978年我国的基尼系数为0.279，之后逐年上升，到2000年突破0.4的关口，2008年达到最高点（0.491），近年逐步回落到2019年的0.465。与之相随，人们对于社会公平的诉求日见强化。笔者统计了1980年至2020年发表在中国知网上的学术文献中“社会公平”的主题词分布状况，并与历年基尼系数的变动相比较（见图1）。可以看出：四十年来，代表收入不平等的基尼系数和学界关注的社会公平议题（即“社会公平”的关键词）呈同步增长趋势，进入21世纪以来，学界对社会公平的关注度急剧上升，而这恰恰是基尼系数突破0.4的时期。这在一定程度上说明由经济不平等扩大到社会现实引发了人们对社会公平的关注。

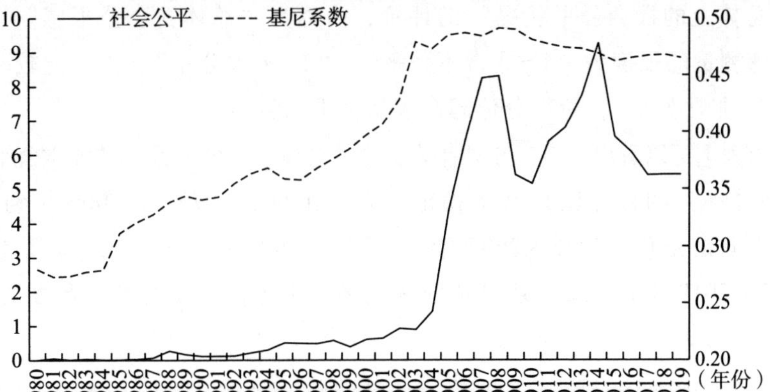

图1　1980~2019年中国居民收入基尼系数与同期中国学术期刊中社会公平关键词变动趋势

与此同时，国内学术界从哲学、经济学、社会学、政治学、心理学、管理学等领域对社会公平和公平感的研究大量涌现。特别是以大规模学术性调查为基础的社会公平与公平感研究，以其规范的研究方法和翔实的经验数据，描述了我国公众当前社会公平感的状况（劳婕，2013；吴家麟，2012），分析了社会群体之间的公平感异同（龙书芹、风笑天，2015），揭示了影响公平感的多种因素及机制（翁定军，2010；马磊、刘欣，2010；孟天广，2012；李颖晖，2015），探究了公平感可能导致的社会冲突趋向（李路路等，2012）。

本文采用中国社会科学院社会学研究所中国社会状况综合调查（CSS）①2006～2019年六次全国调查的数据，来剖析十余年间中国公众对于社会公平状况的评价变动趋势、社会公平感的结构、社会公平感的群体差异以及社会公平感与社会态度的关系。

一 公众社会公平评价的变动趋势

在2006年至2019年的七次CSS调查中，有六次调查（以下简称"CSS 2006""CSS 2008""CSS 2013""CSS 2015""CSS 2017""CSS 2019"）采集了公众社会公平感的信息。其具体问题为，"您认为当前社会以下方面的公平程度如何"，共列举了高考制度、公共医疗等十四个具体方面，其中有8项是5次调查中都涉及的（见表1）。另外，询问了受访者对"总体上的社会公平状况"的评价，简称为"总体社会公平感"。这些公平感测量的尺度为"1. 非常不公平"、"2. 不太公平"、"3. 比较公平"和"4. 非常公平"，所得分值越高表示公平感越强。

由表1可以看出，(1) 十四年来公众的总体社会公平感（"非常公平"+"比较公平"的百分比）基本稳定，大致在60%～70%，2006年到2019年的走向是先升（2006～2008年）、后降（2008～2013年），而后又回升（2013～2019年）。(2) 从具体领域公平感来看，公众对高考制度的公平

① "中国社会状况综合调查（CSS）"是中国社会科学院社会学研究所自2005年发起的一项持续性全国抽样调查项目，该调查覆盖全国31个省区市、151个县（市/区）、604个村（居委会），至2019年已完成了7期调查，累计访问62111位年满18～69周岁的城乡居民。该调查的详细信息请参阅 http://css. cssn. cn。

状况评价最高，十四年总计的公平评价为82.5%，说明公众对教育领域公平状况总体持肯定的态度；对城乡之间的权利待遇的公平评价最低，十四年总计的公平状况评价为42.5%，在历次调查中也大多居于末位，表示了公众对社会权利待遇的城乡差距的现状还有不满之处。（3）从公平感变动趋势来看，十四年来八个领域的社会公平评价都有明显上升，2019年和2006年相比，平均增加了15.5个百分点。其中养老等社会保障的待遇方面的公平评价上升最快，自2006年的42.4%提升到2019年的71.7%，增加了29.3个百分点；其次为公共医疗，自2006年的55.4%提升到2019年的75.4%，增加了20个百分点；城乡之间的权利待遇的公平评价虽低，但亦增加了19.2个百分点；工作与就业机会、财富及收入分配两项的均增加了17~18个百分点；司法与执法方面的公平度先降后升，自2006年的64.7%下降到2013年的57.3%，终于在2015~2019年有了明显回升，增加了14.5个百分点；公民享有的政治权利的公平感知在2006年和2008年较高（分别为70.4%和73.1%），但到2013年有所下降（58.7%），自2015年始再度上升，增加了5.5个百分点。相比而言，历年高考制度的公平评价一直排在最高位，变动不大，增加了1.1个百分点。（4）从各项公平评价的差距来看，也呈逐步缩小的态势。2006年公平感评价最高的高考制度和公平评价最低的城乡之间权利待遇，公平感评价的差距达到52个百分点，2008年公平感评价最高和公平感评价最低的相差57.8个百分点，而后差距明显缩小，到2019年相差33.9个百分点。这在一定程度上反映了中国的经济和社会发展正逐步趋向平衡。

总而言之，十四年来公众的社会公平感全面提升，特别是“十三五”期间几乎均呈上升趋势。公众对以高考制度为代表的教育领域的公平状况评价相对最高，贫富差距、城乡差距方面的公平状况评价虽有提高但还处于发展中的低端。各领域社会公平评价正逐步缩小差距。

表1　2006~2019年中国公众对各领域社会公平程度的评价*

单位：%，百分点

	2006	2008	2013	2015	2017	2019	增幅变化**
高考制度	83.7	87.8	81.7	81.7	75.4	84.8	1.1

续表

	2006	2008	2013	2015	2017	2019	增幅变化**
公共医疗	55.4	72.1	73.9	70.6	72.8	75.4	20
公民实际享有的政治权利	70.4	73.1	58.7	63.1	63.6	75.9	5.5
司法与执法	64.7	61.7	57.3	64.6	65.9	79.2	14.5
养老等社会保障待遇	42.4	55.8	63.3	63.2	66.3	71.7	29.3
工作与就业机会	47.7	44.3	47.0	52.5	59.6	65.4	17.7
财富及收入分配	43.9	30.0	37.0	43.1	50.3	61.1	17.2
城乡之间的权利待遇	31.7	43.6	33.9	44.1	46.3	50.9	19.2
总体上的社会公平状况	66.4	72.8	61.9	68.4	68.9	70.1	3.7
组间差异度***	52.0	57.8	47.8	38.6	29.1	33.9	

* 公平程度的评价是“非常公平”与“比较公平”的百分比之和。

** 增幅变化是末期（2019 年）百分比与初期（2006 年）百分比之差，即增长的百分点。

*** 组间差异度是历年八项公平感中百分比最高和最低的差值。

二　公众社会公平评价结构的变动趋势

公众对于社会公平状况的评价，在不同的社会生活领域有不同的准则。在财富与收入分配领域，所依据的公平准则是依能力、看绩效；在社会保障领域，所依据的公平准则是保底线、扶弱势；在政治和法律领域，所依据的公平准则是平权利、等身份。公众的社会公平感也相应地涵盖了这三个层面，即经济公平、保障公平和政治公平，统称为“社会公平感结构”。

为厘清上述社会公平感诸方面的内在结构，笔者以因子分析来提炼其类型维度。由于教育领域的高考制度与总体社会公平感的相关系数较低，在这里予以剔除。通过验证性因子分析，以主成分分析法提取、最大方差法旋转后，上述七个领域的社会公平感被化简为 3 个因子（见表 2）：因子 1 包括公民实际享有的政治权利、司法与执法两项；因子 2 包括养老等社会保障待遇、公共医疗、城乡之间的权利待遇三项；因子 3 包括财富及收入分配、工作与就业机会两项。这 3 个因子分别对应着政治公平（即所有社会成员须被无差别平等对待）、保障公平（即弱者优先的底线公平）和经济公平（即以能力绩效分配收益）。

表 2　社会公平感因子分析结果

	初始成分矩阵			旋转的成分矩阵		
	因子 1	因子 2	因子 3	因子 1	因子 2	因子 3
公民实际享有的政治权利	0.677	-0.509	-0.098	0.825	0.127	0.174
司法与执法	0.712	-0.479	-0.074	0.821	0.177	0.192
公共医疗	0.695	-0.188	0.160	0.446	0.562	0.170
工作与就业机会	0.692	0.284	-0.470	0.248	0.160	0.833
财富及收入分配	0.696	0.389	-0.331	0.156	0.303	0.794
养老等社会保障待遇	0.703	0.202	0.439	0.238	0.799	0.181
城乡之间的权利待遇	0.666	0.310	0.381	0.136	0.776	0.255

根据此三类公平因素所对应的公平感题目重新分类加总，并转换为百分制，形成政治公平、保障公平和经济公平三个不同维度的子量表。由表 3 可见，十四年来公众的社会公平感中，政治领域公平感最高（百分制均值 58.47 分），其次为社会保障领域公平感（百分制均值为 49.49 分），而经济领域公平感最低（百分制均值为 48.22 分）。公平感结构的三个维度与总体社会公平状况评价的 Pearson 相关系数从高到低分别为保障公平（0.506）、政治公平（0.482）和经济公平（0.451）。上述结果更加凝练地展示了公众社会公平感的结构特征：保障公平是影响公众总体社会公平感最为重要的成分，但其在现实评估中得分居中；政治公平对公众总体社会公平感的影响次之，但其在现实评估中得分最高；经济公平对公众总体社会公平感的影响最弱，在现实评估中得分也最低。

表 3　公平感结构维度的百分制均值以及与社会总体公平评价的相关系数

公平感结构维度	最小值	最大值	百分制均值（分）	标准差	样本量	与总体公平感的相关系数
政治公平	0.00	100.00	58.47	22.39	44353	0.482**

续表

公平感结构维度	最小值	最大值	百分制均值（分）	标准差	样本量	与总体公平感的相关系数
保障公平	0.00	100.00	49.49	22.33	47817	0.506 **
经济公平	0.00	100.00	48.22	22.52	47071	0.451 **

** $p < 0.01$。

图2显示了自2006年至2019年间社会公平感结构变动的趋势。首先，三类领域的公平感都呈逐年上升趋势，但形态不一。政治公平的评价出现较大的波折，2006～2008年政治公平感处于较高位置（分别为57.9分和58.0分），但到2013年跌至谷底（52.3分），之后持续上升到2019年的64.8分，十四年间前后对比，增加了6.9分。保障公平感上升幅度最大，自2006年的41.5分上升至2019年的54.3分，增加了12.8分；经济公平感曾一度有所下跌，自2006年的46.5分跌至2008年的40.7分，其可能的原因在于2008年的全球金融危机所导致的失业状况加剧，之后一路上升至2019年的55.8分，增加了9.3分。其次，各领域公平感评价差距逐渐缩小，有趋同趋势。2006年三类公平感的得分差距较大，最高的政治公平和最低的保障公平相差16.4分，但到2019年三类公平感的差值缩小到10.5分。这说明公众感知在社会各领域的公平状况变得更为均衡。

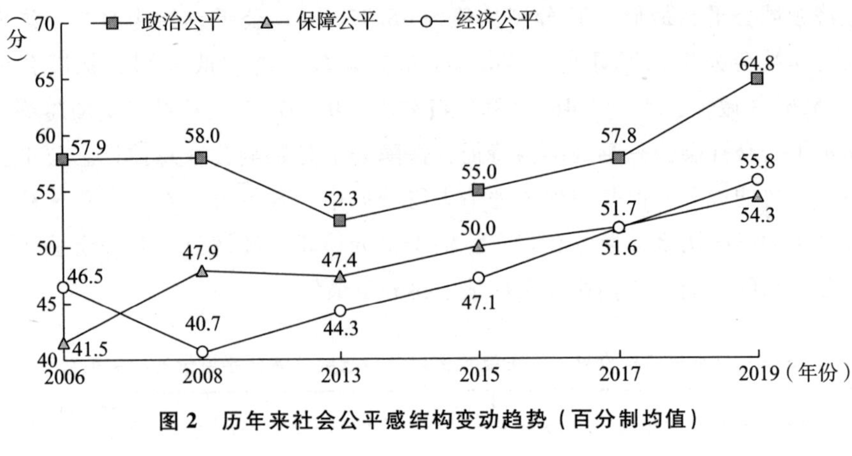

图2　历年来社会公平感结构变动趋势（百分制均值）

三　社会公平感结构的影响因素分析

十余年来社会公平感结构变动，是在宏观层面的社会结构巨大变迁的背景下发生的。改革开放特别是近十余年来宏观层面的社会变迁，都会在微观层面上改变公众的生存状态和发展机会，同时也改变了人口社会属性结构的变化。如果宏观层面的影响因素与相对应的微观人口属性的交叉分组，其社会公平感存在组间差异，就可以通过时间序列的分析，发现公众公平感的走向和未来趋势。下面将以 CSS 历年数据，从城镇化、受教育程度提升、职业非农化、社会保险覆盖面扩大、互联网普及等多个角度的宏观社会变迁，来分析其对公众社会公平感结构变动的影响。

（一）城镇化

据国家统计局公布的数据，2006～2019 年，我国的城镇人口由 5.77 亿上升到 8.48 亿，城镇化率由 43.9% 提升到 60.6%。十四年来的 CSS 数据表明，伴随城镇化进程，样本中城乡人口结构也发生了较大的变化。18～69 岁城镇常住居民的占比由 2006 年的 47.4% 上升到 2017 年的 58.5%。统计结果显示，城镇化率的提高并不意味着公众社会公平感的提升，城镇居民在各领域的社会公平感相对弱于农村居民（见表 4）。

表 4　历年来城乡居民的社会公平感结构及变动（百分制均值）

单位：分

城乡	公平感结构	2006 年	2008 年	2013 年	2015 年	2017 年	2019 年
城镇居民	政治公平	56.2	55.6	49.1	53.0	56.7	63.9
	保障公平	42.5	47.3	45.3	49.3	51.4	54.3
	经济公平	42.2	36.7	42.0	46.0	50.7	54.6
农村居民	政治公平	59.6	60.2	56.1	57.7	59.3	66.0
	保障公平	40.6	48.5	49.7	51.0	52.1	54.4
	经济公平	50.8	44.4	47.0	48.8	52.9	57.6

从公平感结构趋势变动来看，城乡居民的政治公平感均在 2013 年之后呈上升态势，且差距缩小。2013 年，农村居民与城镇居民的政治公平感差

距最大，相差 7 分，至 2019 年差距缩小到不足 3 分；从保障公平来看，农村居民的保障公平感在 2006 年是三类公平感中最低的，而在十四年间得到大幅的提升，由 40.6 分上升至 2019 年的 54.4 分，增长约 14 分，在此期间充分体现了农村人口在社会保障方面的获得感；农村居民的客观经济收入虽然与城镇居民相比较低，但其经济公平感却自 2008 年的 44.4 分增加至 2019 年的 57.6 分。城镇居民的经济公平感在 2008 年触底，仅为 36.7 分，说明金融危机给城镇居民带来的经济影响要明显高于农村居民，之后一路攀升到 2019 年的 54.6 分。目前，城乡居民三方面的社会公平感逐步趋同，差距均缩小到 3 分及以内（见图 3）。

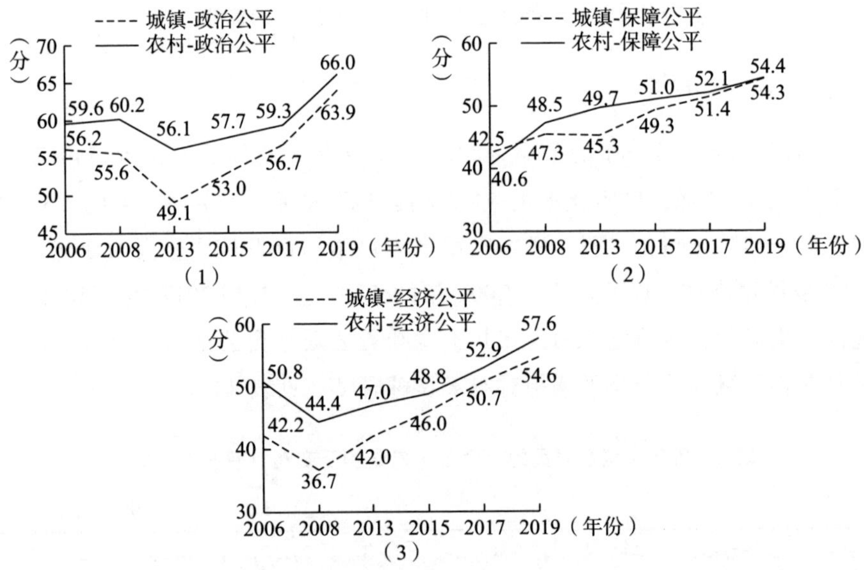

图 3　历年来城乡居民的社会公平感结构及变动（百分制均值）

（二）受教育程度提升

据教育部历年教育统计数据，2006～2019 年，我国高等教育学生人数由 2694 万上升至 4844.3 万，年均增长率近 6%。CSS 历年数据显示，十四年来公众的受教育程度也在逐步提升，平均受教育年限自 2006 年的 8.45 年，增长到 2019 年的 10.02 年。大专及以上受教育程度者占比自 2006 年的不足 10%，翻番至 2019 年的 23.2%。

统计结果显示，总体上，公众在政治公平和经济公平评价方面随受教育程度的增高而递减。其中初中及以下受教育程度者对政治公平感的评价均值是最高的，为58.6分；而后是高中/中专受教育程度者（56.3分）；大专及以上受教育程度者，为56.5分，最高组和最低组相差2.3分。初中及以下受教育程度者的经济公平感评价均值为48.7分，而后是大专及以上受教育程度者（47.6分），高中受教育程度者（46.7分），最高组和最低组相差2分（见表5）。

表5 历年来不同受教育程度群体的社会公平感结构及变动（百分制均值）

单位：分

受教育程度	公平感结构	2006年	2008年	2013年	2015年	2017年	2019年	平均
初中及以下	政治公平	58.6	59.1	54.1	56.6	58.7	64.4	58.6
	保障公平	40.8	47.9	48.7	50.3	51.6	53.2	49.1
	经济公平	48.1	41.9	45.9	48.0	52.5	56.2	48.7
高中/中专	政治公平	56.9	55.0	51.5	53.7	55.8	64.0	56.3
	保障公平	43.9	48.0	45.8	49.5	50.3	54.2	49.1
	经济公平	43.5	37.1	43.0	46.2	49.8	55.3	46.7
大专及以上	政治公平	55.7	52.5	47.9	51.6	57.2	66.2	56.5
	保障公平	42.0	48.1	44.7	49.7	53.2	56.8	50.9
	经济公平	41.8	35.8	40.4	45.8	50.9	55.1	47.6

不同受教育程度群体的经济公平感在2006年起点的差异最大，评分最高的初中及以下组和评分最低的大专及以上组的差值达6.3分，而后经2008年的下跌之后持续上升，到2019年逐步趋同，评价最高和最低组差值减少到1.1分（见图4）。

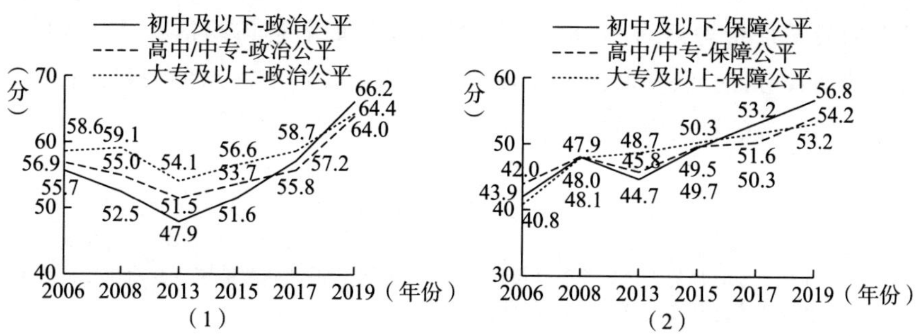

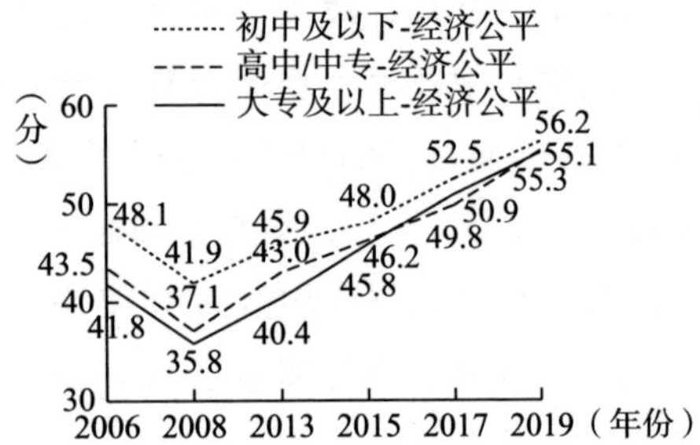

（3）

图4　历年来不同受教育程度群体的社会公平感结构及变动（百分制均值）

（三）职业非农化

改革开放以来，中国的职业非农化，体现在大量的农业劳动者进城务工，第二、三产业从业人员大幅增加方面。据国家统计局历年数据，中国第一、二、三产业的从业人员占比分别自 2006 年的 42.6%、25.2% 和 32.2% 变动为 2019 年的 25.1%、27.5% 和 47.4%，其中，第一产业从业人员的占比下降了 17.5 个百分点[①]。在 CSS 数据中，农业劳动者在 18～69 岁经济活动人口中的占比自 2006 年的 50.6% 下降到 2019 年的 31.3%，减少了 19.3 个百分点。白领人员（包括机构负责人、专业技术人员、办事人员）的占比从 2006 年的 14.2% 上升到 2019 年的 23.6%，蓝领人员（包括商业服务业人员、产业工人）的占比从 35.2% 上升到 2019 年的 45.1%。

CSS 历年数据统计结果显示，职业群体中农业劳动者对政治和经济领域的社会公平评价最高，而白领和蓝领职业群体在各领域的公平评价几乎没有差异（见图 5）。以政治公平为例，农业劳动者的公平评价分为 60.5 分，而白领和蓝领职业群体的分值在 55～57 分；以经济公平为例，农业劳动者的公平评价均值为 50.8 分，白领和蓝领职业群体均值在 47～49 分。农业劳动者对社会公平状况的高评价，和前面我们所展示的农村居民、受教育程度低者的社会评价特征是相吻合的。

① 由于国家统计局的人口职业信息仅在普查年份公布，因此此节的职业变动比较，国家统计数据以产业从业人员变动来近似代替。

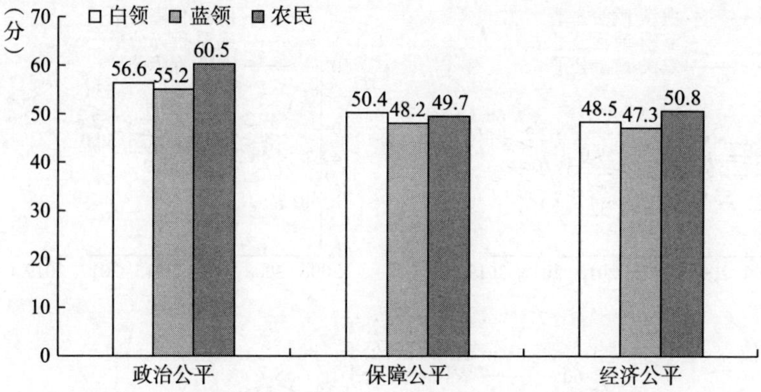

图5 不同职业群体的社会公平感结构（百分制均值）

从变动趋势上看，政治公平感方面各职业群体的变动趋势，在2006年的起始点相差不大，均在56～60分，但随着时间的推移，职业群体间的政治公平感出现分化，在2017年达到分化最大状态，其后均持续上升，差距逐步缩小。其中农业劳动者的公平感提升加快，其得分到2019年高达66.4分；白领群体则自2006年的56.9分跌至2013年的48.6分，然后上升到2019年的66.3分；蓝领群体变动趋势与白领群体类似，由2006年的57.4分下降到2013年的50分，而后上升到2019年的62分。

保障公平方面，各职业群体整体也呈现上升趋势。在2006年的起始点，各职业群体的公平感评价得分都处于最低点均在40～43分，非常近似。而在2008年之后，蓝领群体的公平感逐步上升，到2019年达到54.8分；白领群体和农业劳动者则在2013年明显下降到45分左右，而后分别上升到2019年的57.2分和52.6分。

经济公平方面的变化趋势由差异转向趋同：2006年农业劳动者的公平感得分（51.7分）明显高于白领和蓝领群体，而后经2008年的谷底再度上升，到2019年达到58.7分；白领和蓝领职业群体公平评价得分变化趋势则甚为类似，其起点得分都较低，均不足45分，而后经2008年的底端大幅上升到2019年的57分和55分（见图6）。

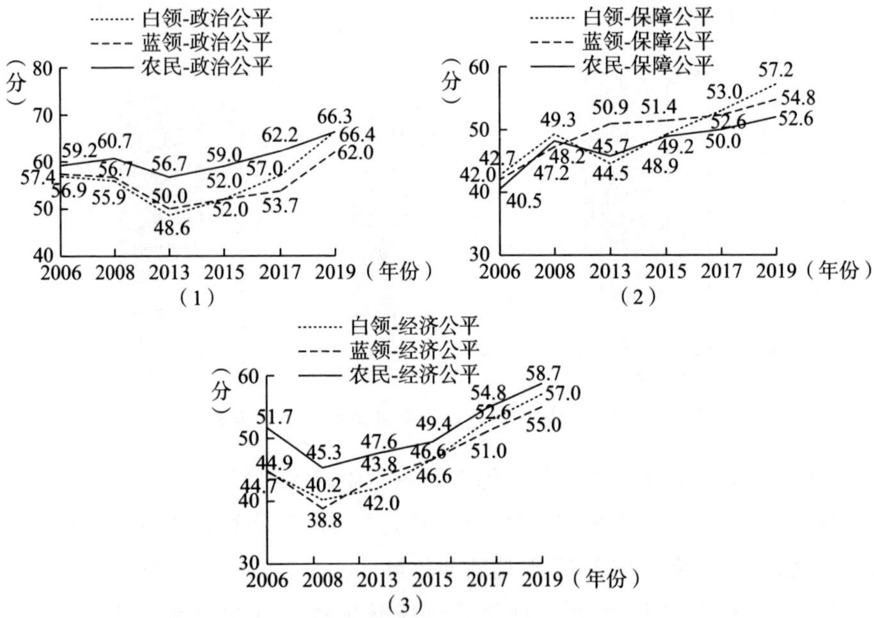

图 6　历年不同职业群体的社会公平感结构及变动（百分制均值）

（四）社会保险覆盖面扩大

近年来社会保障体系不断完善，社会保险覆盖面持续扩大。据国家统计局资料，2006 年全国参加失业保险的人数为 1.12 亿，2019 年增长到 2.05 亿；2006 年参加基本医疗保险的人数为 1.80 亿，2019 年增长到 3.29 亿。CSS 历年数据也显示，拥有各类社会保险①的人在 18～69 岁人口中的占比由 2008 年②的 84.7% 上升到 2019 年的 88.8%。

CSS 历年数据统计表明，是否享有社会保险对社会公平感有一定影响。无论是政治公平，还是保障公平和经济公平，享有社会保险者比未享有社会保险者的评价都略高。政治公平方面，享有社保者的评分比未享有社保者高出 2.2 分；保障公平方面，享有社保者比未享有社保者高 1.4 分；经

① CSS 中的社会保险包括医疗保险、养老保险、失业保险、工伤保险、生育保险五项。本文中享有任何一项社会保险的都记为“享有”。

② 2006 年 CSS 调查中没有询问有关社会保险的内容，因此从 2008 年算起。

济公平方面，享有社保者比未享有社保者高出 1.8 分（见图 7）。

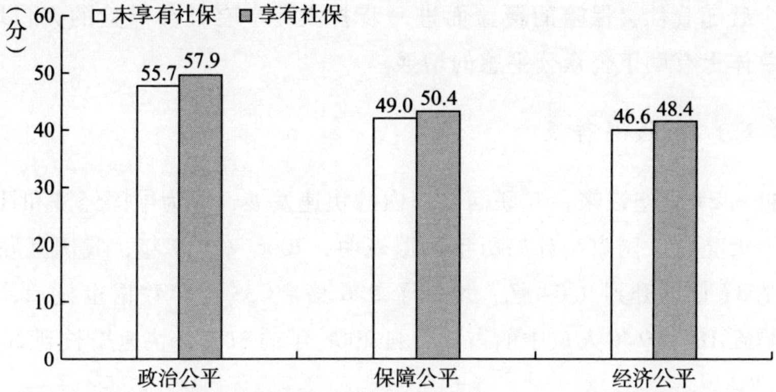

图 7　是否享有社会保险群体的公平感结构（百分制均值）

从变动趋势上看，政治公平方面，享有社保者比未享有社保者的历年得分高 1 ~ 5 分，且历年差距保持均衡，呈现平行态势；保障公平方面，略有趋同趋势，2008 年享有社保者和未享有社保者的得分相差 3.7 分，2019 年缩小到 1.5 分；经济公平方面，趋同趋势更加明显：2008 年享有社保者和未享有社保者得分高出 6.7 分，2015 ~ 2019 年几乎没有差距（见图 8）。

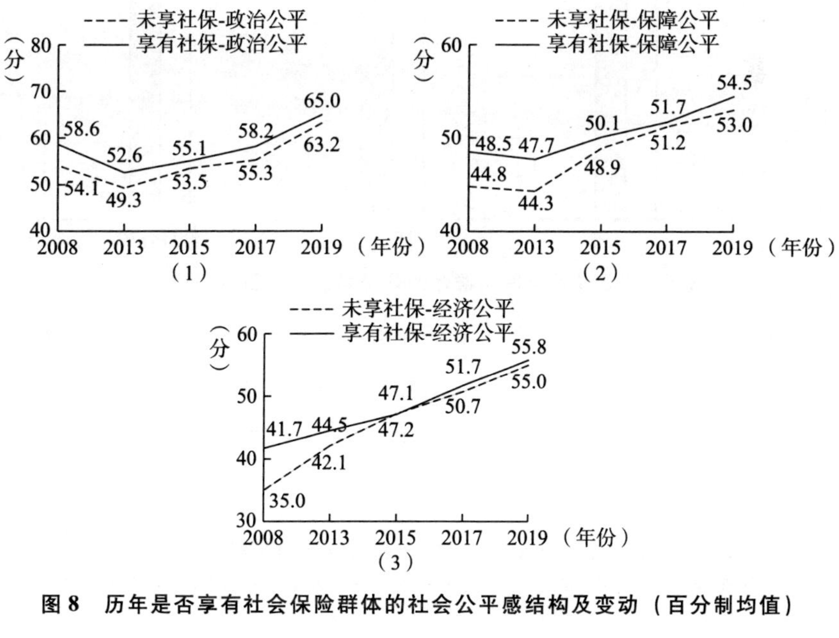

图 8　历年是否享有社会保险群体的社会公平感结构及变动（百分制均值）

以上分析表明，社会保险的发展，在一定程度上影响了公众的社会公平感知。今后随着社会保险的覆盖面进一步扩大，享有社会保险的人口增多，会在总体上有助于公众公平感的增强。

（五）互联网普及

进入21世纪以来，互联网在国内的快速发展，成为中国经济和社会生活的一大亮点。国家统计局历年数据表明，2006～2019年，我国互联网用户由1.37亿上升到9.04亿，增加了5.6倍。CSS历年数据也显示，互联网用户在18～69岁人口中的占比，自2008年的21%，快速增长到2019年的74.8%①。

CSS历年统计结果显示，互联网的应用对公众的政治公平感产生了一定的影响。和非网民相比，网民政治公平评价低3分。而在保障公平、经济公平方面差距不大（见图9）。

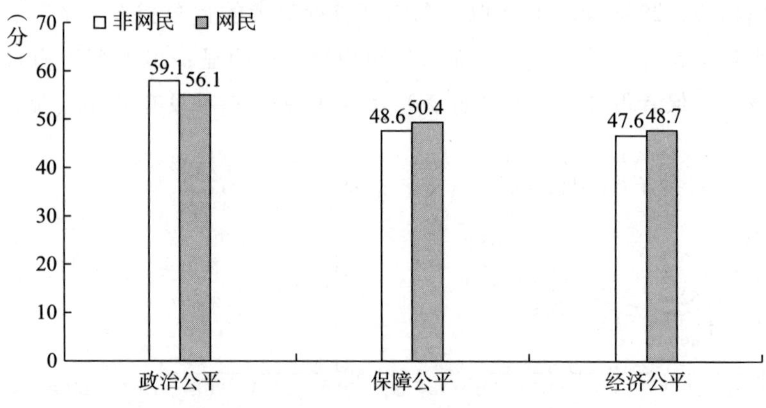

图9　是否使用互联网群体的公平感结构（百分制均值）

从历年变动趋势上看，在政治公平方面，网民和非网民的评价都呈上升趋势，但二者之间差异明显，且在时间序列上一直成平行变动态势，非网民一直比网民要高出3～7分；在保障公平方面的评价也随时序而上升，

---

① CSS 2006中没有询问有关互联网的内容，因此从2008年算起。另，由于CSS的样本人群年龄在18～69岁，18岁以下的大量互联网用户未纳入统计，因此对互联网用户在全人口中占比有所低估。

大部分时期网民保障公平的评价要低于非网民3分左右；在经济公平方面，网民与非网民之间也呈现出平行态势，虽然经济公平的评价持续上升，但两个群体之间一直相差3~4分（见图10）。以上分析表明，互联网使用是历年来影响社会公平感的主要原因之一。近十年来，网民与非网民间社会公平感的评分差距一直呈现或平行或分化的态势，目前尚未有趋同的迹象。这在一定程度上体现网络世界所折射的社会图景和社会现实状况的差异。互联网用户在未来仍然会持续增长，其所带来的社会公平感的负向效应值得高度关注。

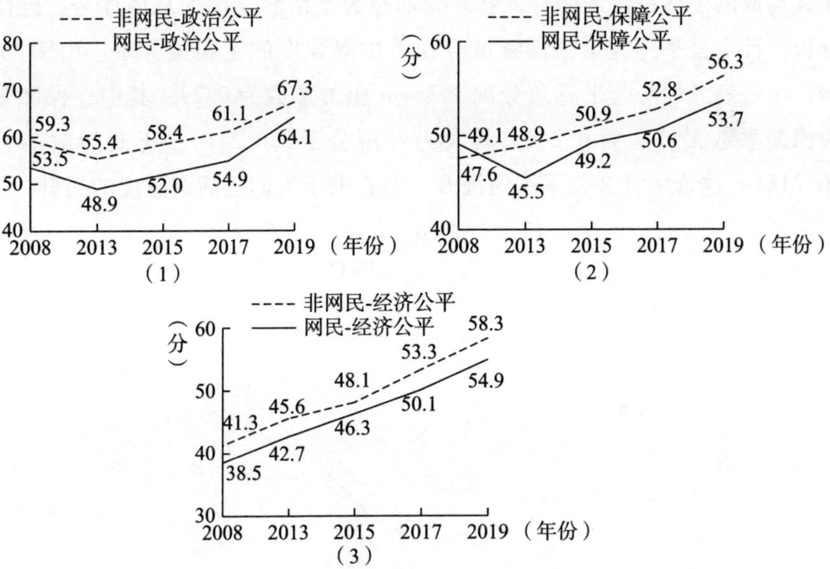

图10　历年是否使用互联网群体的社会公平感结构及变动（百分制均值）

综上所述，在城镇化、受教育程度提升、职业非农化、社会保险覆盖面扩大、互联网普及等宏观层面的社会变迁背景下，公众在城乡差异、受教育程度、职业等级、社会保险是否享有、互联网使用等微观层面对当前社会公平状况的评价的确存在明显的差异。

四　社会公平评价与社会态度分析

公众对于社会公平状况的评价并不是一个孤立的社会心理现象，它和个体层面的生活满意度、主观地位认同，社会层面的人际信任，政治层面的政府满意度、国家认同等的社会评价与社会态度相关，因而形成了一组社会心态的症候群。

（一）社会公平评价与生活满意度

生活满意度是对自己生活的综合判断，作为认知因素，它影响着个体的情绪体验，从而影响到个体生活目标的定位和行为追求的取向，对个体乃至社会都会产生重要影响。2013～2019 年的 4 次 CSS 调查中都包含了受访者由家庭关系、家庭经济状况、受教育程度、休闲/娱乐/文化活动、社交生活五部分构成的生活满意度题目，各评分加总为生活满意度的总体评分。经统计分析，社会公平感与生活满意度存在着中等强度的正相关关系。由图 11 可知，生活满意度与公平感总分的 Pearson 相关系数为 0.29，其中，保障公平的相关系数最高，为 0.248；其次为经济公平（0.241）；再次为政治公平（0.218）。这说明社会公平感的提升，会有助于人们生活满意度的提升。

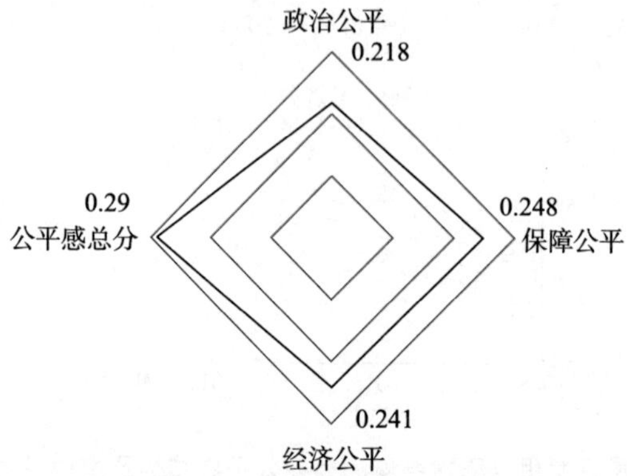

图 11　社会公平感与生活满意度的相关关系（Pearson R）

（二）社会公平评价与主观社会经济地位认同

历年 CSS 调查问卷包含“和当地其他人相比公众对自己社会经济地位的认同”。统计结果显示，社会经济地位认同和社会公平评价有一定的正相关关系。即主观认同的社会经济地位越高，其各领域公平感得分也就越高。从公平感总分来看，社会经济地位处于上、中上、中、中下、下层的人，均值分别为 59.4 分、55.2 分、54.4 分、51.0 分和 48.7 分（见图 12）。

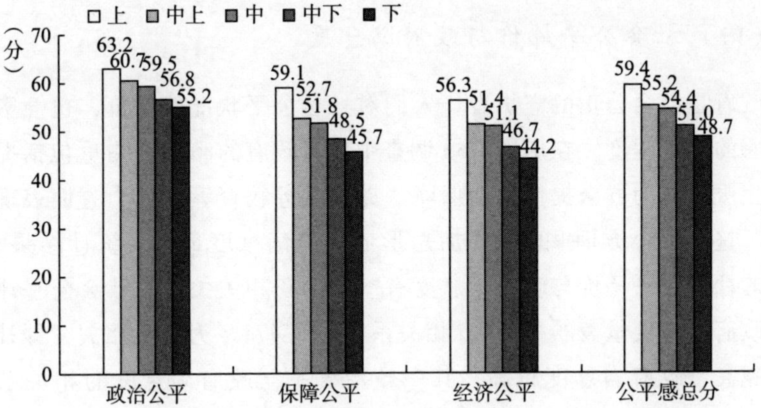

图 12　不同社会经济地位认同的群体的社会公平评价（均值）

（三）社会公平评价与社会信任

社会信任是对一个社会中普遍的人际关系的认可程度，也是社会凝聚力（social cohesion）的一项重要指标。2015～2019 年的 3 次 CSS 调查中，用“对整体社会信任状况打分”的题目测量公众的一般社会信任，1 分表示信任度最低，10 分表示信任度最高。统计结果表明，社会信任的均值为 5.94 分，与社会公平感总分存在着中等强度的正相关关系，其 Pearson 相关系数为 0.335。其中，政治公平的相关系数最高，为 0.301；其次为保障公平（0.249）；再次为经济公平（0.248）。这说明社会公平感的提升，会有助于社会信任状况的改善（见图 13）。

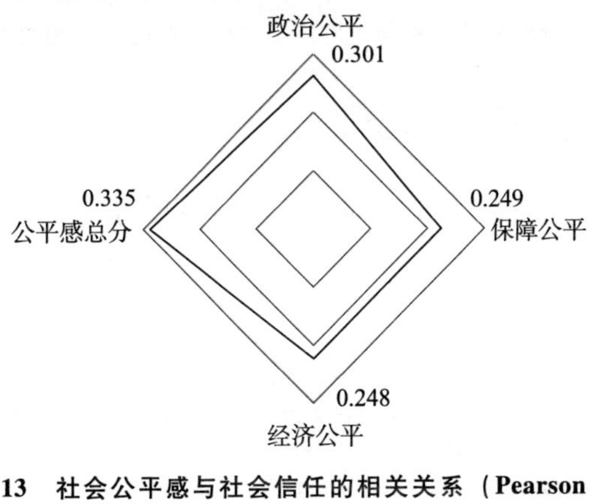

图 13　社会公平感与社会信任的相关关系（Pearson R）

（四）社会公平评价与政府满意度

政府是社会公正的守护者，人们对社会公平状况的评价，也会影响到对政府的满意程度。在历次 CSS 调查中，对政府的满意度测量包括提供医疗卫生服务、为群众提供社会保障、提供义务教育等十一个方面表现的认可度。这十一个方面[①]的评价加总形成政府满意度量表。统计结果表明，人们的社会公平评价与政府满意度有一定的正相关关系。社会公平评价总分与政府满意度量表的 Pearson 相关系数为 0.471，为中度相关，即社会公平感越高，政府满意度越高。其中政治公平与政府满意度的相关系数最高，为 0.415；其次为保障公平，相关系数为 0.368；再次为经济公平，相关系数为 0.325。以上数据结果说明，社会公平感的提升会有助于提高人们的政府满意度（见图 14）。

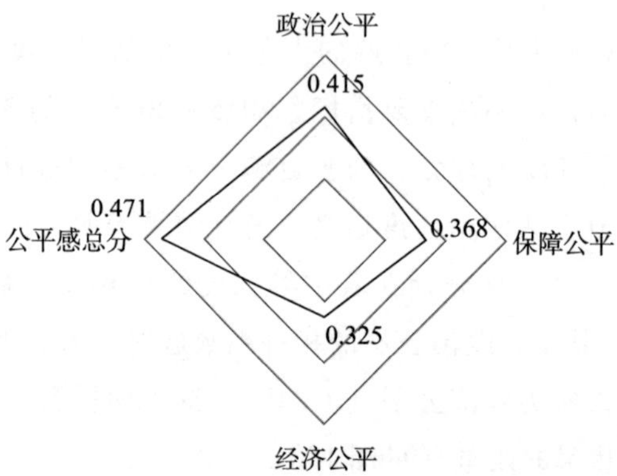

图 14　社会公平评价与政府满意度的相关分析（相关系数）

（五）社会公平评价与国家认同

公众对社会公平的评价会影响到人们对国家的认同与评价。在 2013 ~ 2019 年 CSS 调查中用“我经常为国家取得的成就而感到自豪”、“如果有

① 这十一个方面具体为：提供医疗卫生服务；为群众提供社会保障；提供义务教育；保护环境，治理污染；打击犯罪，维护社会治安；廉洁奉公，惩治腐败；依法办事，执法公平；发展经济，增加人们的收入；为中低收入者提供廉租房和经济适用房；扩大就业，增加就业机会；政府信息公开，提高政府工作的透明度。

下辈子，我还是愿意做中国人”两个题目测量了公众的国家认同感。统计结果表明，社会公平评价与国家认同感存在正相关关系，即国家认同感高的人社会公平评价也高。如图 15 所示，很赞同“我经常为国家取得的成就而感到自豪”的人，社会公平评价得分为 57.0 分；而很不同意这一观点的人，社会公平评价得分为 47.8 分，相差 9.2 分。对“如果有下辈子，我还是愿意做中国人”这一说法持很同意观点的人社会公平评价得分为 56.8 分，但认为很不同意的人公平评价得分低至 35.5 分，相差 21.3 分。

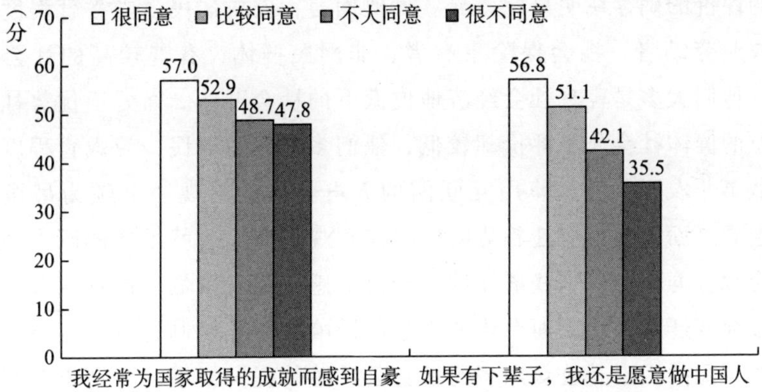

图 15　社会公平评价与国家认同感的相关分析（百分制均值）

五　结论和讨论

综上所述，可以得出以下几个结论。

第一，2006～2019 年十四年期间，中国公众的总体社会公平感呈上升趋势，基本上处于好评区间，即 60%～70% 的公众认为当前社会是公平的。从公平感的得分来看，公众对以高考制度为代表的教育领域的公平状况评价最高且相对稳定；对政治权利和司法与执法方面的公平评分较高，特别是 2013 年以来上升明显；对民生和社会保障方面的公平状况评价得分居中但有较大提升；公平感评价最低的贫富差距方面（财富及收入分配、城乡之间的权利待遇），也有了明显的改善。

第二，公众对各项社会公平感的评价，可以结构化为政治公平、保障公平和经济公平三个层面，分别对应平权、扶弱、尚能三种不同的社会公平准则。从得分来看，从高到低依次是政治公平、保障公平、经济公平；

从对总体社会公平感评价的影响力来看，从高到低依次是保障公平、政治公平、经济公平。这说明十余年来公众对社会公平的感知，主要在社会保障和政治领域，即社会保障和政治领域的公平感更能影响人们对社会公平的总体评价。

第三，在城镇化、受教育程度提升、职业非农化、社会保险覆盖面扩大、互联网普及等宏观层面的社会变迁背景下，公众在城乡差异、受教育程度、职业等级、社会保险享有、互联网使用等微观层面对当前社会公平状况的评价的确存在明显的差异。大致而言，农村居民、受教育程度较低者、农业劳动者、社会保险享有者、非网民群体，有着较高的社会公平感——他们大多是客观社会经济地位低下的社会群体。而处于优势社会经济地位的群体社会公平评价却较低，他们多是城镇居民、受教育程度中上者、从事非农职业者、使用互联网的人群。这就出现一个颇为吊诡的现象，宏观层面的社会变迁趋势向好，在微观层面上造就了规模巨大的中高端社会地位群体，但这些群体的社会公平感却相对较低。这意味着宏观层面的社会变迁对微观层面个体公平感的影响的传导机制是甚为复杂的。其中一个可能的因素是公众期望的社会公平感的提升幅度，要高于客观社会状况改善的幅度。经济与社会的发展，同时也使得公众有更丰富多元的社会信息，来完善社会公平感知的参照系。因此，宏观层面的社会变迁对公众社会公平感知的影响作用机制，应该是进一步深化研究的主题。

第四，社会公平状况评价同样影响到公众一系列社会态度。社会公平感的高低和个体层面的生活满意度、主观地位认同，社会层面的人际信任，政治层面的政府满意度和国家认同等密切相关。保障公民的平等权利，缩小收入差距和社会待遇的差距，推动廉政政府建设，维护当今社会的公平和正义，增强社会成员的社会公平感，是中国未来社会发展的关键，是真正实现中华民族伟大复兴，成就“中国梦”的必由之路。

第五，从时间序列视角和不同群体间比较视角考察的社会变迁趋势，主要看升降与趋同、分化和平行之间的组合模式。对社会公平感而言，上升自然比下降更有利于社会的治理；趋同则反映出社会群体间易产生共识，平行则表明社会群体间的观点难以靠近，分化则意味着社会分歧的产生。

政治、保障、经济领域的公平感在各群体之间有其不同的变动走向。大致而言，城乡居民之间、不同受教育程度群体之间、是否是社保享有者之间在政治、保障、经济领域的社会公平感随经济社会发展逐步趋同；但互联网的使用产生了最明显的平行世界，网民和非网民对政治、保障、经济领域的社会公平感，在互联网使用率提升过程中或平行或分化。从总体社会公平感来看，虽然在2006年，公众在政治公平、保障公平和经济公平三方面的感知评分相差较大，但自进入新世纪第二个十年以来出现持续上升且趋同的态势。特别是保障公平和经济公平感知的提升幅度较大，一定程度上反映出中国在政治、保障、经济三个领域正走向均衡的发展。

俄罗斯阶级意识中的社会公平性

埃皮希娜（Y. B. Epikhina）
布里吉特（D. N. Bricket）

一　有关阶级意识研究的理论和实证方法

阶级意识理论源于卡尔·马克思（K. Marx）和弗里德里希·恩格斯（F. Engels）的著作，但未在著作中提及这个概念。事实上，这个概念是后来在马克思主义传统框架内理论化的产物。如同未被定义的阶级概念，“阶级意识”概念的意义是基于这二人的著作重构的。在阶级关系的相互作用/冲突过程中，阶级意识得以形成。从这个意义来讲，阶级意识是“自在阶级”转化为“自为阶级”的必要元素。正如马克思在《路易·波拿巴的雾月十八日》中所述，“一旦群众成为革命者，资产阶级必然会害怕他们的意识”。这种“群众意识”隐含着这样一种理解，即经济状况不佳的原因在于社会结构，换句话说，它与目前的经济秩序有关。阶级意识形成于阶级关系，但又早于政治参与。如果没有阶级意识，抗议则是对当前经济形势不满的表现。

“阶级意识与工人阶级的政治参与和斗争密切相关”这一理论可以解释一个事实，即阶级意识实证研究的主要目的包括寻求阶级意识，并试图在工人阶级中明确阶级意识的意义。这些研究涉及检验假设，即工人阶级是否准备好接受政治激进主义、是否支持“左倾”思想（Portes，1971）以及阶级意识是否被解释为政治化的结果。然而，这种趋势逐渐“消失了”，因为人们认识到，产业工人起初是工人阶级，而后变成了资产阶级；他们的思想专注于霸权意识形态。事实上，寻找阶级意识（尤其是政治意识）的过程被认为是一个“死胡同”。在阶级意识形成的过程中，其他变量如性别、种族比社会地位更为重要。一些研究人员认为，由于社会结构碎片化、工人阶级与资产阶级融合、采用主流价值观等因素，阶级意识的概念与现代后工业社会无关。

与此同时，另一条社会学研究思路正处于发展中，认为阶级是一种主观事物，因此，阶级意识是对某一特定阶级自我认同的结果。根据这一思路，阶级意识被视为对自身社会地位的认识以及对特定阶级群体的认同。自20世纪20年代末起，美国社会学就开始了这方面的阶级意识研究。其中，一些研究发现了阶级自我认同和各种态度之间的联系，主要是政治领域的联系。这类研究可能会使人们认识到，如果阶级意识源于对特定社会群体的自我认同，则这种意识会与其他认同（性别、种族等）相竞争（Michael & Robin，1978）。致使人们不能完整地认识以阶级自我认同为基础的阶级意识，在逻辑上产生这样一个问题：是什么阻碍了成熟阶级意识的形成？

另一个意识分析方法与阶级研究的结构方法有关。意识分析方法将阶级主观化；而结构方法将阶级视为“客观”事物，只要他是客观的，无论是否得到社会主体的认可，都会产生影响。换句话说，在结构方法中，个人是否意识到自己的社会地位，阶级都会对其感知结构造成影响。正是在这种“客观主义”的逻辑中，埃里克·奥林·赖特（E. O. Wright）提出了比较项目，旨在找到阶级地位和阶级意识形态之间的联系（Wright，1989）。

需要强调的是，阶级意识的概念在国外社会学中仍然是结构研究的一个组成部分。例如，Savage关于现代英国社会阶级结构的研究也涉及阶级意识的问题（Savage，2015）。随着新阶级出现以及后工业社会特定行业工人比例上升，有关阶级意识及其表现方式的问题逐渐产生。伊克勒（P. Ikeler）和克罗克（Jillian Crocker）研究了服务人员的阶级意识。认为服务人员在后工业社会的形成中起着主导作用，其特点是没有阶级冲突（Ikeler & Crocker，2018）。社会结构的明显变化与资本主义社会（后工业、认知资本主义等）新阶段的开始有关，随着新阶级“被发现”，阶级意识研究成为一项适时任务（Fishman，2018）。

二　当代俄罗斯社会学中的阶级意识研究

在当代俄罗斯社会学中，很少将“阶级意识”作为研究主题。用相应关键词在科学出版物数字图书馆（eLIBRARY. ru）中搜索出版物，有31项搜索结果。其中，Chernysh做了中俄比较研究“俄罗斯与中国：社会结构变迁”（*Russia and China*：*Changes in the Social Structure of Society*）（Chernysh，2012）。在其研究中，阶级意识分析以马克思主义方法论为基础。根据马克思主义方法论，阶级意识是社会矛盾的结果，是解释社会秩序不公平的结果。研究认为阶级意识是有关/属于社会群体的价值观和态度总和。阶级意识可以表现在社会生活的方方面面。Chernysh考虑到了政治态度领域，由选举优先权或对政治和执法机构的信任程度得以反映。例如，不同阶级群体对政治机构的平均信任度比较表明，工人群体对国家杜马、司法系统或执法机构的信任度最低，而企业家群体则表现出最高的信任度。他由此得出结论：从统计学的观点看，阶级变量对俄罗斯人的世界观形成有显著影响（Chernysh，2012）。

根据研究人员Tambiyants和Shalin对库班州立大学（Kuban State University）两个院系的学生研究发现：世界观形成与阶级地位有关（Tambiyants & Shalin，2019）。之所以选择两个院系，是为了让学生的地位差异更加明显。第一个是法学院，大多数学生付费学习，可以归为中产阶级。第二个是水管理（水文学）系，大多数学生由国家资助，研究人员将其描述为“基础层”的代表。研究方法包括让两个院系的学生就以下主题写一篇文章：“如果一个人很穷，应该归咎于谁——是社会还是这个人本身？”对于关键问题的回答可能有三种，然后基于三种回答对学生关于贫困成因论文进行编码与分析。（1）社会主义方法——社会经济条件是造成贫困的原因；（2）自由主义方法——个人对其贫困负责，并且贫困与个人素质有关；（3）混合方法，结合了社会主义和自由主义方法的某些特点。法学院学生大多是自由主义方法的拥护者（75%～80%）；水管理（文学）系的学生中，这一比例要低得多，只有47%。虽然这两个院系中，社会主义方法的支持者占少数，但是比例有所差别，法学院学生占5%，水管理（水文学）系学生占17%～18%。根据这些数据，该研究得出结论：年轻人的意识受到一定的社会制约。坚持用自由主义方法来确定贫困原因的人，绝大多数都是中产阶级，有能力付费上大学。

阶级意识的表现形式多样，并与不同领域的社会生活有意义地联系在一起。由于不同阶级会产生不同形式的阶级意识，我们可以认为公平性观念会受到所在阶级制约，不同阶级在对公平性的评价和判断上有着不同的表现。阶级意识与生产系统和物质公共产品分配系统地位有关。在社会学中，分配公平性，即一种以感知和评价分配系统为基础的公平性，通常与阶级意识有关。

2013 年，俄罗斯社会学家协会（Russian Society of Sociologists）在“当代俄罗斯社会公平性观念的形成因素”的研究探讨了公平性评价对阶级地位的依赖程度。在这项研究中，阶级地位由一组指标（受访者工作场所、工资和管理职位）决定（Mansurov & Chernysh，2016）。通过分析显示，在工作场所中，决策公平性评价和管理职位的关系。高层管理人员对公司生活决策的公平性给出了最高评价。换句话说，公司的管理地位和决策的公平性直接相关（Mansurov & Chernysh，2016）。

俄罗斯社会科学中，一场关于俄罗斯社会阶级结构是否已经充分发展、阶级是否已经形成的辩论正在进行（Mityagina，2014；Gavrilyuk & Gavrilyuk，2018；Zhvitiashvili，2015）。显然，阶级意识的存在可以间接地证明阶级已经形成。本文旨在将公平性的概念定义为阶级意识的一部分。主要假设不同阶级的群体对公平性的判断有所不同。

从第 28 次俄罗斯高等经济学院纵向监督调查（RLMS HSE）的数据中抽取 18 岁及以上受访者（14026 名）作为子样本。

三　阶级系统（阶级操作化）

阶级操作化基于欧洲社会经济地位分类（ESeC）（Rose & Harrison，2017）运作。从概念来讲，ESeC 是 EGP 阶级模式的延伸（Erikson & John，1992）。ESeC 不仅考虑到了国际劳工组织（ISCO－08）编码中职业活动资格与内容之间的差异，还考虑到了就业的其他参数。首先，ESeC 考虑到了就业状况。在 ESeC 中，雇佣劳动或自营职业将影响同一职业活动的阶级归属。其次，ESeC 还考虑到了管理地位：是否担任管理职位或管理下属雇员将影响相同就业状况、相同职业的阶级归属。为了转换 ESeC 中的职业代码，我们使用了 RLMS-HSE 数据中的以下变量：

（1）符合 ISCO－08 要求的四位职业代码变量。

（2）“受访者受雇于一个组织还是一个企业”这个变量记录的答案，以确定个体经营状况。如果受访者回答“不受雇于组织或企业”，则将他们视为个体经营者。（Golenkova，Goliusova，& Gorina，2020）。

（3）“是否有下属”这一变量记录的答案。

除了公开透明以及能够轻松地将职业活动和就业数据转换为不同阶级外，ESeC 阶级模式还将最初的 7 个阶级缩减为 3 个主要阶级，阶级结构呈现为扩大的阶级群体：服务阶级、中间阶级和工人阶级。结构分类只涉及生产（经济）关系的社会成员。基于此理论基础，阶级首先被视为一个经济范畴。然而，为了概念完整，在分析公平性在阶级意识中的作用时，有必要考虑到社会中不涉及经济关系的群体。因此，将不参与社会经济生活的群体纳入阶级模式具有理论依据。拉尔夫·达伦多夫（R. Dahrendorf）指出：经济因素和政治因素都会影响阶级或群体意识的形成，“表现在工人或非工人阶层与国家关系以及其履行分配职能的效率上，而不是与社会其他阶层的关系上。因此，群体意识不仅出现在受雇于经济部门的阶层中，也存在于这种互动之外的阶层，如养恤金领取群体”（Chernysh，2012）。符合 ESeC 的俄罗斯社会的阶级结构如图 1 所示。

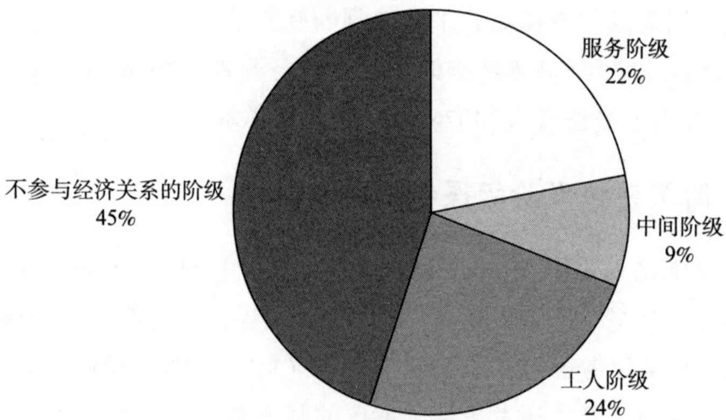

图 1　符合 ESeC 的俄罗斯社会的阶级结构

Brickman 等人提出了两种公平性的区别：宏观公平性和微观公平性。宏观公平性隐含整个社会的公平性理念。如，社会物质财富分配的公平性、医疗保健的可获得性等。微观公平性针对个人的公平性水平（Brickman et al.，1981）。本文将思考公平性的宏观层面，包括作为阶级意识要素的公平性概念。

四　俄罗斯民众的社会公平性评价

受访者的俄罗斯社会总体公平性评价的公平性程度数值范围为0~9，“0”表示“完全不公平”，而“9”表示“完全公平”。平均得分为3.9，标准差为1.923。如图2所示，答案的主要集中在量表的中间部分（答案3~5）。

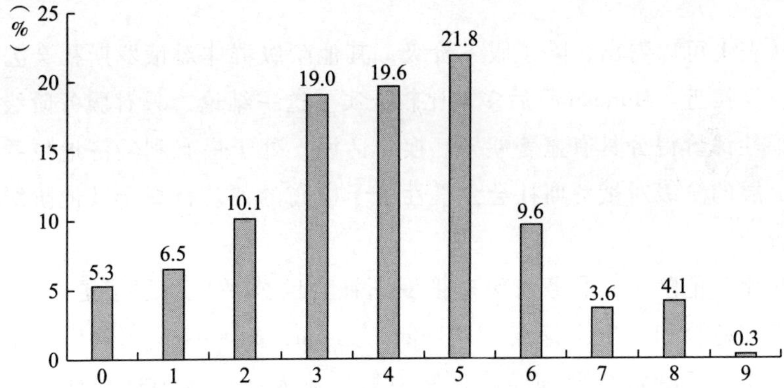

图2　俄罗斯社会公平性评价分布情况

根据已有数据，我们得出结论：大部分受访者认为俄罗斯社会不公平。此外，这一结论也得到了其他研究结果的支持。2013年俄罗斯社会学家协会的研究（如前文所述），以11分制衡量，俄罗斯社会公平性评价平均得分为3.62分（Mansurov & Chernysh，2016）。根据2018年俄罗斯民意基金会（Public Opinion Foundation）的一项调查，当被问及“俄罗斯社会结构公平还是不公平”时，65%的受访者回答“不公平”。换句话说，在相当长的一段时间里，俄罗斯人对于俄罗斯社会公平性的评价具有稳定性，负面评价占主导地位。十多年来，俄罗斯社会一直处于不公平的状态。这一结果与“随着时间的推移，公众对公平性的看法较不稳定，并会发生重大变化”的说法相矛盾（Andreyenkova，2017）。

为了回答阶级地位如何影响社会公平性评价，我们进行了方差分析。表1显示了俄罗斯社会各阶级对社会公平性的平均分布情况，以及方差分析结果。

表1 俄罗斯社会各阶级社会公平性评价平均分布情况
（按阶级和方差分析指标划分）

阶级	俄罗斯社会公平性评价	F 值	显著性
服务阶级	4.06	10.053	0.000
中间阶级	3.85		
工人阶级	3.8		
不参与经济关系的阶级	3.88		

从表1可以看出，除了服务阶级，其他阶级群体对俄罗斯社会公平性评价较为接近。Duncan 事后多重比较证实了这一结论，只有服务阶级的社会公平性评价得分具有显著差异。换句话说，处于最有利经济地位并占据系统上层的阶级对俄罗斯社会公平性给予极高的评价，高于其他阶级给予的评价。

相比其他阶级，服务阶级对俄罗斯社会的公平性给予了更高的评价，这一事实符合利己主义论点（D'Anjou，Steijn，& Aarsen，1995）。根据利己主义论点，既定社会和经济秩序中的受益人往往认为这种秩序是公平的。这意味着在社会地位会产生一种利益（对当前经济秩序的参与），维护这种利益的方法之一就是承认其公平性。从这个意义上讲，承认其公平性直接关系到自身的成功和地位的合法化与认同。然而，俄罗斯当前局势的特殊性在于优势地位人群的公平性评价竟未达到量表的中间水平。也就是说，他们实际上承认了社会秩序不公平。

五 不公平的原因：制度公平和分配公平

受访者需要从列表中选择导致俄罗斯社会不公平的三个主要原因。选择最多的三个原因是普遍的腐败现象（51.3%）、物质财富分配不公平（49.9%）和法律不公正（46.8%）。换言之，导致不公平的原因与社会机构运作有关，特别是与标准化秩序和物质财富分配的主管机构有关（分别占26.5%和17.0%）。由社会重要福利主管机构导致社会不公平的占比较小，如保健和教育主管机构（分别占26.5%和17.0%）。与此同时，超过1/3（38.0%）的受访者认为，社会不公平是因为国家没有很好地照顾需要帮助的人。值得注意的是，俄罗斯社会强烈表示支持国家参与解决社会问题。根据2010年的ESS数据，公众支持政府参与解决社会问题的平均指数为8.2。该指数在拉脱维亚最高（8.8），在瑞士最低（6.4）。大约1/3的受访者认为不公平原因在于个人品质，即大多数人只考虑到了自身因素。不足1/4（24.7%）的受访者认为社会不公平是由苏联解体后的改革和边境开放造成的。因此，社会不公平现象由体制系统运作失灵造成，俄罗斯人民的感知（普遍的腐败现象）证明了这一点。

图3显示了不同阶级关于不公平原因的答案分布情况。大多数情况下，各阶级在不公平原因方面达成一致。首先，他们认为俄罗斯社会不公平是由普遍的腐败现象造成。选择这一原因的服务阶级受访者最多（57.2%），不参与经济关系的受访者较少（47.7%）。事实上，这种结果并非偶然：服务阶级由不同级别的经理和高度合格的专业人员组成，在专业环境中，他们时刻面临腐败现象。其次，他们选择了关于公共服务机构的选项。

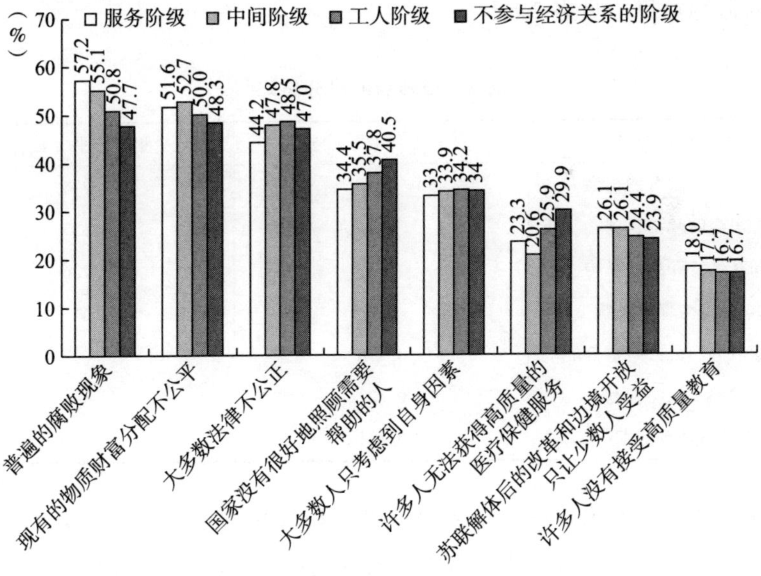

图3　关于俄罗斯社会不公平原因的答案分布情况（按阶级归属划分）

不同阶级受访者选择“国家没有很好地照顾需要帮助的人”这一原因的比例有所不同。服务阶级和不参与经济关系的受访者之间的差异最大，前者选择的人数最少（34.4%），后者选择的人数最多（40.5%）。对于

“社会不公平与无法获得高质量医疗服务”的选项，服务阶级和不参与经济关系的受访者意见不一致。在不参与经济关系的受访者中，有近1/3（29.9%）的人选择了这一选项；而在服务阶级中，这一比例（23.3%）不到1/4。

选择社会不公平原因的差异反映了阶级利益的差异。更依赖国家、社会支持和援助的阶级往往认为不公平原因在于相关机构工作不力。

分配公平考察了物质资源（如养老金、政府收入等）分配的公平性，制度公平考察了获得各种社会机构社会福利的公平性。这些选项以4分制进行评估，其中“1”表示“完全不公平”，“4”表示“完全公平”。基于受访者的回答，利用主成分分析法和最大方差旋转法识别公平性评价的类型。俄罗斯社会公平性总共包含八个变量，占因素累积方差的65.1%。然而，在共同度表中，诸如“获得工作的机会”一类选项的抽取因素最低（0.411），去除此选项后，可释方差的份额提高到了69.1%。关于主成分分析的最终结果，见表2。

表2　旋转后的成分矩阵

俄罗斯社会公平性	“分配公平”成分	“制度公平”成分
接受高等教育的机会	—	0.774
民众的政治权利	—	0.833
司法系统和执法机构	—	0.726
国家卫生保健系统	—	0.617
国家收入、公共财富分配	0.836	—
津贴、社会福利	0.822	—
公款城乡分配	0.841	—

由表2可以看出，第一个成分聚集了与分配结果有关的社会生活因素评价，可以解释为分配公平。第二个成分包括“获得社会福利与社会保障（教育和卫生）”“政治机构和司法系统”相关服务方面的公平性评价，在这种情况下，我们讨论的是社会机构所提供的获得性公平，也就是制度公平。因此，公众意识区分了两种类型的公平——分配公平和制度公平。正如Wegener（1991）所说，有时我们得到什么并不重要，重要的是我们是

如何得到它的。这意味着重要的不仅仅是分配的结果，还是保证分配过程的制度程序。关于分配公平或不公平以及社会机构相关工作的评价揭示了政治文化的一个关键方面。其他研究人员也提到了制度公平和政治文化之间的关系。Moroni 称社会机构为“社会公平的真正主体”（Moroni，2019）。

表 3　成分平均值分布情况（按阶级和方差分析指标划分）

阶级	平均成分值	F 值	显著性
分配公平			
服务阶级	4653.7	5.013	0.002
中间阶级	4628.6		
工人阶级	4688.3		
不参与经济关系的阶级	4881.5		
制度公平			
服务阶级	4828.9	9.117	0.000
中间阶级	4415.3		
工人阶级	4625.9		
不参与经济关系的阶级	4866.1		

从表 3 可以看出，在分配公平评价方面，不同阶级的平均成分值不同。然而，Duncan 事后多重比较表明，不参与经济关系的群体明显不同于其他群体。也就是说，其他三个阶级对当前分配制度各要素的公平性评价相似。对于直接依赖分配结果的阶级来说，这种公平类型最典型。换句话说，在分配公平方面，参与经济关系的阶级达成了某种共识。对于分配结果，不同阶级地位的人均给予了“不公平”的评价。事实上，认为国家收入分配完全不公平或相当不公平的人群包括服务阶级（92.3%）、中间阶级（92.8%）和工人阶级（93.2%）。关于津贴供应公平性的评价同样一致：服务阶级中认为“完全不公平”和“相当不公平”的比例为 89.7%，中间阶级为 90.2%，工人阶级为 89.9%。

不同阶级在制度公平评价方面存在差异。这种公平类型对服务阶级而言最典型，对中间阶级而言最不典型（通过 Duncan 多重比较，平均值的差异显著）。因此，阶级意识表现形式的差异与分配公平无关，而与制度公平有关。

贫穷和财富的原因是“分层信念”之一，不同阶级固有的阶级意识与这些信念的多少有关。贫穷和财富位于收入分配量表的两端，使经济不平等形象化和拟人化。就此而言，相比阶级，贫穷和财富的特征差异更明显。人们的贫穷或富裕可能被归因于个人努力（基于功绩的奖励）、社会结构或制度特征。在 RLMS 的研究中，也有关于贫穷和财富原因的问题。受访者需要分别选择三个导致贫困的原因和变得富裕的原因。

表 4 是不同阶级认为导致个人贫困的原因。针对贫困的原因，各阶级既有相似之处，也有不同之处。服务阶级比中间阶级和工人阶级更容易将贫穷的原因与性格特征联系起来，即与懒惰联系起来。一半的服务阶级认为懒惰导致贫穷。这意味着社会经济地位最有利的阶级倾向于将贫困的原因个人化，并将其归咎于穷人本身。这一结果与国外的研究结果一致。此外，相比工人阶级，服务阶级更有可能认为贫困与缺乏教育有关。

与服务阶级不同，工人阶级最常把缺乏有用的关系和运气不好作为贫困的原因。其次占比较高的是“懒惰”和“法律和政策主要为富人服务”。

服务阶级和工人阶级都认为缺乏资本是导致贫困的原因之一。但与此同时，双方对于资本的意见不一：服务阶级认为着重缺乏教育，即文化和资格资本不足；而工人阶级认为是缺乏有用的关系。

表 4　按阶级划分的贫困归因

单位：%

民众贫困的原因	服务阶级	中间阶级	工人阶级	不参与经济关系的阶级
懒惰	50.9	47.0	43.8	43.3
缺乏有用的关系	45.3	46.2	48.1	40.1
法律和政策主要为富人服务	39.0	42.1	43.5	38.3
健康问题，残疾	33.3	32.8	34.9	42.2
受教育程度低	41.0	35.9	32.5	35.9
运气不好	19.8	24.5	24.6	22.7
缺乏能力、天赋	20.8	22.8	20.1	20.7
缺乏父母的支持	17.1	20.5	19.1	20.9

尽管各阶级在讨论导致贫困的原因时存在分歧，但对于让人们变得富有的主要原因，他们的意见一致（见表5）。大多数受访者认为，其原因在于“拥有有用的关系”以及“违法致富”。既然观点如此统一，我们可以假设有一个特殊的富人群体，他们相当封闭，进入这个群体需要一定的社会关系，并且这个群体不在正式规范和条例的范围之内。这一群体的存在可被视为社会普遍腐败的一种表现，如图3所示，超过一半的受访者认为这是导致俄罗斯社会不公平的原因之一。虽然有一半的服务阶级认为懒惰是贫穷的原因，但不到1/3的人仍然将致富因素与努力工作联系在一起。41.0%的服务阶级认为缺乏教育会导致贫困，但仅有19.9%的人认为受过良好的教育有助于获得财富。与此同时，服务阶级比工人阶级更常将财富与“努力工作”和“不怕冒险，敢于承担责任”联系在一起，即与个人素质联系在一起。

表5　不同阶级对于致富原因的看法

单位：%

民众富有的原因	服务阶级	中间阶级	工人阶级	不参与经济关系的阶级
拥有有用的关系	53.8	51.8	57.0	54.0
违法致富	42.1	45.6	45.9	42.3
法律和政策主要为富人服务	31.0	36.1	35.0	32.0
努力工作	30.0	26.3	23.8	25.9
不怕冒险，敢于承担责任	31.9	27.9	24.9	23.0
有父母的支持	24.2	25.6	25.9	26.3
受过良好的教育	19.9	20.0	18.5	23.5
有天赋和能力	20.5	19.9	19.3	20.6
很幸运	17.6	21.7	21.2	20.5

六　结论和讨论

俄罗斯社会已经形成了一种“不公平共识”：大部分俄罗斯人认为当代俄罗斯社会不公平。在公正和公平评价量表中，俄罗斯社会公平性得分低于 4 分。由 ESeC 模式定义的大部分阶级以及不涉及经济关系的俄罗斯人，在评价俄罗斯社会公平性时都给予了低分。但是，服务阶级，即占据较高、最具经济优势地位的阶级，与其他阶级分数差异较大。事实上，他们是既定社会秩序的受益者。

对不公平原因的选择与阶级利益直接相关。工作状况直接依赖于标准化秩序的阶级，更常将普遍的腐败现象看作导致不公平的原因。依赖社会和政府支持的阶级，更常将各社会机构失职看作导致不公平的原因。

公众意识区分了两种公平：分配公平（社会物质产品和资源分配公平）和制度公平（社会利益和资源获得公平）。在俄罗斯社会分配公平方面，各阶级形成了反向共识；而在制度公平方面，各阶级观点存在一定的阶级差异。

总的来说，以上分析可以得出如下结论：如果阶级意识尚未形成，那么它一定正在形成。如以上所述，不同阶级对公平的判断反映出该阶级的利益。阶级意识差异基于对社会机构工作的评价，而非对分配结果的评价和判断。鉴于社会制度属于政治领域，人们可以说阶级意识已经形成。最应该注意的是，阶级意识形成于服务阶级内部，即具有最大自主性和开放性的阶级内部。服务阶级的对立者要么是不参与经济关系的阶级（涉及公共支持机构时），要么是工人阶级（涉及分配机构时），视情况而定。

参考文献

中文文献

奥肯，阿瑟，1987，《平等与效率：重大的抉择》，王奔洲译，北京：华夏出版社。

白仲林、尹彦辉、缪言，2019，《财政政策的收入分配效应：发展不平衡视角》，《经济学动态》第2期。

边燕杰、李路路、李煜、郝大海，2006，《结构壁垒、体制转型与地位资源含量》，《中国社会科学》第5期。

蔡禾、黄建宏，2013，《谁拥有第二套房？——市场转型与城市住房分化》，《吉林大学社会科学学报》第4期。

蔡禾、吴小平，2002，《社会变迁与职业的性别不平等》，《管理世界》第9期。

蔡媛媛、郭继强、费舒澜，2020，《中国收入机会不平等的趋势与成因：1989－2015》，《浙江社会科学》第10期。

陈东、王萌迪，2018，《老龄化加剧了中国城镇居民的消费不平等吗？——基于年龄效应调整模型的分析》，《河北大学学报》（哲学社会科学版）第5期。

陈光金，2010，《市场抑或非市场：中国收入不平等成因实证分析》，《社会学研究》第6期。

陈旭峰，2017，《老年人养老保障满意度影响因素的实证研究——基于CSS（2013）问卷数据的分析》，《云南民族大学学报》（哲学社会科学版）第4期。

陈钊、陆铭、佐藤宏，2009，《谁进入了高收入行业？——关系、户籍与生产率的作用》，《经济研究》第10期。

陈志鸿、李扬，2018，《中国分区域城镇居民福利水平测度》，《财经研究》第10期。

陈志武，2018，《量化历史研究与新知识革命——以财富差距与消费差距的历史研究为例》，《北京大学学报》（哲学社会科学版）第4期。

陈宗胜，2018，《中国居民收入分配通论：由贫穷迈向共同富裕的中国道路与经验》，北京：格致出版社。

谌鸿燕，2017，《代际累积与子代住房资源获得的不平等：基于广州的个案分析》，《社会》第4期。

成志刚、曹平，2014，《新型农村社会养老保险满意度研究》，《湘潭大学学报》（哲学社会科学版）第5期。

程诚、边燕杰，2014，《社会资本与不平等的再生产 以农民工与城市职工的收入差距为例》，《社会》第4期。

程诚、王奕轩、边燕杰，2015，《中国劳动力市场中的性别收入差异：一个社会资本的解释》，《人口研究》第2期。

程立显，2002，《伦理学与社会公正》，北京：北京大学出版社。

程树德，1990，《论语集释》，北京：中华书局。

大卫·米勒、迈克尔·沃尔泽，2018，《多元主义、正义和平等》，高建明译，南昌：江西人民出版社。

戴素芳，2008，《传统家训的伦理之维》，长沙：湖南人民出版社。

邓小平，1994，《邓小平文选》（第2卷），北京：人民出版社。

邓小平，1993，《邓小平文选》（第3卷），北京：人民出版社。

董洪亮，2015，《我国教育事业迈上新台阶》，《人民日报》10月13日。

范先佐、郭清扬，2015，《农村留守儿童教育问题的回顾与反思》，《中国农业大学学报》（社会科学版）第1期。

范晓光、陈云松，2015，《中国城乡居民的阶层地位认同偏差》，《社会学研究》第4期。

范晓光、吕鹏，2018，《找回代际视角：中国大都市的住房分异》，《武汉大学学报》（哲学社会科学版）第6期。

方长春，2014，《体制分割与中国城镇居民的住房差异》，《社会》第

3 期。

费孝通，2007，《乡土中国》，上海：上海人民出版社。

冯自由，1945，《革命逸史》，上海：商务印书馆。

葛玉好、赵媛媛，2010，《中国性别工资差距实证研究综述》，《妇女研究论丛》第 6 期。

沟口雄三，2011，《中国的公与私·公私》，北京：生活·读书·新知三联书店。

顾速，1994，《当代西方正义论》，《哲学动态》第 6 期。

桂杰，2015，《〈中国留守儿童心灵状况白皮书（2015）〉发布》，《中国青年报》06 月 19 日。

郭凯明、颜色，2015，《劳动力市场性别不平等与反歧视政策研究》，《经济研究》第 7 期。

郭磊、毛畅果，2018，《收入分配中的性别差异——来自工资与养老保险的解释》，《软科学》第 9 期。

国家统计局，2020，《2019 年农民工监测调查报告》，国家统计局网站：http://www.stats.gov.cn/tjsj/zxfb/202004/t20200430_1742724.html，最后访问时间：2021 年 2 月 12 日。

国务院新闻办公室，2019，《平等发展共享：新中国 70 年妇女事业的发展与进步》，http://www.xinhuanet.com/2019-09/19/c_1125015082.htm，最后访问时间：2020 年 1 月 13 日。

韩枫，2016，《城镇流动人口社会保障参保率的影响因素研究——基于京津冀流动人口动态监测数据的分析》，《人口学刊》第 1 期。

韩震，1995，《当代西方的另一种正义理论》，《哲学动态》第 4 期。

何包钢，1988，《罗尔斯政治自由观——读罗尔斯〈正义论〉》，《政治学研究》第 5 期。

何怀宏，2011，《正义在中国：历史的与现实的——一个初步的思路》，《公共行政评论》第 1 期。

何蓉，2014，《中国历史上的"均"与社会正义观》，《社会学研究》第 5 期。

贺光烨、吴晓刚，2015，《市场化、经济发展与中国城市中的性别收入不平等》，《社会学研究》第1期。

华生，2010，《劳动者报酬占GDP比重的严重误读》，《中国证券报》10月14日。

怀默霆，2009，《中国民众如何看待当前的社会不平等》，《社会学研究》第1期。

黄承伟，2020，《脱贫攻坚伟大成就彰显我国制度优势》，《红旗文稿》第8期。

黄伟伟、陆迁，2014，《城镇居民食品支出不平等的收入影响效应分解》，《消费经济》第4期。

黄玉顺，2012，《荀子的社会正义理论》，《社会科学研究》第3期。

黄宗智，2000，《华北的小农经济与社会变迁》，北京：中华书局。

教育部，2020，《2019年全国教育事业发展统计公报》，5月20日，教育部网站：http://www.moe.gov.cn/jyb_sjzl/sjzl_fztjgb/202005/t20200520_456751.html，最后访问时间：2021年1月12日。

金观涛、刘青峰，2010，《观念史研究：中国现代重要政治术语的形成》，北京：法律出版社。

金卉、祝建华，2014，《东亚福利体制背景下的居民福利供给主体偏好》，《南京社会科学》第10期。

康有为，2010，《大同书》，北京：中国人民大学出版社。

劳婕，2013，《中国公众对收入分配的公平感及其影响因素－－基于一项全国性调查的定量分析》，《求索》第11期。

李春玲，2003，《社会政治变迁与教育机会不平等——家庭背景及制度因素对教育获得的影响（1940－2001）》，《中国社会科学》第3期。

李春玲，2007，《当代中国社会的消费分层》，《中山大学学报》（社会科学版）第4期。

李春玲、李实，2008，《市场竞争还是性别歧视——收入性别差异扩大趋势及其原因解释》，《社会学研究》第2期。

李春玲，2014a，《教育不平等的年代变化趋势（1940－2010）——对城乡教育机会不平等的再考察》，《社会学研究》第2期。

李春玲，2014b，《“80后”的教育经历与机会不平等——兼评〈无声的革命〉》,《中国社会科学》第4期。

李春玲,2015,《各阶层的社会不公平感比较分析》,《湖南社会科学》第1期。

李春玲,2016,《"男孩危机""剩女现象"与"女大学生就业难"——教育领域性别比例逆转带来的社会性挑战》,《妇女研究论丛》第2期。

李春玲、刘森林,2018,《国家认同的影响因素及其代际特征差异》,《社会科学文摘》第7期。

李骏、顾燕峰,2011,《中国城市劳动力市场中的户籍分层》,《社会学研究》第2期。

李骏、吴晓刚,2012,《收入不平等与公平分配:对转型时期中国城镇居民公平观的一项实证分析》,《中国社会科学》第3期。

李路路、石磊、朱斌,2018,《固化还是流动?——当代中国阶层结构变迁40年》,《社会学研究》第6期。

李路路、唐丽娜、秦广强,2012,《"患不均,更患不公"——转型期的"公平感"与"冲突感"》,《中国人民大学学报》第1期。

李培林,1995a,《新时期阶级阶层结构和利益格局的变化》,《中国社会科学》第3期。

李培林,1995b,《"新富阶层"与社会公平》,《北京社会科学》第1期。

李培林,2001,《中国贫富差距的心态影响和治理对策》,《江苏社会科学》第3期。

李培林、李炜,2007,《农民工在中国转型中的经济地位和社会态度》,《社会学研究》第3期。

李培林,2006,《社会公正、黄金分割与和谐社会建设》,《中国图书评论》第7期。

李培林,2015,《新型城镇化与突破"胡焕庸线"》,《人民日报》1月8日。

李培林,2017,《怎样界定中等收入群体更准确》,《北京日报》7月17日。

李培林、朱迪,2015,《努力形成橄榄型分配格局——基于2006-2013

年中国社会状况调查数据的分析》,《中国社会科学》第 1 期。

李实、Terry Sicular、Finn Tarp，2020,《中国收入不平等：发展、转型和政策》,《北京工商大学学报》(社会科学版) 第 4 期。

李实等主编，2008,《中国居民收入分配研究Ⅲ》，北京：北京师范大学出版社。

李实、魏众、丁赛，2005,《中国居民财产分布不均等及其原因的经验分析》,《经济研究》第 6 期。

李涛、么海亮，2013,《什么导致了中国城镇家庭的消费不平等》,《经济理论与经济管理》第 9 期。

李汪洋、谢宇，2015,《中国职业性别隔离的趋势：1982 - 2010》,《社会》第 6 期。

李颖晖，2015,《教育程度与分配公平感：结构地位与相对剥夺视角下的双重考察》,《社会》第 1 期。

李忠路、邱泽奇，2016,《家庭背景如何影响儿童学业成就？——义务教育阶段家庭社会经济地位影响差异分析》,《社会学研究》第 4 期。

梁晨、李中清、张浩、李兰、阮丹青、康文林、杨善华，2012,《无声的革命：北京大学与苏州大学学生社会来源研究（1952—2002)》,《中国社会科学》第 1 期。

梁启超，2001,《饮冰室文集点校》，昆明：云南教育出版社。

林晓珊，2018,《家庭老龄化、消费结构与消费分层——基于 CFPS 2012 的数据分析》,《东南大学学报》(哲学社会科学版) 第 2 期。

林晓珊，2017,《增长中的不平等：从消费升级到消费分层》,《浙江学刊》第 3 期。

林宗弘、吴晓刚，2010,《中国的制度变迁、阶级结构转型和收入不平等：1978 - 2005》,《社会》第 6 期。

刘爱玉、刘继伟，2020,《市场化过程中就业脆弱性之演变（2000—2010)》,《河北学刊》第 1 期。

刘爱玉，2017,《组织化脆弱就业——以大上海地区服装加工业为例》,《社会发展研究》第 2 期。

刘精明，2014,《能力与出身：高等教育入学机会分配的机制分析》,

《中国社会科学》第 8 期。

刘欣，2001，《转型期中国大陆城市居民的阶层意识》，《社会学研究》第 3 期。

刘毅，2013，《城镇居民消费基尼系数变动及其分解——对不平等的一种解释》，《广东社会科学》第 2 期。

刘祖云、毛小平、Liu Mingquan，2012，《中国城市住房分层：基于 2010 年广州市千户问卷调查（英文）》，Social Sciences in China 第 4 期。

龙书芹、风笑天，2015，《社会结构、参照群体与新生代农民工的不公平感》，《青年研究》第 1 期。

卢春天、成功，2015，《转型中国城乡住房不平等——基于 2010 人口普查汇总和 CGSS2010 数据》，《华东理工大学学报》（社会科学版）第 2 期。

卢倩倩、许坤，2018，《财政政策、经济波动与收入分配差距——兼论 2000 - 2016 年财政政策的收入分配效应》，《价格理论与实践》第 7 期。

陆学艺、李培林，1991，《中国社会发展报告》，辽宁人民出版社。

罗楚亮、曹思未，2018，《地区差距与中国居民收入差距（2002 - 2013）》，《产业经济评论》第 3 期。

罗尔斯，约翰，2009，《正义论》，何怀宏等译，北京：中国社会科学出版社。

罗尔斯，1988，《正义论》，何怀宏等译，北京：中国社会科学出版社。

马克思，1975，《资本论》（第一卷），北京：人民出版社。

马克思，2004，《资本论》（第一卷），北京：人民出版社。

马磊、刘欣，2010，《中国城市居民的分配公平感研究》，《社会学研究》第 5 期。

毛泽东，1996，《建国以来毛泽东文稿》（第 10 册），北京：中央文献出版社。

毛泽东，1991，《毛泽东选集》（第一卷），北京：人民出版社。

孟佶贤、方毅，2020，《居民消费中“教育文娱”、“医疗保健”的支出差距——基于泰尔指数的测算和分解分析》，《北京交通大学学报》（社会科学版）第 2 期。

孟庆强、杨开芳，2020，《FDI 对我国城乡收入差距影响的实证检验——基于数字普惠金融的视角》，《郑州航空工业管理学院学报》第5期。

孟天广，2012，《转型期中国公众的分配公平感：结果公平与机会公平》，《社会》第6期。

皮凯蒂，托马斯，2014，《21世纪资本论》，巴曙松译，北京：中信出版社。

钱穆，2002，《论语新解》，北京：生活·读书·新知三联书店。

秦广强，2014，《职业晋升中的性别不平等——基于CGSS2006数据的分析》，《社会学评论》第2期。

卿石松，2017，《性别角色观念、家庭责任与劳动参与模式研究》，《社会科学》第11期。

卿石松、郑加梅，2013，《专业选择还是性别歧视？——男女大学生起薪差距成因解析》，《经济学》（季刊）第3期。

卿石松，2019，《中国性别收入差距的社会文化根源－－基于性别角色观念的经验分析》，《社会学研究》第1期。

屈小博，2011，《城市正规就业与非正规就业收入差距及影响因素贡献——基于收入不平等的分解》，《财经论丛》第2期。

石智雷、施念，2019，《城市化进程中的社会保护不平等——农民工、外来市民和本地市民的比较分析》，《经济社会体制比较》第2期。

宋月萍、李龙，2013，《我国流动儿童学前教育的区域差异：省域及城市层面的考察》，《中国人民大学教育学刊》第3期。

宋泽、何阳，2019，《中老年消费不平等的度量与分解：来自CHARLS的经验证据》，《财经理论与实践》第3期。

苏京春、蒋震、郭金，2020，《收入差距描述方法比较透视研究》，《发展研究》第10期。

孙豪、胡志军、陈建东，2017，《中国消费基尼系数估算及社会福利分析》，《数量经济技术经济研究》第12期。

孙豪、毛中根、桂河清，2019，《中国居民消费不平等：审视与应对》，《现代经济探讨》第4期。

孙豪、毛中根，2017，《中国居民消费不平等的多维分解及成因分析》，《山西财经大学学报》第11期。

孙三百、黄薇、洪俊杰，2012，《劳动力自由迁移为何如此重要？——基于代际收入流动的视角》，《经济研究》第5期。

孙志会，1933，《新主义辞典》，上海：光华书局。

孙中山，1981，《三民主义·民族主义》，载《孙中山全集》（第9册），北京：中华书局。

田丰，2010，《城市工人与农民工的收入差距研究》，《社会学研究》第2期。

田丰，2017，《逆成长：农民工社会经济地位的十年变化（2006－2015）》，《社会学研究》第3期。

万广华、吴婷、张琰，2018，《中国收入不均等的下降及其成因解析》，《劳动经济研究》第3期。

万国威、刘梦云，2011，《“东亚福利体制”的内在统一性——以东亚六个国家和地区为例》，《人口与经济》第1期。

万海远、李实，2013，《户籍歧视对城乡收入差距的影响》，《经济研究》第9期。

王洹星，2015，《民政部：中国农村空心化日趋显著 留守人员总数超1.5亿》，http://politics.people.com.cn/n/2015/0602/c70731－27093835.html，最后访问时间：2020年2月20日。

王铭铭、王斯福，1997，《乡土社会的秩序、公正与权威》，北京：中国政法大学出版社。

王琪延、韦佳佳，2019，《居民休闲消费不平等研究——以北京市为例》，《经济理论与经济管理》第5期。

王天夫、崔晓雄，2010，《行业是如何影响收入的——基于多层线性模型的分析》，《中国社会科学》第5期。

王天夫、赖扬恩、李博柏，2008，《城市性别收入差异及其演变：1995－2003》，《社会学研究》第2期。

韦伯，2008，《经济与社会——在制度约束和个人利益之间博弈》，北京：北京出版社。

蔚志新，2013，《流动人口社会保险参与状况的地区差异分析——基于2011年全国32个省级单位的流动人口问卷调查》，《人口学刊》第2期。

文太林、肖瑶，2020，《普惠时代的社会保障满意度及影响因素——基于 CGSS 数据的实证分析》，《财政科学》第 2 期。

翁定军，2010，《阶级或阶层意识中的心理因素：公平感和态度倾向》，《社会学研究》第 1 期。

吴丹，2020，《遍地开花的电商助农，消费浪潮下公益伦理被普遍忽视》第一财经，https://m.yicai.com/news/100636171.html? from = timeline&isappinstalled = 0，最后访问日期：2021 年 1 月 20 日。

吴家麟，2012，《当代中国收入分配的宏观公平感研究》，硕士学位论文，上海社会科学院。

吴开泽，2017，《房改进程、生命历程与城市住房产权获得（1980 ~ 2010 年）》，《社会学研究》第 5 期。

吴开泽，2019，《住房市场化与住房不平等——基于 CHIP 和 CFPS 数据的研究》，《社会学研究》第 6 期。

吴小英，2009，《市场化背景下性别话语的转型》，《中国社会科学》第 2 期。

吴愈晓、吴晓刚，2009，《城镇的职业性别隔离与收入分层》，《社会学研究》第 4 期。

吴愈晓，2012，《中国城乡居民教育获得的性别差异研究》，《社会》第 4 期。

吴忠民，2004，《从平均到公正：中国社会政策的演进》，《社会学研究》第 1 期。

习近平，2017，《决胜全面建成小康社会 夺取新时代中国特色社会主义伟大胜利——在中国共产党第十九次代表大会上的报告》，北京：人民出版社。

解垩，2018，《税收和转移支付对收入再分配的贡献》，《经济研究》第 8 期。

解浩，2018，《中国福利不平等的区域性差异研究——基于 CHNS 数据库的实证分析》，《河北地质大学学报》第 2 期。

徐晓红，2015，《中国城乡居民收入差距代际传递变动趋势：2002—2012》，《中国工业经济》第 3 期。

许琪、贺光烨、胡洁，2020，《市场化与中国民众社会公平感的变迁：2005－2015》，《社会》第3期。

许琪，2018，《“混合型”主观阶层认同：关于中国民众阶层认同的新解释》，《社会学研究》第6期。

许琪，2015，《男女教育的平等化趋势及其在家庭间的异质性》，《青年研究》第5期。

许慎，2001，《说文解字》，北京：九州出版社。

许永洪、萧珍丽、朱建平，2019，《教育缓解了收入分配不平衡吗?》，《数理统计与管理》第9期。

晏辉，2007，《消费正义及其相关问题》，《社会科学辑刊》第4期。

杨伯峻、杨逢彬，2009，《论语译注》，长沙：岳麓书社。

杨灿、王辉，2020，《社会网络与家庭财产差距——基于中国家庭追踪调查（CFPS）面板数据》，《经济与管理研究》第8期。

杨国荣，2012，《中国传统“公”、“正”、“公正”观念的析义与扬弃》，载朱贻庭主编《与孔子对话：儒家的公正与民生思想》，上海：上海辞书出版社，第1～10页。

杨晶、黄云，2019，《人力资本、社会资本对农户消费不平等的影响》，《华南农业大学学报》（社会科学版）第4期。

杨菊华，2011，《城乡差分与内外之别：流动人口社会保障研究》，《人口研究》第5期。

杨菊华，2018，《改革开放40年公共领域性别平等进展》，http://ex.cssn.cn/shx/201811/t20181101_4768408_2.shtml，最后访问时间：2020年1月19日。

杨娟、赖德胜、邱牧远，2015，《如何通过教育缓解收入不平等?》，《经济研究》第9期。

杨琨、袁迎春，2018，《共识与分化：福利国家公民的福利态度及其比较研究》，《公共行政评论》第3期。

杨敏、赵梓汝，2016，《城市流动儿童的教育公平问题研究——基于社会资源合理配置的社会学思考》，《学术论坛》第2期。

杨穗、吴彬彬，2019，《农民工就业地选择和收入差距》，《社会发展研究》第 4 期。

杨赞、张欢、赵丽清，2014，《中国住房的双重属性：消费和投资的视角》，《经济研究》第 S1 期。

叶华、吴晓刚，2011，《生育率下降与中国男女教育的平等化趋势》，《社会学研究》第 5 期。

叶秀敏，2019，《电商扶贫新模式：直播 + 扶贫 + 产业》，《信息化建设》第 4 期。

郁建兴，2011，《中国的公共服务体系：发展历程、社会政策与体制机制》，《学术月刊》第 3 期。

袁方、史清华，2013，《不平等之再检验：可行能力和收入不平等与农民工福利》，《管理世界》第 10 期。

岳希明、李实、史泰丽，2010，《垄断行业高收入问题探讨》，《中国社会科学》第 3 期。

张宏，2018，《中国当前不平等问题研究进展》，《现代商贸工业》第 4 期。

张建平、葛扬，2020，《土地市场化与城乡收入分配》，《山西财经大学学报》第 11 期。

张翼、林晓珊，2015，《消费不平等：资源支配逻辑和机会结构重塑》，《甘肃社会科学》第 4 期。

张莹、符大海、向鹏飞，2020，《金融开放与收入不平等：一个倒 U 型关系》，《首都经济贸易大学学报》第 6 期。

张展新，2004，《劳动力市场的产业分割与劳动人口流动》，《中国人口科学》第 2 期。

张占斌，2017，《完善我国分配制度的思考》，《北方经济》第 4 期。

赵达、谭之博、张军，2017，《中国城镇地区消费不平等演变趋势——新视角与新证据》，《财贸经济》第 6 期。

赵广川、超马，2019，《中国农村居民收入对医疗保健消费不平等的影响》，《消费经济》第 5 期。

赵桂芝，2019，《我国区域收入不平等的政府调节效应》，《当代经济研究》第 9 期。

赵昆，2016，《孔子公正思想论析》，《齐鲁学刊》第6期。

赵旭东，2003，《权力与公正——乡土社会的纠纷解决与权威多元》，天津：天津古籍出版社。

赵振，2014，《中国历代家训文献叙录》，济南：齐鲁书社。

郑功成，2017，《全面理解党的十九大报告与中国特色社会保障体系建设》，《国家行政学院学报》第6期。

郑功成，2009，《中国社会公平状况分析——价值判断、权益失衡与制度保障》，《中国人民大学学报》第2期。

郑磊、张鼎权，2013，《中国教育性别差异的经济学研究评述》，《妇女研究论丛》第2期。

郑新业、张阳阳、马本、张莉，2018，《全球化与收入不平等：新机制与新证据》，《经济研究》第8期。

中共中央党校教材审查委员会，1992，《中共中央文献选编》，北京：中共中央党校出版社。

中共中央党校教务部，2008，《十一届三中全会以来党和国家重要文献选编》，北京：中共中央党校出版社。

中国国家统计局，2019，《2019年农民工监测调查报告》，http://www.stats.gov.cn/tjsj/zxfb/202004/t20200430_1742724.html，最后访问日期：2020年1月20日。

中国新闻网，2020，《"十三五"中国脱贫攻坚力度规模空前》，https://www.chin-anews.com/gn/2020/10-29/9325706.shtml，最后访问时间：2021年2月1日。

周怡、余奕杉，2018，《我国卫生资源分布状况与收敛路径分析》，《中国卫生经济》第3期。

朱斌、徐良玉，2020，《市场转型背景下性别收入差距的变迁》，《青年研究》第2期。

朱梦冰、李实，2018，《中国城乡居民住房不平等分析》，《经济与管理研究》第9期。

朱士群，1995，《罗尔斯正义论视野中的社会主义与市场——兼探分配正义的差别原则》，《江淮论坛》第3期。

邹红、李奥蕾、喻开志，2013，《消费不平等的度量、出生组分解和形成机制——兼与收入不平等比较》，《经济学》（季刊）第4期。

英文文献

Aguiar, M. & Bils, M. 2015. "Has Consumption Inequality Mirrored Income Inequality?" *The American Economic Review*, Vol. 105, Issue. 9. pp. 2725 – 2756.

Alderson, A. S. , Jason Becfield, & François Nielsen 2005. "Exactly How Has Income Inequality Changed? Patterns of Distributional Change in Core Societies," *International Journal of Comparative Sociology*, Vol. 46, Issue. 4. pp. 405 – 423.

Aleshina, M. V. 2013. *Social Cohesion: Concepts Conceptualization and Social Realities.* M. : Publishing House Variant, p. 216.

Alexandrov, D. , Ksenia T. , & Svetlana S. 2015. "No-Risk Mobility: Through College to University," *Educational Issues*, Issue. 3. pp. 66 – 91.

Alvaredo, F. , Lucas, C. , Thomas, P. , Emmanuel, S. , & Gabriel, Z. 2018. *World Inequality Report* 2018: *Executive Summary.* Paris: World Inequality Lab. 2018.

Ambarcumov, E. 1988. *On the Ways of Improving the Political System of Socialism/No Other Way Is Given. Perestroika: Glasnost, Democracy, Socialism.* Moscow: Progress, pp. 77 – 97. (In Russ.)

Andreyenkova, A. V. 2017. Predstavleniya o spravedlivosti i economicheskom neravenstve v sravnitelnom mezhstranovom kontekste [Perception of Fairness and Economic Inequality in Comparative Cross-National Context], [Social Sciences and Modern Times] //*Obshchestvenniye nauki i sovremennost*, Issue. 5. P. 20.

Anikin V. A. & Slobodenyuk E. D. 2018. "Locating the 'Poverty Threshold' in Russia," *Voprosy Ekonomiki*, Issue. 1. pp. 104 – 127. (DOI: https://doi.org/10.32609/0042 – 8736 – 2018 – 1 – 104 – 127).

Article "Justice" . Brockhaus and Efron Encyclopedic Dictionary. URL: https://rus-brokgauz-efron.slovaronline.com/116651. (Accessed on: 01. 03. 2021) (In Russ.)

Article "Justice" . 1972. Great Soviet Encyclopedia (GSE). 3rd Edition.

Politizdat, Vol. 24, P. 1026. (In Russ.)

Bagis, F. 2018. "Does Job Satisfaction Mediate the Effect of Procedural Justice and Distributive Justice on Organizational Commitment?: Case Study of Education Institution, Advances in Social Science, Education and Humanities Research," *Proceedings of the 5th International Conference on Community Development* (AMCA 2018).

Banerjee, A. V. & Duflo, E. D. 2008. "What is middle class about the middle classes around the world," *The Journal of Economic Perspectives: A Journal of the American Economic Association*, Vol. 22, Issue. 2. pp. 3 – 28.

Barnett, C., Paul, C., Nick, C., & Alice, M. 2005. "Consuming Ethics: Articulating the Subjects and Spaces of Ethical Consumption," *Antipode*, Vol. 37, Issue. 1. pp. 23 – 45.

Barnett, C., Paul, C., Nick, C., & Alice, M. 2010. *Globalizing Responsibility: The Political Rationalities of Ethical Consumption.* Oxford: Wiley-Blackwell.

Bauman, Z. 2004. *Globalization: The Human Consequences.* Moscow: Izdatelstvo VES MIR. (In Russ.)

Beliaevskiy, I. K. 2013. "Population Income and Consumers Expenditures: Level, Trends and Differentiation," *Statistics and Economics*, No. 2. pp. 107 – 117. (DOI: https://doi.org/10.21686/2500 – 3925 – 2013 – 2 – 107 – 117). (In Russ.)

Bessonova, O. E. & Krapchan S. G. 1994. "Population Participation in Housing Privatization," *Sociological Research*, Issue. 8 – 9. pp. 27 – 40.

Bessonova, O. E. 2015. "The Issue of Housing in Russia: Which Model willOvercome the Crisis-Updated Razdatok Or Quasi-Market?" (On the Books by Harris S. E. Communist on Tomorrow Street: Mass Housing and Everyday Life after Stalin. Zavisca J. R. 'Housing the New Russia'), *Voprosy Ekonomiki*, Issue. 8. pp. 149 – 158.

Bezmenova I. K. & Gulevich, O. A. 2009. Spiridonov V. F. Izmerenie spravedlivosti organizacionnogo vzaimodejstviya [Measuring the justice of organizational interaction] //*Zhurnal psihologicheskogo obshchestva im. L. S. Vygotskogo*. Issue. 2. pp. 81 –95.

Blau, P. M. & Otis D. D. 1967. *The American Occupational Structure.* New York: Wiley.

Blumberg, R. L. 1984. "A General Theory of Gender Stratification," *Sociological Theory*, Vol. 2, pp. 23 –101.

Bogomolova, T. & Tatyana, C. 2018. "The Institutional and Economic Context of the Formation of Non-Financial Wealth in Russian Households: from Privatization to Acquisition," *Mir Rossii*, Vol. 27, Issue. 2. pp. 62 –89.

Bourdieu, P. 1977. "Cultural Reproduction and Social Reproduction," In J. Karabel & A. H. Halsey (Eds.). *Power and Ideology in Education.* Oxford: Oxford University Press, pp. 487 –511.

Bourdieu, P. 1993. *Social Space and Genesis of Classes. In Sociology of Politics.* Moscow: Sociologos. (In Russ.)

Bourdieu, P. 1986. "The Forms of Capital," In J. E. Richardson (Ed.). *Handbook of Theory and Research for the Sociology of Education.* Westport, CT.: Greenword Press, pp. 241 –258.

Brickman, P., Robert F., Erica G., & Yaacov S. 1981. "Microjustice and Macrojustice," In M. J. Lemer & S. C. Lemer (Eds.). *The Justice Motive in Social Behavior.* New York: Plenum, pp. 173 –202.

Burdyak, A. Y. 2008. "Housing in Russia: Regional and Socio-Demographic Aspects," *NSU Bulletin*, *Series*: *Socio-Economic Sciences*, Vol. 8, Issue. 4. pp. 3 –17.

Burdyak, A. Y. 2015. "Housing Provision in Post-Soviet Russia: Inequality and the Problem of Generations," *The Journal of Social Policy Studies*, Vol. 13, Issue. 2. pp. 273 –288.

Carnoy, M., Prarshant L., Greg V. A., & Anna, P. 2012. "The Economic Returns to Higher Education in the Bric Countries and Their Implications for Higher Education Expansion," *SSRN Electronic Journal*, Issue. 2. pp. 2 –33.

Cherednichenko, G. A. 2019. "Part-Time Learners of Higher Education:

Training and After Graduation," *Sociologicheskaja Nauka i Social'naja Praktika*, Vol. 7, Issue. 2. pp. 46 – 64. (DOI: https://doi.org/10.19181/snsp.2019.7.2.6409).

Cherednichenko, G. A., Voznesenskaya E. D., & Kuznetsov I. S., 2020. Part-time Student of Higher School: Social Behavior in Education and the Labor Market. Monograph. FNISC RAS, p. 173. URL: https://www.isras.ru/index.php?page_id=1198&id=8499. (Accessed on: 01.06.2021)

Chernina, N. V. 1994. "Poverty as a social phenomenon of Russian society," *Sotsiologi-cheskie issledovaniya*, Issue. 3. pp. 54 – 61. (In Russ.)

Chernysh, M. F. 2020. "Conceptual Foundation of Social Policy: Dignity, Justice, Equality," *Sotsiologicheskiy Zhurnal*, Vol. 26, Issue. 1. pp. 8 – 30.

Chernysh, M. F., 2012, "Russia and China: Comparative Analysis of Russian and Chinese Social Structures" in Golenkova, M. K., Li Peilin & Z. T. Golenkova., *izmeneniya v sotsialnoy structure obshchestva*, Moscow: Noviy Chrnograph.

Chernysh, M. F. 2014. Spravedlivost' zarabotnoj platy v rossijskom kontekste [Wage Equity in the Russian Context] // *Sociologicheskie issledovaniya*, Issue. 7. pp. 78 – 89.

Cohen, G. A. 2000. *If You're an Egalitarian, How Come You are so Rich?* Massachusetts: Harvard University Press.

Cohen, G. A. 2008. *Rescuing Justice and Equality*. Massachusetts: Harvard University Press.

Coleman, J. S., Ernest Q. C., Carol J. H., James M., Alexander M. M., Frederic D. W., & Robert L. Y. 1966. *Equality of Educational Opportunity*. Washington, D. C.: U. S. Government Printing Office.

Cordourier-Real, C. R. 2010. *Transnational Social Justice*. London: Palgrave Macmillan.

Crompton, R. 2008. *Class and Stratification*, *3rd edition*. Cambridge: Polity.

Cropanzano, R. S. & Maureen, L. A. 2015. *Oxford Library of Psychology. The Oxfor-d handbook of justice in the Workplace*. Oxford: Oxford University Press. (DOI: https://doi.org/10.1093/oxfordhb/9780199981410.001.0001).

Crozier, M. 1963. *Le phenomene bureaucratic.* Paris: Editions du Seuil.

Dahrendorf, R. 1971. "On the Origin of Inequality among Men," In E. O. Laumann, P. M. Siegel & R. W. Hodge (Eds.). *The Logic of Social Hierarchies.* Chicago: Markham Publishing Company, pp. 3 – 30.

Dallinger, U. 2013. "The endangered middle class? A comparative analysis of the role played by income redistribution," *Journal of European Social Policy*, Vol. 23. Issue. 1. pp. 83 – 101.

D'Anjou, L., Steijn A. & Aarsen D. V. 1995. "Social Position, Ideolo, and Distributive Justice," *Social Justice Research*, Vol. 8. Issue. 4. p. 357.

Davidson, P., Susanne, S., & Bernd, W. 1995. "The Caring but Unjust Women? A Comparative Study of Gender Differences in Perception of Social Justice in Four Countries," In James R. Kluegel, David S. Mason & Bernd Wegener (Eds.), *Social Justice and Political Change: Public Opinion in Capitalist and Post-Communist States.* New York: De Gruyter, pp. 285 – 319.

Davis, K. & Wilbert E. M. 1998. "Some Principles of Stratification," In Rhonda F. Levine (Eds.). *Social Class and Stratification: Classic Statements and Theoretical Debates.* New York: Rowman & Littlefield Publishers, pp. 86 – 98.

Devyatko. I. F. 2009. O teoreticheskih modelyah, ob'yasnyayushchih vospriyatie spravedlivosti na mikro-, mezo-i makrourovnyah social'noj real'nosti [On theoretical models explaining the perception of justice at the micro, meso and macro levels of social reality] // *Sociologiya: metodologiya, metody, matematicheskoe modelirovanie*, Issue. 29. pp. 10 – 29.

Devyatko I. F. 2011. V. storonu spravedlivosti: eksperimental'noe issledovanie vzaimosvyazi mezhdu deskriptivnym obydennym znaniem i vospriyatiem distributivnoj spravedlivosti [Towards justice: an experimental study of the relationship between descriptive everyday knowledge and the perception of distributive justice] //*Zhurnal sociologii i social'noj antropologii*, Issue. 2. pp. 139 – 164.

Dittrich, J. E. & Carrell, M. R. 1979. "Organizational equity perceptions, employee job satisfaction, and departmental absence and turnover rates," *Organizational Behavior and Human Performance*, Vol. 24, Issue. 1. pp. 29 – 40.

EBRD. 2017. *Transition Report* 2016 – 2017. *Transition for All: Equal Opportunities in an Unequal World.* London: European Bank for Reconstruction and Development.

Epihina, YU. B., Zotov, A. A., Popova, I. P., & Chernysh, M. F. 2016. Sapov V. V. Cocial'naya spravedlivost' v russkoj obshchestvennoj mysli [Social justice in the Russian social thought] /*Otv. red. YU. B. Epihina* M.: Institut sociologii RAN.

Epikhina, Y. B. 2009. "Research of Inequality in Education in Contemporary Russian Sociology," *RUDN Journal of Sociology*, Issue. 4. pp. 73 – 85.

Erikson, R. & John H. G. 1992. *The Constant Flux.* Oxford: Clarendon Press.

Federal Statistic Service. 2017. Educational Organizations of Higher Education. URL: http://www.gks.ru/free_doc/new_site/population/obraz/vp-obr1.htm. (Accessed on 04. 03. 2020).

Firnmarket. 2010. Rich and Poor: the Gap is 15 Times. URL: http://www.finmarket.ru/z/nws/hotnews.asp? id = 1486852. (Accessed on: 10. 04. 2020) (In Russ.)

Fishman, L. 2018. Precariat: etot sredniy class slomalsya-necite drugoi [The Precariat: This Middle Class Is Broken, Bring Us Another]. *Logos*, Issue. 6. pp. 91 – 104. (DOI: 10.22394/0869 – 5377 – 2018 – 6 – 91 – 102).

Flora S., Susan T., Sarah B., & Elisa N. 2017. *Justice: The Chinese Experience.* Cambridge: Cambridge University Press.

Fofanova, G. A. & Mamedova, A. S. 2019. Organizacionnaya spravedlivost' sotrudnikov socionomicheskih professij s razlichnym urovnem udovletvorennosti trudom [Organizational justice of employees of socionomic professions with different levels of job satisfaction] // *Sofiya: elektronnyj nauchno-prosvetitel'skij zhurnal*, Issue. 1. pp. 9 – 15.

Frederking, L. C. 2014. *Reconstructing Social Justice.* London: Routledge.

FSGS. 2021. Actual Monetary Incomes of the Population in the Constituent Entities of the Russian Federation, URL: https://rosstat.gov.ru/folder/13397?

print = 1 (Accessed on: 01. 03. 2021).

Gaus, G. 2016. *The Tyranny of the Ideal: Justice in a Diverse Society*. Princeton: Princeton University Press.

Gavrilyuk, V. V. & Gavrilyuk, T. V. 2018. Rabochiy class v sovetskom i rossiyskom sotsiologicheskom diskurse [Working Class in Soviet and Russian Sociological Discourse], [Living Standards of the Population of the Russian Regions] //*Uroven zhisni naseleniya regionov Rossii*, Issue. 4. pp. 86 – 92. (DOI: 10. 24411/1999 – 9836 – 2018 – 10043).

Égert, B. 2013. "The Efficiency and Equity of the Tax and Transfer System in France," *OECD Economics Department Working Papers*, No. 1038, OECD Publishing. (DOI: http://dx. doi. org/10. 1787/5k 487n4jqqg5 – en).

Golenkova, Z. T., Goliusova, Y. V., & Gorina T. I. 2020. Sotsiologicheskiy portret samozanyatih v sovremennoy Rossii [Sociological Portrait of the Self-employed in Contemporary Russia], Vestnik rossiyskogo Universiteta Druzhbi Narodov [Herald of RUDN University], [Sociology series] //*Seriya: Sotsiologiya*, Vol. 20, Issue. 4. pp. 821 – 836.

Golenkova, Z. T. & Sushko, P. E. 2016. Social Mobility in the Context of Migration Biographies of Russians//*Sociological Studies*, Issue. 12. pp. 95 – 104.

Gorshkov, M. K., et al. 2016. *Russian Society and Challenges of the Time*. Book Three, Gorshkov M. K., Tikhonova N. E. (Eds.). Moscow: Izdatelstvo Ves Mir, p. 424.

Gorshkov, M. K. & N. E. Tikhonova. 2016. *Middle Class in Modern Russia. Experience of Long Terms Research*. Moscow: Ves Mir Publishing House. (In Russ.)

Gorshkov, M. K. & N. E. Tikhonova. 2008. *Middle Class in Modern Russia*. Moscow: Institute of Sociology RAS. (In Russ.)

Gorshkov, M. K. & N. E. Tikhonova. 2014. *Poverty and the Poor in Contemporary Russia*. Moscow: Ves Mir Publishing House. (In Russ.)

Gorshkov, M. K. & N. E. Tikhonova. 2004. *Russia: a New Social Reality: the Rich. The Poor. The Middle Class*. Moscow: Nauka. (In Russ.)

Gorshkov, M. K. & Petukhov, V. V. 2018. *Twenty-Five Years of Russian Transformations: Experience of Sociological Analysis.* M. : All World, p. 384.

Gorshkov, M. K. 2016. Russian Society As It Is: Experience of Sociological Diagnostics. Moscow: New Chronograph, Vol. 2. (In Russ.)

Gorshkov, M. K. 2014. "Social Inequalities as an Object of Sociological Analysis," *Sociological Studies*, Issue. 7, pp. 20 – 31.

Gorshkov, M. K. 2019. "Social Outcomes of the Post-Soviet Transformations," *Sociological Studies*, Issue. 11. pp. 3 – 17.

Gorshkov, M. K. 2020. "There Is Such a Profession-to Study Society," *Selected Articles, Interviews, Biographical Revelations.* Moscow: Ves Mir Publishing House. (In Russ.)

Graso, M. & Grover, S. 2017. "Organizational Justice Comes of Age: Review of the Oxford Handbook of Justice in the Workplace," *Social Justice Research*, Vol. 30, Issue. 2. pp. 181 – 190.

Grigorieva, I. 2017. One Hundred Years of Social Policy Transformation in Russia, *The Journal of Social Policy Studies*, Vol. 15, Issue. 4. pp. 497 – 514.

Grigorieva, I. 2008. "Social Policy in Russia: in Search of Variants and Vectors of Transformation," In Pavel Romanov & Elena Iarskaia-Smirnova (Eds.). *Social Policy in Modern Russia: Reforms and Everyday Life.* Moscow: Variant, CSPGS, pp. 19 – 42.

Grusky, D. & Jasmine H. 2018. *Inequality in the 21st Century.* London: Routledge.

Gulevich, O. A. 2014. Social'nye verovaniya i motivaciya obucheniya: rol' organizacionnoj sprave-dlivosti [Social beliefs and learning motivation: the role of organizational justice] //*Psihologicheskij zhurnal*, Issue. 3. pp. 20 – 28.

Gulevich, O. A. 2012. Spravedlivost' v organizacii: usloviya i posledstviya [Justice in organization: conditions and consequences] //*Organizacionnaya psihologiya*, Issue. 1. pp. 58 – 70

Hill, R. P., Robert, P., & Kathy, D. 2001. "Global Consumption and Distributive Justice: A Rawlsian Perspective," *Human Rights Quarterly*, Vol. 23, Issue. 1, pp. 171 – 187.

Ibragimova, Z. F. & Yaparova-Abdulhalikova, G. I. 2016. "Structure of consumer expen-ditures of population in the context of inequality," *Bulletin USP-TU. Science, Education, Economy. Series Economy*, Vol. 17, Issue. 3. pp. 102 – 109. (In Russ.)

Ibragimova, Z., Ishmuhametov, N., & Rossinskaya, G. 2017. "Socio-economic Differentiation of Consumption of Households in Russia During Periods of Economic Contraction," *Economics and Management: Research and Practice Journal*, Vol. 138, Issue. 4. pp. 78 – 83. (In Russ.)

Ikeler, P. & Crocker, J. 2018. "The Continuity of Work: Class Consciousness in Service and Non-service Jobs", *Economic and Industrial Democracy*, Vol. 42, Issue. 3. pp. 401 – 425.

International Labour Organization. 2018. *Global Wage Report* 2018/19: *What Lies Behind Gender Pay Gaps.* Geneva: International Labour Office.

International Labour Organization (ILO). 2012. From precarious work to decent work: outcome document to the workers, *Symposium on policies and regulations to combat precarious employment.* Geneva: International Labour Office, Bureau for Workers' Activities, http://www.ilo.org/wcmsp5/groups/public/ – – – ed_dialogue/ – – – actrav/documents/meetingdocument/wcms_179787.pdf.

Johnson, R. G. 2015. *China's new 21st-Century Realities: Social Equity in a Time of Change.* Wabernstrass: Peter Lang Publishing.

Kapelyushnikov, R. I. 2011. *Russian Worker: Education, Profession, Qualification.* Gimpelson V. E (Eds.). Moscow: HSE.

Karakhanova, T. M. 2010. *Daily Activities of Urban Residents during the Years of Reforms: Time Budget, Values, Trends* (1986 – 2008), M.: Institute of Sociology of the Russian Academy of Sciences Publishing house, p. 344.

Kass, G. V. 1980. "An Exploratory Technique for Investigation Large Quantities of Categorical Data," *Applied Statistics*, Vol. 29, Issue. 2. pp. 119 – 127.

Kholodilin, K. A. 2019. "Global Trends of State Housing Policy," *Russian Journal of Housing Research*, Vol. 6, Issue. 1. pp. 9 – 44.

Kislitsyna, O. A. 2005. *Inequality in the Distribution of Income and Health in Modern Russia.* Moscow: ISEPN. (In Russ.)

Kivinen, M. 2001. *Progress and Chaos. Sociological Analysis of Past and Present of Russia.* SPb. (In Russ.)

Kluegel, J. R., David S., & Bernd W. 1995. *Social Justice and Political Change: Public Opinion in Capitalist and Post-Capitalist States.* New York: Aldine De Gruyter, p. 112.

Kolennikova, N. D. 2020. Economic, Qualification and Power Statuses in Russian Society: Consistency and Trends of Change: syn. diss. Ph. D. in Social Sciences. Official portal of FCTAS RAS. URL: http://www.isras.ru/publ.html?id=8178 (Accessed on: 01.03.2021).

Kolennikova, N. D. 2018. "The Economic Status of Russia's Working Population: Objective and Subjective Dimensions," *Vestnik instituta sotziologii*, Issue. 24. pp. 76-94. (https://doi.org/10.19181/vis.2018.24.1.498).

Kolodeznikova, I. V., Kondurov R, V., & Galitskaya D. V. 2019. "Social Insurance Systems in Russia and Germany: Sociological Analysis," Moscow State University Bulletin, Series 18, *Sociology and Political Science*, Vol. 25, Issue. 2. pp. 93-115. (In Russ.)

Koni, A. F. 2000. *Selected Works and Speeches.* Tula. Avtograf. (In Russ.)

Konstantinovsky, D. L. 1999. *Dynamics of Inequality. Russian Youth in a Changing Society: Orientations and Paths in Education (from the* 1960*s to the* 2000*s*). Moscow: Editorial URSS, p. 341.

Konstantinovsky, D. L. & Popova E. 2020. "Vocational vs Higher Education," *Mir Rossii*, Vol. 29, Issue. 2. pp. 6-26 (in Russian), (DOI: 10.17323/1811-038X-2020-29-2-6-26).

Koranyi, I., Johanna, J., Torkel, R., et al. 2018. "Precarious Employment and Occupational Accidents and Injuries-A Systematic Review," *Scandinavian Journal of Work, Environment & Health*, Vol. 44, Issue. 4. pp. 341-350.

Kosaretsky, S., Grunicheva, I., & Goshin, M. 2016. "Russian Educational Policy of the late 1980s-Early 2000s: Declarations and the Actual Impact on Inequality in General Education," *Mir Rossii*, Vol. 25, Issue. 4. pp. 115 - 135. (In Russ.)

Kozyreva, P., Kosolapov, M., & Popkin, B. 2016. "Data Resource Profile: The Russia Longitudinal Monitoring Survey-Higher School of Economics (RLMS-HSE) Phase II: Monitoring the Economic and Health Situation in Russia, 1994 - 2013," *International Journal of Epidemiology*, Vol. 45, Issue. 2. pp. 395 - 401.

Kozyreva, P. M. & Smirnov, A. I. 2018. "Problems Inherent to Healthcare in Rural Areas," *Humanities of the South of Russia*, Vol. 7, Issue. 4. pp. 33 - 49. (DOI: https://doi.org/10.23683/2227 - 8656.2018.4.3). (In Russ.)

Kozyreva, P. M. & Smirnov, A. I. 2019. "Social Well-Being Dynamics Among the Disabled: Concerns and Hopes," *Sociological Research*, Issue. 8. pp. 62 - 74.

Krasilova, A. N. 2007. "Social Capital as a Measure of Analysis Inequality in Russian Society," *Mir Rossii. Sociologija. Jetnologija*, Vol. 16, Issue. 4. pp. 160 - 180. (In Russ.)

Kreshpaj, B., et al. 2019. "Precarious Employment in Occupational Health-An OMEGA-NET Working Group Position Paper," *Scandinavian Journal of Work, Environment & Health*, Vol. 46, Issue. 3. pp. 321 - 329.

Kuznets, S. 1955. "Economic Growth and Income Inequality," *The American Economic Review*, Vol. 45, Issue. 1. pp. 1 - 28.

Lee, T. H. C. 1995. "The Idea of Social Justice in Ancient China," In K. D. Irani & Morris S. (Eds.). *Social Justice in the Ancient World*. London: Greenwood Press, pp. 125 - 148.

Lenin, V. I. 1963. "The Development of Capitalism in Russia," *Lenin's Collected Works*. 5th Edition. Moscow. Vol. 3. pp. 1 - 608. (In Russ.)

Lenin, V. I. 1963. Where to Begin? *Lenin's Collected Works*. 5th Edition. Moscow. Vol. 6. pp. 1 - 192. (In Russ.)

Levada-Center Press-Release. 2018. Pension Reform, 27.09.2018. URL: https://www.levada.ru/2018/09/27/pensionnaya-reforma - 4/ (Accessed on:

24. 11. 2020).

Life on Debt: When will the Credit Bubble Explode?: Gazeta. ru: 07. 24. 2019. , https://www. gazeta. ru/comments/2019/07/24 _ e _ 12522811. shtml? updated (Accessed on: 01. 03. 2021).

Lin, D. 2017. "High Justice versus Low Justice: The Legacy of Confucian and Legalist Notions of Justice," In Flora S. , Susan T. , Sarah B. & Elisa N. (Eds.) . *Justice: The Chinese Experience*. Cambridge: Cambridge University Press, pp. 67 – 91.

Lyublinsky, V. V. 2013. "Social Policy and Problems of Society's Development, The Western Experience, Polis," *Political Studies*, Issue. 5. pp. 155 – 165. (In Russ.).

Makeeva, A. 2018. Half of Universities were Expelled in Russia, *Kommersant Newspaper*, Issue. 20. URL: https://www. kommersant. ru/doc/3540086 (Accessed on: 02/05/2018).

Mansurov, V. A. , & Chernysh, M. F. 2016. Sotsialnaya spravedlivost: teoreticheskiy i empiricheskiy aspekti [Social justice: theoretical and empirical aspects], Studenchestvo Rossii o sotsialnom neravenstve i sotsialnoy spravedlivosti [Students of Russia on social inequality and social justice]. Moscow, Russian Society of Sociologists; Yekaterinburg, UMC UPI.

Map of Russians' Fears: autumn 2020//WCIOM: [website]. December 2, 2020 URL: https://wciom. ru/analytical-reviews/analiticheskii-obzor/karta-strakhov-rossijan-osen – 2020 (Accessed on: 20. 12. 2020).

Mareeva, S. & Lezhnina, Y. 2019. "Income Stratification in Russia: What do Different Approaches Demonstrate?" *Studies of Transition States and Societies*, Vol. 11. Issue. 2. pp. 23 – 46.

Mareeva, S. & Slobodenyuk, E. A. 2020. Society of Unstable Well-being: Income Mobility and Immobility in Russia/NRU Higher School of Economics. Series SOC Sociology. 2020. No. WP BRP 94/SOC/2020.

Mareeva, S. 2020. "Socio-economic Inequalities in Modern Russia and their Perception by the Population," *Journal of Chinese Sociology*, Vol. 7. P. 10.

Mareeva, S. V. 2016. "Justice and Equality in Russians' Dreams and in the Reality of Modern Russia," In Gorshkov, M. K. , P. M. Kozyreva, Li Peilin & N. E. Tikhonova (Eds.). *Dreaming an Ideal Society in Russia and China*. Novyy Khronograf, pp. 152 – 174.

Mareeva, S. V. 2018. "Social Inequities and the Social Structure of Modern Russia as Perceived by the Population," *Vestnik instituta sotziologii*, Issue. 26. pp. 101 – 120. (DOI: https://doi. org/10. 19181/vis. 2018. 26. 3. 527).

Mareeva, S. V. 2015. "Social Justice and Inequalities in Views of Russians," *Journal of institutional studies*, Vol. 7, Issue. 2. pp. 109 – 119.

Mareeva, S. V. 2013. "The Idea of Justice in the Portrait of a Society that Russians Dream About," In M. K. Gorshkov, R. Krumm & N. E. Tikhonova (Eds.). *What Russians Dream About: Ideal and Reality*. Moscow: Ves Mir Publishing House, pp. 54 – 76. (In Russ.)

Mareeva, S. V. & Tikhonova, N. E. 2016. "Public Perceptions of Poverty and Social Inequality in Russia," *Mir Rossii. Sociologija. Jetnologija*, Vol. 25, Issue. 2. pp. 37 – 67. (In Russ.)

Mareeva, S. V. & Tikhonova, N. E. 2016. "Public Perceptions of Poverty and Social Inequality in Russia," *Universe of Russia: Sociology, Ethnology*, Vol. 25, Issue. 2. pp. 37 – 67.

Marshall, G. , Adam S. , & Stephen R. 1997. *Against the Odds? Social Class and Social Justice in Industrial Societies.* Oxford: Clarendon Press.

Marshall, G. , Swift, A. , & Roberts, S. , 1997. *Against the odds?: Social Class and Social Justice in Industrial Societies*, Oxford: Oxford University Press.

Medvedev, V. A. 2004. *Economic Inequality and Public Policy. Differentiation of Russian Society in the Mirror of Public Policy.* Moscow: Gorbachev Fund, pp. 6 – 10.

Medvedev, V. A. , Gorshkov, M. K. , & Krasin, Y. A. 2007. *Social Inequality and Public Policy.* Moscow: Kulturnaya Revolyutsiya. (In Russ.)

Medvedev, V. A. 2007. *Social Inequality and Public Policy.* Moscow: Kul' turnaya revolyutsiya. (In Russ.)

Merton, R. K. 1963. "Bureaucratic Structure and Personality," In N. J. Smelser & W. T. Smelser (Eds.). *Personality and Social Systems.* London: John Wiley & Sons Inc, pp. 255 - 264.

Michael, A. & Robin, H. 1978. *Unorthodox Marxism.* Boston: South End Press.

Mityagina, Y. V. 2014. Klassovaya struktura obshchestva i rabochiy class: dovodi v zashchitu i protiv [The Class Structure of Society and Working Class: The Arguments for and against], Vestnik Nizhegorodskogo universiteta imeni N. I. Lobachevskogo [Herald of the N. I. Lobachevsky State University of Nizhny Novgorod], [Social Sciences series] // *Seriya: sotsialniye nauki*, Issue. 1. pp. 78 - 86. (In Russ.)

Mkrtchyan, N. V. & Florinskaya, Y. F. 2019. "Residents of Small and Mid-Size Towns of Russia: Labor Migration as an Alternative to Permanent Transfer," *Journal of the New Economic Association*, Issue. 3. pp. 78 - 94. (DOI: https://doi.org/10.31737/2221-2264-2019-43-3-4).

Moroni, S. 2019. "The Just City. Three Background Issues: Institutional Justice and Spatial Justice, Social Justice and Distributive Justice, Concept of Justice and Conceptions of Justice," *Planning Theory*, Vol. 19, Issue. 3. pp. 251 - 267. (DOI: https://doi.org/10.1177/1473095219877670).

Nikitin, A. 1986. *Walking the Three Seas.* Nauka: Leningradskoe otdelenie. (In Russ.)

Novokmet, F., Thomas, P., & Gabriel, Z. 2018. "From Soviets to Oligarchs: Inequality and Property in Russia 1905 - 2016," *Journal of Economic Inequality*, Vol. 16, Issue. 2. pp. 189 - 223.

Nussbaum, M. C. 2013. *Creating Capabilities: The Human Development Approach.* Massachusetts: Harvard University Press.

Nussbaum, M. C. 2002. "Women's Capabilities and Social Justice," *Journal of Human Development*, Vol. 1, Issue. 2. pp. 219 - 247

Oakes, M. J. & Peter H. R. 2003. "The Measurement of SES in Health Research: Current Practice and Steps Toward a New Approach," *Social Science & Medicine*, Vol. 56, Issue. 4. pp. 769 – 784.

Orwell, G. 2015. *Homage to Catalonia*. Boston: Mariner Books.

Ospravedlivosti. 2018. [On Justice] . URL: https://fom.ru/TSennosti/14099 (Accessed on 15. 02. 2021)

Ovcharova, L. N. , Biryukova, S. S. , Ter-Akopov, S. A. , & Vardanyan, E. G. 2014. *What has Changed in Incomes, Expenses and Consumption of Russian Population*? Issue. 2. Moscow: HSE. (In Russ.)

Ovcharova, L. N. & Popova, D. O. 2013. "Cash Income and Expenditure of the Russian Population: What Are the Changes in Consumer Standards?" *Mir Rossii. Sociologija. Jetnologija*, Vol. 22, Issue. 3. pp. 3 – 34.

Ovcharova, L. N. , Popova, D. O. , & Rudberg, A. M. 2016. "Decomposition of Income Inequality in Contemporary Russia," *Journal of the New Economic Association*, Issue. 3. pp. 170 – 186.

Parsons, T. 1940. "An Analytic Approach to the Theory of Social Stratification," *American Journal of Sociology*, Vol. 45, Issue. 6. pp. 841 – 862.

Parsons T. 1961. "The School Class as a Social System: Some of its Function in American Society," In A. H. Hasley (Eds.). *Education, Economy and Society: A Reader in the Sociology of Education*. New York: Free Press, pp. 434 – 455.

Parsons T. 2000. The Structure of Social Action. Moscow: Akademicheskij proekt. (In Russ.)

Pattie, C. , Patrick, S. , & Paul, W. 2003. "Civic Attitudes and Engagement in Modern Britain," *Parliamentary Affairs*, Vol. 56, Issue. 4. pp. 616 – 633.

Petrakov, N. Y. 2011. *Modernization of Russia: Social and Humanitarian Measurements*. Moscow, SPb. : Nestor-Historia, p. 448.

Petukhov, V. V. 2020. "Russian Youth and Its Role in Society Transformation," *Monitoring of Public Opinion: Economic and Social Changes*, Issue. 3. pp. 119 – 138. (DOI: https://doi.org/10.14515/monitoring.2020.3.1621).

Polukhina, E. 2017. "Housing Mobility: Approaches for Sociological Analysis," *The Journal of Social Policy Studies*, Vol. 15, Issue. 4, pp. 589 – 601.

Popova, I. P. 2016. Social'naya spravedlivost' v nauchnyh diskussiyah 1990 – 2010 – h godov [Social justice in the scientific debates 1990 – 2010s] // *Mir Rossii*, Issue. 3. pp. 56 – 75. (In Russ.)

Popov, D. & Strelnikova, A. 2017. Work, Education and Literacy in Russian Society: The Problem of Inconsistency, *The Journal of Social Policy Studies*, Vol. 15, Issue. 2. pp. 267 – 280.

Portes, A. 1971. "On the Interpretation of Class Consciousness," *American Journal of Sociology*, Vol. 77, Issue. 2. pp. 228 – 244.

Proshkova, Z. V. 2019. "Family as a Socio-Cultural Factor in the Development and Implementation of the Educational Route for Children," *World of Science. Series: Sociology, Philology, Cultural Studies*, Vol. 10, Issue. 3. Available at: https://sfk-mn.ru/PDF/25SCSK319.pdf (DOI: 10.15862/25SCSK319). (In Russ.)

Public Opinion – 2019, 2020, M.: Levada-Center, p. 188.

Pun, N. 2004. "Women Workers and Precarious Employment in Shenzhen Special Economic Zone," *Gender and Development* (*China*), Vol. 12, Issue. 2. pp. 29 – 36.

Radaev, V. V. 2000. "The Working Poor. Is the Margin of Safety Wide Enough?" *Sotsiologicheskie issledovaniya*, Issue. 8. pp. 28 – 36. (In Russ.)

Radishchev, A. N. 2013. *Journey from Petersburg to Moscow*. Moscow. (In Russ.)

Rawls, J. 1999. *A Theory of Justice*. Massachusetts: Harvard University Press.

Rawls, J. 1972. *A Theory of Justice*. Oxford: Oxford University Press.

Research on the topic: The RF Population Perception of the Situation of Disabled People in Russia, VTsIOM, August 2018, URL: https://profi.wciom.ru/open_projects/otnoshenie_k_invalidam/ (Accessed Date: 26.11.2020).

Resh, N. 2020. "Sense of Justice about Grades in School: Is it stratified like Academic Achievement?" *Social Psychology of Education*, Vol. 13, Issue. 3. pp. 313 – 329.

Robeyns, I. 2007. "When will Society be Gender Just?" In Jude B. (Eds.). *The Future of Gender.* Cambridge: Cambridge University Press, pp. 54 – 74.

Rose, D. & Eric Harrison. 2017. "The European Socio-economic Classification: A New Social Class Schema for Comparative European Research," *European Societies*, Vol. 9, Issue. 3. pp. 459 – 490. (DOI: https://doi. org/0. 1080/14616690 701336518).

Rose, R. 2002. "10 Years' Anniversary of Barometer of New Russia," *Monitoring of Public Opinion: Economic and Social Changes*, Vol. 62. Issue. 6. pp. 14 – 19.

Russia in Figures, The Short Statistical Handbook, 2019, M.: Rosstat, p. 549.

Russia in Numbers. 2020: *Statistic Digest.* M.: Rosstat, p. 146.

Russia Longitudinal Monitoring Survey, RLMS-HSE, conducted by National Research University "Higher School of Economics" and OOO "Demoscope" together with Carolina Population Center, University of North Carolina at Chapel Hill and the Institute of Sociology of the Federal Center of Theoretical and Applied Sociology of the Russian Academy of Sciences, RLMS-HSE URL: http://www. cpc. unc. edu/projects/rlms-hse; http://www. hse. ru/org/hse/rlms (Accessed on: 10. 04. 2020)

Savage, M. 2015. *Social class in the 21st Century.* London: Penguin, pp. 361 – 388.

Searle, J. 1997. *The Construction of Social Reality.* New York: Free Press.

Selyunin, V. 1990. Market: *Chimeras and Reality/Through Thorns. Perestroika: Glasnost, Democracy, Socialism.* Moscow. Progress, pp. 132 – 151. (In Russ.)

Semenova, V. V., Chernysh, M. F., & Sushko, P. E. 2019. *Social Mobility in a Society of Growing Complexity: Objective and Subjective Aspects.* M.: FCTAS RAS, p. 512.

Sen, A. 1995. Gender Inequality and Theories of Justice. In Martha C. N. & Jonathan G. (Eds.). *Women, Culture and Development: A Study of Human Ca-*

pabilities. New York: Oxford University Press, pp. 259 – 273.

Sen, A. 2011. *The Idea of Justice.* Massachusetts: Harvard University Press.

Shaposhnikov, A. K. 2010. Etymological Dictionary of the Modern Russian Language. *Flint Science*, Vol. 2. (In Russ.)

Sharin, V. I. 2005. On the Concept of Social Welfare, *Labor and Social Relations*, Issue. 2. pp. 111 – 116.

Sharin, V. I. 2014. "The Problems of Excessive Income Differentiation of the Population in Russia," *Journal of New Economy*, Vol. 51, Issue. 1. pp. 38 – 42.

Shevyakov, A. Y. 2008. Inequality and the Formation of a New Social Policy of the Statem, *Bulletin of the Russian Academy of Sciences*, Vol. 78, Issue. 4. pp. 304 – 331. (In Russ.)

Shkaratan, O. 2008. "Reproduction ofSocio-Economic Inequality in Post-Soviet Russia: Dynamics of Living Standards and the Position of the Social Lower Classes," *Mir Rossii. Sociologija. Jetnologija*, Issue. 4. pp. 60 – 89.

Shkaratan, O. 2018. "Socio-economic Inequality in the Modern World and the Forming of New Kinds of Social Stratification in Russia," *Mir Rossii. Sociologija. Jetnologija*, Vol. 27, Issue. 2. pp. 6 – 35. (DOI: https://doi.org/10.17323/1811 – 038X – 2018 – 27 – 2 – 6 – 35) (In Russ.)

Shkaratan, O. 2012. The Sociology of Inequality: Theory and Reality. Moscow, Higher School of Economics Publishing House. (DOI: https://doi.org/10.17323/978 – 5 – 7598 – 0913 – 5) (In Russ.)

Shugal, N. B. 2010. Students' Streams in the Russian Education System, *Educational Issues*, Issue. 4. pp. 122 – 149.

Smirnova, A. Y. 2020. Diagnostika spravedlivosti v organizacii: psihometricheskie harakteristiki shkaly 《Processual 'naya spravedlivost'》 metodiki diagnostiki organizacionnoj spravedlivosti Dzh. Kolkitta [Diagnostics of justice in the organization] // *Izv. Sarat. un-ta. Nov. ser. Ser. Filosofiya. Psihologiya. Pedagogika.* T. 20, vyp. 1, pp. 80 – 88.

Sobkin, V. S. & Kalashnikova, E. A. 2011. From D to A: School Mark Potential, *National Psychological Journal*, Vol. 1, Issue. 5, pp. 28 –35.

Solovyova, O. 2019. Russian Medicine was Rated at Three with a Minus, URL: https://www.ng.ru/economics/2017 – 11 – 20/1_7118_medicina.html (Accessed Date: 26. 11. 2020), Social Mobility in an Increasingly Complex Society: Objective and Subjective Aspects: [Monograph] / [Semenova V. V. and Others], In Semenova, V. V., Chernysh, M. F. & Sushko, P. E. (Eds.). M.: FCTAS RAS, p. 512.

Solovyov, V. S. 2012. *Dispute about Justice.* Moscow: Direkt-Media. (In Russ.)

Sorokin, P. A. 1959. *Social and Cultural Mobility.* New York: The Free Press.

Sorokin, P. A. 1992. Social Stratification and Mobility. In *Man. Civilization. Society.* Moscow: Politizdat, pp. 295 –424. (In Russ.)

Sorokin, P. A. 2005. Sociology of the Revolution. Moscow. Territory of the Future. Russian Political Encyclopedia. (In Russ.)

Spiridonov, V. F., Gulevich, O. A., & Bezmenova, I. K. 2010. Faktory, oposreduyushchie vospriyatie spravedlivosti organizacionnogo vzaimodejstviya [Factors mediating perceptions of justice in organizational interaction] //*Psihologiya. Zhurnal Vysshej shkoly ekonomiki.* T. 7, Issue. 1. pp. 130 – 137.

Strelnikova, A. V. 2015. Spatial Projections of Social Mobility: Relocation as Dominant Events of Biographical Narration, *Interaction. Interview. Interpretation*, Issue. 10. pp. 39 –47.

Sushko, P. E. 2019. Social Inequalities: Old Forms-New Incarnations? *Interaction. Interview. Interpretation*, Vol. 11, Issue. 19. pp. 95 – 106. (DOI: https://doi.org/10.19181/inter.2019.19.6.)

Sushko, P. E. 2020. Social Well-being of the Population of Russia in the Context of Access to Social Benefits//Information and analytical bulletin (INAB). No. 1. Subjective and objective well-being in modern Russian society: the results of empirical research, pp. 39 –53. https://www.isras.ru/index.php? page_id = 1198&id =9089 (Accessed on: 01. 03. 2021).

Tambiyants, Y. G. & V. V. Shalin. 2019. K voprosu o predposylkah i tendentsiyah formirovaniya klassovogo soznaniya v sovremennom obshchestve: teoriya i praktika [Backgrounds to and Trends in the Development of Class Consciousness in Modern Society: Theory and Practice], [Theory and Practice of Social Development] //*Teoriya i praktika obshchestvennogo razvitiya*, Issue. 6. pp. 13 – 20. (In Russ.)

Tatarova, G. G. & Bessokirnaya, G. P. 2017. Udovletvorennost' rabotoj kak konstrukt v empiricheskih issledovaniyah [Job satisfaction as a construct in empirical research] //*Sociologicheskij zhurnal*, T. 23, Issue. 1. pp. 8 – 26. (In Russ.)

Temnickij, A. L. 2013. Rasshirenie funkcij i konteksta v sovremennyh issledovaniyah udovletvorennosti trudom [Expanding functions and context in modern research on job satisfaction] //*Sociologicheskij zhurnal.* Issue. 3. pp. 139 – 148. (DOI: https://doi. org/10. 19181/socjour. 2013. 3. 425) (In Russ.)

Temnickij, A. L. 2005. Spravedlivost' v oplate truda kak cennostnaya orientaciya i faktor trudovoj motivacii [Pay equity as a value orientation and a factor of labor motivation] //*Sociologicheskie issledovaniya*, Issue. 5. pp. 81 – 88. (In Russ.)

The Fourth World Conference on Women. 1995. Beijing Declaration and Platform for Action. URL: https://www. un. org/en/events/pastevents/pdfs/Beijing_Declaration_and_Platform_for_Action. pdf (Accessed on: 04. 08. 2020).

The Global Gender Gap Report 2020. 2020. World Economic Forum. URL: http://www3. weforum. org/docs/WEF _ GGGR _ 2020. pdf (Accessed on: 4. 08. 2020).

The Main Indicators of the Socio-Economic Development of the USSR. 1989. Moscow. (In Russ.)

The Most Acute Problems. 2020. LEVADA-CENTER: [website]. March 5, 2020 URL: https://www. levada. ru/2020/03/05/samye-ostrye-problemy – 4/ (Accessed on: 20. 12. 20).

Tihonova, N. E., Svetlana M., Vasiliy A., O. V. Karavai & Ekaterina

D. S. 2018. *Income Stratification Model of the Russian Society*: *Dynamics*, *Factors*, *Cross-country Comparisons*. N. E. -M. ; SPb. : Nestor-History, p. 368.

Tikhonova, N. E. 2019. Negative Stabilization' and Factors of Population Welfare Dynamics in Post-Crisis Russia, *Sociological Journal*. Vol. 25, Issue. 1. pp. 27 – 47. (DOI: https://doi. org/10. 19181/socjour. 2018. 25. 1. 6278).

Tikhonova, N. E. 2014. *Social Structure of Russia*: *Theory and Reality*. M. : Novyy Khronograf. pp. 50 – 53.

Tikhonova, N. E. 2018. *The Model of Income Stratification of Russian Society*: *Dynamic*, *Factors*, *Cross-Country Research*. Moscow, St-Petersburg: Nestor-Istoriya. (In Russ.)

Trow. M. 2012. Twentieth-Century Higher Education: Elite to Mass to Universal, *Higher Education Quarterly*, Vol. 66, Issue. 1. pp. 123 – 125.

Tyler, T. R. , Robert J. Boeckmann, Heather J. Smith, & Yuen J. Huo. 1997. *Social Justice in a Diverse Society*. Oxford: Westview Press.

UNDP. 1990. *Human Development Report* 1990. New York: United Nations Development Programme.

UNESCO. 2020. Education and Gender Equality. URL: https://en. unesco. org/themes/education-and-gender-equality (Accessed on 04. 08. 2020).

United Nations Statistics Division. 2010. *National Accounts Official Country Data & National Accounts Estimates of Main Aggregates*. New York: UN.

Varshavsky, A. 2019. "Excessive Income Inequality-Problems and Threats for Russia," *Sotsiologicheskie issledovaniya*, Issue. 8. pp. 52 – 61. (DOI: https:// doi. org/10. 31857/S013216250006136 – 2). (In Russ.)

Vasil'eva, I. I. 2017. Spravedlivost' v organizacii: sistemno-funkcional'nyj podhod [Justice in the organization: a system-functional approach] //*Sistemnaya psihologiya i sociologiya*, Issue. 1. pp. 16 – 28.

Vesti. R. 2014. Analysts: the Gap in the Incomes of Russians is Objective. URL: https://www. vesti. ru/article/2086108 (Accessed on: 01. 04. 2020). (In Russ.)

Vincent, D. & Marmo, S. 2018. Commitment to Social Justice and its Influence on Job Satisfaction and Retention of Nonprofit Middle Managers// *Human Service Organizations*: *Management*, *Leadership & Governance*, Vol. 42, Issue. 5. pp. 457 –473 (DOI: https://doi. org/10. 1080/23303131. 2018. 1532370).

Voynova. V. I. 2017. "Income and Consumption Household's Inequality: Decomposition Analysis," *Vestnik of Rostov State University of Economics* (*RINH*), Issue. 1, pp. 94 – 100. (In Russ.)

VTsIOM. News, Assessment of Authorities. URL: http://wciom. ru/ratings/ocenka-vlastei (Accessed Date: 24. 11. 2020).

Vysokovsky, A. A. 2018. Digitalization of Small Towns in Russia: Graduate School of Urbanism. URL: https://urban. hse. ru/news/220104443. html (Accessed on: 01. 03. 2021).

Walzer, M. 1984. *Spheres of Justice*: *A Defense of Pluralism and Equality*. New York: Basic Books.

Weber, Max. 2010. *Economy and Society*. Moscow. (In Russ.)

Wegener, B. 1991. Relative Deprivation and Social Mobility, *European Sociological Review*, Vol. 7, Issue. 1. pp. 4 –5.

Wegener, B. 1991. Relative Deprivation and Social Mobility: Structural Constraints on Distributive Justice Judgments, *European Sociological Review*, Vol. 7, Issue. 1. p. 14.

Whyte, M. K. & Chunping H. 2008. Popular Attitudes toward Distributive Injustice: Beijing and Warsaw Compared, *Journal of Chinese Political Science*, Vol. 13, Issue. 1. pp. 29 –51.

Whyte, M. K. 2010. *Myth of the Social Volcano*: *Perceptions of Inequality and Distributive Injustice in Contemporary China*. California: Stanford University Press.

Williamson, J. G. 1965. Regional Inequality and the Process of National Development: A Description of Patterns, *Economic Development and Cultural Change*, Vol. 13, Issue. 4. pp. 3 –45.

Wittfogel, K. A. 1957. *Oriental Despotism*: *A Comparative Study of Total Power*. New-Haven: Yale University Press.

World Bank. 2018. *Poverty and Shared Prosperity* 2018: *Piecing Together the Poverty Puzzle*. Washington, DC: World Bank.

World Bank. 2016. *Poverty and Shared Prosperity* 2016: *Taking on Inequality*. Washington, DC: World Bank.

World Bank. 2019. *Russian Economic Report No.* 42. Washington, DC: World Bank Group.

Wright, E. O. 1989. The Comparative Project on Class Structure and Class Consciousness: An Overview, Acta Sociologica. Vol. 32, Issue. 1. pp. 3 – 22.

Wu, Xiaogang. 2009. Income Inequality and Distributive Justice: A Comparative Analysis of Mainland China and Hong Kong, *The China Quarterly*, Vol. 200. pp. 1033 – 1052.

Xu, J., Cai, M., & Yue X. 2020. The Income Redistribution Effect of Government Transfer Programs, *Social Sciences in China*, Vol. 41, Issue. 1. pp. 79 – 99.

Yadov, V. A. & Kissel' A. A. 1974. Udovletvorennost' rabotoj: analiz empiricheskih obobshchenij ipopytka ih teoreticheskogo istolkovaniya [Job satisfaction: an analysis of empirical generalizations and an attempt at their theoretical interpretation] // *Sociologicheskie issledovaniya*, pp. 78 – 87. (In Russ.)

Yaroshenko, S. 1999. Types of Food Provision in Urban Households. Employment and HouseholdBehavior: Adapting to the Conditions of Russia's Transition Economy. In Kabalina V. & Klarka S. (Eds.). Moscow: ROSSPEN, pp. 156 – 171.

Yastrebov, G. 2016. Social Mobility in Soviet and Post-Soviet Russia: A Revision of Existing Estimates Using Representative Surveys of 1994, 2002, 2006 and 2013. Part 2, *Mir Rossii*, Vol. 26, Issue. 2. p. 31. (In Russ.)

Yurganov, A. L. 1998. *Categories of Russian Medieval Culture*. Moscow: MIROS. (In Russ.)

Zamaraeva, Z. P. 2017. On the Definition of the Concepts 'Social Protection' and 'Social Security' (Legal Aspects), Vestnik Permskogo Universiteta, Juridicheskie Nauki-Perm University Herald, *Juridical Sciences*, Issue. 36. pp. 203 – 209. (In Russ.)

Zhvitiashvili, A. S. 2015. Sotsialno-klassovaya struktura rossiyskogo obshchestva: tendentsiya razvitiya [The Social and Class Structure of the Russian Society: Some Trends of the Development], *Vlast* [Power], Issue. 4. pp. 64 – 69. (In Russ.)

Zubarevich, N. V. 2019. Poverty in Russian Regions in 2000 – 2017: Factors and Dynamics, *Population and Economics*, Vol. 3, Issue. 1. pp. 63 – 74. (DOI: https://doi.org/10. 3897/popecon. 3. e35376).

Zubarevich, N. V. & S. G. Safronov. 2014. Spatial Inequality of Income in Russia and large Post-Soviet, *Regional Studies*, Issue. 4. pp. 100 – 109.

Zubova, L. G. 2017. Inequality and poverty in Russia: dynamics, causes, need to overcome, *Population*, Vol. 20, Issue. 3. pp. 104 – 115.

俄文文献

Айвазова С. Г. Справедливость в гендерных отношениях: Российский случай // Социальная справедливость в современном мире: сборник статей/ Ин-т «Справедливый Мир», Рос. Ассоц. Полит. Науки, ин-т социологии РАН; [редкол.: Л. И. Никовская (отв. Ред.), В. Н. Шевченко, В. Н. Якимец]. М.: Ключ-С, 2017.

Тихонова Н. Е., *Лежнина Ю. П.*, *Мареева С. В.*, *Аникин В. А.*, *Каравай А. В.*, *Слободенюк Е. Д.* Модель доходной стратификации российского общества: динамика, факторы, межстрановые сравнения/Под общ. ред. Н. Е. Тихоновой. М. -СПб.: Нестор-История. 2018.

Социальная справедливость в современном мире: сборник статей/Ин-т «Справед-ливый Мир», Рос. Ассоц. Полит. Науки, ин-т социологии РАН; [редкол.: Л. И. Ник-овская (отв. Ред.), В. Н. Шевченко, В. Н. Якимец]. М.: Ключ-С, 2017. 446 с.

Сен А. Идея справедливости. М.: Изд-во Института Гайдара; Фонд «Либеральная Миссия», 2016. 520 с.

Женщины и мужчины России. 2018: Стат. сб. / Ж56 Росстат. М., 2018.

Швец Л. Г. Справедливость в гендерном измерении // Социальная справедливость в современном мире: сборник статей/ Ин-т «Справедливый

Мир», Рос. Ассоц. Полит. Науки, ин-т социологии РАН; [редкол.: Л. И. Никовская (отв. Ред.), В. Н. Шевченко, В. Н. Якимец]. М.: Ключ-С, 2017.

Тоффлер Э. Третья волна. Москва: АСТ, 2004.

Трудное неравенство. Российская газета. 19. 06. 2019. URL: https://rg. ru/2019/06/19/pochemu-u-zhenshchin-net-ravnyh-s-muzhchinami-vozmozhnostej-na-rynke-truda. html (дата обращения: 24. 10. 2020)

Герасимова Е. С., *Саурин С. А.*, *Лютов Н. Л.* Решение проблем защиты от дискриминации в трудовых отношениях по признаку пола // Семья и работа: баланс прав и возможностей. Сб. ст. /Колл. авторов: Герасимова Е. С., Лютов Н. Л., Савинская О. Б., Саурин С. А.; АНО «Совет по вопросам управления и развития». -М.: ООО «Вариант», 2015.

Черныш М. Ф. Социально-экономические предпосылки межэтнических конфликтных установок//ИНАБ №2 –2016. Социокультурные и социоструктурные факторы межэтнической напряжённости в регионах Российской Федерации: результаты исследования [Электронное издание] / [М. Ф. Черныш и др.]; Отв. редактор М. Ф. Черныш. – Электрон. текст. дан. (объем 0, 95 Мб) –М.: Институт социологии РАН, 2016. –С. 33 –49.

Хахулина Л. А. Динамика оценок населением России справедливости и несправ-едливости неравенств, сложившихся в 90 –е года//Справедливые и несправедливые социальные неравенства в современной России/Ред. Сост. Р. В. Рывкина. М.: Референдум, 2003, с. 77 –102.

Капелюшников Р. И. Неравенство: как не примитивизировать проблему// Вопросы экономики. № 4. 2017. С. 117 –139.

Корчагина И. И. Разработка регионального инструментария измерения бедности для целей адресных социальных программ для бедных//Социальная политика: Реалии 21 века. 2007. Независимый институт социальной политики. Выпуск 3: GP3/2007. С. 3 –31.

Николаев И. А., *Марченко Т. Е.*, *Точилкина О. С.* Гендерный разрыв в оплате труда//ФБКGrant Thornton. 2017. URL: https://www. fbk. ru/upload/

medialibrary/bce/Gendernyi% 20razryv% 20v% 20oplate% 20truda _ doklad. pdf C. 21（Дата обращения 5. 08. 2020）

Бурдье П. Начала. М.：Socio-Logos，1994. 288 с.

Тихонова Н. Е. Социальная политика в современной России：новые системные вызовы//Общественные науки и современность. 2019. No. 2. С. 5 – 18

Овчарова Л. Н.，*Попова Д. О.*，*Рудберг А. М.* Декомпозиция факторов неравенства доходов в современной России//Журнал Новой экономической ассоциации. 2016. No. 3（31）. С. 170 – 186.

Ибрагимова З. Ф.，*Франц М. В.* Неравенство возможностей：теория и практика измерения на микроданных RLMS-HSE//Экономическая политика. 2020. Т. 15. No. 1.

Малева Т. М.，*Карцева М. Д.*，*Кузнецова П.*，*Салмина А. А.* Неравенство возможностей и неравенство доходов населения в России. SSRN working paper（https://ssrn. com/abstract = 3629136）. 2020.

Доклад о Целях в области устойчивого развития，2020 год. United Nations Statistics Division. 2020. URL：nstats. un. org/sdgs/report/2020/The-Sustainable-Development-Goals-Re-port – 2020 _ Russian. pdf（Дата обращения：21. 11. 2020）

Национальная стратегия действий в интересах женщин на 2017 – 2022 годы//Мин-труд России. 8. 03. 2017. URL：https://mintrud. gov. ru/ministry/programms/8/5c. 3（Дата обращения：4. 08. 2020）.

Нуссбаум М. Существует прочная связь между демократией и отсутствием голода. Открытый университет. URL：https://openuni. io/course/8 – course – 7 – 1/lesson/2/material/757/（Дата обращения 21. 11. 2020）

Пенсия меньше，чем жизнь. Российская газета. 23. 11. 2006. URL：https://rg. ru/2006/11/23/pensionery. html（Дата обращения：21. 11. 2020）

Трудное неравенство. Российская газета. 19. 06. 2019. URL：https://rg. ru/2019/06/19/pochemu-u-zhenshchin-net-ravnyh-s-muzhchinami-vozmozhnos-tej-na-rynke-truda. html（Дата обращения：24. 10. 2020）

Римский В. В Нашем обществе нет справедливости? Российская газета. 24. 04. 2017. URL: https://rg. ru/2017/04/24/sociolog-liudi-pochti-nikogda-obos-novyvaiut-spravedlivost-racionalno. html (дата обращения 21. 11. 2020)

Райзберг Б. А., *Лозовский Л. Ш.*, *Стародубцева Е. Б.* Современный экономический словарь. – 6 – е изд., перераб. и доп. М. ИНФРА-М, 2011. URL: http://www. consultant. ru/document/cons _ doc _ LAW _ 67315/ (Дата обращения: 21. 11. 2020)

Об основах охраны труда в Российской Федерации//Официальный интернет-портал правовой информации. 25. 02. 2020. URL: http://www. pravo. gov. ru/proxy/ips/? docbody = &prevDoc = 102095194&backlink = 1&nd = 102064692&rdk = 0 (Дата обращения: 4. 08. 2020).

作者简介

导　论

李培林（LI Peilin），中国社会科学院大学特聘教授、中国社会科学院学部委员、社会政法学部主任，中国社会科学院 - 上海市人民政府上海研究院院长。曾任中国社会科学院副院长（2013 ~ 2019 年）、社会学研究所所长（2006 ~ 2013 年）。主要著作有：《中国社会结构转型：经济体制改革的社会学分析》（1995 年），《村落的终结——羊城村的故事》（2004 年），《另一只看不见的手：社会结构转型》（2005 年），《和谐社会十讲》（2006 年）、《李培林自选集》（2009 年）、《社会转型与中国经验》（2013 年）、《社会改革与社会治理》（2014 年）。主编年度《中国社会形势分析与预测》（社会蓝皮书）。

米哈伊尔 · 戈尔什科夫（M. K. Gorshkov），俄罗斯科学院院士，俄罗斯科学院国家理论与应用社会学中心主任、社会学研究所所长。俄罗斯最杰出的现代社会学家之一，其研究领域涵盖社会哲学、群众意识社会学与公共舆论社会学、社会学研究的方法论和方法、青年社会学、身份社会学、社会不平等社会学、俄罗斯日常生活社会学等方面，且在各研究领域均享有盛名。米哈伊尔 · 戈尔什科夫出版书籍 30 本以上；发表各类论文、散文和评论文 300 多篇，分别以俄语、英语、德语、汉语、蒙古语等语种出版和发表。此外，还担任科学杂志《社会学与社会实践》和《社会学研究所公报》的主编。精选出版物有：《公众言论：历史与现代性》（1988 年），《转型中的俄罗斯社会：神话与现实（社会学分析）1992—2002 年》（2003 年），《俄罗斯人眼中的改革：二十年后》（2005 年），《俄罗斯的青年：社会学肖像》（2010 年，合著），《俄罗斯社会现状（社会学诊断经验)》（2011 年），《现代俄罗斯的公民社会和公民文化（社会学诊断经验)》(2013 年)，《金砖国家社会分层：变迁与比较》(李培林、戈尔什科夫、斯坎隆、沙尔玛主编，世界科技出版公司 2013 年出版)，《全球进程背景下的国家和公民身份》(2014 年)；《金砖国家青年社会学手册》（汤姆·德怀尔、米哈伊尔·戈尔什科夫、伊什瓦尔·莫迪、李春玲、莫孔·西蒙·马帕迪蒙主编，世界科技出版公司 2018 年出版)。

第一篇

何祎金（He Yijin），男，北京工业大学社会学系副教授。毕业于英国萨里大学社会学系，2013 年至 2016 年为中国社会科学院社会学研究所博士后。研究兴趣包括社会学理论，社会学史与非西方情境下的社会学实践。

米哈伊尔·车尔尼什（M. F. Chernysh)，社会学博士、俄罗斯科学院成员、俄罗斯科学院国家理论与应用社会学中心副主任、国立人文学术大学社会学系系主任。研究领域：社会结构、社会分层、社会不平等、社会流动性。发表了 160 多篇科技文章，包括在国际专著中发表的文章和以 Scopus 和 WOS 为索引的俄罗斯期刊上发表的文章。精选出版物有：《转型社会中的社会制度与流动性》(2005 年)，《变革时代中的俄罗斯人和中国人：关于 21 世纪初圣彼得堡和上海的比较研究》（2012 年，合著)，《金砖国家社会分层：变迁与比较》(2013 年，合著)，《俄罗斯社会中的社会阶层：关于当代俄罗斯社会阶级与社会变迁的研究》(2010 年，合著)，《当代俄罗斯的社会差异：等待中产阶级社会?》(2020 年，合著)。

第二篇

陈光金（Chen Guangjin)，中国社会科学院社会学研究所所长、研究员，中国社会学会会长。主要研究领域：农村社会学、社会分层与流动、私营企业主阶层。主要研究成果：《中国乡村现代化的回顾与前瞻》、《新经济学领域的拓疆者——贝克尔评传》、《当代中国社会阶层研究报告》（合著)、《当代英国瑞典社会保障》（合著)、《内发的村庄》（合著)、《中国小康社会》（合著)、《当代中国社会流动》（合著)、《多维视角下的农民问题》（合著）、《当代中国社会结构》（合著）等。

斯维特兰娜 · 马瑞娃（S. V. Mareeva），国家研究大学高等经济学院社会政策研究所社会分层研究中心主任、俄罗斯科学院国家理论与应用社会学中心社会学研究所研究员。研究领域：社会不平等、社会不平等感知、社会结构、社会分层。俄罗斯社会结构若干研究项目的负责人和成员。发表文章 100 多篇，包括在国际期刊以及俄罗斯同行评议期刊上发表的论文（《社会指标研究》《民主报》《中国社会学杂志》《转型国家与社会研究》）；专著《中产阶级：理论与现实》（2009 年，合著）和《俄罗斯社会的收入分层模型、动态变化、因素、国际比较》（2018 年，合著）以及在《金砖国家社会分层：变迁与比较》（2013 年），《金砖国家青年社会学手册》（2018 年）中发表的基于国际项目成果的文章。

第三篇

朱迪（Zhu Di），中国社会科学院社会学研究所研究员、青少年与教育社会学研究室副主任，中国社会学会消费社会学专业委员会秘书长，英国曼彻斯特大学博士，主要研究领域为消费社会学、可持续消费、社会分层、青年消费文化、互联网与社会，主要代表作有《品味与物质欲望：当代中产阶层的消费模式》和《努力形成橄榄型分配格局——基于 2006 - 2013 年中国社会状况调查数据的分析》等。

鲍丽娜 · 科兹列娃（P. M. Kozyreva），社会学博士、俄罗斯科学院国家理论与应用社会学中心社会学研究所第一副所长、国家研究大学高等经济学院社会政策研究所纵向研究中心主任。此外，还担任科学杂志 *Sotsiologicheskij Zhurnal* 的主编。在职业生涯中，始终致力于社会分层和相关主题的研究，是高等经济学院开展的俄罗斯纵向监测调查（RLMS - HSE）的指导人。该项目是俄罗斯最大的纵向调查之一，自 1994 年开展以来持续进行。精选出版物有《数据资源简介：俄罗斯纵向监测调查——高等经济学院（RLMS - HSE）第二阶段：俄罗斯的经济和卫生状况监测，1994 - 2013 年》（与科索拉波夫、波普金合著），发表于《国际流行病学杂志》2016 年第 45（2）卷；《种族与信任：证据源于俄罗斯》（与巴瑞、科索拉波夫和威尔逊合著），发表于《美国政治科学评论》，2005 年；《俄罗斯的消费和生活方式》（与斯米尔诺夫、尼扎莫娃合著），收录于《金砖国家社会分层：变迁与比较》，李培林、戈尔什科夫、斯坎隆、沙尔玛主编，世界科技出版公司2013年出版；《俄罗斯消费与休闲》（与斯米尔诺夫、尼扎莫娃合著），收录于《金砖国家青年社会学手册》，汤姆·德怀尔、米哈伊尔·戈尔什科夫、伊什瓦尔·莫迪、李春玲、莫孔·西蒙·马帕迪蒙主编，世界科技出版公司2018年出版；《俄罗斯家庭、婚姻和性特征》（与列日尼娜合著），收录于《金砖国家青年社会学手册》，汤姆·德怀尔、米哈伊尔·戈尔什科夫、伊什瓦尔·莫迪、李春玲、莫孔·西蒙·马帕迪蒙主编，世界科技出版公司2018年出版。

阿尔菲亚·尼扎莫娃（A. E. Nizamova），俄罗斯科学院国家理论与应用社会学中心社会学研究所高级研究员、国家研究大学高等经济学院社会政策研究所纵向研究中心首席专家。主要研究领域为俄罗斯的人口物质财富、家庭经济不平等和社会适应领域。精选论文和出版物有：《专家适应转型社会现实的特殊性》，发表于 *Sotsiologicheskie issledovaniia*，2011年第1期；《有关职业人士适应社会转型状况的评估》，发表于《俄罗斯人民友谊大学公报》（社会学辑），2012年第1期；《俄罗斯的消费和生活方式》（与科兹列娃、斯米尔诺夫合著），收录于《金砖国家社会分层：变迁与比较》（2013年）；《俄罗斯的消费与休闲》（与科兹列娃、斯米尔诺夫合著），收录于《金砖国家青年社会学手册》，汤姆·德怀尔、米哈伊尔·戈尔什科夫、伊什瓦尔·莫迪、李春玲、莫孔·西蒙·马帕迪蒙主编，世界科技出版公司2018年出版；《俄罗斯家庭、婚姻和性特征》（与列日尼娜合著），收录于《金砖国家青年社会学手册》，汤姆·德怀尔、米哈伊尔·戈尔什科夫、伊什瓦尔·莫迪、李春玲、莫孔·西蒙·马帕迪蒙主编，世界科技出版公司2018年出版。

亚历山大·斯米尔诺夫（A，I. Smirnov），社会学博士、俄罗斯科学院国家理论与应用社会学中心社会学研究所高级研究员。主要研究领域包括政治社会学、巩固俄罗斯社会的社会因素（包括部队、家庭等方面的制度变迁）、俄罗斯人口的社会经济状况变化、现代社会老年人的生活水平。近年来，主要致力于俄罗斯转型社会的研究。精选论文和出版物有：《在俄罗斯部队中形成信任的相关因素》，发表于 *Sotsiologicheskie Issledovaniia*，

2009 年第 12 期；《俄罗斯民主发展的迷宫》（与科济列娃合著），俄罗斯科学院社会学研究所，2007 年；《俄罗斯的消费和生活方式》（与科兹列娃、尼扎莫娃合著），收录于《金砖国家社会分层：变迁与比较》，2013 年；《俄罗斯的消费与休闲》（与科兹列娃、尼扎莫娃合著），收录于《金砖国家青年社会学手册》，汤姆·德怀尔、米哈伊尔·戈尔什科夫、伊什瓦尔·莫迪、李春玲、莫孔·西蒙·马帕迪蒙主编，世界科技出版公司 2018 年出版；《俄罗斯家庭、婚姻和性特征》（与列日尼娜合著），收录于《金砖国家青年社会学手册》，汤姆·德怀尔、米哈伊尔·戈尔什科夫、伊什瓦尔·莫迪、李春玲、莫孔·西蒙·马帕迪蒙主编，世界科技出版公司 2018 年出版。

第四篇

田丰（Tian Feng），中国社会科学院社会发展战略研究院志愿服务研究室主任，中国志愿服务研究中心常务副秘书长，研究员，博士生导师。近年来研究领域包括人口与家庭、社会结构和职业、青年和互联网、流动人口和经济社会地位。

伊琳娜·波波娃（I. P. Popova），俄罗斯科学院国家理论与应用社会学中心社会学研究所研究员、国家研究大学高等经济学院研究员。主要研究领域包括社会和职业流动、职业流动、职业社会学、职业群体、职业生涯研究、就业行为、传记方法。出版作品 150 多份，包括个人专著：《边缘化：社会学分析》（1996 年）；《俄罗斯社会变迁中专家的职业地位》（2004 年）。其撰写的文章发表在俄罗斯和国外出版的书籍中，也在俄罗斯和国外的主流社会学期刊上刊登过论文，是俄罗斯和国际研究项目的负责人和参与者，也是俄罗斯社会学家协会、国际社会学协会职业团体社会学研究委员会、欧洲社会学协会职业社会学研究委员会的成员。

第五篇

李春玲（Li Chunling），中国社会科学院社会学研究所研究员、青少年与教育社会学研究室主任，中国社会科学院大学社会学院教授，中国社会科学院中国教育发展智库副理事长，中国社会学会社会分层与流动专业委员会理事长，中国社会学会青年社会学专业委员会常务副理事长兼秘书长，中国青少年研究会副会长，联合国开发计划署人类发展报告专家委员会成员（2019）。入选中央宣传部文化名家暨“四个一批”人才、国家“万人计划”哲学社会科学领军人才，承担多项国家社科基金重大项目和中国社科院重大项目，发表数十篇权威学术期刊论文和多本专著。发表的主要著作有《断裂与碎片——当代中国社会阶层分化趋势的实证分析》《比较视野下的中产阶级形成：过程、影响以及社会经济后果》《中国城镇社会流动》、《社会分层理论》《性别分层与劳动力市场》《青年与社会变迁：中国和俄罗斯的比较研究》；《境遇、态度与社会转型：80 后青年的社会学研究》《可持续发展教育：进展与挑战》。英文合作著作有 *Rising Middle Classes in China*, *Handbook of the Sociology of Youth in the Brics Countries*, *China's Youth: Increasing Diversity amid Persistent Inequality* 等。

尤利亚·埃皮希娜（Y. B. Epikhina），俄罗斯科学院国家联邦理论与应用社会学中心社会学研究所研究员。主要研究领域包括后社会主义社会中的社会分层、社会流动模式和教育流动性。此外，对基于实验设计的方法和研究也做出了贡献。同时也参与专门研究社会结构、社会政策和社会公正问题的俄罗斯项目和国际项目。编辑并合著了集体专著《俄罗斯社会思想中的社会公正》（2014 年）；在以下专著中发表了基于国际研究成果的文章：《俄罗斯社会中的社会阶层：当代俄罗斯社会阶层与社会变迁研究》（2010 年）、《金砖国家社会分层：变迁与比较》（2013 年）、《俄罗斯和中国的社会政策（2016 年）、《当代俄罗斯的社会差异：等待中产阶级社会?》（2020 年）。

第六篇

吕鹏（Lv Peng），中国社会科学院社会学研究所经济与科技社会学研究室主任、研究员，中国社会科学院私营企业主群体研究中心（院级中心）秘书长，国家“万人计划”青年拔尖人才。主要研究兴趣为政商关系、数字治理、社会分层与流动、企业社会责任与创新。他担任了全国青联委员、全国工商联智库委员会委员、中国社会学会经济社会学专业委员会、社会分层与流动专业委员会、青年社会学专业委员会理事等社会服务工作，同时负责“中国私营企业调查”（CPES）数据的日常管理。主要出版物有专著《亲密关系的转变：增长联盟的诞生、破裂与修复》《社会分层理论》，译著有《无须资本家打造资本主义》《谁统治美国》等。在《中国社会科学》《社会学研究》《政治学研究》《南开管理评论》《经济研究》《社会》《开放时代》等杂志上发表多篇学术论文，多次获得中国社会科学院优秀对策信息一、二、三等奖。

任奕飞（Ren Yifei），浙江大学社会学研究生，研究兴趣为计算社会学、社会分层与流动。曾参与社会网络与职业经历（JSNET）调查、中山大学在华外国人调查和中国社会科学院－上海市人民政府上海研究院特大城市社会结构转型研究等多个课题，曾获陕西省社会学学术年会一等奖。

鲍丽娜·科兹列娃（P. M. Kozyreva），同第三篇。

阿尔菲亚·尼扎莫娃（A. E. Nizamova），同第三篇。

亚历山大·斯米尔诺夫（A. I. Smirnov），同第三篇。

第七篇

梅笑（Mei Xiao），英国剑桥大学社会学博士，现任复旦大学社会发展与公共政策学院副教授，《社会学研究》、*The Journal of Chinese Sociology* 编辑。主要研究方向为文化社会学和情感社会学，主持国家社会科学基金项目、人社部“留学人员科技活动择优资助”项目。曾出版个人英文专著 *Chongqing's Red Culture Campaign: Simulation and Its Social Implications*（Routledge），并在《社会》、《青年研究》、《东南大学学报》、*China Perspectives*、*International Journal of Politics, Culture, and Society* 等期刊上发表多篇中英文论文。

龚顺（Gong Shun），日本东北大学社会学博士，中国社会科学院社会学研究所助理研究员。他的研究兴趣包括社会分层与流动、全球化、青少年研究。他在 *International Migration*, *Chinese Sociological Review*, *Journal of Chinese Sociology*、《青年研究》等中英文核心期刊发表多篇文章。

沃罗尼娜（N. S. Voronina），俄罗斯科学院国家理论与应用社会学中心社会学研究所高级研究员、国立人文学术大学助理教授。主要研究领域包括对待移民的态度、价值观、紧急志愿服务、社会文化现代化、社会公正以及社会学中使用的定量方法。目前的项目包括：21 世纪前 20 年俄罗斯人的价值观结构、观点和规范、生活方式和行为——欧洲社会调查（ESS）计划第七轮俄罗斯社会调查（RSS）；关于中国和俄罗斯社会平等与公正的比较研究；以紧急志愿服务应对俄罗斯自然和技术挑战。最近的英文出版物：《社会现代化背景下俄罗斯人的价值观结构》，载尼古拉、车尔尼什主编《当代俄罗斯的社会差异：等待中产阶级社会?》（2020 年第 1 版），劳特利奇（Routledge）出版社出版。

第八篇

崔岩（Cui Yan），博士，中国社会科学院社会学所副研究员。主要研究方向：发展社会学、社会统计理论。主要研究成果：《我国公民环境组织参与的动机研究》（论文）、《城市化过程中的公众城市性研究》（论文）。

帕维尔·苏什科（P. E. Sushko），俄罗斯科学院国家理论与应用社会学中心社会学研究所高级研究员。同行评议期刊《互动、访谈、解释》的执行秘书和联合主编。撰写了 50 多篇论文和科学专著中的文章，致力于研究社会结构、社会不平等、社会流动的各个层面、社会福利、生活质量等领域。精选出版物有：《图瓦共和国社会分层过程中经济活动人口的人力资源》（2020 年）；《走向信息时代：日益复杂的社会中信息技术专家在社会流动中的劳动职业模型：客观和主观方面》（2019 年，与科列尼科娃合著）；《日益复杂的社会中的社会流动：社会地位变化背景下的地域流动：客观和主观方面》（2019 年，与戈伦科娃合著）；《在俄罗斯社会空间中小城市可持续发展背景下小城市人力资源的具体情况》（2019 年）；《俄罗斯地区社会空间中在区域劳动力市场结构发生变化的背景下农村青年的自我实现》（2017 年）；《在享有社会福利方面俄罗斯人口的社会福利情况》，发表于《信息与分析公报》，2020 年第 1 期；《当代俄罗斯政治活跃青年的职业战略特点》，发表于《社会发展理论与实践》，2018 年第 2 期；《俄罗斯移民记录背景下的社会流动》，发表于《社会学研究》，2016 年第 12 期。

第九篇

李炜（Li Wei），中国社会科学院研究生院博士，中国社会科学院社会学研究所研究员。主要从事发展社会学、社会研究方法、大型社会综合调查问题的研究，中国社会状况综合调查（CSS）执行负责人。主要著作包括《社会福利建设研究的民意视角》《提升社会质量的社会政策建设》《中国社会和谐稳定报告》（与李培林、陈光金、张翼合著）。发表论文《中国社会阶层的阶层意识和阶层认同》《社会问题研究中的“个人困扰”与“公共议题”关系的经验研究》《中国当前社会问题的特征及影响机制分析》《农民工在中国转型中的经济地位和生活态度》《近年来农民工的经济状况和社会态度》。

尤利亚· 埃皮希娜（Y. B. Epikhina），同第五篇。

丹尼斯 · 布里吉特（D. N. Briket），俄罗斯科学院国家理论与应用社会学中心社会学研究所实验室助理研究员。主要研究领域：社会互动、结构主义、现象学社会学。

图书在版编目(CIP)数据

中俄社会平等和公正：比较与评估 / 李培林等著
. -- 北京：社会科学文献出版社，2021.11
（中俄社会变迁比较研究系列）
ISBN 978-7-5201-9461-7

Ⅰ.①中… Ⅱ.①李… Ⅲ.①平等-对比研究-中国
、俄罗斯 Ⅳ.①D632.1②D751.27

中国版本图书馆 CIP 数据核字(2021)第 257550 号

中俄社会变迁比较研究系列
中俄社会平等和公正：比较与评估

著　　者 / 李培林　[俄] 戈尔什科夫（M. K. Gorshkov）等

出 版 人 / 王利民
责任编辑 / 胡庆英
文稿编辑 / 姚　敏　刘靖悦　刘俊艳　毛筱倩
责任印制 / 王京美

出　　版 / 社会科学文献出版社 · 群学出版分社(010)59366453
地址：北京市北三环中路甲 29 号院华龙大厦　邮编：100029
网址：www.ssap.com.cn
发　　行 / 市场营销中心（010）59367081　59367083
印　　装 / 三河市东方印刷有限公司

规　　格 / 开　本：787mm × 1092mm　1/16
印　张：27　字　数：414 千字
版　　次 / 2021 年 11 月第 1 版　2021 年 11 月第 1 次印刷
书　　号 / ISBN 978-7-5201-9461-7
定　　价 / 168.00 元

本书如有印装质量问题，请与读者服务中心（010-59367028）联系